马克思主义研究译丛　典藏版

「十三五」国家重点出版物出版规划项目

# 青年马克思

## （第三版）

## Молодой Маркс

### 3rd Edition

［俄罗斯］Н. И. 拉宾（Н. И. Лапин）／著

姚　颖／译

中国人民大学出版社
·北京·

# 总　序

　　"马克思主义研究译丛"问世已逾十五个春秋，出版著作数十种，应当说它已经成为新世纪我国学术界有较大影响的翻译介绍国外马克思主义最新成果的大型丛书。为适应我国哲学社会科学繁荣发展的新形势，特别是满足马克思主义理论研究和教学的迫切需要，我们将继续加大这套丛书的翻译出版力度。

　　"译丛"在不断成长壮大，但初衷未改，其直接目的是为国内学术界乃至整个思想文化界翻译介绍当代国外马克思主义研究的最新成果，提升我国马克思主义理论研究水平，并推动建构有中国特色的哲学社会科学体系，包括学科体系、教学体系和话语体系等；而根本目的是借鉴当今世界最新文明成果以提高我们民族的理论思维水平，为实现中华民族伟大复兴的中国梦乃至推动人类文明进步事业提供思想资源和理论支撑。

　　"译丛"的鲜明特征是与时俱进。它站在巨人的肩上不断前行。改革开放后，我国学者翻译介绍了大量国外马克思主义研究成果，特别是徐崇温先生主编的"国外马克思主义和社会主义研究丛书"等，将20世纪国外马克思主义的主要理论成果介绍到国内，对推动我国学术研究发挥了巨大作用。20世纪末，特别是进入21世纪后，世界格局出现重大转折，国外马克思主义研究也随之发生了很大变化，形成了一大批新的研究成果。我们这套丛书的使命，就是要在前人工作的基础上，继续进行跟踪研究，尽快把这些新的思想成果介绍到国内，为人们研究有关问题提供参考。

　　我们所说的"国外马克思主义"是"世界马克思主义"的一部分。"世界马克思主义"有广义和狭义之分。广义的"世界马克思主义"是指自1848年马克思恩格斯发表《共产党宣言》以来的所有马克思主义，既包括经典马克思主义，也包括中国的马克思主义以及其他国家的马克思主义。狭义的"世界马克思主义"则是中国学者通常指称的"国外马克思主义"，即马克思、恩格斯、列宁等经典作家之后的中国以外的马克思主义。

160多年来，世界马克思主义对人类社会的发展产生了巨大影响，不仅在实践上改变了世界格局，而且在思想文化上影响深远。仅从思想文化角度看，其影响至少表现在五个方面。第一，它是当今世界上最大的话语体系。如"经济-政治-文化""生产力""经济结构""资本主义""社会主义"等，已经成为世界通用的概念。不管人们是否赞同马克思主义，都离不开马克思主义的概念和分析方法。第二，它影响并带动了世界上一大批著名学者，包括卢卡奇、葛兰西、哈贝马斯、沃勒斯坦等。正是这些思想家在引领世界思想潮流中发挥着不可替代的积极作用。第三，它深刻影响了当今世界各国的哲学社会科学，包括哲学、经济学、社会学、政治学、法学、新闻学等。第四，它深刻影响了世界各国的社会思想文化和制度文化，包括文学、艺术、新闻、出版、广播、影视以及各种具有社会主义性质的制度文化。第五，它深刻影响了世界各国的大众文化，包括大众语言、生活节日，如三八国际劳动妇女节、五一国际劳动节、六一国际儿童节等。应当说，在当今世界上，马克思主义已经深入人类文明的方方面面。

160多年来，世界马克思主义本身也在发生着巨大变化，从资本主义一统天下局面下的经典马克思主义发展到社会主义和资本主义两种制度并存局面下多种形态的马克思主义。20世纪以来，在资本主义国家，先后出现过社会民主主义模式的马克思主义、与苏联模式相对应的"西方马克思主义"，以及近几十年来出现的"新马克思主义""后马克思主义"等；在社会主义国家，则先后形成了苏联模式的马克思主义、中国化的马克思主义，以及其他各具特色的马克思主义。

尽管世界马克思主义形态纷繁多样，但其基本的立场、观点、方法和价值指向是相同的，这就是在资本主义向社会主义转变的历史大潮中不断批判资本主义，寻找替代资本主义的更好方案，探索社会主义发展的正确道路。中国作为当今世界上最大的社会主义国家，同时也是最大的马克思主义理论翻译和研究大国，认真研究借鉴当代国外马克思主义的最新成果，对于推进中国特色社会主义事业和人类文明进步事业，都具有十分重要的意义。

世界潮流，浩浩荡荡。进入21世纪以来，中国的发展一日千里，世界的变化日新月异。全球发展中的机遇与挑战、中国发展中的成就与问题，都在不断呼唤马克思主义的理论创新。

从世界范围来看，全球化的深入推进、信息技术的广泛应用促使人类社会发展进入了一个全新的时代。同时，以中国为代表的新兴经济体的迅速崛起，以及世界各具特色的社会主义的新一轮发展，正在引发世界格局的重大变化。这些都为马克思主义、社会主义的发展提供了极好机遇。同时，也应当看到，尽管今天的世界是"一球两制"，但资本主义仍然占据主导地位，社会主义主导人类文明的时代尚未到来。时代的深刻变化向人们提出了一系列亟须回答的重大课题。比如，究竟应如何定义今天的时代？对此，国外学者给出了各种答案，诸如"全球化时代""后工业时代""信息时代""后现代社会""消费社会"等。又如，随着经济全球化、政治多极化和文化多元化的深入推进，人类世界交往的深度和广度都远远超越了以往任何历史时代，由此引发一系列全人类性的问题。如全球经济均衡发展、国际政治民主化、生态环境保护、人的全面发展、后现代状况、后殖民状况、多元文化、世界体系重构、全球治理等问题，越来越受到国际社会的普遍关注，也越来越多地进入思想家们的理论视野。近些年来，随着中国的发展以及资本主义世界金融危机的普遍爆发，马克思主义、社会主义又重新焕发生机，并受到世人的广泛关注。《共产党宣言》《资本论》等马克思主义经典著作又引发世界思想界乃至社会大众新一轮的研究热潮，特别是对"中国模式"的研究方兴未艾。关于社会主义、资本主义以及二者关系问题，马克思主义经典文本等的研究仍然是当代国外左翼学者普遍关注的问题。所有这些问题以及国外学者所做出的回答，都从不同方面反映了人类社会发展的时代潮流。了解这些思想潮流，有助于我们认识、研究当今中国和世界发展的问题。

从中国现实来讲，随着改革开放的深入进行，中国经济社会的发展突飞猛进，国际地位空前提高。中国正在逐步从世界舞台的边缘向中心迈进。中国化的马克思主义理论成果也不断推出。随着中央组织实施的马克思主义理论研究和建设工程不断向纵深发展，我国的理论研究与改革开放实践进程交相辉映，这使我国哲学社会科学在理论与实践、历史与现实、国内与国际、研究与教学的结合上愈加深入，愈加科学，愈加丰富，愈加具有实践性、时代性和民族性。中国思想界从来没有像今天这样朝气蓬勃而又富有创造精神。然而，也应当看到，我国的现代化建设还面临各种困难与问题、风险与挑战，如社会不公、贫富分化、权力腐败、物质主义泛滥、人文精神失落、生态环境破坏等。为解决这些发展中的突出问题，中央提出了"四个全面"战略布局、"五大发展理念"等。要把这些发展的新理念、新思想、新战略等变为现实，还需要做深入的研究。这是我们理论研究面临的首要任务。再者，我国这些年的经济社会发展成就斐然，但国际话语权还很小，这是制约我国走向世界的关键。中华民族要实现伟大复兴的梦想，就必须在未来世界文明的舞台上有所作为，不仅要解决好自己的发展问题，还要关注人类的命运。这就需要站在世界潮流的高度看问题，特别是要把握和处理好社会主义与资本主义的关系，既要做好社会主义与资本主义长期并存、相互影响的准备，又要培养担当精神，主动引领世界文明的发展，为构建人类命运共同体，最终实现社会主义新文明对资本主义旧文明的超越，做出我们中华民族的新贡献。而要赢得世界的话语权，乃至引领世界文明潮流，就需要认真总结人类现代文明发展的经验，特别是要总结中国特色社会主义建设的经验，把这些实践经验上升到思想理论和学术研究的高度，形成一套现代化的国内外人们普遍认同的价值理念、思维方式、话语体系、学术体系、学科体系等，使之能够进入世界各国的学术研究领域、教学教材体系乃至变成大众的生产生活方式。正是在这样的背景下，中央提出了构建有中国特色的哲学社会科学体系的历史任务。

作为 21 世纪的中国学者，要承担时代赋予我们的使命，就必须始终站在学术前沿，立足中国，放眼世界，不断汲取人类一切优秀的思想学术成果，以丰富自己的头脑，创新马克思主义理论，为推进中国和世界的发展提供理论智慧。

正是出于上述考虑，我们力求站在世界潮流发展的高度，结合我国现代化建设和理论研究的实际，从国外马克思主义研究的最新成果中选择有时代性、创造性、权威性、建设性的作品，译介给我国读者。这应当说是"译丛"选题的基本原则。

至于选题的内容，主要包括以下四个方面：一是有关基础理论研究成果，即关于马克思主义经典文本和思想发展史的研究成果，如关于马克思恩格斯的文本、基本观点及其发展历程的研究成果，关于国外马克思主义发展史的梳理分析，以及马克思主义中国化的研究成果，等等。这些成果的翻译引进可以帮助我们更加深入地研究马克思主义经典著作，推进马克思主义基本理论和马克思主义发展史、传播史的研究。二是有关重大理论问题研究成果，即关于人类社会发展历史、规律和未来趋势方面的新成果，如关于社会主义的发展、资本主义的走向、人类文明转型、现代性与后现代性等的研究成果。这有助于我们科学把握人类社会发展的规律、现状和趋势，推进马克思主义基本理论的创新与发展。三是有关重大现实问题研究成果，如关于经济全球化、政治民主化、生态问题、后殖民主义、文化多元主义、人的发展问题、共享发展问题等的研究成果。这有助于我们回答和研究一系列重大社会现实问题。四是海外有关中国道路、理论、制度的研究。这是近些年来国外学术界研究的新亮点，也应当成为我们这套丛书的新亮点。翻译介绍这些成果有助于我们了解国际思想界、学术界乃至国际社会对中国改革开放和现代化建设的认识，从而有助于加强与国际学术界的交流互鉴，提升我们在国际学术界的话语权和影响力。除了这四个方面之外，其他凡是有助于马克思主义研究的新成果，也都在选题之列。当然，由于所处的社会文化环境不同，国外学者的思想认识与我们的观点不尽相同，也不一定完全正确，相信读者会用科学的态度对这些思想成果进行甄别和借鉴。

为更好地完成丛书的使命，我们充实调整了顾问与编委队伍。邀请国内著名的世界马克思主义研究专家作为丛书顾问，同时，邀请国内一批著名的专家学者作为编委，还适当吸收了青年学者。这些学者，或精通英语、德语、法语、日语，或对某一领域、学派、人物等有专门研究，或对国内某一地区、某一方面的研究有一定的权威性。有这样一支语种齐全、研究面广、代表性强的老中青队伍，加之广大学者的积极支持，我们有信心把丛书做得更好。

"译丛"自 2002 年问世以来，得到我国学术界乃至社会各界同人的广泛关注和大力支持。其中有的译作在社会上产生了较大影响，对推进我国马克思主义理论学科建设发挥了积极作用。这套丛书还日益受到国际学术界的重视，不少国际著名学者表示愿意将自己的新作列入丛书。为此，要衷心感谢所有关心、帮助、支持和参与丛书工作的朋友！需要说明的是，由于这方面的研究成果很多，而我们的能力有限，只能有选择性地陆续翻译出版，有考虑不周或疏漏乃至失误之处，也请大家鉴谅。希望新老朋友们继续为丛书推荐书稿、译者，继续关心、支持我们的工作，共同为繁荣发展我国哲学社会科学和理论研究事业奉献智慧与力量。

杨金海
2016 年 6 月 16 日
于北京西单

# 译者序

　　《青年马克思》是苏联马克思主义学者 H. И. 拉宾的代表作之一，1968年由莫斯科政治文献出版社出版，1976 年出版第二版。出版后曾在国际马克思学界引起巨大波澜，成为研究马克思早期思想和文本的必读书目。1986 年，又出版了第三版，也是补充版。在这一版中，拉宾依据 MEGA² 中1843 年《克罗伊茨纳赫笔记》、1844 年巴黎笔记和《1844 年经济学哲学手稿》所呈现的最新文本样态，对《黑格尔法哲学批判》、"巴黎手稿"等重新进行了详细的考究，对一些有争论的文献学问题给予了展开式的讨论，并对自己早先在这些问题上得出的结论在论据上予以补充和说明，以此回应国际文献学界的某些质疑。因此，《青年马克思》第三版具有重要的文献学价值。

## 一、拉宾对《黑格尔法哲学批判》与《克罗伊茨纳赫笔记》之间关系问题的回应

　　在克罗伊茨纳赫时期，马克思不仅撰写了《黑格尔法哲学批判》手稿，还撰写了五本关于历史和政治的摘录笔记，即《克罗伊茨纳赫笔记》。众所周知，手稿和笔记两者之间的关系问题一直是国外马克思文献学的争论热点。拉宾是这一问题的提出者，他在《青年马克思》第二版中指出，在《黑格尔法哲学批判》的第 XXII—XXIV 印张中，即马克思在对黑格尔《法哲学原理》的第 303 节做评注时出现了一个中断，在中断期间，马克思进行大量研究，完成了《克罗伊茨纳赫笔记》，之后又回到了对第 303 节的评注及手稿的后半部分的写作。对此，MEGA² I/2 编者则表示不赞同拉宾的观点，认为《克罗伊茨纳赫笔记》写于《黑格尔法哲学批判》之后。在本书中，拉宾继续坚持自己关于手稿和笔记之间关系的看法，对自己的考

证进行了补充证明，以此回应 MEGA² I /2 编者的质疑。

（一）拉宾对《黑格尔法哲学批判》结构的分析

拉宾在本书中增加了"手稿的结构"一节，对马克思创作《黑格尔法哲学批判》的整体思路进行了分析。马克思的《黑格尔法哲学批判》的基本内容是对黑格尔《法哲学原理》"国家"章之第一部分"国家法"第260 节至 313 节（共 54 节）所做的摘录和评注。对于《黑格尔法哲学批判》的文本结构基本上对应于黑格尔的《法哲学原理》相应部分的文本结构这一事实，拉宾提出三点意见。第一，马克思对这 54 节的批判分析，反映了他"最感兴趣的问题是国家和市民社会的关系，王权、行政权和立法权"。第二，"国家"章中的第二部分"国际法"和第三部分"世界历史""还处于马克思的视线之外"。第三，"这表明马克思的工作有自己的逻辑，应该揭示手稿的内部结构与黑格尔《法哲学原理》的结构给出的外部结构不相符"①。得出第三点意见的直接理由是，马克思在对这 54 节的批判分析中，对不同的节的重视程度是不同的。马克思对"导言"节和"王权"各节做了详细分析。然而，"行政权"的几节几乎是连续摘录的，仅仅夹杂着一些简短的评注和总的结论："黑格尔关于'行政权'所讲的一切，不配称为哲学的阐述。"② 至于"立法权"，占了马克思手稿的三分之二的篇幅（40 个印张中的 24 个印张）。

拉宾还概括了马克思写作《黑格尔法哲学批判》的工作节奏（或者说写作特点）。"他通常会对这些章节的第一段进行单独的和相当详细的分析，然后开始连续摘录几段，并对它们做一个概括的分析。第一个这样的节奏已经在'导言'节中看得很清楚。在'王权'这部分中可以清楚地看到上述节奏，对前六节进行详细的分析，最后六节只做了简短的评注。如上文所述，第二部分（行政权——译者注）从摘录和简短评注开始，然后做概括分析。第三部分（立法权——译者注）如同第一部分，从对前六节的详细分析开始，连续摘录后面的四节（第 304 节到第 307 节）。"③ 因此，可以这样总结拉宾概括出的《黑格尔法哲学批判》关于"导言"节、"王权"、"行政权"和"立法权"四部分的内在结构：详—详—略—详。而马克思的工作节奏（或者说写作特点）是，除了"行政权"这部分略写的外，其他每个部分几乎都是前详后略。但在马克思写到"行政权"第 304

①  Н. Л. Лапин. Молодой Маркс. Издание третье, дополненное. М.：Издательство политической литературы，1986：187.

②  马克思，恩格斯. 马克思恩格斯全集：第 3 卷. 2 版. 北京：人民出版社，2002：57.

③  同①187－188.

节到第 307 节的地方，这种工作节奏由于一个中断出现了变化。

（二）拉宾关于《黑格尔法哲学批判》的"中断说"

还是在"手稿的结构"一节中，拉宾接着就提出了他最著名的"中断说"。"中断说"是被所有马克思文献学家认可的。在本书中，拉宾指出："但是，在这个地方，第XXII—XXIV印张，**在分析上**出现了一个**中断**：马克思刚一开始概括分析摘录的段落后（指连续摘录第 304 节到第 307 节后——译者注），就又回到了已经考察过的第 303 节，对它进行反复分析，这次的分析比最初的更详尽。在这之后他才转去考察之前摘录的节，不是概括的，而是对每一节都做了详细分析。"① 能够发现这一中断，是因为他在鉴别保存在苏共中央马列主义研究院档案馆中的《黑格尔法哲学批判》手稿的照片复印件时，发现了《马克思恩格斯全集》俄文第二版编者的一个鉴别错误。在对黑格尔《法哲学原理》的第 303 节（《1843 年手稿》第XXIII印张）的分析结束时，马克思写道："市民社会各等级本身同时构成立法社会的**等级**要素。（参看XXIV．X．）"② 俄文第二版的编者将上述引文中括号内的数字误判为"参看XIV，X"，即马克思指的是要参看第XIV印张和第X印张的内容③。对此，拉宾指出，"'数字'X根本不是数字，而是一个作为星号的记号，在手稿中，马克思通常用它表示文本的相应部分应该移至另外一个地方，即他也做了相同的记号的地方。而第二个这样的记号在哪里呢？研究原稿影印件可以得出如下结论：在第XXIV印张的记号实际上与第XXIII印张末尾上的记号是完全相同的，至今都把这个记号辨识为罗马数字X，也就是说，这个'数字'完全可能是我们要找的第二个记号……至于说上述的数字XIV，那可以推断，是马克思（像这样的事儿在他的手稿中经常会遇到）弄错了：把'XXIV'写成了'XIV'"④。因

---

① Н. Л. Лапин. Молодой Маркс. Издание третье, дополненное. М.：Издательство политической литературы，1986：188. 在《青年马克思》第二版中，拉宾是这样说的："在手稿的后半部（第 23 印张），马克思似乎结束了对黑格尔《法哲学原理》第 303 节的详细分析，并准备接着研究下面几节（在第 24 印张的头两页血连续摘录了第 304—307 节），但是，写了头几行以后，他中断了对这几节的分析，做了大量的补充，重新又回到第 303 节的研究。然后，马克思又摘录了第 304—306 节，但已不是连续地，而是一句一句地，对每一句都做了详尽的分析。"（拉宾. 马克思的青年时代. 南京大学外文系俄罗斯语言文学教研室翻译组，译. 北京：生活·读书·新知三联书店，1982：168-169）

② 马克思，恩格斯. 马克思恩格斯全集：第 3 卷. 2 版. 北京：人民出版社，2002：93.

③ 马克思，恩格斯. 马克思恩格斯全集：第 1 卷. 1 版. 北京：人民出版社，1956：336-337.

④ Н. Л. Лапин. Молодой Маркс. Издание третье, дополненное. М.：Издательство политической литературы，1986：465.

此，第 XXIV 印张中的文本，应该是第 XXIII 印张结尾的文本的直接继续。

这段对发现中断的过程的解释，在《青年马克思》第二版和第三版中是相同的，但在本书中的最后还增加了一句话："新版 MEGA 考虑到了这一变化（参见 Marx—Engels—Gesamtausgabe（MEGA）. Erste Abteilung, Bd. 2. Berlin，1982：80，578–579）。"① 这是指 MEGA² I /2 编者采纳了拉宾的"中断说"，在编辑这部分中有所反映②。《马克思恩格斯全集》中文第三卷第二版收录的《黑格尔法哲学批判》也采纳了这一观点，并在注释第 19 条中参考 MEGA² I /2 给出了详细的解释③。这说明，国际马克思文献学家都赞同拉宾的这一发现。

但是，关于发生这一中断的时间和原因的判定，以及由此而涉及的《黑格尔法哲学批判》和《克罗伊茨纳赫笔记》的关系问题在拉宾和 MEGA² I /2 编者之间出现了较大分歧。主要分歧之处有两个：一是中断的时间问题，二是中断的原因问题。《黑格尔法哲学批判》和《克罗伊茨纳赫笔记》的关系问题则包含在了上述两个分歧中，而马克思在撰写《黑格尔法哲学批判》过程中，在中断前后是否如拉宾所说分为两个阶段的问题也是上述两个分歧的推论结果。

（三）拉宾对《黑格尔法哲学批判》中断的时间和原因的确认

首先，关于中断的时间问题。拉宾在本书中做出比较明确的推断，《黑格尔法哲学批判》写作中断的发生时间，"大概这个界线最初是卡尔和燕妮结婚和新婚旅行，也就是说，时间大约是从 6 月中旬到 6 月底"④。在

---

① Н. Л. Лапин. Молодой Маркс. Издание третье, дополненное. М.：Издательство политической литературы，1986：466.

② MEGA² I /2 编者在该卷的编者前言中指出："从 23 印张起评注又接着中断的地方写下去，马克思本人就是通过印张与页码的编号特点指明这一点的。"关于马克思的 1843 年手稿：《黑格尔法哲学批判》//马克思主义研究资料：第 11 卷. 北京：中央编译出版社，2014：467.

③ "……在手稿 XXIII 印张的开头即第 87 页，他摘引了《法哲学原理》第 303 节，但手稿的笔迹、字体证明，马克思没有立即写评注，而是留出该印张的四个空白页（一个印张对折后，成为四页）即第 87—90 页待以后写评注。他接着在第 XXIV 印张头两页即第 91—92 页摘引了第 304—307 节，并在第 307 节后面写了两句话（见本卷 94 页）。在此之后，他才回到第 87 页评注第 303 节。显然，第 87—90 页这四页纸不够用，于是马克思在第 XXIII 印张即第 90 页末尾写了 '（参看 XXIV. X.）'，标示评注的接续部分见第 XXIV 印张有 X 标号处（见本卷第 94 页）。马克思不仅在第 XXIV 印张，而且还在第 XXV 印张继续写完这一评注。直到第 XXVI 印张的上端，马克思又摘引了第 304 节并加以评注"。（马克思，恩格斯. 马克思恩格斯全集：第 3 卷. 2 版. 北京：人民出版社，2002：653–654）

④ 同①189–190.

《青年马克思》第二版中，拉宾并没有这么明确地指出，而是说"新婚旅行使马克思暂时中断了对黑格尔法哲学的批判"①。拉宾的这一推断可能是吸收了 MEGA² Ⅰ/2 编者的判断。MEGA² Ⅰ/2 编者认为，马克思在 1843 年 3 月到 9 月期间做过好几次旅行，并且事情很多：包括 3 月 17 日退出编辑部后去荷兰旅行，5 月 10—24 日在德累斯顿逗留，5 月底到达克罗伊茨纳赫，6 月 19 日完婚和一次短暂的蜜月旅行，7—8 月做《克罗伊茨纳赫笔记》，7 月 25 日会见卢格，10 月初动身前往巴黎，10 月 11 日或 12 日抵达那里。"因此，造成较长时间中断手稿写作的原因是在 5 月和 6 月。"②

关于《黑格尔法哲学批判》写作中断的持续时间，拉宾在本书中仍坚持第二版的观点，认为是 7—8 月，马克思写作《克罗伊茨纳赫笔记》期间。但他给出了更加清晰的推断："《1843 年手稿》是分两次写成的，克罗伊茨纳赫笔记的撰写（7—8 月）成为这两部分之间的界线。……如果同意这一推测，那么就完全可以区分出**手稿的两个主要'部分'**：第一部分包括第 Ⅰ 印张到第 XXⅢ 印张的开头，同时包括写在中断前的第 XXⅣ 印张的上半部分③，即大约的写作时间是从 3 月到 6 月中旬；手稿的第二部分包括第 XXⅢ 印张（除开头以外），以及从写于中断后的第 XXⅣ 印张的中间到第 XL 印张结束，大约的写作时间是从 8 月底到 10 月初，也就是在马克思动身去巴黎前。"④ 引述的这一段中还涉及两个问题，一个是是否存在《黑格尔法哲学批判》手稿的写作阶段问题，另一个是手稿的完成时间问题。在这里，拉宾都给出了非常具体的推断。这显然是针对 MEGA² Ⅰ/2 编者就这些问题所给出的不确定的意见的直接回答。

在中断的持续时间问题上，MEGA² Ⅰ/2 编者根据上一段论述的马克思的行程认为，"第 302 节评注和第 303 节评注之间的上述中断发生在 1843 年 7—8 月，也就是在写克罗茨纳赫笔记期间，这种假定尚无法得到明确的证实"⑤。也就是说，他无法断定，《克罗伊茨纳赫笔记》是否产生在马克思写作《黑格尔法哲学批判》期间。在手稿是否存在写作阶段的问题上，

---

① 拉宾. 马克思的青年时代. 南京大学外文系俄罗斯语言文学教研室翻译组，译. 北京：生活·读书·新知三联书店，1982：170.

② 关于马克思的 1843 年手稿——《黑格尔法哲学批判》//马克思主义研究资料：第 11 卷. 北京：中央编译出版社，2014：467.

③ 马克思，恩格斯. 马克思恩格斯全集：第 3 卷. 2 版. 北京：人民出版社，2002：7—88. 同时从第 93 页到第 94 页第二段结束.

④ H. Л. Лапин. Молодой Маркс. Издание третье, дополненное. М.：Издательство политической литературы，1986：189—190.

⑤ 同②.

MEGA$^2$ I /2 编者的说法相当模糊。他指出："克罗茨纳赫笔记是否产生在写这部手稿之前、写手稿期间或写手稿之后，还无法明确断定"①。在手稿的完成时间上，MEGA$^2$I/2 编者认为手稿是在撰写《克罗伊茨纳赫笔记》之前完成的，因为"手稿没有可资证明的直接的摘引和成段的抄录"《克罗伊茨纳赫笔记》"这一事实就可以看作是证据，证明马克思是在撰写这部手稿以后才写《克罗茨纳赫笔记》的"②。但这又与他对前一问题的回答相矛盾。

其次，关于中断原因的问题。在《青年马克思》第二版中，拉宾是这样说的："1843 年夏天……正是在这个时期，马克思特别强烈地感到，他还缺少具体历史知识来解决他所面临的问题。新婚旅行使马克思暂时中断了对黑格尔法哲学的批判。因此，他回来以后，在继续写这一著作之前，专心研究各国历史方面的大量书籍。"③ 在本书中，拉宾依然保留了这一段，但为了表述得更清楚，他在"手稿的结构"一节特意又加了一段："对黑格尔的《法哲学原理》分析在这个地方产生了中断，也许是由纯粹的外部原因造成的（例如，马克思结婚），但实际上是由马克思的历史研究决定的。在做这些研究后，在其思辨的形式下发现了代议制度和等级制度之间存在着更加尖锐的政治纠纷，因此马克思重新着手对第 303 节进行更加详细的考察。"因此，"有理由假设，这个中断是由马克思撰写《克罗伊茨纳赫笔记》导致的"④。这是 MEGA$^2$ I /2 编者与他最大的分歧所在。前者指出，"克罗茨纳赫笔记与这部手稿在写作时间上、同时在论题方面有联系，不能由此推断出这部文稿直接利用了笔记，也不能说这对于认为笔记是为手稿而写的这种假设是一个充分的证明"⑤，中断的原因可能就是马克思的研究习惯导致的。

在《青年马克思》第二版中，拉宾的重要论据是，马克思在《克罗伊茨纳赫笔记》中对莱奥波德·兰克（Леопольд Ранке）的《历史政治杂志》（《Историко-политического журнала》，1832—1836 年）的摘录的评注，在《黑格尔法哲学批判》中得到了进一步的阐述⑥。在本书中，拉宾

---

① 关于马克思的 1843 年手稿——《黑格尔法哲学批判》//马克思主义研究资料：第 11 卷. 北京：中央编译出版社，2014：468.

② 同①469.

③ 拉宾. 马克思的青年时代. 南京大学外文系俄罗斯语言文学教研室翻译组，译. 北京：生活·读书·新知三联书店，1982：170.

④ Н. Л. Лапин. Молодой Маркс. Издание третье, дополненное. М.：Издательство политической литературы，1986：189，188.

⑤ 同①.

⑥ 同③175－176.

依然保留了这一重要论据。但他还补充了更多的论据，以摆脱他在《青年马克思》第二版中所陷入的"孤证无力"的境地。

（四）拉宾对《黑格尔法哲学批判》和《克罗伊茨纳赫笔记》交叉写作的补充以及对质疑的回应

拉宾在本书中对手稿和笔记是交叉写作的补充论据相当丰富。补充论据总体上分为两类，一类是就《黑格尔法哲学批判》中断后的第二部分本身而言，马克思的工作节奏较第一部分发生很大变化，这种变化固然是马克思的研究习惯导致的，但应该是在他阅读了大量材料后才可能发生。另一类是直接指出，手稿中还有哪些地方可以看出马克思吸收了《克罗伊茨纳赫笔记》的思想，或者利用了《克罗伊茨纳赫笔记》做了增补。

第一类补充论据是拉宾通过对《黑格尔法哲学批判》中断处进一步深入的分析得到的。拉宾指出："马克思用《克罗伊茨纳赫笔记》中的欧洲国家历史方面的广泛资料丰富了这个中断，并能够对'立法权'章节中的未考察的段落进行更深入的和具体的分析。"① 在《青年马克思》第二版中，拉宾认为，马克思在第303－304节的写作过程的顺序是：第303节摘录→第303节的简短评注→第304－307节摘录→第304－307节的简短评注→中断→第303节的详细评注→第304－306节一句一句地摘录及评注②。在本书中，拉宾坚持上述写作顺序，并以马克思在中断后多次返回已评注过的小节进行再次分析作为自己推断的补充证明。他指出，马克思在中断后不仅返回到第303节，"还返回到了中断前只要他认为需要补充论据的许多其他段落（例如，在分析第304节时返回到了第300节和302节，在分析第306节时返回到了第268、289、297、301节，等等）。在中断后，马克思对已经分析过的第286节写了一段内容丰富的补充③。在中断前写的文本中还有几个较小的补充"④。

因此，拉宾提出如下推断：《黑格尔法哲学批判》的第二个部分的内容由三个片段组成。第一个片段是对第303节的重新研究：它从马克思对这一节做了最初考察之后写的评注开始，包括对第XXⅢ印张、第XXⅣ印

---

① Н. Л. Лапин. Молодой Маркс. Издание третье, дополненное. М.：Издательство политической литературы，1986：189，188－189.

② 拉宾. 马克思的青年时代. 南京大学外文系俄罗斯语言文学教研室翻译组，译. 北京：生活·读书·新知三联书店，1982：169.

③ 马克思，恩格斯. 马克思恩格斯全集：第3卷. 2版. 北京：人民出版社，2002：50. 从"此外，在这个附释中谈到……"一直到第52页"……君王是体现出私人对国家的关系的惟一私人"。

④ 同①189.

张的下半部分，第XXV印张和第XXVI印张的开头中摘录的节本身及其附释的多方面分析①。第二个片段包括对早先摘录的第304—307节的详细评注。在这里又对它们进行了重新摘录，但不是连续的，而是部分的，每一节都附有详细的分析。第二个片段有如下几页：第XXVI印张（除了开头）到第XXXV印张全部包括在内，并且最后一页只写了半页，后面的三张是空白②。第三个片段与前面的有明显的分隔，而且在手稿中承担了另一个任务：这已经不再返回到第一"部分"的文本中了，也不在新的研究的基础上对它的再研究，而是继续批判黑格尔《法哲学原理》的新章节——第308—313节。这个片段写在了第XXXVI印张到第XL印张上③。

第二类补充论据专门针对 $MEGA^2$ I /2 编者所质疑的"手稿没有可资证明的直接的摘引和成段的抄录这一事实"，拉宾将这类论据补充在了自己书中的"笔记本和手稿的共同点"一节。拉宾指出："将《1843年手稿》第二部分的某些片段和表述与《克罗伊茨纳赫笔记》相比对就不难发现，前者带有这个笔记的一些痕迹。此外，很明显马克思在这些笔记的影响下对手稿的第一部分做了增补。"④ 证据有以下四条⑤：

一是1843年5月马克思在从科隆写给卢格的信中还对法国大革命给予极高的评价，认为它是"重新使人恢复为人的法国革命"⑥。那么在对第303节的详细评注中，因为马克思已经掌握了一些新的历史材料，他得出了另一个结论：法国大革命实现了国家同市民社会的分离，其结果是"他就不得不与自己在本质上分离"⑦。

二是在《克罗伊茨纳赫笔记》中，在第一册笔记本和其他册笔记本中，马克思特别注意特权的产生的问题。这个问题在《黑格尔法哲学批判》的第二部分里也得到了反映，在这里马克思写道："人们常说，在中世纪，权利、自由和社会存在的每一种形式都表现为一种**特权**……这些特权都以私有财产的形式表现出来。"⑧

---

① 马克思，恩格斯. 马克思恩格斯全集：第3卷. 2版. 北京：人民出版社，2002：89—102.

② 同①102—138.

③ 同①138 的倒数第二段开始到第 158 页. Н. Л. Лапин. Молодой Маркс. Издание третье，дополненное. М.：Издательство политической литературы，1986：190.

④ Н. Л. Лапин. Молодой Маркс. Издание третье，дополненное. М.：Издательство политической литературы，1986：220.

⑤ 同④221.

⑥ 马克思，恩格斯. 马克思恩格斯全集：第47卷. 2版. 北京：人民出版社，2004：57.

⑦ 同①96.

⑧ 同①136.

三是在《克罗伊茨纳赫笔记》第二册笔记本关于 K. 路德维希（K. Людвиг）所著的《近五十年历史》（《История последних пятидесяти лет》）一书的摘要中，以及在关于这册笔记本、带有引用这本著作的内容索引中，马克思都使用了"制宪议会"（assemblée constituante）这一表达。《黑格尔法哲学批判》第一部分中，就有一个相应的增补放在主要文本之后："有人曾企图用区分 assemblée constituante［制宪议会］和 assemblée constituée［宪制议会］的办法来解决这个冲突。"① 拉宾指出，手稿的照片复印件可以证明这段话是后来增补上去的，也就是摘录了《克罗伊茨纳赫笔记》后才增补上去的。

四是在中断后，在《黑格尔法哲学批判》中可以看出马克思把更多的注意力放到了对市民社会及其内部结构的研究上——在批判黑格尔的国家学说后，紧接着他就明确打算把注意力转向"批判黑格尔对市民社会的看法"②。正是这个打算证明了马克思的论证过程并不符合黑格尔《法哲学原理》的总逻辑。在《法哲学原理》中，"市民社会"部分位于"国家"部分的前面。那么可以得出结论，在克罗伊茨纳赫历史问题研究的影响下，马克思修正了自己最初的计划。

此外，拉宾赞同 MEGA² I /2 编者所提出的："马克思是在肯定写于1843 年 9 月之后的著作中利用了克罗伊茨纳赫笔记的资料，他在《论犹太人问题》和《经济学手稿》中就是这样做的。"③ 但这并不能证明在《黑格尔法哲学批判》中没有利用《克罗伊茨纳赫笔记》。同时，拉宾还补充说，这些资料也被用在了《〈黑格尔法哲学批判〉导言》和《德意志意识形态》上，因此，这一说法只能证明，马克思持续一生都在进行关于历史的研究。

## 二、拉宾对"巴黎手稿"文献学研究的补充

在巴黎时期，马克思进行了两种形式的研究：一是对经济学家和社会学家的著作做摘要和评注，二是进行关于经济学问题和哲学问题广泛领域的独立的理论分析。这两种研究留下了不同的文稿，前者我们称之为"巴黎笔记"，后者我们称之为《1844 年经济学哲学手稿》。现在大家都知道，

---

① 马克思, 恩格斯. 马克思恩格斯全集：第 3 卷. 2 版. 北京：人民出版社，2002：74.

② 同①100. 还可以参见第 103 页.

③ 关于马克思的 1843 年手稿——《黑格尔法哲学批判》// 马克思主义研究资料：第 11 卷. 北京：中央编译出版社，2014：469.

这两种形式的研究是交叉进行的。这个观点也是由拉宾在《青年马克思》中第一次明确提出的，拉宾在书中还提出了一系列文献学观点，大部分被国际马克思文献学家认可，但由他所引发的国际马克思学界关于"巴黎手稿"的文献学讨论就此连绵不断，主要问题包括"巴黎笔记"与《1844年经济学哲学手稿》的关系、"穆勒评注"与《1844年经济学哲学手稿》三个笔记本的写作顺序、《1844年经济学哲学手稿》笔记本Ⅱ到底缺多少页、"巴黎笔记"到底有多少册等问题①。拉宾曾在《青年马克思》第一版和第二版中对前两个文献学问题进行了分析，但被国际文献学家认为考证做得并不够细致，一些结论值得推敲。在本书中，拉宾根据1981年出版的MEGA²Ⅳ/2发表的巴黎笔记和《1844年经济学哲学手稿》对自己的考证进行了大量的补充。

（一）巴黎笔记的写作阶段与《1844年经济学哲学手稿》的关系

拉宾并没有参与讨论关于巴黎笔记到底有几册的问题②，只是在《青年马克思》第一、二版中采用了MEGA¹Ⅰ/3的说法，共9册③；在本书中则采用了MEGA²Ⅳ/2的说法，共7册④。但本书中拉宾参与讨论了7册巴黎笔记本的写作顺序，以及它们与《1844年经济学哲学手稿》的关系问题。在这里，拉宾依据这些摘录笔记在《1844年经济学哲学手稿》中被利用的情况，以及马克思做摘录笔记时的写作习惯和特点，推测了巴黎笔记的摘录顺序。他把马克思的摘录过程分为六个阶段⑤。根据这六个阶段，拉宾坚持自己在本书第一、二版中把马克思从1843年底（或1844年初）到1844年8月的经济学哲学研究分成两个主要阶段的观点：（1）初读恩格斯《大纲》，巴黎笔记的第二、三阶段积累资料，写作《经济学哲学手稿》第一个笔记本；（2）巴黎笔记的第四、五阶段，写作1844年手稿的第二、

① 鲁克俭. 走向文本研究的深处：基于MEGA2的马克思文献学清理研究. 北京：中国社会科学出版社，2016：381－410.

② 1932年出版的MEGA¹Ⅰ/3收录的巴黎笔记共9册。1981年出版的MEGA²Ⅳ/2发表的巴黎笔记收录了7册，不包括对罗德戴尔的著作《论公共财富的性质和起源》的摘录，以及对布阿吉尔贝尔的著作《法国详情，它的财富减少的原因以及救济的难易程度》《论谷物的性质、耕作、贸易和利益》等的摘录。1998年MEGA²Ⅳ/3又重新将巴黎笔记判为9册（鲁克俭. 走向文本研究的深处：基于MEGA2的马克思文献学清理研究. 北京：中国社会科学出版社，2016：384－385）。

③ 拉宾. 马克思的青年时代. 南京大学外文系俄罗斯语言文学教研室翻译组，译. 北京：生活·读书·新知三联书店，1982：230.

④ Н. Л. Лапин. Молодой Маркс. Издание третье, дополненное. М.：Издательство политической литературы，1986：286.

⑤ 这六个阶段请参见本书第186－188页。

三笔记本①。但他同时指出,巴黎笔记的第三阶段,即"萨伊"和"斯密"笔记本才算作是写《1844 年经济学哲学手稿》笔记本 I 之前经济学研究的直接开始;巴黎笔记的头两个阶段,即"勒瓦瑟尔"和"色诺芬"笔记本的开头,以及"舒茨"笔记本,是马克思从 1843 年关于哲学历史问题的研究向关于经济学哲学问题研究的一个转向。因为巴黎笔记第三阶段的摘录并没有解决马克思在笔记本 I 的结尾表述的那些问题,马克思又研读了新的一批文献,记下了巴黎笔记的第四、五阶段的摘录,即"麦克库洛赫"笔记本,恩格斯《大纲》的摘要,李嘉图和穆勒著作的摘要等,然后开始撰写《1844 年经济学哲学手稿》笔记本 II 和笔记本 III。手稿没有写完,而巴黎笔记的第六阶段,马克思开始转向另一个问题,对于这个问题的研究是在马克思从巴黎迁居到布鲁塞尔以后。

(二)《1844 年经济学哲学手稿》笔记本 I 中的三个收入来源的分析是从"工资"开始的吗?

众所周知,马克思把《1844 年经济学哲学手稿》笔记本 I 的大多数页都分成三栏(少数分成两栏),三栏从左到右分别加标题"工资"、"资本的利润"和"地租"。一开始马克思在这并列的三栏或两栏下按标题书写,后来就不按标题分栏书写了②。那么并列的三栏就有并列的三个文本。无论是 MEGA¹ I /3 的编者还是 MEGA² IV/2 的编者,在按逻辑编排(不是按照手稿的本来面目编排)时,都是按严格的"从左到右"的顺序发表这些文本:开始是"工资"的片段(左栏),然后是"资本的利润"(中间栏),最后是"地租"(右栏)。这一顺序是怎么来的呢,或者说马克思为什么要按这个顺序写标题呢?这正是与马克思在巴黎笔记中摘录了亚当·斯密的主要著作《国民财富的性质和原因的研究》(《国富论》)有关。斯密的著作从劳动分工讲起,把劳动分工看作是国民财富的主要原因。根据劳动分工,斯密把商品的价格也分为三个部分:工资、资本的利润和地租,即收入的三个来源,把它们作为第一卷的第八至十一章。马克思曾按斯密书中的顺序在巴黎笔记中摘录了这三章,那么,《1844 年经济学哲学手稿》笔记本 I 中三栏的标题就是按照这个顺序写的。相应地,一般地说,马克思写作这三

---

① Н. Л. Лапин. Молодой Маркс. Издание третье, дополненное. М.: Издательство политической литературы, 1986: 298.

② 需要指出的是,关于三栏中的内容,马克思并不是写完一栏再写下一栏,例如写完"工资"整个片段再写"资本的利润",而是分阶段并列写三个文本:开始写一栏后,在某时中断对这个文本的写作,着手写另一栏。同样,中断后再写第三栏,然后又回到之前的某一栏继续写作,如此类推。

个文本的顺序也应该是相同的，MEGA$^2$ 的编辑注释就指出，"有极大的可能能够接受，叙述应该按照斯密所采纳的顺序：工资、资本的利润和地租"①。

但是，拉宾却提出了一个关键的问题：马克思分析阐述的顺序真的是从"工资"开始的吗？拉宾通过研究得出结论：马克思对收入来源的分析是从"资本的利润"开始的。这一结论在《青年马克思》第一、二版中就已经得出②，但当时拉宾论据不够，这个结论并未引起其他文献学家的注意。而在本书中，拉宾对这个结论做了进一步论证。

首先，从巴黎笔记关于斯密《国富论》的摘录与《1844 年经济学哲学手稿》笔记本 I 的内容上看，拉宾指出，在巴黎笔记的摘录中，马克思摘录了《国富论》一书的第一卷第六、七章（"论商品价格的组成部分"和"论商品的自然价格和市场价格"）后就中断了，转而去摘录了《国富论》的第二卷"论储备的性质、积累和使用"的第一、二章，其中主要从斯密关于流动资本的特性开始摘录，包括流动资本的组成部分，货币作为流动资本的特殊部分的作用，纸币代替了金银③等。对第二卷头两章做了简短的摘录后，马克思又重新回去摘录了第一卷的第八至十一章，即收入的三个来源的三章。拉宾认为，马克思摘录的中断说明，一方面，马克思为了更深入地理解商品价格的问题必须弄清资本是什么，特别是流动资本是什么，在运转过程中货币发挥了怎样的作用等；另一方面，这证明了"与斯密把工资、利润和地租简单地看作是私有制条件下（后继者也都是不加批判地接受这样的观点）商品价格自然划分的三个部分不同，马克思发现了另外一条研究路径，即**因为资本本身的特性**而研究收入的三个来源"④。在《1844 年经济学哲学手稿》中"资本的利润"的片段恰恰是从讨论资本及其特性和实质开始的，然后才讨论了资本的利润本身。因此，这也能证明，马克思是从关于资本的文本开始写三个收入来源的。

其次，从《1844 年经济学哲学手稿》笔记本 I 中关于三个收入来源的文本本身来看，拉宾提出，"应该注意到这个事实，即关于工资的文本不仅总结了关于工资问题的材料，而且在一定程度上还总结了其他收入来源的材料。在关于工资的文本中有近十处马克思归纳式地利用了其他两个片段

---

① Marx—Engels—Gesamtausgabe（MEGA）. Erste Abteilung, Bd. 2. Berlin, 1982, c. 690.

② 拉宾. 马克思的青年时代. 南京大学外文系俄罗斯语言文学教研室翻译组，译. 北京：生活·读书·新知三联书店，1982：239.

③ Marx—Engels—Gesamtausgabe（MEGA）. Vierte Abteilung, Bd. 2. Berlin, 1981, c. 344—346.

④ Н. Л. Лапин. Молодой Маркс. Издание третье, дополненное. М.：Издательство политической литературы, 1986：314.

中的经验素材（同样，从摘录笔记中也能找到它们）。那么就能得出结论，关于工资的文本写于马克思写作笔记本 I 的第一阶段的总结时期，即**接近结束时期**"①。根据演绎归纳方法论，拉宾把马克思写作笔记本 I 的第一阶段划分为三个步骤：第一步，在巴黎笔记上摘录经济学家的著作积累经验材料；第二步，写笔记本 I 的第一阶段关于利润和地租的文本，对这些材料进行精选和初步分析；第三步，写笔记本 I 的第一阶段关于工资的文本，总结分析这些材料和补充材料。在这里，拉宾还举了两个例子。例一："国民经济学家对我们说，一切东西都可用劳动来购买，而资本无非是积累的劳动……懒惰的土地占有者的地租大都占土地产品的三分之一，忙碌的资本家的利润甚至两倍于货币利息，而剩余的那一部分，即工人在最好的情况下所挣得的部分就只有这么多：如果他有四个孩子，其中两个必定要饿死。"② 拉宾指出，在这段议论中所提到的具体材料，在关于资本的利润和地租的文本都能找到。例二：马克思总结说："依照概念来说，地租和资本利润是工资受到的扣除。但是，在现实中，工资是土地和资本让工人得到的一种扣除，是从劳动产品中让给工人、让给劳动的东西。"③ 这恰恰说明了工资文本对另两个文本的总结作用。

最后，从马克思研究政治经济学的宗旨和方法论意义来看，拉宾指出，探索马克思对三个收入来源的分析是从哪一个文本开始的问题，可以改变以往苏联理论界低估巴黎时期马克思对政治经济学理论问题的理解水平，甚至可以改变低估《1844年经济学哲学手稿》的理论价值的现象。当时苏联理论界的主流观点是，巴黎时期马克思研究政治经济学理论还是一个相当初步的水平，还没有着手研究李嘉图的劳动价值理论，甚至还否定了劳动价值论。例如苏联学者卢森贝就提出，《手稿》时期的马克思"否定"了国民经济学的劳动价值论，他的价值理论形式史是从对劳动价值论的否定到肯定的转变④。拉宾指出，马克思对收入来源的分析"是从全部收入来源的某种最重要的关系开始，即**从资本所体现的私有制关系开始**。马克思的全部基础是从对私有制关系、对资本的批判开始的"⑤。这说明，《1844年经济学哲学手稿》的中心问题不仅仅是对异化劳动的阐发，而且

① Н. Л. Лапин. Молодой Маркс. Издание третье, дополненное. М.：Издательство политической литературы，1986：321.

② 马克思，恩格斯. 马克思恩格斯文集：第1卷. 北京：人民出版社，2009：122.

③ 同②123.

④ 望月清司. 马克思历史理论的研究. 北京：北京师范大学出版社，2009：82.

⑤ 同①323.

是对无产阶级的历史使命的必然性进行经济学和哲学的论证，私有制的实质、产生和发展的历史、其消亡的前提以及被新的历史所有制形态——社会的、共产主义所有制所代替等问题都是这部手稿讨论的中心问题。由此，在方法论上，马克思"完全站在国民经济学家的立场上"①，然后"超出国民经济学的水平，试从前面几乎是用国民经济学家的原话所作的论述出发，来回答"人类发展中的重大问题②。拉宾认为，按照这个方法论原则，马克思应该不是从总结性的文本，即关于工资的文本开始写作《1844年经济学哲学手稿》的，而是从"用国民经济学家的原话"所论述的问题开始的。关于利润和地租的文本就是这样的，其中关于资本的利润这个文本是最开始。

（三）"穆勒评注"与《1844年经济学哲学手稿》三个笔记本的写作顺序

在马克思的巴黎笔记中，马克思关于詹姆斯·穆勒的《政治经济学原理》（1821年版，1823年法文版）的摘要（即"穆勒评注"）是其中比较特殊和重要的。说它特殊，是因为巴黎笔记的大部分笔记本以摘录相关经济学家论著为主，马克思很少做评注或仅有几句评注，而在"穆勒评注"中，"马克思个人的议论又占了相当大的篇幅——整部《穆勒评注》翻译成中文约3.1万余字，而马克思本人的论述近1.3万字"③。说它重要，这是因为马克思继研究劳动异化之后，在"穆勒评注"以及《1844年经济学哲学手稿》笔记本Ⅲ的一部分片段中研究了"社会交往的异化形式"④。这昭示着"穆勒评注"与《1844年经济学哲学手稿》的关系非常紧密，体现了马克思异化思想的连续性、渐进性和层次性，甚至体现了马克思思想的转折性。而对"穆勒评注"与《1844年经济学哲学手稿》三个笔记本的写作顺序的不同理解，会直接影响对马克思异化劳动理论和交往异化理论的评价，因此，写作顺序也成为国内外学者考察马克思巴黎笔记的重要文献学问题之一⑤。拉宾在《青年马克思》三个版本中，始终坚持把马克思在

① 马克思，恩格斯. 马克思恩格斯文集：第1卷. 北京：人民出版社，2009：122.

② 同①124.

③ 聂锦芳. "巴黎手稿"再研究：文献、思想与历史地位. 北京：中央编译出版社，2014：4.

④ 马克思，恩格斯. 马克思恩格斯全集：第42卷. 北京：人民出版社，1979：25.

⑤ 对这一问题的国内外研究内容请参考：吕梁山，潘瑞. 马克思《詹姆斯·穆勒〈政治经济学原理〉一书摘要》研究读本. 北京：中央编译出版社，2013；刘秀萍. 马克思"巴黎手稿"再研究. 北京：中国人民大学出版社，2013；聂锦芳. "巴黎手稿"再研究：文献、思想与历史地位. 北京：中央编译出版社，2014；鲁克俭. 走向文本研究的深处：基于MEGA2的马克思文献学清理研究. 北京：中国社会科学出版社，2016.

巴黎时期的经济学哲学研究分成两个主要阶段，推测在完成《1844 年经济学哲学手稿》笔记本 I，即完成第一阶段的研究后，第二阶段的研究过程是："麦克库洛赫"笔记本→恩格斯《大纲》的摘要→"李嘉图摘要"→"穆勒评注"→《1844 年经济学哲学手稿》笔记本 II、笔记本 III。在本书中，他又为这一推测加入了一些新的证据。

第一，针对 MEGA² IV/2 编者认为"李嘉图摘要"写于"麦克库洛赫"笔记本之前，然后才写"穆勒评注"的假设①，拉宾指出，从内容上看，马克思对李嘉图《政治经济学及赋税原理》的摘要"在各方面都超越了他从麦克库洛赫和普雷沃的著作中所做的摘要，其中包含了马克思在经济学根本问题上的详细讨论。最初的对李嘉图及其学派否定性的评价被对李嘉图思想的深刻和清晰的真诚尊重代替，而对李嘉图的批判开始越来越有充分的根据。这样可以得出结论，李嘉图的《原理》摘要马克思不是在麦克库洛赫和普雷沃的摘要之前做的，而是在它之后做的"②。紧接着李嘉图的《原理》之后，马克思认真研究了詹姆斯·穆勒的《政治经济学原理》。

第二，针对 MEGA² I/2 编者认为"李嘉图摘要"和"穆勒评注"不仅是写于"麦克库洛赫"笔记本等之后，而且是在完成《1844 年经济学哲学手稿》笔记本 II、笔记本 III 之后的假设③，拉宾指出，在《1844 年经济学哲学手稿》中，曾利用过"李嘉图摘要"。例如，在"李嘉图摘要"的结尾，马克思指出："在国民经济学中我们已经不只一次地对李嘉图从完全人道的错觉中解放出来的犬儒主义感到惊奇。"④ 而在《1844 年经济学哲学手稿》笔记本 III 的开头，马克思概括道："从斯密经过萨伊到李嘉图、穆勒等等，国民经济学的昔尼克主义不仅相对地增长了——因为工业所造成的后果在后面这些人面前以更发达和更充满矛盾的形式表现出来——，而且肯定地说，他们总是自觉地在排斥人这方面比他们的先驱者走得更远，

① MEGA² IV/2 编者认为，"李嘉图摘要"与《1844 年经济学哲学手稿》笔记本 I 之间具有惊人的外表相似性，因为"李嘉图摘要"被分成三栏，用罗马数字编号，这是巴黎笔记中其他任何一个笔记本都没有的形式。因此，MEGA² IV/2 编者推测的写作顺序是：笔记本 I→"李嘉图摘要"→"麦克库洛赫"笔记本→"穆勒评注"→笔记本 II、笔记本 III。(Marx—Engels—Gesamtausgabe (MEGA). Vierte Abteilung, Bd. 2. Berlin, 1981, c. 717-718)

② Н. Л. Лапин. Молодой Маркс. Издание третье, дополненное. М.: Издательство политической литературы, 1986: 367.

③ MEGA² I/2 编者的理由之一是，在《1844 年经济学哲学手稿》中直接利用了巴黎笔记中关于麦克库洛赫的摘要，但不是逐字逐句地利用"李嘉图摘要"和"穆勒评注"的摘录。(Marx—Engels—Gesamtausgabe (MEGA). Erste Abteilung, Bd. 2. Berlin, 1982, c. 696-697)

④ Marx—Engels—Gesamtausgabe (MEGA). Vierte Abteilung, Bd. 2. Berlin, 1981, c. 423.

但是，这只是因为他们的科学发展得更加彻底、更加真实罢了。"①

第三，拉宾指出，虽然不是逐字逐句完全相同，但"穆勒评注"在《1844 年经济学哲学手稿》笔记本Ⅲ中有被马克思直接或间接利用的痕迹。他列举了三处。

（1）直接利用的证据一。马克思在《1844 年经济学哲学手稿》笔记本Ⅲ中直接摘录了穆勒著作的内容，而这部分内容与"穆勒评注"的"一 论生产"中的摘要几乎出自相同的页码，甚至摘录了同一段内容。"穆勒评注"中的摘录内容为："为了最有利地进行分工以及分配人力和机器力，在多数情况下，必须从事大规模生产，换句话说，必须大批地生产财富。这种好处是促使大制造业产生的原因。"②《1844 年经济学哲学手稿》笔记本Ⅲ的"分工"片段中摘录穆勒的内容为："'——为了最有利地进行分工以及分配人力和机器力，在多数情况下，必须进行大规模操作，换句话说，必须大批地生产财富。这种好处是促使大制造业产生的原因。……'以上是穆勒说的。"③

（2）直接利用的证据二。"穆勒评注"的"三 论交换"中有一段德斯杜特·德·特拉西著作和斯密著作的引文组合，被马克思利用在了《1844 年经济学哲学手稿》笔记本Ⅲ的"私有财产和需要"片段中。"穆勒评注"中的摘录为："德斯杜特·德·特拉西说：**'社会是一系列的相互交换……它恰好也是这个相互结合的运动。'亚当·斯密说：'社会是一个商业社会。它的每一个成员都是商人。'**"④ 在《1844 年经济学哲学手稿》笔记本Ⅲ中的摘录为："……在进步的状态下，'每个人都靠 échanges〈靠交换〉来生活，并成为一种商人，而社会本身，严格地说也成为商业社会。〈见德斯杜特·德·特拉西：'社会是一系列的相互交换，商业就是社会的整个本质'〉……"⑤

（3）间接利用的证据。在"穆勒评注"的"二 论分配"中，马克思摘录了一段穆勒关于如何控制人口、避免大多数家庭陷入贫困的道德箴言："……利用人民制裁的巨大影响也许有很大的好处。对那些由于自己的不慎行为和由于建立人口很多的家庭而陷于贫困和依赖地位的人不遗余力地给予公开谴责，而对那些由于明智的节制态度而保证自己免于贫困和堕落的

---

① 马克思，恩格斯. 马克思恩格斯文集：第 1 卷. 北京：人民出版社，2009：180.
② 马克思，恩格斯. 马克思恩格斯全集：第 42 卷. 北京：人民出版社，1979：5.
③ 同①239.
④ 同②25.
⑤ 同①238.

人给予公开赞扬，这样做也许就够了。"① 在《1844 年经济学哲学手稿》笔记本Ⅲ的"私有财产和需要"片段中，马克思对这段摘要进行了批判："节制需要，这个国民经济学的原则在它的人口论中最鲜明地表现出来。人太多了。甚至连人的存在都是十足的奢侈，而如果工人是'道德的'（穆勒曾建议公开赞扬那些在两性关系上表现节制的人，并公开谴责那些违背这一结婚不生育原则的人……难道这不是禁欲主义的道德、学说吗?），那么他就会在生育方面实行节约。人的生产表现为公众的不幸。"②

根据这三处重要证据，拉宾指出，那种"假设在这样和类似的情况下，马克思先在《经济学哲学手稿》中直接写下了相应的摘录，然后在穆勒著作的摘要中'利用了'它们就不太自然了"③。因此，这些证据有利地证明了，"穆勒评注"写于《1844 年经济学哲学手稿》笔记本Ⅱ和笔记本Ⅲ之前，或者只是写在笔记本Ⅲ之前。

综上所述，基于文献学考据和文献研读，拉宾在本书中关于《黑格尔法哲学批判》和《克罗伊茨纳赫笔记》的关系问题和对"巴黎手稿"的文献学研究补充结论，都呈现了国际马克思学界的一种代表性观点。早在MEGA¹ 第一部分第一卷下册的导言部分，梁赞诺夫就提出了"《黑格尔法哲学批判》手稿的最后部分在写作时间上，同克罗茨纳赫笔记是一致的"④观点。而关于"穆勒评注"写于《1844 年经济学哲学手稿》笔记本Ⅰ与笔记本Ⅱ之间的观点更是被包括日本学者中川弘、山中隆次、中野英夫，阿姆斯特丹国际社会史研究所研究员尤尔根·罗扬，以及部分中国学者在内的马克思学研究者所接受⑤。面对《青年马克思》第一、二版出版后的各种质疑，拉宾在本书中对《黑格尔法哲学批判》写作中断时间和原因的分析、马克思对《1844 年经济学哲学手稿》笔记本Ⅰ中的三个收入来源的分析，从"资本的利润"开始等问题提供了更加丰富的论据，并且论证清晰而合理，因而更值得采信。通过手稿和笔记的互文解读，他提出了《黑格尔法哲学批判》手稿的第二个部分由三个片段组成、马克思摘录巴黎笔记

---

① 马克思，恩格斯. 马克思恩格斯全集：第 42 卷. 北京：人民出版社，1979：10.

② 马克思，恩格斯. 马克思恩格斯文集：第 1 卷. 北京：人民出版社，2009：229.

③ Н. Л. Лапин. Молодой Маркс. Издание третье, дополненное. М.：Издательство политической литературы，1986：373.

④ 王旭东，姜海波. 马克思《克罗茨纳赫笔记》研究读本. 北京：中央编译出版社，2016：49.

⑤ 吕梁山，潘瑞. 马克思《詹姆斯·穆勒〈政治经济学原理〉一书摘要》研究读本. 北京：中央编译出版社，2013：45-57.

的过程分为六个阶段等有启发性的推断，为我们进一步思考青年马克思思想形成过程中的细节问题提供了重要参考。

在本书翻译过程中，我的博士生导师、中国人民大学哲学院安启念教授在术语译文方面给予了中肯的帮助和指导；俄罗斯圣彼得堡和列宁格勒州俄中友好协会执行董事、圣彼得堡国立经济大学中国及亚太地区研究中心副主任凤玲博士积极为本书联络版权事宜；莫斯科"推广汉学协会（俄罗斯）"会长阿辽娜副博士以及中共中央党史和文献研究院第五研究部的彭晓宇副译审都曾对本书的翻译鼎力相助，特此致以由衷的谢意。本书翻译历经六年之久，原来工作的繁忙总是让我译译停停，直至近一年里，才有了完整的时间去研究和揣摩，而同它一起酝酿的另一个小生命却已经上了小学。在此期间工作和生活的变幻无常让我懂得顺应内心深处对研究工作的渴望更为重要，而我的先生臧峰宇教授对学术的执着和热爱也深深地同化着我、吸引着我。

本书的出版凝结了中国人民大学出版社各位编辑老师的辛勤汗水，在此一并感谢！

由于译者水平有限，译文可能存在不妥之处，恳请读者指正。

姚颖
2019 年 3 月于时雨园

# 俄文第三版序言

世界上只有少数人不知道卡尔·马克思。这个名字对我们无限珍贵，在我们的概念中，通常会联想起上了年纪、大胡子、白头发以及具有多年斗争智慧经验和从事精神探索的人。我们如此地习惯马克思的这个形象，以至于经常无意中就想起他的青年时代。19世纪30—40年代之交，开始独立生活的这个青年人是怎样的呢？一名中学生、一个省城非贵族出身的公务员的儿子是怎样变成《资本论》的作者以及共产国际的创始人的呢？

本书讲述了青年马克思艰辛的，有时是戏剧性的生活和创作历程。

在少年时代就已经把普罗米修斯为人类幸福而献身选择为自己的使命的、不知疲倦的旅行者形象，不仅吸引了不同国家和学派的哲学家、社会学家和政治家的注意力——无论是马克思主义者，还是非马克思主义者，包括试图歪曲充满朝气的无产阶级未来理论家和领袖形象的职业反共产主义者，还感召了创作关于他的小说、剧本和电影的艺术家们。虽然无论在情节上，还是在世界观–人道主义方面，这个主题的内容很丰富，但要写马克思的生活和创作并不容易。

本书的作者从自身的经验中体验到了做这件事情的艰辛，但也有不少引人入胜的地方。本书涵盖了马克思独立生活和创作道路的最初十年（7~16岁）。在多年的研究中，作者发现了这个专题越来越新的方面。

这本书的第一版问世于1968年，当时一切进步人士都在纪念马克思诞辰150周年。1976年，出版了这本书的第二版、修订和补充版。该书曾被翻译为保加利亚文（1969年）、德文（1974年）、芬兰文（1977年）、摩尔达维亚文（1979年）、斯洛伐克文（1979年）、匈牙利文（1980年）、法文（1980年）、中文（1982年）、葡萄牙文（1983年）、意大利文（1985年）。现在是这本书的俄文第三版了。

作者认为，这是各国读者对马克思主义创始人观点形成的关注已成为常态，不只是在"周年"关心一下的证据之一。带着这些关注，作者出席了在蒙特利尔召开的第 17 届世界哲学大会（1983 年 8 月）。在大会上作者做了题为《论完整的科学世界观的起源》的报告，来自美国、法国、印度和其他亚洲国家、非洲国家、拉丁美洲国家的百余位哲学家听了报告。他们的提问证明了，他们对马克思主义形成和发展的具体过程的浓厚兴趣，以及对它在当代世界的影响不断增强的前提和条件的浓厚兴趣。特别是这一切激发了青年人，而他们的极大关注是未来对马克思主义的兴趣不会减弱的保证。

近年来出现了许多关于马克思和恩格斯生平、活动和思想发展的新的著作，这些著作在阐述这个取之不尽的题材方面做出了重要贡献。其中有苏共马列主义研究院①和德共马列主义研究院②的研究人员编辑的马克思和恩格斯的科学传记。苏共马列主义研究院还编辑了多卷本的《马列主义史》。

《马克思恩格斯全集》俄文第二版的完成具有重大意义。1974—1975年出版了包括第 40、41、42 卷在内的三卷，其中有很多马克思主义奠基人的著作都是第一次发表或翻译成俄文，也重新校订了其著作的译文，这些著作属于让我们感兴趣的马克思和恩格斯观点形成时期（1835—1844 年）的著作。

由于要编辑新的《马克思恩格斯全集》原文版（MEGA$^2$，100 卷）③，

---

① Карл Маркс. Биография. Авт. Коллелтив: П. Н. Федосеев（руководитель）. И. А. Бах, Л. И. Гольман, Н. Ю. Колпинский, Б. А. Крылов, И. И. Кузьминов, А. И. Малыш, В. Г. Мосолов, Е. А. М. Степанов, 1973. Фридрих Энгельс. Биография. Авт. Коллелтив: Л. Ф. Ильичев（руководитель）, Е. П. Кандель, Н. Ю. Колпинский, А. И. Малыш, Г. Д. Обичкин, В. В. Платковский, Е. А. Степанов, Б. Г. М. Тартаковский, 1977.

② Карл Маркс. Биография.（перевод с немецкого）. Авт. коллектив: Г. Гумов（руководитель）, О. Гоффман, Г. Гюммлер, Э. Кундель, К. Обериманн, Х. Ульрих, Г. М. Винклер, 1969. Фридрих Энгельс. Биография.（перевод с немецкого）. Авт. коллектив: Г. Гемтов（руководитель）, Х. Бартель, Г. Баккер, Р. Длубек, Э. Кундель, Х. М. Ульрих, 1969.

③ Marx—Engels—Gesamtausgabe（MEGA$^2$）. 关于此全集参见 A. 叶高罗夫（А. Егоров）和 Г. 哈伊岑（Г. Хайдена）的《永远鲜活的革命学说.〈马克思恩格斯全集〉首批卷次出版》（А. Егоров, Г. Хайден. Вечно живое революционное учение. К выходу первых томов Полного собрания сочинений К. Маркса и Ф. Энгельса（Marx—Engels—Gesamtausgabe—MEGA）. Проблемы мира и социализма, 1975（10）），以及 Г. 格姆科夫（Г. Гемков）和 В. 杰文（В. Зевин）的《马克思主义创始人伟大的思想遗产.〈马克思恩格斯全集〉原文版首批卷次问世》.（Г. Гемков, В. Зевин. Великое идейное наследие основоположников марксизма. К выходу в свет первых томов томов Полного собрания сочинений К. Маркса и Ф. Энгельса на языках оригинала. Коммунист, 1975（15））

苏共马列主义研究院和德共马列主义研究院两家合作努力进行这项庞大的研究工作。这个版本将在最高的科学水平上完成。它由四个部分组成：第一部分收录著作、文章、手稿（《资本论》除外）；第二部分收录《资本论》及其准备材料；第三部分收录马克思和恩格斯的书信，以及别人写给他们的书信；第四部分收录摘录、批注和笔记。从1975年起，已经出版了超过15卷，同时每一卷全集都配有对这一卷进行详细研究的附录作为补充卷（说明每部著作手稿的产生和特点，对已有的不同版本和校对修改的再现，文中提及的历史事实、文献、人名等的注释，一些索引）。

已出版卷次中的5卷（包括附录卷在内为10卷）直接与马克思和恩格斯观点的形成时期①有关，包括数十篇首次发表的文章、书信、摘要以及其他一些资料和文献。其中有两组非常重要的摘录和摘要的笔记——1843年《克罗伊茨纳赫笔记》和1844年"巴黎笔记"。在编辑发表的过程中，在辨认手稿方面和再现手稿本身结构方面，进行了许多更准确的说明。在这方面，以两种方案出现的1844年《经济学哲学手稿》②的新版本具有特殊的意义，保证了再现青年马克思最复杂的著作达到了一个高质量的全新水平。

熟悉马克思和恩格斯著作的新版本为更加深入到他们遗产的内容和方法中去，深入到他们研究的内在创作活动中去提供了可能。因此很显然，在准备当前的第三版《青年马克思》一书时，作者尽可能努力地更充分地顾及这些版本，作为他著作里的最新研究。本书的所有章节都进行了补充和更详细的说明，但最多修订的是结论章，主要分析了马克思的《经济学哲学手稿》。

但是，对本书的补充和更详细的说明没有导致必须修改该书的方法论核心。相反，作者力求更加突出，青年马克思思想政治的发展，在**完整的**科学世界观方面，在其各组成部分的哲学、经济学和政治学的统一方面，在马克思理论观点形成与革命工人运动的实践相结合方面，是马克思的观点形成过程的最初阶段。为了更清晰地勾勒出在以后的马克思主义发展中

---

① Marx—Engels—Gesamtausgabe（MEGA）. Erste Abteilung, Bd. 1. Berlin, 1975；Marx—Engels—Gesamtausgabe（MEGA）. Erste Abteilung, Bd. 2. Berlin, 1982；Marx—Engels—Gesamtausgabe（MEGA）. Dritte Abteilung, Bd. 1. Berlin, 1975；Marx—Engels—Gesamtausgabe（MEGA）. Vierte Abteilung, Bd. 1. Berlin, 1976；Marx—Engels—Gesamtausgabe（MEGA）. Vierte Abteilung, Bd. 2. Berlin, 1981.

② 在新的版本中，马克思的这部著作的标题未包括其创作年份。相应地，我们在本书的这一版中也采纳了这样的修订题目。

这种品质的意义，书的结论增加了关于马克思主义完整形态发展的专门片段。

本书仍然只考虑科学可靠的材料，在这个意义上，它没有任何作者的虚构。作者也尽可能地努力保持叙述的通俗性，使这本书能够让更广大范围的读者理解。

但是，一部科学普及的书经常不是简单的。掌握书中包含的一切科学知识，必然要求读者耗费一定的紧张脑力劳动，不具备这一点，保存在记忆里的只有表面的一些引人入胜的细节，但缺少被叙述对象的实质。这一点也适用于这本书。因为书中对材料的叙述会一步步趋向于越来越复杂的问题，这就要求读者必须注意，不能越过某些页或某些段：科学主题的结论，即使在结语中被表达出来，如果不跟随它全部情节的变化，也不能在它的全部意义上去深入地理解和评价。

参与本书创作的除了作者，还包括其他一些科学研究者，他们从事相关问题的研究，以其建议和评论帮助过作者。作者特别对苏共马列主义研究院的马克思和恩格斯著作部和中央党务档案部的同事们的大力帮助表示诚挚的感谢。

# 目　录

# 绪论
# 作为完整学说的马克思主义的产生

马克思主义的创始人卡尔·马克思和弗里德里希·恩格斯的伟大功绩在于，他们从根本上改造了 19 世纪 40 年代初形成的社会思想的每一个主要领域，并把它们综合为本质上崭新的、完整的关于社会的知识，并使这种知识与工人阶级的革命实践运动相结合。

## 马克思主义各组成部分的统一

马克思主义学说具有复杂的结构。它的全部组成部分——哲学、政治经济学、科学共产主义——都是统一的科学世界观的各个方面，这种统一的科学世界观同时也是最革命的阶级——无产阶级的思想体系。马克思主义的每一个组成部分都具有各自的特点，又与其他两个组成部分相补充，并在其自身发展中互为影响。因此，马克思主义学说并不是其组成部分的简单总和，而是它们的综合，在这里每个部分虽然都拥有相对的独立性，但只有作为整体的一部分才会获得这种独立性。只有在这种特质下，他们才能实现对世界改造过程中的科学领导的功能。

在马克思主义发展的一百多年中，它的主要部分已经变为相对独立的、包括一系列专门领域的科学，这些专门领域同样也表现出成为若干独立的知识部门的趋势。

这种分化趋势本身是合乎规律的和进步的，因为它保证了学术工作专业水平的提高。但是，无论对于作为整体的马克思主义发展来说，还是对于其各个组成部分的发展来说，单一的分化是不够的。列宁一直强调，马克思主义的真理性和能动性的这方面，同它的另一方面，即整体性和完整性之间具有极为紧密的联系。"马克思学说具有无限力量，就是因为它正

1

确。它完备而严密，它给人们提供了……完整的世界观。"①

最近，马克思列宁主义理论的各个组成部分的一体化正在加强，这是由于客观上它对生产和社会生活过程的科学指导作用不断增强。马克思列宁主义共产党和工人党的许多文件，特别是纲领性文件，都是马克思主义发展一体化趋势的证明。

为了更好地理解马克思列宁主义的一体化和分化过程的特点，必须转向它的历史，研究它作为整体性学说的形成过程。列宁在起草《卡尔·马克思》一文的提纲时，表述了这篇文章的主要任务是"全面叙述他（指马克思——拉宾注）的整个学说……（马克思主义是科学的理论）"之后指出，同时还必须"论及马克思主义的形成过程"②，这一点绝非偶然。

马克思主义创始人在创立自己学说的同时，解决了当时历史所提出的一些根本问题，这些问题包罗万象的特征消解了用前马克思主义的社会科学方法解决它的可能性：无论是其中任何一种方法，还是这些方法的总和。这两种方法都不合适的这一点已经被社会思想的发展证明③。这不仅指的是前马克思主义社会知识的任何一个主要领域（哲学、政治经济学、社会主义理论），虽然在 19 世纪上半叶它们已经获得了自己的经典表述，但也不能解决已经产生的综合性问题，这些学派的没落以及对古典遗产更加庸俗化的解释证明了这一点。当时，社会知识的各种领域相接近的要求已经明显表露出来了。例如，社会主义学说与傅立叶和欧文理论中的唯物主义相结合，赋予了这些理论较前人的空想更多的根据。但是，上述理论完全没有脱离其空想的性质，因为它们依靠已存的唯物主义作为现成的逻辑基础，然而，事实上这种唯物主义本身也需要进行根本改造。同样，英国政治经济学促使黑格尔更深入地洞察社会过程的辩证法，但他不能在科学理解劳动对于人类历史的作用方面迈出决定性的一步。社会理论学科的划分在知识领域的划分中得到体现，不同民族的创造天才在各个知识领域中取得了极大的成就：哲学由德国人发展到古典形式，政治经济学由英国人发展到古典形式，社会主义学说主要由法国人发展到古典形式。这些知识领域中的每一个都脱离革命斗争的实践，这决定了它们之间的联系是脆弱和无效的，这也给斗争本身带来了损失。

① 列宁专题文集·论马克思主义. 北京：人民出版社，2009：67.
② 列宁. 列宁全集：第 26 卷. 2 版增订版. 北京：人民出版社，2017：375.
③ Г. П. Францов. Исторические пути социальной мысли. М., 1965.

因此，不仅每一个主要社会思想领域的改造是历史必然，而且把它们综合成一个新整体，以及把它们与革命实践相结合，也都是历史的必然。把唯物主义和辩证法相结合，并将其推广至对社会生活的理解，不仅是哲学的需要，同样也是政治经济学和共产主义学说的需要。剩余价值学说的发现和用社会主义生产方式代替资本主义生产方式的经济规律的研究，不仅将政治经济学提到更高的理论水平，而且对哲学和共产主义学说也产生巨大影响，这两种学说一经改造，正好在政治经济学说中获得了自己最深刻、最周详的证实和论据。对哲学和政治经济学的改造，在更大程度上回答了无产阶级革命斗争的迫切需要，列宁写道："只有马克思的哲学唯物主义，才给无产阶级指明了如何摆脱一切被压迫阶级至今深受其害的精神奴役的出路。只有马克思的经济理论，才阐明了无产阶级在整个资本主义制度中的真正地位。"① 最后，科学共产主义的创立使得哲学和政治经济学发生质的变化。

因此，马克思主义的产生是一个过程，这个过程能够相应地表现出以其各个组成部分在有机的相互联系中成为前提的综合过程。这些问题的专门研究也符合意识形态斗争的需要，因为马克思主义的反对者们正在着手攻击它的完整性。

## 研究马克思主义形成过程的社会意义

马克思主义的形成过程，特别是马克思的观点的形成过程，在 19 世纪末就已经成为专门研究的对象，但这些研究在最近几十年里开展得更为广泛。世界许多国家都发表了关于青年马克思的数十篇篇幅较大的论文、百余本小册子和上千篇文章，其作者有哲学家、社会学家、经济学家、法学家、心理学家和从事其他专业的人士。

在这些大量的文献中明显划分为两大主要类别：马克思主义者依靠科学的辩证唯物主义方法撰写的著作，以及资产阶级作者的著作，后者企图利用青年马克思的观点（预先加以歪曲），丑化成熟马克思主义，甚至为最新的唯心主义结构论证。

尽管资产阶级研究者所持的态度不尽相同，但他们都企图证明，似乎成熟的马克思主义的理论和方法论不适用于分析马克思观点的形成。例如，

---

① 列宁专题文集·论马克思主义. 北京：人民出版社，2009：71.

联邦德国"东方学专家"Э. 施雷普勒（Э. Шреплер）在《关于在苏俄和西欧出版的马克思传记的问题》的文章中断言，似乎苏联的及所有马克思主义历史学家都不能对马克思观点的形成和发展给予客观的评价，因为对于他们来说，"首先必须确立所写个人与党的路线的一致性，所以这个难题应该由西方的历史学家和社会学家来解决"①。

正如我们所看到的，作为理由所提出的绝不是一个新的论点，即关于党性与科学性不能相容，因为党的路线似乎容易受到政治局势的波动，这种波动对于寻求真理具有极为有害的影响。但是，提出这类理由要比证明它们更容易一些。事实上，谁认为好像苏联学者对青年马克思的研究主要是凭一时的、随势而变的想法，那他就忘记了这样一个最重要的情况，即这些研究一向依据的是丰富的理论和方法论的传统。

在马克思和恩格斯的著作和书信中就有一系列确切的证明，这使人们极为准确地判断马克思主义形成中的一些重要路标和规律。Г. В. 普列汉诺夫和 Ф. 梅林在马克思主义学说起源研究方面做出了一定的贡献。在分析了马克思主义世界观与前人的思想理论的关系后，Г. В. 普列汉诺夫既指出了它们的联系，又指出了它们的区别；当然，区别只在很少的程度上被指出②。Ф. 梅林在注意到青年马克思一系列著作之后，强调必须具体分析其思想进化的历史条件和主要阶段。但是，他研究的主要是马克思的历史唯物主义观点，而不是一般哲学观点③。Г. В. 普列汉诺夫和 Ф. 梅林对马克思主义起源研究的不足之处与他们的世界观和实践活动的薄弱方面有关。在对马克思主义思想及其革命灵魂的深刻而又精准的理解的基础上，正是列宁制定了一整套研究马克思观点形成的科学原则体系，这绝非偶然。

列宁在深入研究某个理论问题时，曾专门涉及了在马克思和恩格斯著作中这个问题出现和发展的历史。他不仅揭示了研究马克思主义起源的科学理论意义，还揭示了其社会意义。

例如，列宁在《马克思主义历史发展中的几个特点》一文中指出，第一次俄国革命吸引"在规定自己的任务时不能离开马克思主义的那些阶级

---

① Forschungen zur Osteuropäischen Geschichte. Bd. 3. Berlin, 1956：27.

② Г. В. Плеханов. Очерки по истории материализма：Т. 2. Избр. Филос. произв. В 5-ти т. М.，1956；Г. В. Плеханов. Основные вопросы марксизма. Избр. Филос. произв.：Т. 3. В 5-ти т. М.，1956.

③ Ф. Меринг. История германской социал-демократии：Т. Ⅰ. М.，1923；Ф. Меринг. Карл Маркс：История его жизни. М.，1957.

的最广大阶层"自觉参加社会生活，这些阶层"在前一时期极片面地、极反常地领会了马克思主义，死记硬背了某些'口号'和某些策略问题的答案，而并**不理解**这些答案中的马克思主义的准则"①，也就是说不理解辩证唯物主义和历史唯物主义是工人阶级及其政党政治斗争的战略和策略的理论基础。

正如列宁所指出的，类似不理解"马克思主义的准则"的，不仅是一些革命的参与者所特有的，还有许多马克思主义知识分子，他们以革命的理论家自居，并企图用当时最时髦的马赫主义"补充马克思主义的经济学说和政治学说"。列宁成功地揭示了一些马克思主义者力求进行这类"补充"的原因。他指出，马克思和恩格斯在创立自己的学说时，凭靠研究一般哲学问题方面的坚实的唯物主义传统，但没有前人能够系统地把唯物主义普及到对社会生活的理解中。因此，他们首先注意彻底建立一个唯物主义哲学，也就是唯物主义历史观，而不是唯物主义认识论。相反，那些希望成为马克思主义者的马赫主义者接近马克思主义"是在与此完全不同的历史时期……这时候资产阶级哲学已经专门从事认识论的研究了，并且片面地歪曲地接受了辩证法的若干组成部分（例如，相对主义），把主要的注意力集中于保护或恢复下半截的唯心主义，而不是集中于保护或恢复上半截的唯心主义，……我们的马赫主义者不理解马克思主义，因为他们可以说是**从另一个方面**接近马克思主义的，他们接受了——有时候与其说是接受了还不如说是背诵了——马克思的经济理论和历史理论，但并没有弄清楚它们的基础，即哲学唯物主义。……他们想在上半截成为唯物主义者，但他们却不能摆脱下半截的混乱的唯心主义"②。

新的历史时期明显地表明，必须全面掌握马克思和恩格斯的丰富思想遗产，深刻领会马克思主义学说相互联系的各个方面。列宁认为，这种领会的必要前提之一是**研究**马克思和恩格斯观点的**形成**。

现在，自以为是青年马克思首先发现者的资产阶级理论家们，长期以来，直到 20 世纪 20 年代，也没有在马克思早期著作中找到专门的研究题目，并局限于对这些著作表面的、到处都是事实错误的评述。同时，青年马克思的**哲学**观点几乎没有被注意，甚至经常否定马克思有自己的哲学概念。

---

① 列宁专题文集·论马克思主义. 北京：人民出版社，2009：161.
② 列宁专题文集·论辩证唯物主义和历史唯物主义. 北京：人民出版社，2009：116.

诚然，当时已经存在青年马克思与成熟马克思的对立。但《共产党宣言》时期的马克思，即革命者马克思被说成是青年马克思，似乎与《资本论》时期的成熟马克思，即学者马克思相对立。早在半个世纪前，马克思主义者（正是马克思主义者，特别是苏联的研究者）就在广泛研究青年马克思思想发展系列问题的基础上，对这种无聊的谎言进行了批判。根据党的第十三次代表大会决议，马列研究院（ИМЭЛ）对马克思主义奠基人的著作遗产，其中包括他们观点形成时期的著作，进行了大量的收集、辨认、翻译、出版和研究工作。1927—1932 年第一次发表了马克思的《中学作文》、所有保存下来的他的博士论文材料、柏林和克罗伊茨纳赫笔记、《黑格尔法哲学批判》手稿、《1844 年经济学哲学手稿》、《德意志意识形态》（首次全文发表）和其他著作①。还编写了包括 3 000 多个日期的马克思生平年表，它逐步展示了马克思的整个生活道路②。

这些著作非常清楚地表明，马克思在《共产党宣言》之前就对人类所积累的理论财富，特别是哲学财富进行了长期的思考和研究。同时，那种认为青年马克思没有依靠严谨的科学分析、随意编造《宣言》为自己的革命意图辩护的观点破灭了。青年马克思与成熟马克思相对立的观点似乎也应当破产了，但是这种情况没有发生。

不过，20 世纪 30 年代，资产阶级理论家对待青年马克思的态度就发生了特别显著的转变（真正的大转弯）。当然，不仅仅是用 1932 年发表了《1844 年经济学哲学手稿》这一事实解释这一点，还有更深层的原因，上述讲到的列宁对问题的态度恰恰有助于理解这些原因。

问题在于，20 世纪 20—30 年代之交爆发的严重的经济危机使新的劳动阶层投入运动，并引起了对作为完整理论概念的马克思主义的特别兴趣，其中包括对其哲学内容的特别兴趣。马克思的早期著作重新出现在广大社会舆论界的视界中，并且马克思主义学者非常成功地揭示了作为无产阶级科学世界观形成各阶段的这些著作的意义。

在这种条件下，资产阶级思想家们也对青年马克思产生了"兴趣"。但他们的"兴趣"从最开始就具有给人强烈印象的、把青年马克思和成熟马克思对立起来的特点。例如，在评论刚刚发表的《1844 年经济学哲学手

---

① Литературное наследство К. Маркса и Ф. Энгельса. История публикации и изучения в СССР. М., 1969.

② Карл Маркс. Даты жизни и деятельности. 1818—1883. М., 1934.

稿》时，Г. 德·曼就急忙在《新发现的马克思》一文中提出："这个马克思是现实主义者，而不是唯物主义者。对哲学唯心主义的偏离并没有使他把虚构的思想的最高现实性与物质的最高现实性对立起来。很快他就使这两个现实性服从于一个包罗万象的、既消极又积极、既不自觉又自觉的总体性的生活现实。他把物质的和思想的原则看作是统一的总体性的生活过程的现象……" Г. 德·曼总结说，"无论给马克思晚期著作多高评价，它们都已经显露出他创作能力的停滞和衰退"①。

现在，改良主义的、然后是资产阶级的马克思学者的全部注意力都集中在马克思思想发展的那个被他们完全忽视的时期，即《1844 年经济学哲学手稿》时期，这是马克思观点形成的最初阶段，现在被说成是他成熟的顶峰，而《资本论》，这个马克思科学功绩的真正顶峰，却变成了"他创作能力衰退"的证明。一句话，突然之间，不是《共产党宣言》和《资本论》时期的马克思是成熟的，而青年马克思却是成熟的。关于两个马克思的神话出现并开始迅速地传播开②。

第二次世界大战后的年代里，出现了新的、规模空前的对马克思主义的向往，包括在西方知识分子中间也是一样；对马克思主义历史及其形成的研究兴趣被重新唤起，资产阶级思想家不会放过利用这个兴趣的机会，使关于两个马克思的神话死灰复燃。

一些以马克思主义的名义发表文章的作者在过去的作品中，赋予这两个神话看起来令人信服的假象，马克思主义学说以一种贫乏的、逃避分析一系列复杂问题的面貌出现，特别是个性问题——个性的存在、个性的自由、个性的创造、个性的自我意识等等——这些问题在马克思的早期作品中占有重要的地位。关于两个马克思的神话开始从一篇文章传到另一篇文章，从一本书传到另一本书，从一个国家传到另一个国家。

在资产阶级马克思学中出现了"二分主义者"（дихотомисты）这一专门术语，并开始用它指代"两个马克思"概念的拥护者。因此还划分了"二分主义者"的两个学派：一个是"晚期二分主义者"，偏重于作为"冷静的学者"、成熟时期的马克思的著作，与早期的、"人道主义伦理学的"马克思著作相对立；一个是"早期二分主义者"，他们认为正是在马克思的早期著作中才能发现"真正的马克思"③。

---

① Л. Н. Пажитнов. У истоков революционного переворота в философии. М.，1960：8.

② В. В. Кешелава. Миф о двух Марксах. М.，1963.

③ J. Maquire. Marx's Paris Writtings：An analysis. Dublin，1972：ⅪⅤ—ⅩⅧ.

20 世纪 60 年代末到 70 年代初，在与"二分主义者"的争论中，"连贯主义者"（континуалист）又重新活跃起来，他们坚持马克思的观点在不断地变化——从他的第一部著作到最后一部。属于"新连贯主义"发起者的首先有天主教马克思主义批评家 Ж. 卡尔韦（Ж. Кальвез），还有反共产主义者 Ш. 阿维纳瑞（Ш. Авинери）、自由主义者 Д. 麦克莱伦（Д. Мак-Леллан）和一些其他资产阶级历史学家，他们从整体上接受马克思的观点，认为马克思观点发展的早期阶段和更晚一些的阶段之间的裂隙并不存在①。

按问题的实质来说，正如 Т. И. 奥伊泽尔曼（Т. И. Ойзерман）正确地提出，"代替那种把马克思的早期著作和他后来的著作对立起来的是……抹杀两者之间一些质的差异"②。当然，不同的作者按照不同的方式论证这些差异是不存在的。Ж. 卡尔韦坚决主张，不仅在《1844 年经济学哲学手稿》里，而且在《资本论》里，异化的哲学范畴都是最重要的③。再如，Д. 麦克莱伦认为，由马克思在 1844 年所发现的一个基本主题——资本主题的保留体现了马克思观点发展的连续性④。Дж. 马奎尔（Дж. Маквир）发展了这个观点，他试图构建一个资产阶级社会运行的"模型"，似乎在 1844 年这个"模型"已经成为马克思观点的实质，然后在《剩余价值学说》和《资本论》中对它进行越来越细微的深入研究。

Дж. 马奎尔用以下的方式来说明这个"模型"的实质："在经济学中存在两个部门——农业经济和工业。其中每个部门又有两个社会阶层：一些掌握经济权力的所有者和依赖于所有者的工人。每个部门中的这两个阶层之间的财富分配是斗争的结果，在斗争中，掌权的第一阶层规定给第二阶层的报酬。第一阶层获得的收入取决于个人的贡献；工人也完全取决于这个，但他们的收入涨幅并不同时与他们的劳动成正比。"⑤

这个"模型"即使不说是对马克思《经济学哲学手稿》观点的庸俗化解释，也是一种简单化解释，而初次露面的"连贯主义者"却想把这个"模型"冒充为马克思经济学说的全部实质。这个"模型"对于资产阶级马克思学家来说具有非常重要的优点：批判它比批判《资本论》容易得

---

① S. Avineri. The Social and Political Thought of Karl Marx. C. U. P., 1968. J. I. Calves. La pensée de Karl P. Marx, 1956. D. McLellan. Marx before Marxism. L., 1970.

② Т. И. Ойзерман. Формирование философии марксизма. М., 1974：323.

③ J. I. Calves. La pensée de Karl Marx. P., 1956.

④ D. McLellan. Marx before Marxism. L., 1970：143.

⑤ J. Maquire. Marx's Paris Writtings：An analysis. Dublin, 1972：52.

多。但同时，它无论如何都不能反映马克思观点的实质——无论是早期的，还是成熟时期的。

Ⅲ. 阿维纳瑞认为，似乎由于把成熟马克思的哲学观点和"晚期恩格斯"的哲学观点错误地混为一谈，以及把恩格斯的观点与青年马克思的观点相对立，"两个马克思的二分法"（дихотомия двух Марксов）被夸大了①。显然，这个"伪连贯主义"（псевдоконтинуализм）只是为马克思反对恩格斯做掩蔽。

当然，为了理解事情实质，在阐释马克思观点的发展过程中，揭露资产阶级马克思学家之间的差别，比形式上把这些理论家区分为"二分主义者"和"连贯主义者"重要得多。在半个多世纪的时间里，在围绕青年马克思思想遗产的丝毫不减弱的斗争中，各种阶级和社会团体的利益得到了反映②。

列宁把马克思主义的顽固敌人与那些希望成为马克思主义者但还没有摆脱唯心主义道路的人区分开来。因此，把上述非马克思主义历史学家贵族的关于青年马克思的所有著作等量齐观是不正确的。在他们中间应该区分以下几种情况：第一，从公开反马克思主义的立场出发对马克思观点的形成过程进行的**有意伪造**。例如，一段时间内法国的天主教徒在这方面非常积极，但他们遭到了共产党人的严正反击③。后来，西德历史学家们在巧妙伪造青年马克思的观点上越来越专业化④。第二，**实证主义地拒绝看清**青年马克思发展的**深远趋势**，掩盖现代修正主义者对马克思列宁主义的背离。A. 列费夫尔（A. Лефевр）的文章《马克思早期著作中哲学和政治学的关系》⑤ 就是典型的例子。第三，作为某些自由主义哲学家和社会学家"理解马克思主义"的方式，对青年马克思的**新黑格尔存在主义解释**⑥。第四，包括知识分子和大学生在内的小资产阶级阶层对马克

① S. Avineri. The Social and Political Thougt of Karl Marx. C. U. P. , 1968：119.

② 对这一斗争的类似分析我们在 1962 年就进行了。参见拉宾. 论西方对青年马克思思想的研究. 马哲，译. 北京：人民出版社，1981；N. I. Lapin. Der junge Marx im Spiegel der Literatur. Berlin, 1965. 这两本书中有对这个主题的补充材料。

③ Марксисты отвечают своим католическим критикам. M. , 1958.

④ K. H. Breuer. Der junge Marx. Sein Weg zum Kommunismus. Koln, 1954；M. Friedrich. Philosophie und Okonomie beim jungen Marx. Berlin, 1960；E. Thier. Menschenbild des jungen Marx. Gottingen, 1957.

⑤ Studia Filozoficzne. Warszawa, 1958, Nr. 5. p. 17—51.

⑥ M. Rubel. Karl Marx. Essai de biographie intellectuelle. P. , 1957.

思主义的**极端无政府主义阐释**。最近，Г. 马尔库塞的著作①在这些人中间特别受欢迎。

当然，这种区分完全是相对的。虽然它反映了现代资产阶级各阶层对待马克思主义态度的特点②，但是所有这些资产阶级和修正主义的马克思学流派的变种都拥有共同的思想目的，即不接受把马克思作为一个完全的世界观的观点，千方百计尝试借用资产阶级世界观的原理来代替马克思主义的某些因素，并用这个混杂物冒充真正的马克思主义。要知道，如果在把青年马克思和成熟马克思对立起来的情况下，把青年马克思或与黑格尔、或与费尔巴哈、或与克尔凯郭尔结合起来，那么最终就会损害马克思主义的完整性。试图把马克思与恩格斯对立起来、把马克思、恩格斯与列宁对立起来都具有同样意义。资产阶级理论家采用的手段之一，就是试图**在马克思主义各个组成部分的形成过程中把它们割裂开来**。但是如果在半个世纪前，资产阶级思想家试图证明，似乎马克思主义只是作为缺少自己哲学基础的政治学说和经济学说而产生，那么从 20 世纪 30 年代开始，特别是50—60 年代，他们突然改变了策略，开始把马克思主义的形成只说成是它的哲学问题（无疑，这个问题也相应地被歪曲了）。

这就为研究马克思遗著的马克思主义者们提出了新的任务。例如，半个世纪前，在研究科学世界观创始人的观点的形成时，马克思主义者把主要注意力集中在证明马克思主义哲学就是在这个形成过程中产生的，马克思的政治和经济学观点从一开始就有一定的哲学根据。当前，在马克思主义历史学家的面前客观地摆着一项任务：要特别注意，**马克思主义哲学不是自然而然地产生的，而是在和马克思主义其他组成部分的有机的相互作用中产生的**，马克思主义哲学不仅为它们提供一般理论的理论基础，而且哲学本身也在它们中间获得一定的依据和具体化，这种相互作用不仅有益于政治学和经济学观点的发展，而且对马克思和恩格斯的哲学观点也有促进。

可见，列宁对研究马克思观点形成的社会意义的分析在今天仍具有方法论意义。作为工人阶级和全体劳动者的科学思想体系，马克思主义传播得越广泛，对马克思主义形成的关注就会越强烈，这种关注在每一个新的历史阶段都以特殊的形式表现出来。

---

① H. Marcuse. Der eindimensionale Mensch. Neuwid Berlin, 1963.

② Г. Л. Белкина. Философия марксизма и буржуазная марксология. М., 1972.

## 马克思观点形成的主要阶段

列宁制定了具有历史意义的科学原则，以分析马克思观点的形成。在研究马克思主义创始人的遗著时，列宁也遵循这个原则。同时，列宁既以当时容易得到的马克思的早期著作，又以马克思后来的著作为依据，并且会考虑马克思自己关于他思想发展的开始阶段的论述。

这类论述在马克思为《政治经济学批判》（1859年）撰写的著名序言中最完整。鉴于这段话对于正确理解马克思主义形成过程的特殊意义，现将马克思自己回顾的看法抄写如下①：

> 我学的专业本来是法律，但我只是把它排在哲学和历史之次当做辅助学科来研究。1842—1843年间，我作为《莱茵报》的编辑，第一次遇到要对所谓物质利益发表意见的难事。莱茵省议会关于林木盗窃和地产析分的讨论，当时的莱茵省总督冯·沙培尔先生就摩泽尔农民状况同《莱茵报》展开的官方论战，最后，关于自由贸易和保护关税的辩论，是促使我去研究经济问题的最初动因。另一方面，在善良的"前进"愿望大大超过实际知识的当时，在《莱茵报》上可以听到法国社会主义和共产主义的带着微弱哲学色彩的回声。我曾表示反对这种肤浅言论，但是同时在和奥格斯堡《总汇报》的一次争论中坦率承认，我以往的研究还不容许我对法兰西思潮的内容本身妄加评判。我倒非常乐意利用《莱茵报》发行人以为把报纸的态度放温和些就可以使那已经落在该报头上的死刑判决撤销的幻想，以便从社会舞台退回书房。
>
> 为了解决使我苦恼的疑问，我写的第一部著作是对黑格尔法哲学的批判性的分析，这部著作的导言曾发表在1844年巴黎出版的《德法年鉴》上。我的研究得出这样一个结果：法的关系正像国家的形式一样，既不能从它们本身来理解，也不能从所谓人类精神的一般发展来理解，相反，它们根源于物质的生活关系，这种物质的生活关系的总和，黑格尔按照18世纪的英国人和法国人的先例，概括为"市民社

---

① 关于马克思和恩格斯回顾的看法对于研究马克思主义理论的形成和发展的意义，详见 Г. А. 巴加图利亚的《马克思的第一个伟大发现唯物主义历史观的形成与发展》（参见 Отв. Ред. Э. А. Желубовская. Маркс-историк. М., 1968：107−173.）。

会"，而对市民社会的解剖应该到政治经济学中去寻求。我在巴黎开始研究政治经济学，后来因基佐先生下令驱逐而移居布鲁塞尔，在那里继续进行研究。①

马克思的这些传记性自述在某些方面是能说明问题的。第一，它们反映了在马克思世界观形成时期，他已经有许多方面的理论兴趣：法学、哲学、历史、社会主义和共产主义、政治经济学等。第二，马克思理论观点的发展与他的政治实践活动相互关联非常明显，特别是在他担任《莱茵报》主编时期。第三，这种思想发展的某些阶段初具轮廓：在大学学习时期（1837—1841 年），在《莱茵报》工作时期（1842—1843 年），批判黑格尔法哲学时期（1843 年），在《德法年鉴》撰稿时期（1844 年），研究政治经济学时期（1844 年）。诚然，这些阶段不如说是从**兴趣对象**方面来划分的，而对它们内容的说明与总结性的结果相关。在马克思和恩格斯其他的回忆中还有对某些中间阶段的具体评价。例如，在《资本论》第 2 版（1873 年 1 月）的跋中，马克思写道："将近 30 年以前，当黑格尔辩证法还很流行的时候，我就批判过黑格尔辩证法的神秘方面。"② 这明显指的是他的《黑格尔法哲学批判》手稿（1843 年夏）；换句话说，马克思认为他的这部著作是在向唯物主义发展的道路上迈出的重要一步。恩格斯在《卡尔·马克思》（1877 年）一文中指出，在《德法年鉴》上，马克思"以在该刊物上发表的《黑格尔法哲学批判》为开端，陆续写了一系列社会主义的文章"③。换句话说，恩格斯把《〈黑格尔法哲学批判〉导言》看作是马克思已经站在社会主义和共产主义立场上的第一部著作。

在分析和评价马克思早期著作时，列宁完全接受和发展了这种具体历史的、研究起源的方法。他从这样一个不容置疑的事实出发，即如果最初的早期著作按其内容来说是黑格尔唯心主义的，并且不包含任何马克思主义特征，那么青年马克思思想发展的最终结果是会出现一些引导他向重大发现不断接近的著作，这些重大发现的完成构成了马克思主义对人类的不可磨灭的贡献。因此，列宁有充分理由把马克思的早期著作看作是马克思主义形成的证明，是马克思走向创立成熟的、发展的科学世界观道路上的接连不断的路标。

---

① 马克思，恩格斯. 马克思恩格斯文集：第 2 卷. 北京：人民出版社，2009：588−591.
② 马克思，恩格斯. 马克思恩格斯文集：第 5 卷. 北京：人民出版社，2009：22.
③ 马克思，恩格斯. 马克思恩格斯文集：第 3 卷. 北京：人民出版社，2009：452.

列宁划分的主要路标如下：

（1）博士论文（1841 年）——马克思在这里"所持的还完全是黑格尔唯心主义的观点"①；

（2）在《莱茵报》上的文章（1842—1843 年）——"可以看出马克思开始从唯心主义转向唯物主义，从革命民主主义转向共产主义"②；

（3）在《德法年鉴》上的文章（1843—1844 年）——"上述的转变在这里彻底完成"③，提出了关于无产阶级世界历史作用的原理；

（4）《神圣家族》（1844 年）——"马克思的几乎已经形成了的对于无产阶级革命作用的观点"④；

（5）《哲学的贫困》（1847 年）和《共产党宣言》（1848 年）——"成熟的马克思主义的头两部著作"⑤。

列宁的分期的特点在于特别注重马克思观点的**发展**。例如，列宁认为，在《莱茵报》上的文章的实质在于，其中标志着马克思向唯物主义和共产主义的转变。这是一个准确的、同时也是独创性的结论，在之前研究马克思主义形成的著述中从未有过。的确，Φ. 梅林也指出，马克思在分析关于林木盗窃法的辩论时已经"在'的基地上'落实下来，并通过认真地分析经济事实，认识了唯心主义的社会观和国家观的缺陷"⑥。但是，这强调的只是马克思观点发展的否定方面（离开唯心主义），而不是肯定方面（哲学唯物主义因素开始出现）。

列宁首次深刻地并依次地展示了马克思主义形成过程的科学观点。他注意的不仅是马克思思想活动的出发点，而且还有终点，并揭示了这个活动的前景。因此，他能发现马克思向唯物主义和共产主义转变的初级阶段的辩证关系：总体上还是一个唯心主义者和革命民主主义者，但这种转变已初步形成。

在分析马克思思想发展的以后各阶段时，列宁也采用了起源学的原则，把注意力集中在它们为研究马克思主义学说本身提供的新事物上。例如，列宁提到发表在 1844 年《德法年鉴》上的《〈黑格尔法哲学批判〉导言》一文时指出，"马克思学说中的主要的一点，就是阐明了无产阶级作为社会

---

① ② ③　列宁专题文集·论马克思主义. 北京：人民出版社，2009：39.

④　列宁. 列宁全集：第 55 卷. 2 版增订版. 北京：人民出版社，2017：9.

⑤　同①195.

⑥　梅林. 马克思和恩格斯是科学共产主义的创始人. 何清新，译. 北京：生活·读书·新知三联书店，1962：32.

主义社会创造者的世界历史作用。……马克思首次提出这个学说是在 1844
年"①。列宁运用这个原则分析了唯物主义思想在社会学中的生产和发展
（《什么是"人民之友"以及他们如何攻击社会民主主义者》），弄清了马克
思对无产阶级专政（《国家与革命》）和其他马克思主义中心问题的观点的
发展。事实上，问题不仅在于确定在马克思本人观念发展的某个阶段上，
马克思与黑格尔、费尔巴哈或其他思想家的关系（虽然这点也是重要的），
而首先要弄清马克思思想发展的这个阶段，在马克思主义内容本身的形成
和发展中所占的地位；对这个内容深入研究的程度正好也确定了马克思与
前辈思想家和同时代思想家的关系。

　　列宁对马克思观点起源做了准确而富有成效的评价，其中重要方面是，
**具体分析**了马克思思想发展的每一个阶段、前进的每一步。这种具体性首
先表现在列宁对待马克思著作文本极为细心和谨慎，还表现在确定马克思
思想发展的每一个细微差别上。列宁的《神圣家族》摘要是这方面的代
表。例如，列宁从这个著作的头几章中做了摘录，他注意到："在这里，马
克思由黑格尔哲学转向社会主义：这个转变是显著的，——可以看出马克
思已经掌握了什么以及他如何转到新的思想领域。"②

　　正如所看到的，在评价马克思生前就发表的著作时，列宁不局限于对
它们从整体上在马克思观点发展中所占地位做总的评价，而是认为必须划
分出一些"思想领域"，也就是马克思思想发展的各个阶段。

　　列宁分析马克思观点形成的方法是那么富有成效，保证了对马克思
早期著作的评价是那么准确，以至于列宁的分期在马克思主义史学中被
完全承认和确定。当然，这也不是立即就发生的，而是在克服了对青年
马克思思想发展阶段的简单化、公式化的认识之后。在 20 世纪 20 年代，
一种所谓的"阶段论"占据优势，按照这种理论，马克思最初是彻底的
黑格尔派，然后是彻底的费尔巴哈派，而向辩证唯物主义的转变只不
过是黑格尔辩证法和费尔巴哈唯物主义的简单综合；在 30 年代初，出
现了相反的观点，按照这种观点，马克思思想发展从最开始似乎就受
到了奋起斗争的无产阶级的影响，完全否定了他观点形成的任何阶段。
在同这些观念进行辩论时，列宁的分期原则完全显示出其方法论上的
价值。到了 30 年代中期，这些原则成为了马克思主义历史学家的永久
财富，特别是从 50 年代开始，形成了广泛研究马克思主义学说形成过

---

① 列宁专题文集·论马克思主义. 北京：人民出版社，2009：61.
② 列宁. 列宁全集：第 55 卷. 2 版增订版. 北京：人民出版社，2017：6.

程的阵线①。

但是，作为**整体学说**的马克思主义，即马克思主义所有组成部分的统一体的产生问题还没有得到足够深入的研究。本书论述了马克思观点成为完整的科学世界观的初期阶段，即在他思想发展中通常用"青年马克思"这个概念来表述的那个时期。按照年代次序排列来说，这个时期结束于1844年8月，即当马克思和恩格斯开始合作撰写《神圣家族》的时候。本书对恩格斯的思想理论的演化必然论述得较少。

在我们研究的这段时期内的马克思观点的形成是一个非常复杂的过程。根据列宁的马克思主义形成的分期原则，本书把青年马克思思想发展分为三个主要阶段：

（1）对世界概念的最初探索（1837—1841年）；

（2）在向唯物主义和共产主义转变的过程中马克思观点的各个方面的相互影响（1842—1843年）；

（3）完整的科学世界观形成的源头（1843年底—1844年8月）。

---

① 这个领域的主要著作首先应当指出的是 O. 科尔纽的三卷本研究著作《马克思和恩格斯。生平和活动》（O. Корню. К. Маркс и Ф. Энгельс. Жизнь и деятельность. М., 1959, т.1.2.3.），И. Т. 奥伊则尔曼的《马克思主义哲学的形成》（Т. И. Ойзерман. Формирование философии марксизма. М., 1974.）和集体著作《19世纪的马克思主义哲学》（Отв. Ред. И. С. Нарский, Б. В. Богданов. Марксистская философия в X IX веке. В 2-х кн. М., 1979.）。马克思主义形成的各个方面于20世纪70—80年代在以下的著作中得到反映：Г. А. 巴加图利亚的《未来的蓝图。恩格斯论共产主义社会》（Г. А. Багатурия. Контуры грядущего. Энгельс о коммунистическом обществе. М., 1972.），Э. В. 别兹切列夫内赫的《马克思主义形成过程中的实践问题》（Э. В. Безчеревных. Проблема практики в процессе формирования марксизма. М., 1972.），Г. Н. 沃尔科夫的《天才的诞生》（Г. Н. Волков. Рождение гения. М., 1968.），В. С. 维戈茨基的《科学共产主义理论的经济学论据》（В. С. Выгодский. Экономическое обоснование теории науного коммунизма. М., 1975.），В. В. 克舍拉娃的《真实的人道主义和虚假的人道主义》（В. В. Кешелава. Гуманизм действительный и мнимый. М., 1973.），К. Т. 库兹涅佐夫的《科学共产主义的产生》（К. Т. Кузнецова. Возникновение научного коммунизма. М., 1968.），И. С. 纳尔斯基的《马克思著作中的异化与劳动》（И. С. Нарский. Отчуждение и труд. По страницам произведений К. Маркса. М., 1983.），А. И. 马雷什的《马克思主义政治经济学的形成》（А. И. Малыш. Формирование марксистской политической экономии. М., 1966.），R. 帕纳休克的《哲学与国家。左派黑格尔分子和青年马克思的政治社会思想研究（1838—1843年）》（R. Panasiuk. Filozofia i panstwo. Studium mysli polityczno-spoleczney lewicy heglowskiej i mlodego Marksa. 1838—1843. Warszawa, 1967.），W. 图赫舍雷尔的《〈资本论〉产生之前》（W. Tuchscheerer. Bevor《Das Kapital》entstand. Berlin, 1968.），Ф. В. 查恩凯锡的《19世纪40年代马克思著作中人的问题》（Ф. В. Цанн Кай-си. Проблема человека в работах Маркса 40-х годов X IX века. Владимир, 1973.），等等。

　　同样，每一个阶段又可以划分为若干时期。马克思在其发展的每个阶段、每个时期都是作为非常完整的形象出现的——既是理论家，是政治活动家，并且还是具有完整的"思想领域"的个人。但是，到 1844 年以前，这还不是**科学**世界观的整体，从《〈黑格尔法哲学批判〉导言》一文始，特别是在《1844 年经济学哲学手稿》中，马克思的观点才开始被改变为一个质的新整体，虽然这些观点还不成熟。本书任务就在于，弄清从青年马克思完整观点的开端（基本为唯心主义），经过一系列中间环节发展到**完整科学观点**出现的**全过程**。

　　在这种情况下，马克思观点的发展不仅仅是作为一个思想的和精神的过程被着重提出，同时，从内容和表现形式上来说，这也是一个具有多样性的持续的**实践活动**。就个人而言，这一活动是马克思革命性的突破，就像恩格斯一样，通过周围的日常生活去习惯和驾驭同他们所交往的人的行为的特性、价值和标准，等等。马克思喜欢说，"任何人性的东西对我来说都不足为奇"。但是，不管他怎样感觉自己与日常生活的联系，日常生活都完全是另一回事。庸俗小市民的、封建君主主义的、自由资本主义的因素在其中相互交织着和部分地对立着。在生活道路上的不同阶段，青年马克思不得不直接同这些因素发生矛盾。而整体上，实践活动的发展正是通过这些落后的和有悖于其目的的因素向生命活动的另一种类型——革命无产阶级的、深深符合自己本性的生命活动**突破**。当他因此经常遭到敌人或旧友残酷的打击时，马克思不是简单地砸碎资产阶级日常生活的枷锁，而是积极参与到建立新的革命无产阶级日常活动中去，在这个事业中找到真正的朋友和战友。

　　当然，社会政治活动构成了马克思实践活动的重要内容——作为报纸和杂志的评论员和编辑，工人运动的组织者，世界上第一个以科学世界观为指导的共产主义政党共产主义者同盟的创立者。虽然共产主义者同盟的创立属于马克思生命活动的成熟时期，但这个历史事件的前提条件具有早期阶段的特点。当时，马克思已经从实践上准备好把他和恩格斯深入研究的革命理论同广大工人阶级的革命活动历史地必然地相统一。由此可见，不考虑马克思在各种表现形式中的实践活动，就不可能相应地理解马克思观点生成为完整的科学世界观的意义。作者试图在列宁的历史主义和具体分析的原则的指导下完成这项任务。他不努力追求描绘出马克思学说产生的某种全面的草图，这种草图只有用具体资料做例证才能更有分量，相反，只打算从对具体资料的分析中得出一般性结论。显然，在一本书中不可能涵盖所有这种资料。由于马克思观点的形成的历史前提和条件在一些文献中已经被充分查明①，作者认为，可以不用对这些前提和条件展开叙述，仅限于说明它们对马克思观点发展的直接影响，并把主要的注意力集中在最后的发展过程上。与此同时，不仅要分析马克思所说的论点的内容，而且要尽可能详细地分析马克思走向这些论点的实际的、详细的路径，以便可以发现马克思观点各个不同方面相互交织的独特之处，以及它们的实际发展阶段，包括马克思撰写同一著作的一些阶段。研究手稿特别重要，因为在这些手稿中马克思的思想运动被最为清晰地记录下来。所以本书对具有版本学特征的细节特别注重，广泛参阅了保存在苏共马列主义研究院中央档案馆中的手稿影印件，在许多情况下，不参考这些就不可能深入到马克思思想创造的实际研究中去。

① 科尔纽. 马克思恩格斯传：第 1 卷：1818—1844. 刘丕坤，等译. 北京：生活·读书·新知三联书店，1963；科尔纽. 马克思恩格斯传：第 2 卷：1844—1845. 樊集，译. 北京：生活·读书·新知三联书店，1965；科尔纽. 马克思恩格斯传：第 3 卷：1845—1846. 管士滨，译. 北京：生活·读书·新知三联书店，1980.

# 对世界概念本身的探索

# 第一章
# 从中学时代到哲学博士

"1818 年 5 月 7 日下午 **4** 时，亨利希·马克思先生（**37** 岁，现住**特里尔，高等上诉法院律师**）向本人（**特里尔市政厅特里尔区户籍官员**）出示一名**男性婴**儿并申报，该婴儿于 5 月 5 日**凌晨 2 时**在**特里尔**出生，为**亨利希·马克思先生**（**律师，现住特里尔**）及其妻子**罕丽达·普雷斯堡**之子。他们愿意给这婴儿取名**卡尔**。"① 卡尔·马克思的出生登记表就是这样说的，在上面签字的证明人有——卡尔·佩特拉施（Карл Петраш）和马蒂亚斯·克罗普（Матиас Кропп），父亲——亨利希·马克思（Генрих Маркс）和填表人——官员 Э. 格拉赫（Э. Грах）。

现存的为数不多的证明允许做出结论，卡尔在童年时喜欢户外活动游戏，他在游戏中通常起领头的作用。他以天马行空的想象力征服了同龄人，他们愿意几个小时地听他讲有趣的故事，而这些故事都是他现编出来的。

马克思性格活泼、想象力丰富，在中学时代就显露出超群的智力才能。从"特里尔中学毕业生卡尔·马克思的毕业证书"上可以看出，他在德文、拉丁文、希腊文、法文，甚至数学方面都成绩优秀。但他以不同的态度对待不同的学科，因此远非所有的老师都对他完全满意。

年轻的弗里德里希·恩格斯还没有见过自己未来的朋友，但已经从他们共同认识的人中听说了关于马克思的很多事情，以诗的形式描述了他们对青年马克思的外貌和热情性格的印象：

> 是面色黝黑的特里尔之子，一个血气方刚的巨妖，
>
> 他不是在走，而是在跳，在急急忙忙向前飞奔，
>
> 他怒目圆睁，满腔悲愤。
>
> 只见他高振双臂，直指穹苍，

---

① 马克思，恩格斯. 马克思恩格斯全集：第 1 卷. 2 版. 北京：人民出版社，1995：931.

仿佛要把广袤的天幕扯落地上。

他紧握双拳，不知疲倦，

宛若凶神附体，只顾向前。①

## 少年开始了生活

### 家庭、环境、学校

一个人精神面貌的形成通常是受直接围绕他的人的影响——亲人、熟人和老师。在这方面马克思也不例外。大概，他比其他人更幸运一些：在他身旁是一些学识渊博和生活阅历丰富的人。首先是他的父亲亨利希·马克思。在伏尔泰（вольтер）、卢梭（Pyccо）、莱辛（Лессинг）以及18世纪其他先进思想家的影响下，他满怀启蒙运动的思想，与宗教教条主义相左。父亲细心地引导自己儿子的思想成长；有分寸地、但又坚定地影响儿子把律师作为职业的第一选择，而后又以完全理解的态度对待儿子在其他领域的探索。1838年父亲的去世对卡尔是一个沉重的打击。

他与母亲的关系是另外一回事。作为为九个孩子操心的母亲，一个很好的家庭主妇，罕丽达·马克思是一个在思想上有局限的人。她比自己的丈夫多活了四分之一个世纪，却一年比一年地与儿子疏远，因为儿子不按照她的意愿和要求去追求显赫的前程。她用各种"自私自利的言行"，使儿子的生活陷入困境。但这一切都没有妨碍卡尔与母亲保持良好的关系。

冯·威斯特华伦（Фон Вестфален）男爵是青年马克思的教导者之一，他是亨利希·马克思的邻居，两人关系很好；他的女儿燕妮（马克思未来的妻子）是卡尔的姐姐索菲娅（Софья）的朋友，儿子埃德加尔（Эдгар）是卡尔的朋友。作为一个知识渊博的人，男爵特别喜欢古希腊作家（他能背诵荷马的作品）和莎士比亚（Шексцир）的作品；他对社会问题，包括圣西门（Сен-Симон）的学说也感兴趣，同时爱好浪漫主义。男爵喜欢这个有天赋的少年，并培养他对古希腊罗马文化和浪漫主义的兴趣。

在特里尔中学，即1830—1835年马克思学习的地方，有一些杰出的教师。例如教授历史和哲学的校长约翰·维滕巴赫（Иоганн Виттенбах）——康德（Кант）学说的支持者。他坚持依靠理性而不是宗教

---

① 马克思，恩格斯. 马克思恩格斯全集：第2卷. 2版. 北京：人民出版社，2005：505.

信仰的教育原则，这在当时是非常有勇气的，他宣传所谓的"加洛林文艺复兴"（каролингское возрождение），强调查理大帝（Карл Великий，742—814）功绩在于发展教育和激发严峻的中世纪早期对古希腊文化的兴趣。

维滕巴赫的影响表现在现存马克思的著述中最早的一部——《查理大帝》一诗中。这首诗保存在他姐姐索菲娅的抄录本里，它的写作日期是1833年，当时作者才十四五岁。下面就是这首诗中的片段：

> 他改变陈规陋习，
> 他发挥教育的神奇力量；
> 民众得以安居乐业，
> 因为可靠的法律成了安全的保障。
>
> 他进行过多次战争，
> 杀得尸横遍野血染疆场；
> 他雄才大略英勇顽强，
> 但辉煌的胜利中也隐含祸殃；
>
> 他为善良的人类赢得美丽花冠，
> 这花冠比一切战功都更有分量；
> 他战胜了那个时代的蒙昧，
> 这就是他获得的崇高奖赏。①

通过查理大帝这个浪漫主义的形象，清楚地显露出少年卡尔·马克思内心和思想的启蒙人道主义目标。加洛林帝国（查理大帝死后很快就解体了）以不流血的征服建立，为吸收古典文化成果创造了条件（重新抄写了古希腊罗马作家的著作、创办学校等）——按少年的意见，这就是查理大帝真正为人类所贡献的伟大之处。

周围环境对少年的教育影响的另一方面，通常是在社会事件，特别是政治事件的影响下形成基本生活方针，发展某些价值目标。马克思的少年时代和青年时代的初期是在德国政治生活相对平静的时期度过的。这种生活在他的故乡特里尔稍有反映。虽然这是德国最古老的城市之一，但它极大地落后于那些工业发达的邻近城市，如科隆（Кельн）、亚琛（Аахен）

---

① 马克思，恩格斯. 马克思恩格斯全集：第1卷. 2版. 北京：人民出版社，1995：917–918.

和杜塞尔多夫（Дюссельдорф）。

但是在这里，人们还记得 1794—1795 年特里尔人作为法兰西共和国的公民所享有的那种政治自由，随着莱茵省并入普鲁士，这种自由就在相当大程度上丧失了。1830 年法国革命时期，特里尔居民相互传阅一个号召为莱茵省从普鲁士的统治下解放出来而斗争的小册子。

1832—1833 年警察局向政府报告说，城里的自由主义者的人数极大地增加了，他们同情法国并批评普鲁士的制度。1834 年 1 月，特里尔"文学俱乐部"（Литературное общество）举办了两次宴会，在宴会上宣传了自由主义思想，演奏了革命歌曲（包括《马赛曲》），甚至还升起了法国的三色旗。普鲁士政府对此惶恐不安，进行了侦查并把特里尔"文学俱乐部"置于警察局的监视之下。

马克思的父亲受到了侦查，他是第一次宴会的参加者，并发表了带有温和自由主义思想的演讲。中学里最激进的教师受到了严厉的警告，中学校长维滕巴赫面临被撤职的威胁。

不用夸大这些事实对马克思思想倾向的影响，但是，能够推测，它们促进了马克思的政治方向的确定。

**马克思的中学作文。道德和宗教**

1835 年 8 月，特里尔中学毕业考试时的七篇笔试考卷被认为是到我们今天保存下来的马克思著述中最早的，其中包括德语自由体命题作文、拉丁语奥古斯都元首政治作文、宗教命题作文、拉丁语练习、希腊语翻译、法语翻译、数学①。

宗教作文指定的题目是以中学教授的宗教道德观点阐述"根据《约翰福音》论信徒同基督结合为一体"，这种观点的意义在于，同基督结合为一体促使人对善和知识的高尚追求的实现，"有镇定的信心和一颗不是出于爱好虚荣，也不是出于渴求名望，而只是为了基督而向博爱和一切高尚而伟大的事物敞开的心"②。但问题的教条主义方面、信徒同基督结合为一体的实质本身几乎没有被少年触及，中学老师也在这篇作文的评语中已经指出了这一点③。少年马克思只是把道德特征的论据变成宗教带来的益处。同时把纯粹的世俗观点投向"历史这个人类的伟大导师"④。

① K. Marx, F. Engels. Gesamtausgabe. Erste Abteilung, Bd. 1. Hlbbd. 2. Berlin, 1929：449－470.
② 马克思，恩格斯. 马克思恩格斯全集：第 1 卷. 2 版. 北京：人民出版社，1995：453.
③ 同①174.
④ 同②449.

对毕业作文的分析可以得出结论，在少年马克思的思想倾向中，宗教并不占多少重要地位。但这里明显反映了他对唯心主义哲学的热爱。他称"神圣的柏拉图"为古代最伟大的哲人，而把伊壁鸠鲁主义称为"肤浅的哲学"①。过不了多久，马克思在博士论文中将会以无神论的观点出现，并对伊壁鸠鲁（Эпикур）的唯物主义哲学给予最高评价。

**对在其中寻找幸福的各历史时期的比较**

毕业考试的拉丁语作文是以古罗马历史中的一个问题作为其命题："奥古斯都的元首政治应不应当算是罗马国家较幸福的时代？"这样设置问题不仅显露出马克思的历史知识，还反映出他对各种国家制度形式（当然，相当有分寸地，在学校作文允许的范围内）的态度，也展示了他在寻找适当的方法完成确定任务时候的才能。

马克思更喜欢**多方面的**（今天我们所说的综合法）方法。"要想研究奥古斯都时代是怎样一个时代，有几种可以用来对此作出判断的方法：首先，可以把它同罗马历史上的其他时期加以对比"，"其次，需要研究古代人们对这个时代作了哪些评价，异国人对这个帝国是怎么看的，他们是否害怕它或者轻视它；最后，还得研究各种技艺和科学的状况如何"②。马克思主要注意第一个方法，即对比古罗马的各个历史时期。

一方面，马克思比较了奥古斯都元首制时代与布匿战争以前的时代，另一方面，还比较了尼禄皇帝的时代。这些比较有怎样的逻辑，以及历史意义又是什么呢？揭示每一个考察时代的特点，就能够理解这一点。

布匿战争以前的罗马国家时代存在于公元前5—前3世纪，在城邦国家的基础上体现出奴隶社会条件下共和制的典型特征。当时人民（populus Romanus，也即是自由公民）被认为是最高政权的代表者，他们通过议会（人民大会）和元老院表达自己的意志；主要权力集中在监察官（他们被称为元老）和最高执政官——执政官、全权执政官、大法官、护民官的手中。

由于不能使用"共和国"一词（在当时的普鲁士中学里是不能用的），少年马克思称这个时代是"最美好的"和真正的幸福。"由于风尚纯朴、积极进取、官吏和人民公正无私而成为幸福时代"；那时教育和艺术根本不受重视，因为"那时最卓越的人们辛勤努力从事的是农业"，而论辩术是多余的，"因为人们对应该做些什么用不了几句话即可表明。谈吐也不要求

---

① 马克思，恩格斯. 马克思恩格斯全集：第1卷. 2版. 北京：人民出版社，1995：450，453.

② 同①461.

文雅，只注重说话的内容……可是，这整个时代充满着贵族和平民之间的斗争……"①

下一个时代就是奥古斯都时代，它处于罗马历史的顶峰，也是现代纪年法的转折点：公元前半世纪到公元 1 世纪初。这是共和制最终衰落和**帝制兴起**的时代，帝国不断扩展辽阔的空间并需要中央集权的统治。罗马统治人数众多的行省的政治和经济权力是以其增长的军事力量保持住的，而奥古斯都统治国民的一人政权却实行了温和的、开明的方式，并伴随着罗马文化的快速发展（科学、律法、论辩术、诗歌、雕塑），这一文化受到了古希腊文化富有成效的影响。

少年马克思写道："往昔为护民官、监察官和执政官所拥有的一切权力和荣誉都转入了一人之手，所以各种自由，甚至自由的任何表面现象全都消失了，尽管如此，罗马人还是认为，是他们在进行统治，而'皇帝'一词只不过是先前护民官和执政官所担任的那些职位的另一种名称罢了，他们没有觉得他们的自由受到了剥夺。""至于各种科学和技艺，任何一个时期也没有这样繁荣过；在这个时代生活过许多作家，他们的作品成了几乎所有民族从中汲取教益的源泉。"②

经过不到半个世纪，在公元 1 世纪的 50—60 年代，迎来了尼禄皇帝的时代，在当时庞大的帝国里，不仅奴隶主残忍地对待揭竿而起的奴隶达到了极限，而且奴隶主彼此之间权力争斗的残酷也达到了顶峰。席卷了拥有 50 万人口的罗马大火成为敲响其未来衰落的丧钟。这场悲剧被统治者利用，作为实行新的残暴的借口：尼禄的政治宿敌指责他纵火，而尼禄，反过来，把纵火的罪过推给了在人数上急速增长的早期基督徒，并对其进行无情的镇压。马克思写道："既然那时最优秀的公民被杀害，到处专横肆虐，法律受到破坏……这是怎样一个时代，还有谁不清楚呢？"③

三个历史时期的多方面比较让马克思得出完全确定的和当时相当灵活的结论："奥古斯都的元首政治应该算是最好的时代……"④，但不能认为这个时代就是幸福的。"……奥古斯都时代不应该受到我们的过分赞扬，以致我们看不到它在许多方面都不如布匿战争以前的时代。因为，如果一个时代的风尚、自由和优秀品质受到损害或者完全衰落了，而贪婪、奢侈和

---

① 马克思，恩格斯. 马克思恩格斯全集：第 1 卷. 2 版. 北京：人民出版社，1995：461，462.

② 同①462，464.

③ 同①462.

④ 同①464.

放纵无度之风却充斥泛滥……"① 因此，马克思对作为开明君主的奥古斯都的个人功绩给予了应有的评价。

不难看出，在政权形式上，少年马克思完全偏好于共和国一侧。他承认开明君主的优点而厌恶暴虐的统治形式。他思想倾向表现出激进启蒙主义的特征。特里尔中学的毕业生赞同启蒙者的政治见解以及他们关于历史进程的唯心主义观点。他理解贵族与平民之间的斗争是"良好的竞赛（诚然，这种竞赛并不是全然没有忌妒心的）"，按照既定传统，奥古斯都的元首政治最适合他那个时代的国家："因为当人们变得柔弱，纯朴风尚消失，而国家的疆土日益扩大的时候，独裁者倒可能比自由的共和政体更好地保障人民的自由。"②

带着这种政治思想倾向的少年马克思走向生活。他思想中的激进启蒙主义倾向起着决定作用。但未来几年在自己思想发展中他还要面临巨大跨越。那时，在马克思那里形成的有关生命意义的观念成为其思想顺利前行的重要条件。

### 生命的意义何在？

生命意义的问题总是引起少年的思考，对于一个中学毕业生来说，他完全用具体形式，即关于选择职业的问题体现出来。1835 年 8 月 12 日上午 7 时到 12 时，特里尔中学的 32 名毕业生写了自由体命题作文——《青年在选择职业时的考虑》。所有这些作文都已被发表，出版者 Г. 蒙茨（Г. Монц）对它们进行的比较分析，证实了马克思在这个规定题目中展现的独特性。

这已经在语言的叙事风格、表现力和生命力中体现了。"作为有话要说的作者"，马克思写了那些他个人所深刻意识到的和考虑到的③。当然，他在自己的作文中写的很多问题，他的同班同学也都涉及了。像其他人一样，马克思写了关于达到人区别于动物的目标的手段的选择的可能性，写了关于父母，甚至是各种生活状况和关系对青年人选择职业的决定的影响。在特里尔中学的很多毕业生的作文中所共有的这些观点同其他一些观点，都反映了维滕巴赫的某种影响，对当时他的"学校评语"的分析就能证明这一点。

但是，在卡尔·马克思的作文里有这样一些方面，它们能从所有同龄人的作文中立即区分出他的作文。其中最本质的两点是：第一，马克思写

---

① 马克思，恩格斯. 马克思恩格斯全集：第 1 卷. 2 版. 北京：人民出版社，1995：463.

② 同①464.

③ H. Monz. Betrachtung eines Junglinge bei der Wahl eines Berufes. Der Deutsch-Aufsatz von Karl Marx und seinen Mitschülern in der Reiferprüfung. In：Der unbekannte junge Marx. Neue Studien zur Entwicklung des Marxschen Denkens 1835–1847. Mainz，1973：c. 22.

的不简单是个人与其他人之间各种关系的影响，而恰恰是在社会上的关系的影响："……我们并不总是能够选择我们自认为适合的职业；我们在社会上的关系，还在我们有能力决定它们以前就已经在某种程度上开始确立了。"① "在社会上的关系"这个词组在特里尔中学其他毕业生的作文的任何一篇中都找不到，在维滕巴赫的"学校评语"中也没有。显然，少年马克思较之他的同班同学，甚至老师，赋予了"关系"这个术语更加广泛的意义。不过，如果说在这里看到了唯物主义历史观的某些萌芽就有些夸张了。那时候马克思离这样的思想体系还很远；还需要做巨大的工作，才能让他达到唯物主义。

在现实地评估生活的复杂性时，当时的马克思就已经坚决拒斥奴役地屈从于外部环境的道德观念。如果一个人让步于生活的猛烈冲击而选择了一个对于他来说力不胜任的职业，那么，结果就会自愧无能，轻视自己。

与同龄人的作文相比较，马克思第二个"考虑"的不同之处在于，他谈到了对选择职业的**主要动机**的理解。除了个人倾向外，许多毕业生都把"对自己的同胞有益"的愿望作为动机。而只有少年卡尔把自己生活的意义和幸福与为**全人类**的利益而工作联系在一起。

**"我们的幸福将属于千百万人……"**

少年经过思考得出结论："在选择职业时，我们应该遵循的主要指针是人类的幸福和我们自身的完美。……人的本性是这样的：人只有为同时代人的完美、为他们的幸福而工作，自己才能达到完美。……如果我们选择了最能为人类而工作的职业，那么，重担就不能把我们压倒，因为这是为大家作出的牺牲；那时我们所享受的就不是可怜的、有限的、自私的乐趣，我们的幸福将属于千百万人……"② 马克思用一生光荣地实践着他在 17 岁时就形成的座右铭。

当然，这个座右铭本身还不能说明，少年马克思怎样成为无产阶级的不朽的领袖，但是，如果马克思不是在这句话最高尚的意义上的大写的人的话，不是一个把为共同目标而工作的人看作是幸福的人，那么他在任何情况下、任何时候也不会成为领袖。

在中学毕业时，卡尔还不知道，他将从事什么职业，他更喜欢什么样的职业：是那些"干预生活本身"的职业，还是研究"抽象真理"的职业？这两种职业都吸引着他，而他内心还把握不定哪种职业是他的志向。

---

① 马克思，恩格斯. 马克思恩格斯全集：第 1 卷. 2 版. 北京：人民出版社，1995：457.
② 同①459.

亨利希·马克思律师建议儿子走他自己所走的路，即从事"实际的"职业——法律。卡尔听从了这个建议，于 1835 年 10 月开始在波恩大学法律系学习。

## 性格和智慧的初步考验

最初，卡尔把自己表现为一名非常勤奋的大学生，决定一下子上九门课程。但是这种激情没有维持多久。脱离了父母的监管，他很快就一头沉浸在波恩大学生们的热烈生活之中。第二学期特里尔的学生就选举他为同乡会的主席。他将很多注意力都放在诗歌上，参加了青年作家的地方协会，并打算献身于诗歌创作。在这种情况下，学业就放到了第二位。

亨利希·马克思认为儿子第一学年已经荒废了，于 1836 年赶紧把卡尔转到以学生生活的严格有序而著称的柏林大学。

### 艰难的爱情

在去柏林之前，马克思回到特里尔度假。在这里他又与童年时的朋友燕妮·冯·威斯特华伦（Женни фон Вестфален）相逢，并沉溺于汹涌的感情之中，很快就被对她的爱情完全控制。

这是真正艰难的爱情。燕妮拥有非凡的美貌和魅力、出众的才智和性格。许多显贵和富裕家庭的子弟都向男爵的女儿求婚。卡尔既不富有，也不是显贵，甚至没有固定的职业，更何况他还比自己的心上人小四岁。但是他那非凡超群的魅力和丰富而又深刻的智慧使燕妮为之倾倒。卡尔成了她最中意的人。

就在 1836 年夏天，卡尔和燕妮订了婚，但因此这对恋人不得不使了点计谋：他们只把自己的决定告诉了马克思的父亲，因为他们不相信其他亲属能正确地理解他们。

取得初步胜利之后，在还没有巩固的情况下，马克思奔赴了柏林。在与以前熟悉的人分别，主要是与未婚妻离别所产生的孤独感的影响下，他给自己"所倾慕的、永远爱恋的燕妮·冯·威斯特华伦"写下并邮寄了三大本诗集——两部《爱之书》和一部《歌之书》。在这些诗歌中饱含了青年浪漫主义的情绪，在这个青年的身上，智慧和精神力量在与为了自己的思想和情感同变幻莫测的世界的斗争中成熟起来。

请看这些诗集中的两个片段。在第一个片段中可以听到不用再等待神的帮助，个性已形成的斗士的回应：

我在与风浪搏斗中锻炼成长，

并不指望上帝来给我帮忙，

我扬起船帆信心满怀，

仰赖可靠的星辰引航。


在漫长的决死战斗里，

我浑身是喜悦的活力，

我充满了粗犷的热情，

我唱出了豪迈的歌声。①

而另一首诗的字里行间则充满了爱情的喜悦：

燕妮！你大概会戏谑般地问我，

为什么我的歌总是称作"致燕妮"？

那是因为我的脉搏只为你跳动。

我所有的歌都只是向你把衷肠倾诉，

我所有的歌都是把你吟咏；

因为歌中每个字句都是向你表白心迹，

每个音符都是为你奏响爱的旋律，

我的哪一个乐段能与我心中的女神分离？②

燕妮的回信也充满了对卡尔的柔情。这对恋人免不了要受嫉妒和不安之苦。燕妮在订婚三年多之后难过地说："假如你那火热的爱情消失了，你变得冷漠而矜持时，我越是沉湎于爱情的幸福，我的命运就会越可怕。你看，卡尔，对于你的爱情能否持久的这种担忧，使我失去了一切欢乐。"同时，她恳切地说："……卡尔，我是这么爱你，非言语所能表达……我的整个生命，我全身心都浸透着对你的思念。"③

在这个时期燕妮肩负着重担：她不仅要让自己相信卡尔的始终不渝（要知道他还这样年轻！），而且还要克服许多亲属，特别是同父异母的哥

---

① 马克思，恩格斯. 马克思恩格斯全集：第 40 卷. 北京：人民出版社，1982：469. 在《马克思恩格斯全集》中文第 2 版第 1 卷中，这个片段的头四句为："我和风浪搏斗，祈祷我主上帝保佑，我扬起船帆，航行时仰赖可靠的星斗。"（马克思，恩格斯. 马克思恩格斯全集：第 1 卷. 2 版. 北京：人民出版社，1995：575. ——译者注）

② 马克思，恩格斯. 马克思恩格斯全集：第 1 卷. 2 版. 北京：人民出版社，1995：677－678.

③ 马克思，恩格斯. 马克思恩格斯全集：第 47 卷. 2 版. 北京：人民出版社，2004：581，582－583.

哥——此时已担任特里尔政府枢密顾问的反动分子斐迪南·冯·威斯特华伦（Фердинанд фон Вестфален）的阻挠。过了半年，卡尔才向燕妮的父母请求同意他们的订婚，又过了半年终于得到正式的同意，但要在马克思大学毕业后才能举行婚礼①。

**从诗歌到科学**

他们此后的爱情命运越来越取决卡尔。亨利希·马克思真正以长辈的智慧教导儿子，必须证明自己忠贞不渝，意图真诚。

这一点卡尔自己也明白。他不怀疑自己对燕妮的感情的忠实，但意识到必须更加坚定地确定自己事业的性质。很快他就确信，诗歌不是他的志向，1837年11月，他告诉父亲："……写诗可以而且应该仅仅是附带的事情，因为我必须攻读法学，而且首先渴望专攻哲学。"②

在这里又想起了最初在《青年在选择职业时的考虑》一文中所表露的对两种职业的向往：要么干预生活本身（法学），要么研究抽象真理（哲学）。很快这两项研究就有机地交织在一起了。

实际上也是这样的。在柏林大学学习初期，马克思只听具体的（实践的）课程的讲座：萨维尼（Савиньи）的罗马法典（пандект），甘斯（Ганс）的刑法等。萨维尼和甘斯是德国法学中两种**对立**流派的杰出代表：前者领导历史法学派，这个学派由于为封建法辩护，并把经验主义奉为自己的方法论原则而让马克思感到格格不入；后者代表黑格尔学派，宣扬唯理论而与马克思的思想比较接近，但是，黑格尔在实际结论中也相信合理性，而且是存在的合理性（"凡是现实的都是合理的"）。诚然，黑格尔的方法也可能得出另一些革命性的结论（"凡是合理的都是现实的"），但在19世纪30年代中期很少有人看到黑格尔哲学这个革命的方面。大多数人只把它看作是普鲁士国家的官方思想体系。马克思最初也是这样看待黑格尔哲学的。因此他不认为必须专门研究它，只限于了解他不喜欢的黑格尔著作中的某些片段。

那时，马克思带着很大的好感去理解康德-费希特（Фихте）对法的解释。他作为启蒙运动的崇拜者，喜欢康德和费希特接受启蒙学派的基本的法学思想——关于人的自然法学说，关于国家是社会契约的产物的学说。

---

① 关于燕妮·马克思及其在卡尔·马克思生活中的作用，更详细的参见 П. 维诺格拉茨卡娅（П. Виноградская）的《燕妮·马克思》（北京：生活·读书·新知三联书店，1981），Л. 多尔纳曼（Л. Дорнеман）的《燕妮·马克思》（北京：生活·读书·新知三联书店，1960），Е. 伊莉因娜（Е. Ильина）的《一个不知疲倦的旅行者》（Е. Я. Ильина. Неутомимый путник. М.，1964.）。

② 马克思，恩格斯. 马克思恩格斯全集：第47卷. 2版. 北京：人民出版社，2004：7.

康德甚至接受了卢梭关于主权归属于人民的观点，承认从君主专制制度向君主立宪制过渡的可能性。费希特在早期著作中还走得远些：在《试图纠正公众对法国革命的看法》（《Попытка исправить суждения публики о французкой революции》）一书中证明了革命的合法性。因此在马克思眼中，康德-费希特的理论既区别于黑格尔的理论，也区别于历史法学派的理论，是有益的。尽管如此，马克思也不能全盘接受它，因为它的许多观点形成于40多年前，已经陈旧了。

**同思想巨人的搏斗**

青年马克思不满足于现有的任何一种法学理论，而勇敢地决定独立地把某种哲学体系贯穿于全部法学领域。他认为自己的主要任务在于，形成一个具有普遍意义的、准确的不依赖于具体经验的（先验的）法学概念，然后在实际的法（无论是以前的，还是现在的）中研究它的发展。看来，他最后得出结论，正是古代罗马法符合先验论的原则，因此是真实的，而现行法是虚假的。

深感不安的父亲写道："你的法律观点不是没有道理的，但如果把这些观点建立成体系，就很可能引起一场风暴，而你还不知道，学术风暴是何等剧烈。如果在这件事情上那些令人反感的论点不能全部消除，那么至少在形式上应当弄得缓和、令人中意一些。"①

但是，马克思在科学风暴面前并不畏惧（他渴望风暴），正是问题的实质让马克思面临从康德-费希特的先验论立场出发而无法克服的困难。这些困难的核心在于，马克思当时并不怀疑的一个坚定的事实：无论是罗马法还是其他任何实际的法都不是先验论原则的体现，这些原则本身实际上只是一定时代的具体关系的抽象的复制品。因此，青年马克思一切反证的尝试（就像康德和费希特以前的尝试）注定不能成功。他经过很大的努力制定出的先验论论点一个接一个地破灭了，因为这些论点不但不能对实际法的关系给予严谨的解释，反而与其相矛盾。

马克思同对象和自身进行了痛苦的斗争：

"这再次使我明白，没有哲学就无法深入。于是我就可以心安理得地重新投入哲学的怀抱，并写了一个新的形而上学基本体系，但在该体系的结尾处我又一次不得不认识到它和我以前的全部努力都是错误的。"②

---

① 马克思，恩格斯. 马克思恩格斯全集：第47卷. 2版. 北京：人民出版社，2004：535-536.

② 同①11.

这样无情的自我批判只有在对自己的力量无比确信的情况下才可能。就像在激烈的战斗中，青年的科学勇士勇敢地投入徒手战，并不止一次地被思想的巨人推倒。但是，在搏斗中他自己也被提到这些巨人的高度。他不仅开始无情地批判自己发展先验论原则的尝试，而且也批判这些原则本身。他已经明白，现实的东西和应有的东西对立是康德–费希特唯心主义本质上所固有的，这是科学研究道路上的"严重障碍"。那就让这种唯心主义让路！

### 走向黑格尔

在这场思想战斗中，青年马克思意外地为自己找到了以黑格尔为代表的同盟者。他不得不承认，黑格尔哲学最深刻地解决了应有的东西和存在的东西统一的问题。黑格尔在《法哲学原理》（《Философии права》）中断言，哲学的立场"必须绝对避免把国家依其所应然来构成它……哲学的任务在于理解存在的东西，因为存在的东西就是理性"①。像黑格尔一样，马克思这时也认为，思维不应把任意的部分带进客体中去，而应当在客体的发展中认真考察客体本身。

爱德华·甘斯（Эдуард Ганс）成为马克思走向黑格尔道路的好向导。甘斯抛弃黑格尔的保守主义之后，在柏林大学的讲台上宣扬绝对理念远没有在普鲁士国家完全表现出来，应当进一步加以发展。这种解释促使马克思对黑格尔哲学抱有一些好感，虽然他厌恶这种哲学所带有的普鲁士官方学说的性质。

海夫特尔（Геффтер）教授对马克思也有一定的影响，他像甘斯一样，也是自由黑格尔派。1837年夏季学期，马克思听的三门课程（宗教法、全德民事诉讼、普鲁士民事诉讼）正是海夫特尔讲授的。马克思在1937—1938年冬季学期听的唯一的一门课程（刑事诉讼）也是海夫特尔讲授的。

马克思决定是时候彻底弄清黑格尔哲学是否经得起批判的检验，还是会像康德–费希特哲学那样破灭了。这项工作的结果是一篇题为《克莱安泰斯，或论哲学的起点和必然的发展》（《Клеант，или об исходном пункте и необходимом развитии философии》）的对话，可惜没有保存下来。马克思在给父亲的信中说："我最后的命题是黑格尔体系的开端……这个在月光下抚养长大的我最可爱的孩子，就像狡猾的海妖，把我诱入敌人的怀抱。"② 马克思指的敌人就是黑格尔。

① 黑格尔. 法哲学原理. 北京：商务印书馆，1979：12.
② 马克思，恩格斯. 马克思恩格斯全集：第47卷. 2版. 北京：人民出版社，2004：13.

对于马克思来说，接受黑格尔哲学绝不是意味着可以心安理得，停止对世界观的探索。相反，这只是完成了一个最初步的探索阶段，为更深入的探索开辟新的道路。通过否定黑格尔本身及其德国的前辈而接近黑格尔，马克思开始非常严格地对待各种类型的思辨结构。在这个时期，马克思开始制定评价各种哲学的标准：不仅是其逻辑的完整性，而且还包括它作为深刻理解具体现实的方法论基础的能力。

这样，对一种实践科学——法学的研究把马克思推入哲学的怀抱，而这个最抽象的科学本身就是当时德国整个实际社会生活的理论体现。这就是为什么马克思在认真研究哲学后，便投入到更为重要的社会斗争问题的讨论中。

## 哲学和生活。青年黑格尔派

当时德意志历史形势的特点是，复杂的冲突一触即发。经济的进步逐渐地摧毁了德意志的封建基础，包括分裂成许多"邦"（государство）的割据状态。长期以来，每一个"邦"都拥有自己的民法、自己的征税、自己的海关和公民证的限制，总之，就是封闭的经济整体。

### 政治发展的曲折

但是，资产阶级经济地位的巩固靠的是牺牲人民在拿破仑战争时期争取到的那些政治权利而达到的。例如，普鲁士资产阶级在1918年顺从地接受了反动的卡尔斯巴德决议（Карлсбадские постановления），取代了使普鲁士变成统一经济区的1819年关税法，决议规定开始对自由派进行新的迫害。建立把全部德意志变为自由商贸区的德意志关税联盟（1834年），同时通过了六项联邦议会法令，这些法令把各省的宪政生活（конституционная жизнь）降低到最小限度。重新实行了书报检查制度，禁止政治结社和集会，对大学也实施严格的监督检查；德意志各邦政府互相承诺引渡政治流亡者；针对政府的请愿和抗议开始被作为犯罪行为遭到迫害；等等。没收结成"青年德意志"（"Молодая Германия"）社团的激进作家的著作，并禁止了海涅（Гейне）的所有作品（已完稿的和未完稿的！）。

看看威廉·李卜克内西（В. Либкнехт）是如何描述君主专制政权的窒息气氛的："在德意志，政府与人民分离，并作为至高无上的东西凌驾于人民之上。这似乎是某种最高的存在，违背所有逻辑，被赐予这样一些属性，例如全能、全知、全善，永无谬误……然而，人民被剥夺了任何独立思考和判断的能力，他只承担一种义务——盲目地相信和盲目地服从政府。"①

与此同时，德意志理论思想的蓬勃发展开始显露。像莱辛、席勒、歌德那样的诗人、思想家，像康德、费希特、谢林和黑格尔那样的哲学家，为德国人建立了理性民族的声誉。

理论的快速发展与政治现实的落后之间的不相适应让德国思想家们产生了幻想，仿佛他们的创作不仅不依赖人民的现实生活，而且这种生活本身应该服从于他们理想的方案。对于他们来说，理论的、主要是哲学-宗教的辩论是现代历史最重要的因素，是进步的基础。

### 黑格尔派命运中的四个路标

例如，对于黑格尔派来说，关于德意志未来的问题是与下述问题相同的："当世界精神在黑格尔哲学中达到了自己的最终目的，认识了自己之后，整个世界历史的下一个内容将是什么？"②

正统的黑格尔派虔敬地注视着他们老师建立的体系，并认为自己的任务是起到一种透明罩的作用，它使人们有可能欣赏到黑格尔的理论体系大厦的宏伟，同时又能防止这个大厦遭到任何外来的影响。但是，这些意图注定是不会实现的。随着社会脉搏跳动的加速，黑格尔派内部力求把作为自己基础的革命辩证法从束缚它的保守的殓衣下解放出来的力量得到加强。

在这一时期，黑格尔学说进步方面发展的几个主要路标如下：

1834 年，海涅在其《德国的宗教史和哲学史》（《К истории религии и философии в Германии》）一书中第一次把辩证法看作是德国古典哲学的革命内容，特别是黑格尔哲学的革命内容。这是创造性地对待黑格尔遗产的起点。

1835 年，黑格尔派内部的分歧已经形成，争论的中心是关于个人不死的问题：黑格尔主义者格舍尔（Гешель）的著作《关于从思辨哲学看人的灵魂不死的证明》（《О доказательстве бессмертия человеческой души в свете с пекулятивной философии》）③ 问世；黑格尔主义者罗生克兰茨（Розенкранц）宣称，所谓的个人不死对他来说早就是无所谓的，甚至是多

① В. Либкнехт. Германия полвека тому назад. Спб. , 1907：11.

② Р. Гайм. Гегель и его время. Спб. , 1861：5.

③ Göschel. Von dem Beweis für die Unsterblichkeit der menschlichen Seele im Licht der spekulativen Philosophie. 1835.

余的①。

大卫·施特劳斯（Д. Штраус）在《耶稣传》（《Жизнь Инсуса》，也于 1835 年出版）一书中已经在另一个更加广泛的方面提出了黑格尔哲学对待宗教的态度问题。他反对黑格尔把宗教的与哲学的内容混为一谈，证明早期基督教团体的神话传说是福音书的来源，归根结底也是其内容。按照他的说法，正是这个团体的（社会的）意识，而不是绝对精神构成了历史发展的**实体**（субстанция）。但是，施特劳斯承认耶稣是历史上存在的人物，这还是为神学家留了后路。因此，无论左派还是右翼都对他的观点展开批判。

1837 年，黑格尔的《历史哲学》（《Философии истории》）第一版（甘斯编辑的）问世。这为全面评价黑格尔历史观念打下基础。在柏林出现了一个"博士俱乐部"（"Докторский клуб"），其中联合了最激进的黑格尔主义者。"俱乐部"的思想领袖是布鲁诺·鲍威尔（Бруно Бауэр）——柏林大学神学系教员，他正好在这时脱离了正统黑格尔派。"俱乐部"的活跃分子有：卡尔·弗里德里希·科本（Карл Фридрих Кеппен）——中学历史老师，一位有才能的学者；阿道夫·鲁滕堡（Адольф Рутенберг）——中学地理教员，年轻时因参加"大学生联合会"而被捕过；还有其他成员，其中就包括卡尔·马克思——柏林大学二年级学生，他当时因为寻找自己的法哲学体系，被折磨到极点，去小地方施特拉劳（柏林附近）休息，结识了激进的黑格尔主义者。1837 年他们都还没到 30 岁，正统派蔑视地称他们为青年黑格尔派；不过，他们自己也接受了这个称呼，并不认为年轻是缺点。

"博士俱乐部"不是某种有正式会员形式的固定组织。但其成员之间的友谊和思想联系是非常坚固的，要加入其中应当是具备相当天赋的人。他们通常相聚的地方是在一家名为施特黑利的小咖啡馆里，在那里他们讨论着令他们激动的问题。毫无拘束的环境有助于进行最坦率的、有时又是非常大胆的推论。这是个真正意义上的年轻哲学家们的俱乐部，他们在激情沸腾中产生了独特的精神产物——青年黑格尔派的思想体系。

1838 年，黑格尔派终于分裂为两个主要流派：左的（青年黑格尔派）和右的（正统黑格尔派），还分别形成了一个中心。促进这种界线划分的特点是：第一，出现了反动分子利奥（Лео）的小册子《黑格尔党徒》

---

① K. Rosenkranz. Göschels Entwicklung der Hegelschen Unsterblichkeitslehre. In: Kritische Erläuterungen des Hegelschen Systems. Königsberg, 1840.

（《Гегелинги》），它直接反对青年黑格尔派，同时通篇都是嘲讽、挖苦的笔调。第二，出版了青年黑格尔派自己的定期机关刊物——阿尔诺德·卢格（Арнольда Pyre）编的《哈雷年鉴》（《Галлеский ежегодник》）。

青年黑格尔派在这份杂志上发表文章，甚至还发表了一系列专题论文，展开了反对神学的斗争，**并争取把黑格尔哲学从神秘主义中解放出来，让哲学接近生活。**

但是，应当注意的是，青年黑格尔派的思想体系并不是某种统一的或内部一致的东西，并且从一开始，思想体系内部的区别就表现为青年黑格尔分子的哲学批判活动的范围不同。

### 布鲁诺·鲍威尔

青年黑格尔派中的一群人把注意力主要集中在批判神学、宗教上，从黑格尔哲学中得出无神论的结论。在这群人中起主导作用的是"博士俱乐部"成员，特别是鲍威尔，他在1838—1841年出版了一套批判神的启示和福音书史的丛书。他得出结论说，基督教不是教团神话创作的产物（如施特劳斯所断言的那样），而是个别人，即福音书的作者（福音书的传道者）自觉活动的产物。因此，历史的决定力量不是实体，而恰恰是自我意识。现在，当基督教成为继续发展的最大障碍时，主要任务就在于，把人类从宗教中解放出来，只有自我意识才能完成这个任务。这一次应当成为自我意识的体现者的，不是福音书的传道者，而是批判地思考的理论思想家。

### 阿尔诺德·卢格

阿尔诺德·卢格是青年黑格尔派中第二个哲学政治思潮的发起人。主持《哈雷年鉴》后，卢格起先打算把它办成一个非常温和的刊物。他不仅邀请了施特劳斯、费尔巴哈及其他激进黑格尔分子来撰稿，还邀请了像辛利克斯（Хинрикс）和瓦特盖（Ватке）这样一些温和派，甚至还有右派利奥。但从各地开始发来了充满激进思想的文章。卢格的功劳在于，他把杂志变成了这些思想的论坛。与鲍威尔相反，他把宗教斗争和政治斗争联系在一起，把宗教斗争看作是解决政治问题的手段，而不是相反。这样，他使青年黑格尔派反对天主教的哲学斗争具有了政治性质。

### 莫泽斯·赫斯

除了这两个思潮外，在青年黑格尔派中不久出现了第三种思潮——空想社会主义，其代表人物是莫泽斯·赫斯（Мозес Гесс）。30年代末他接近青年黑格尔派，理解了他们把哲学与生活联系起来的意图，但有别于鲍威尔和卢格，他没有把现实局限于宗教和政治领域之中，而是把社会问题纳入其中。同时赫斯把黑格尔哲学与法国社会主义联系起来，把社会问题提到首位，这促使青年黑格尔派走上了人道主义和共产主义道路。但是，就像大多数青年黑格尔派一样，他在把思辨哲学和现实融合在一起的尝试中，从客观唯心主义走向了主观唯心主义，从黑格尔走向了费希特。因此，赫斯没能超出思辨结构的范围，在哲学上仍是唯心主义者，而在社会观点上则是空想主义者，这是不以他自己的意志为转移的。

鲍威尔、卢格和赫斯的观点反映了青年黑格尔派立场的不同方面，同时也包含了某种真理的成分。但无论个别，还是总体，他们都没有给出正确理解现实的具体真理。只有马克思和恩格斯才找到了理解现实的最正确的道路①，当时他们的观点正向着革命民主主义的方向发展。

## 走向科学的顶峰：博士论文

在参加青年黑格尔派活动初期，即从 1837 年下半年到 1841 年中期，马克思对哲学问题的研究比对政治问题的研究表现得更为积极，而且比起卢格，他更接近鲍威尔。这个时期，他活动的主要成果是博士论文《德谟克利特的自然哲学和伊壁鸠鲁的自然哲学的差别》。

**要了解未来，必须知道过去**

初看起来，这个题目非常学院式。但这只是乍看而已。青年马克思的功绩在于他善于深刻地看到这个题目的现实内容。实际上，德谟克利特是古希腊的古典哲学家，古希腊哲学中最主要流派的创始人；在这个意义上，他在古希腊哲学中所占的地位如同黑格尔在近代哲学的地位。伊壁鸠鲁是德谟克利特卓越的继承者，他给这个流派创始人的学说增添了不少新东西；在这个意义上，他的地位与黑格尔最杰出的继承者——青年马克思同时代人的地位相似。因此，如果阐明伊壁鸠鲁和德谟克利特关系发展所遵循的规律（例如他们的自然哲学学说的相互关系），那么就能更好地理解黑格尔派和黑格尔的关系，并预见其学说的命运。不但如此，如果描述每一个体系都联系它的历史存在，那么就能查明两个历史时代本身，即德谟克利特-伊壁鸠鲁时代与当代的发展趋势的共同性，从而就能**洞察当代的趋势**。这就是马克思博士论文②的内在意义。

---

① 青年恩格斯观点的发展我们将在本书下一章（第一节）研究。

② 无疑，论文包含很多别的观点，包括专门的历史哲学观点，在本书中我们不准备专门讨论。这些观点详见 Т. И. 奥伊则尔曼的《马克思主义哲学的形成》一书第一章。（Т. И. Ойзерман. Формирование философии марксизма. М., 1974.）

**伊壁鸠鲁的时代和德谟克利特的时代**

在比较了伊壁鸠鲁自然哲学和德谟克利特自然哲学之后，马克思认为，作为这两种自然哲学的基础是同一个原则：在世界中，实质只是虚空中运动的原子的各种组合。但是，与以前所有历史学家相反，马克思证明，完全不能由此得出结论，似乎伊壁鸠鲁在简单地重复老师：德谟克利特过于赞扬了具体科学，而伊壁鸠鲁认为，具体科学无助于达到真正的完善；前者强调的是必然性，而后者强调的是偶然性。

如何解释他们的立场在虚假的同一下的对立这个事情呢？因为德谟克利特和伊壁鸠鲁生活的时代不同，特别是这两个时代所具有的社会意识不同。德谟克利特生活在古希腊社会上升的时代，那时主要注意方向是了解外部世界；因此在德谟克利特那里，原子论是纯粹的自然科学原则，构成了他整个体系的目的和现实基础。伊壁鸠鲁处于古希腊社会没落的时代，那时以前一切价值都被破坏，为保存自己的自由和独立性，个人就应该把全部力量都集中于自身。因此，在伊壁鸠鲁那里，原子论原则已经不是纯粹自然科学原则了，而首先是为了解决最重要的迫切问题——在世界崩塌的情况下保存个体的一种手段。

伊壁鸠鲁告诫说："我们的生活需要的不是玄想和空洞的假设，而是我们能够过没有迷乱的生活。"[1] 达到这种平静（无感[2]）是因为深刻地认识到，我作为个人是绝对独立的和自由的。单个的人在社会中存在的分散性和孤立性不应该使人害怕，因为要知道整个世界都是由单个原子构成的。的确，原子论的奠基人德谟克利特说过，似乎原子在自己的运动中服从于严格的必然性，但这并不正确：他没有估计到原子拥有天然偏斜的本能。"能动原则"是原子本身所固有的，因此，在自己的运动中它们能偏离直线，这就是自由。所以，个性-原子，或者抽象的单个的个性，可以仍然是静止的：因此，个性是原子，它不会不再自由，相反，现在它断定自己是绝对自由的。这样一来，原子论就是一切时代最伟大的生命智慧，原子论万岁！

**天体、神和自我意识**

古代自然科学的水平不允许"看到"或无论用何种方法经验地感受到，原子不是天体那样的形状……在缺少天文望远镜的情况下，恒星、行

---

[1]　马克思，恩格斯. 马克思恩格斯全集：第1卷. 2版. 北京：人民出版社，1995：57.

[2]　"无感"，是古希腊伦理学中的最高境界，指精神安定之境界，不受干扰。——译者注

星和流星在古代的人看来都像是点状的物体，即作为单个的、不可分割的并且永恒的原子的现实表现。因此，伊壁鸠鲁似乎也应该把天体看成是自己原则的最高实现。相反，他坚决反对天体具有原子的属性。

他为什么这样做呢？这是因为承认天体是原子就意味着向当时的宗教让步。古代人把天体像神那样崇拜。但是这样的崇拜与自我意识绝对自由原则相矛盾：如果你的存在取决于天上的恒星或者彗星，那么这算什么自由。伊壁鸠鲁鄙视那些认为人需要神的人。因此，马克思称赞他是最伟大的古希腊启蒙者。在马克思看来，哲学本身就是用伊壁鸠鲁的口向自己的敌人——宗教宣称："渎神的并不是那抛弃众人所崇拜的众神的人，而是把众人的意见强加于众神的人。"①

对伊壁鸠鲁无神论及其从哲学上论证个体自由的必然性的尝试抱有好感，对这位古代唯物主义者的自然哲学的详细研究，使青年马克思在观点上准备好产生有别于黑格尔的新倾向。在这方面马克思的以下发现有重要意义，即能动原则是伊壁鸠鲁的无神论所特有的。这个原则最重要的因素——原子能够偏离直线的原理，"在原子的排斥中，表现在直线下落中的原子的物质性和表现在偏斜中的原子的形式规定，都综合地结合起来了"②。当然，马克思是从唯心主义观点出发得到这个发现的。但这个发现客观上是个具体的形式，在其中马克思第一次判定唯物主义与运动、发展、自由③等概念能综合统一的可能性，也就是说，这种统一、全面的科学的论证和对这种统一的发展，后来正好成为辩证唯物主义奠基人的伟大功绩之一。

马克思观点的发展方向本身是与大多数青年黑格尔派不同的：如果说后者是从黑格尔进化到费希特，那么最初倾向于康德-费希特的马克思，接着将通过黑格尔哲学转向唯物主义。"自我意识哲学"就像是一座小桥，在这座桥上青年马克思遇到了青年黑格尔派；一时间看似这座小桥牢固地联系着他们，但实际上他们却沿着小桥往不同的方向走去。

**哲学和世界的相互作用**

马克思在自己的博士论文中对哲学和一般历史发展规律的理解已经表明了他与青年黑格尔派之间的不同。历史进程在马克思看来是哲学意识与

① 马克思，恩格斯. 马克思恩格斯全集：第1卷. 2版. 北京：人民出版社，1995：12.

② 同①37.

③ 关于这个问题详见帕·陶里亚蒂（П. Тольятти）的《从黑格尔到马克思主义》。参见 П. Тольятти. От Гегеля к марксизму. Вопросы философии, 1955, (4).

经验世界相互作用的结果①。这种相互作用有几个阶段。每个阶段都以把哲学提高到全面制定体系（达到自身完备的具体性）为开始。例如，在古代就是亚里士多德哲学，在近代就是黑格尔哲学。但是，按照马克思的观点，这种完备性并不是像资产阶级马克思学解释者兰茨胡特（Ландсгут）在论文中所断定的"思想和现实在哲学精神中的和解"②，而是哲学与世界的隔离，哲学形成了暂时只是由一些抽象的原则组成的某种统一整体。

在达到这种内部完善后，哲学就把自己的目光转向外部世界，开始同外部世界相互作用："在自身中变得自由的理论精神成为实践力量，作为意志走出阿门塞斯冥国，面向那存在于理论精神之外的尘世的现实。"③

这个过程有两个方面：客观方面，哲学与外部世界相互关系，也就是同存在于哲学之外、哲学本身也不依赖于它的那个世界（在哲学还没有与之相互作用之前）的相互关系；主观方面，哲学与其思想载体，与哲学家或哲学自我意识的相互关系。

第一种客观关系是"反思关系"，双方相互转化的关系。在反对世界时，哲学把自己的实质强加于世界，结果世界就变成了哲学的世界。但是，世界在与哲学融合时，它也把自己的实质转给了哲学，于是哲学变成了世界的哲学。马克思把哲学的实现理解为世界和哲学的革命化，这样就产生了新的质。

第二种主观关系是第一种关系在哲学的思想载体本身的表现，即在其自我意识中的表现。既然哲学的客观运动是世界转化为哲学世界、哲学转化为世界哲学的双重过程，那么这个客观过程的主观载体，即"这些个别的自我意识始终具有**一个双刃的要求**：其中一面针对着世界，另一面针对着哲学本身"④。

个别哲学自我意识在自身内部的这种分裂最终表现为哲学本身在外部分为两个对立的派别。每个派别都反映"哲学-世界"这个二分法的一个方面。自由主义派别接受了**哲学**的概念和原则，实证主义派别则反映了**现实**的方面。

哲学与世界的客观关系的矛盾性不仅在哲学自身的分裂中，而且在这

① O. 科尔纽第一次非常清晰地注意到马克思观点的这个特点。参见 O. Корню. К. Маркс и Ф. Энгельс. Жизнь и деятельность. М., 1959, т. 1. с. 188.

② K. Marx. Der historische Materialismus. Die Frühschriften Hrsg. v. Landshut S. und Mayer J. P., Bd. 1. Leipzig, 1932：ⅩⅥ.

③ 马克思，恩格斯. 马克思恩格斯全集：第1卷. 2版. 北京：人民出版社，1995：75.

④ 同③76.

些派别的意图和实际行动之间的矛盾中都找到了自己的主观反映。实际上，自由主义派别的代表，即青年黑格尔派，看上去应当把自己的全部注意力集中在哲学本身；但却不是这样，他们的活动内容却是批判，因此使哲学转向外界。相反，实证主义派的代表们似乎应该研究现实，但却不是这样，他们力图从事哲学研究，促使哲学返回自身。马克思概括说："两派中的每一派所做的正是对方要做而它自己不愿做的事。但是，第一个派别在它的内在矛盾中意识到了它的一般原则和目的。在第二个派别里却出现了颠倒，也可以说是真正的错乱。在内容上，只有自由派才能获得真实的进步，因为它是概念的一派……"①

由于在这些派别中划分和区别了本质的、内部的（秘密的）和外部的、面上的（公开的）东西，马克思得出了关于他所处时代哲学派别的客观内容与价值的上述结论。马克思把这些区别的必然性作为方法论的原则来接受，并把它贯穿在整篇论文中。为了不成为简单的复本抄写员，哲学史学家应该"把那种象田鼠一样不声不响地前进的真正的哲学认识同那种滔滔不绝的、公开的、具有多种形式的现象学的主体意识区别开来……"②

**黑格尔哲学和现时代**

黑格尔的功劳在于提出和制定了辩证法的原则，马克思在分析黑格尔本身的观点时遵循了这个原则。黑格尔把革命的辩证法原则与反动的普鲁士现实相调和的企图，被许多青年黑格尔分子解释为哲学家的个人品质，解释为对强大的现今世界虚与委蛇的应对。马克思坚决反对这种解释。如果哲学家的确具有这种应对，那么把它解释为纯属个人的道德情形是完全不够的。为了揭示主体外部的、现象学的意识的真实原因，必须从它内部的、实质的意识出发。因此，"这种表面上的适应的可能性本身的最深刻的根源，在于他的原则本身不充分或者哲学家对自己的原则没有充分的理解"③。

这种论点清楚地证明，甚至在思想的发展阶段，即当黑格尔影响最大的时候，青年马克思就对黑格尔采取了批判的态度。同时，马克思并不是对黑格尔哲学的科学意义和历史意义评估不够。在观察黑格尔分化的过程

---

① 马克思，恩格斯. 马克思恩格斯全集：第1卷. 2版. 北京：人民出版社，1995：77.

② 马克思，恩格斯. 马克思恩格斯全集：第40卷. 北京：人民出版社，1982：170. 后来，马克思在《资本论》中说道："……如果事物的表现形式和事物的本质会直接合而为一，一切科学就都成为多余的了……"马克思，恩格斯. 马克思恩格斯全集：第46卷. 2版. 北京：人民出版社，2003：925.

③ 同①74.

时，如果"实证派"认为，好像这样一来"黑格尔哲学本身作了自我谴责"，那么马克思却得出了相反的结论："……哲学把握了整个世界以后就起来反对现象世界。现在黑格尔哲学正是这样。"① 在完整的（黑格尔的）哲学中起作用的要素作为一个**整体的**因素，现在必然获得**独立的**存在。因此，在完整的哲学范围内这些因素越发展，从而完整的哲学本身越发展，这个独立性也就越明确。

哲学实现的性质取决于这种哲学本身的性质。因此，在哲学转变为现实的一定形式的基础上，"可以反过来推论出一种哲学的内在规定性和世界历史性"②。马克思在伊壁鸠鲁派、斯多亚派和怀疑论者的哲学体系中发现了真正的古希腊哲学史的钥匙，在黑格尔哲学向各对立学派分裂中，马克思发现了理解这个哲学本身的辩证性质的钥匙。

并且完善哲学实现的性质使马克思预见到未来：像古希腊罗马历史经验所证明的，在完善哲学的时代之后来临的是"铁器时代——如果这个时代以伟大斗争为标志，那它是幸运的……"③ 因此应该欢迎在 20 世纪 30 年代下半期开展的哲学斗争，应该理解这场哲学斗争的进步性和必然性，作为一种积极力量，它促使为幸福时代做准备的世界风暴的来临："但是不应对这场继伟大的世界哲学之后出现的风暴，感到惊慌失措。普通竖琴在任何人手中都会响；而风神琴只有当暴风雨敲打琴弦时才会响。"④

这个结论就是马克思博士论文的基本社会政治意义，虽然它不是在论文的正文里，而是在准备论文的笔记中表述出来的。在对历史过程规律的研究基础上，首先是哲学的发展与现实之间的联系的规律的研究，马克思（无疑是通过唯心主义途径）**理解了与他同时代的哲学斗争作为促进普鲁士现实发生根本性变革的积极因素的历史意义**。

马克思的博士论文是其革命民主主义世界观的哲学预言，是他作为革命民主主义者的实践活动的理论准备。

① 马克思，恩格斯. 马克思恩格斯全集：第 40 卷. 北京：人民出版社，1982：136.
② 马克思，恩格斯. 马克思恩格斯全集：第 1 卷. 2 版. 北京：人民出版社，1995：75.
③ 同①137.
④ 同①136.

# 第二章
# 通过哲学走向政治

## 在生活道路的岔路口上

### 哲学博士证书

马克思的朋友们想方设法催他进行论文答辩。他们深信，马克思做了大量工作，这比他为了获得哲学博士学位做的多得多。但马克思自己非常谦虚地评价自己的成绩，因为他觉得自己能做得更多，并对自己提出了最高的要求。1840—1841 年，他认真钻研了当时他还不太熟悉的一些大思想家的著作。这些著作的摘要组成了他的八本柏林笔记，其中包括下列著作的摘要：亚里士多德（Аристотел）的《论灵魂》（《О душе》，第三册），斯宾诺莎（Спиноз）的《神学政治论文》（《Богословско-политический трактат》）和《书信》（《Письма》），莱布尼茨（Лейбниц）的《逻辑学和形而上学》（《Логика и метафизика》），休谟（Юм）的《人性论》（《Трактат о человеческой природе》），罗生克兰茨（Розенкранц）的《康德哲学史》（《История кантовской философии》）。马克思特别重视论文本身。只有当他从大量的准备资料中形成了用极完备的文学形式表达创作思想的最纯粹的结晶，他才决定把自己第一部作品交给学者们去评判。同时他拒绝了鲍威尔要他在表达上谨慎些的建议，并没有为了自己的论文能够"通过"而放过任何一句话。例如，他保留了序言中埃斯库罗斯《被锁链锁住的普罗米修斯》诗歌中的四行诗：

> 我绝不愿像你那样甘受役使，来改变自己悲惨的命运，
> 你好好听着，我永不愿意！
> 是的，宁可被缚在崖石上，

也不为父亲宙斯效忠，充当他的信使。①

生活阅历丰富的布鲁诺非常担心，长官们将如何看待这几行诗。但对于马克思来说，这几行诗就像是他个人生活的座右铭，并且他不能像有些人那样，只在友好同伴安全的喧嚣中夸耀自己的激进主义。

1841 年 4 月 6 日，马克思把自己的论文寄给了耶拿大学哲学系主任巴赫曼（Бахман）教授。4 月 13 日，巴赫曼向系委员会提交了评语，其中写道："学位论文证明该考生不仅有才智、有洞察力，而且知识广博，因此，本人认为该考生完全有资格获得学位。"② 应试者的优势如此明显，以至于没有进行进一步考试，1841 年 4 月 15 日，他被授予哲学博士学位。

于是，马克思立即回了老家特里尔：订婚已经整整五年，现在他手中握有打开通向未来之门的科学博士证书，似乎对于婚姻没有任何障碍了。

**走仕途吗？不**

但这时家里的情况已经发生了变化。1838 年 5 月 10 日，亨利希·马克思重病之后去世了。人口众多的家庭在物质状况上变得困难了，并且罕丽达·马克思完全陷入了家务操劳，失去了同大儿子本就不太牢固的精神联系。对于卡尔她只要求一件事：尽快获得学位和做高官。早在 1838 年 10 月，她给马克思寄钱时，专门规定钱的用途："为获得博士学位。"③ 但她不得不为这件事又等了两年半。

使她更为不满的是，马克思获得的是哲学博士证书，而不是法学的。这严重限制了获得有利的实际官职的可能性。或许，有了这个证书也能沿着实际业务的道路走下去？归根结底，马克思在大学里听的大部分课程是有关法律科学方面的。

鲍威尔十分了解使马克思一家苦恼的这些思想的反应，我们可以在他1841 年 3 月 31 日给马克思的信中找到："你要是把自己献给实际官职的话，那是荒谬的。目前，理论是最有力的实践，我们还完全不能预计，理论会在多么伟大的意义上成为实践。"④

这样，生活重新向马克思提出了两难选择的问题：或者从事实际的工作，或者从事理论的职业。但是，即使六年前他听从长辈的建议选择法律学，现在年轻的哲学博士也不会低头：不，事务家的事业不适合他，他打

① 马克思，恩格斯. 马克思恩格斯全集：第 1 卷. 2 版. 北京：人民出版社，1995：12.
② 同①942.
③ 马克思，恩格斯. 马克思恩格斯全集：第 47 卷. 2 版. 北京：人民出版社，2004：579.
④ K. Marx, F. Engels. Gesamtausgabe. Erste Abteilung, Bd. 1. Hlbbd. 2. Berlin, 1929：250.

算在最近的时间内成为波恩大学的一名副教授，就是鲍威尔执教的大学。

但是，罕丽达·马克思的性格也很偏强。指望尽快利用卡尔作为保障人口众多家庭生活的主要力量，她以马克思当时工作不妥当为理由，拒绝分给他一份遗产（因而也就阻碍了结婚）。

卡尔和燕妮还能怎么办呢？他们不得不在卡尔"开始自立"之前再次推迟婚期。双方家庭的一些成员以为这样似乎就彻底破坏了这对青年人的结合，但是他们的希望是徒劳的。婚期虽然推迟了，卡尔和燕妮却更加坚定了把彼此的命运永远结合在一起的决心。

### 教学活动计划的破产

从 1839 年底开始，鲍威尔就坚持邀请马克思到波恩大学，想在他的帮助下打败青年黑格尔派的"实证主义的"和其他顽固的反对者。1841 年 7 月初，马克思从特里尔来到波恩。但这时那里的情况急剧恶化。波恩的虔信者们利用新文化大臣艾希霍恩（Эйхгорн）迫害青年黑格尔派这件事，开始打击鲍威尔。正好在 1841 年中期，鲍威尔的书《符类福音作者的福音史批判》（《Критика евангельской истории синоптиков》）出版了，这无疑是火上浇油。秋天，国王利用了一个微小的借口禁止鲍威尔在波恩授课。1842 年 3 月初，他被解除了副教授的职称。

鲍威尔从波恩大学被驱逐，也封了他的朋友马克思去那里的路。正当马克思获得教学正式权利的时候，通往教学的道路就在他面前关闭了。哲学博士证书成了一纸空文。马克思不能靠它来解决他当时面临的复杂的生活问题。

### 自由政论家

马克思不是唯一一个被普鲁士政府政策打消了个人生活计划和理想的知识分子。已经有一些年头在讲台上听不到费尔巴哈和施特劳斯的声音了；现在，鲍威尔、鲁滕堡和其他一些战友也遭到了如此命运。很多有思想的知识分子由于被禁止在讲台上发声，只好设法在报刊上发展自己的理论和政治思想。

幸运的是，普鲁士新政府起初对科学报刊的意义估计不足，允许篇幅不超过 20 个印张的书籍可不经预先检查即可出版，而在科学杂志中主要注意对宗教人物和王室人物给予应有的尊重。因此，许多青年黑格尔派分子这时变成了职业政论家。自由政论家的工作在他们中间甚至被认为是值得尊敬的。其中的一些人，如费尔巴哈表示抗议地隐居在农村的偏僻地方，从那里通过报刊抨击国家政权和宗教当局的专制。其他一些人，如马克思和鲍威尔则相反，千方百计地试图摧毁政府在他们周围筑起的孤立他们的壁垒，并以自己的活动建立人们之间的新联系。

马克思和鲍威尔在波恩讨论共同活动计划时，打算创办一个新的哲学杂志《无神论文库》（《Архив атеизма》），因为卢格的《哈雷年鉴》越来越不能使他们满意了。1841 年 3 月鲍威尔给马克思写信说，真正的理论恐怖主义应当是清扫战场，但是卢格的杂志苍白无力，难以胜任这个任务。马克思也急于在政论家的舞台上尝试自己的力量。加入青年黑格尔派已经四年了，在他们中间是有名的"思想库"，但却一篇文章也没有发表过。

起初以为在新杂志周围能很快团结一批优秀的创作力量。但是，卢格正好在这时决定加强自己杂志的激进人道主义倾向。因此把杂志转到了普鲁士境外出版（德国分裂成许多小邦促成此事！）并改了名称（杂志不再是《哈雷年鉴》，而是《德国年鉴》（《Немецкий ежегодник》））。在第一期中（1841 年 7 月 2 日）卢格抛弃了以前的谨慎，宣告杂志将以"为自由而斗争，反对敌对政权"为旗帜。

在这种条件下，创办新的杂志只能引起不必要的力量分散。因此，虽然商量筹备《无神论文库》一事一直延续到 1841 年 12 月，但对于出版它却没有任何决定性的实际措施。显然，在出版杂志的创始人鲍威尔和马克思之间出现的裂痕也促成了最终的事情。这些裂痕在他们合写《对黑格尔、无神论者和反基督教的末日宣告》（《Трубный глас страшного суда над Гегелем, атеистом и Антихристом》）第二部的过程中更加明显地反映出来，而这本书马克思也没有完成。

**马克思同鲍威尔合作的结束**

很明显，问题正是在于，1841—1842 年之交，开始了青年马克思思想发展的新阶段，这是他革命民主主义世界观完全形成的阶段——把哲学和政治直接结合起来的阶段。而鲍威尔却不能跨出这样新的一步。大约三年后，马克思指出了这一点："1840 年开始的政治运动使鲍威尔先生摆脱了**他的保守派政治**，并且一度使他上升到**自由派**政治的水平。但是，这种政治本来又不过是神学的**借口**而已。"① 正是在创作《对黑格尔、无神论者和反基督教的末日宣告》的过程中，马克思开始越来越明显地意识到自己观点与鲍威尔的差别。潜在的分歧变成了明显的。

但是，资产阶级马克思学学者们试图违背事实证明，似乎直到 1845 年鲍威尔的观点几乎不能对马克思的思想发展产生决定性的影响。例如，茨维·罗森（Цви Розен）断言，马克思从鲍威尔那里接受了"转变"黑格尔

---

① 马克思，恩格斯. 马克思恩格斯文集：第 1 卷. 北京：人民出版社，2009：311.

哲学的方法，还有"异化"和"意识形态"的概念①。试图以这种论点论证，青年马克思好像还继续停留在唯心主义和自由主义立场上。但实际上，还是在 1842 年，马克思就已经完全成为革命民主主义者，并开始向唯物主义转向。

无疑，在一段时间内马克思和鲍威尔之间还继续保持着个人联系。1842 年 10 月底至 11 月初，马克思甚至还写了一篇小文《再谈谈奥·弗·格鲁培博士的小册子》（《Еще несколько слов о брошюре д-ра О. Ф. Группе...》），为布·鲍威尔受到来自右派的非难进行辩护。这篇文章刊登在 11 月中旬的《德国科学和艺术年鉴》（《Немецком ежегоднике науки и искусства》）。但是，马克思在与鲍威尔的接触中逐渐地停止了合作，后来完全没有了来往。这时相对于鲍威尔，马克思越来越对另外两个人感兴趣：在实际政治方面是阿尔诺德·卢格，在理论方面是路德维希·费尔巴哈。

## 革命民主主义者

马克思在本性上就是一位思想斗士，因而只要有可能就参加社会政论家的活动。

### 马克思的政治处女作

马克思最初公开发表的作品都是和当时德国开展的斗争相关，这个斗争是围绕对进步力量极其重要的问题，即出版自由问题进行的。1841 年底，对摆脱书报检查或最大限度地减少书报检查的限制的要求已经很普遍了。

在此条件下，普鲁士政府采取了欺骗社会舆论的办法：1841 年 12 月 24 日通过了新的检查法令，1842 年 1 月 14 日颁布。其中宣布，必须"立即取消出版物所受到的不恰当的限制"，并允许评价整个国家机关或其个别部门，甚至可以议论"已颁布的或正在颁布的法令"等。但在书报上，这类批评性言论只有在"措辞合乎礼貌，倾向善良"的情况下才允许发表。法令要求"把报刊托付给完全正派可靠的人去主持"，而这些人要有"他们的意图严正、思想方式忠诚"作为保证②。

---

① Z. Rosen. Bruno Bauer and Karl Marx. The influence of Bruno Bauer on Marx's thought. The Hague, 1977：178.

② 马克思, 恩格斯. 马克思恩格斯全集：第 1 卷. 2 版. 北京：人民出版社, 1995：120, 127.

这样，在保留了政府对报刊的全面检查的情况下，检查令造成了一种假象，似乎政府同意出版自由。

马克思意识到这种错觉的全部危险性，便对书报检查令进行批判。1842 年 1—2 月，他为《德国年鉴》撰写了自己第一篇政论文章——《评普鲁士最近的书报检查令》（《Заметки о новейшей прусской цензурной инструкции》），揭露了其虚伪的自由主义。马克思初次从一般哲学问题转向分析具体的政治现象时，开始尝试只用理性的一般原则对它进行分析：他利用这些原则本身作为评价政府行为的准则。

**逻辑被当作分析政治的工具**

由于逻辑是理性的特征，因此马克思从国家行为是否符合逻辑的观点来评价国家的合理性。他揭穿了普鲁士政府行为的逻辑矛盾，甚至证实了普鲁士国家的不合理性。马克思把逻辑当作与现存国家作**斗争**的工具。

但是，对政府具体行为的分析使马克思感到，必须引用一定的历史经验作为论据。他注意到，检查令号召检查官遵守 1819 年 10 月 18 日颁布的法令。因此正式承认了，虽然这个法令没有被废止，但直到现在也没有人遵守。违反法令是谁的过错？是书报检查机关还是检查官？马克思推论，如果把所有过错都推给检查官，那么这也损害了那个委派检查官的国家的名誉，也仍然能"证明书报检查制度骨子里隐藏着一种用任何法律都无法消除的根本缺陷"①。

这个缺陷究竟是什么？马克思指出，"对**真理**本身的完全歪曲的和抽象的观点"是书报检查令的出发点，真理被看作是不依赖于对象的性质。根据检查令，探讨始终应该是"严肃和谦逊"的，可是，事物绝不总是这样的。为了寻找真理，应该用事物本身的语言来说话，表达其本质特征。马克思写道："如果谦逊是探讨的特征，那么，这与其说是害怕谬误的标志，不如说是害怕真理的标志。谦逊是使我寸步难行的绊脚石。**它就是规定在探讨时要对得出结论感到恐惧**，它是一种对付真理的预防剂。"②

马克思从国家的观点概括道："**凡是政府的命令都是真理**……政府的理智是国家的唯一理性"③ 马克思在文章的结尾做出结论：新的书报检查令

---

① 马克思，恩格斯. 马克思恩格斯全集：第 1 卷. 2 版. 北京：人民出版社，1995：108—109.

② 同①110.

③ 同①113.

如同一般书报检查令，其实质是"警察国家对它的官员抱有的那种虚幻而高傲的观念……公众的智慧和良好愿望被认为甚至连最简单的事情也办不成，而官员们则被认为是无所不能的。这一根本缺陷贯穿在我们的一切制度之中"①。

这样，书报检查令的根本缺陷在于它同社会、同人民相矛盾。政府企图把这个书报检查制度本身的客观缺陷归咎于个别的人——检查官，以此创造一种改善的假象而不从实质上去改善。

通过分析新的书报检查令的实质，马克思提出了关于国家和国家机关的阶级本性的一系列推论。例如，他写道："追究思想的法律……**是一个党派用来对付另一个党派的法律**"，"既不准报刊对官员进行任何监督，也不准报刊对作为个别人组成的某一阶级而存在的机构进行任何监督"②。

无疑，这里马克思还没有理解，在对抗性的社会里，国家实际上是一个阶级用来反对另一个阶级的"政党"，报刊不能对国家实行多少有效的监督，相反，它本身却受到有效的监督。然而，上述推论证明了马克思的观点是向革命民主主义发展的。这一点特别明显地表现在，马克思得出结论，只有废除书报检查制度本身，才能消除其根本缺陷："**整治书报检查制度**的真正而**根本的办法**，就是**废除书报检查制度**，因为这种制度本身是恶劣的。"③

德国马克思主义者格奥尔格·门德（Георг Менде）这样评价马克思文章的意义："虽然他在波恩大学没有读过逻辑学课，但并没有抛弃它，现在普鲁士政府不得不听公开的逻辑课。他把逻辑运用到实际的政治问题上，使它在政治斗争中成为锐利的武器，从而开始用社会生活实践来检验哲学理论。"④

《德国年鉴》的检查官通不过这篇文章，直到一年后它才在《德国现代哲学和政论界轶文集》（《Anerdota zur neusten deutschen Philosophie und Publizistik》）上发表⑤。马克思在成年时期还为这篇文章感到自豪。1851

---

① 马克思，恩格斯. 马克思恩格斯全集：第 1 卷. 2 版. 北京：人民出版社，1995：133.

② 同①121，125.

③ 同①134.

④ Г. Менде. Путь Карла Маркса от революционного демократа к материалисту. М. , 1957：43−44.

⑤ Anerdota zur neusten deutschen Philosophie und Publizistik, Bd. 1. Zürich und Winterthur, 1843.

年，当 Г. 贝克尔（Г. Беккер）请求马克思为自己的全集第一卷挑选文章时，马克思希望就以评书报检查令的文章作为这卷的开篇。

**关于省议会一组文章的构思**

这篇文章清楚地反映了马克思对具体政治问题的兴趣。但还需要两个月，这种兴趣才占优势，马克思才**决定**通过以前的哲学理论构思走上职业革命家的道路。马克思在《莱茵报》（《Рейнская газета》）上发表的一系列关于德国政治生活和社会生活的迫切问题的文章就是这个决定的证明。莱茵省议会的辩论是发表这组文章的原因。

1840 年底至 1841 年中，普鲁士举行了省议会（各省等级会议）。它是在长期中断后首次召开的，最初它带来了很多希望，但后来却是更大的失望。1841 年 5 月 23 日至 7 月 25 日召开的省议会尤其是这样。马克思利用公布的会议纪要，考虑到省议会通过了一系列反人民的法律草案，这些草案在最近可能会形成法律，他打算批判地分析莱茵省议会的辩论过程。这个分析的目的是为了揭露这个政治机关的反人民性质，同时也是为了重新在读者面前提出省议会讨论的最重要的问题，但不是从省议会的立场，而是从另一个立场，从革命民主主义立场，从而阻止法律草案成为法律。

不是对个别问题发表零散的意见，而是在大的日报上发表整整一组进行连续打击的文章，这就是马克思的构想。在《第六届莱茵省议会的辩论》（《Дебаты шестого рейнского ландтага》）总标题下，他打算就下列极其重要的问题发表五篇文章：（1）关于出版自由；（2）关于教会纠纷（由于通婚者的子女宗教信仰的问题）；（3）关于林木盗窃；（4）关于盗猎；（5）关于地产析分。

头两篇文章应该是描写在省议会舞台上演出的两场大戏：一场是议会在讨论出版自由问题时所陷入的纠纷；一场是议会在讨论纠纷问题时陷入的不自由。然后写作就转到了关于人们的物质利益领域：从一些比较小的问题（盗窃林木、盗猎）开始，但是这些问题多方面地反映出省议会的社会性质，在结束这组文章时马克思打算转到像地产析分这样的极其重要的问题上。

**谁拥有自由？**

第一篇文章《关于新闻出版自由和公布省等级会议辩论情况的辩论》（《Дебаты о свободе печати и об опубликовании протоколов сословного собрания》），马克思写于 1842 年 4 月，并于 5 月刊登在《莱茵报》附页上。与评书报检查令的文章相比，马克思在这里已经不是从一般的理论观点，而是从**具体政治**观点来看待新闻出版自由的问题了。"自由确实是人的本质，因此就连自由的反对者在反对自由的现实的同时也实现着自由；因此，他们想把曾被他们当作人类本性的装饰品而屏弃了的东西攫取过来，作为自己最珍贵的装饰品。没有一个人反对自由，如果有的话，最多也只是反对别人的自由。可见，各种自由向来就是存在的，不过有时表现为特殊的特权，有时表现为普遍的权利而已。"①

在这里，马克思没有停留在原来的把自由作为人类存在的本质的唯心主义观点，而是辩证地对待问题，判定了人类对待自由的**真实**态度：自由是永恒存在的，但整个问题在于，这个自由是为了谁和反对谁的自由。从对一般自由的这种理解出发，马克思对新闻出版自由给出了自己的解释："这个问题仅仅在现在才获得了**首尾一贯的含义**。问题不在于新闻出版自由是否应当存在，因为新闻出版自由向来是存在的。问题在于新闻出版自由是个别人物的特权呢，还是人类精神的特权。"② 马克思对问题的这种辩证提法是同社会阶级立场结合在一起的。

**马克思和农民论新闻出版自由**

马克思注意到，省议会活动的等级性，其实质是阶级性（"在这里进行论战的不是个人，而是**等级**……"），但他当时还不理解这个事实是合规律的，而是认为是反理性的（因为理性的东西具有普遍的性质，而不是个别的性质），因此应该废除。从这一观点出发，不论是新闻出版自由的反对者的发言，还是大多数辩护者的发言，对他来说都有可能立不住脚："一部分人由于**特殊等级**的狭隘性而反对新闻出版，另一部分人则由于同样的狭隘性为新闻出版辩护……但是，**报告人**和**农民等级**的几个议员的发言同省议会的**普遍精神**是完全背道而驰的。"③ 废除书报检查制度对于农民等级有利，它的代表维护新闻出版自由的必要性，也就是说，反对贵族利益和其他居民等级的利益，以自身的阶级利益作为共同的利益，因此不是向本等级的利益呼吁，而是向"人类精神规律"呼吁："人类精神应当**根据它固有的规律**自由地发展……"④ 基于这些规律，马克思在解决具体政治问题时采取了同农民一致的观点。

因此，不论马克思那时是否意识到自己已经是农民和其他劳动阶层的利益表达者，**客观上**，他的思想发展到了其观点符合劳动者利益的高度。

①② 马克思，恩格斯. 马克思恩格斯全集：第 1 卷. 2 版. 北京：人民出版社，1995：167.

③ 同①198.

④ 同①200.

到 1842 年 5 月，马克思已经直接与这个阶级接触了，他的观点代表了这个阶级的利益，在他看来这些观点只是他个人理论活动的产物。

**人民革命的必然性**

马克思的观点不仅在新闻出版自由的问题符合劳动者的利益。如果在评书报检查令一文中他弄清了**政府**机关对待人民的态度，并得出上述机关是反人民的结论，那么在关于莱茵省议会辩论的文章中他解决了另一个问题：**代表**机关（省议会）是怎样对待人民的？也就是怎样对待他所代表的那些人的？

在研究这个问题时，马克思遇到了理论与实践、应然与实然之间的明显分歧。作为省的代表会议，省议会应该代表一个省，反映和维护它的利益。实际上省却不是通过自己的代表，而是不得不通过反对代表来为自己的利益斗争。因此，马克思认为，省议会是个别等级的代表会议，而不是整个省的代表。代表们认为自己是特别等级机关的官员，对于这个机关，省是某种"外在的"。省议会的这些缺陷因其活动缺乏公开性而加深。结果，省的权力变成省议会的特权，从而变成一种**反对**省的权力。

马克思发现，"在政府中人民也是被代表的"，并由此得出结论，人民必须有另一种类型的代表机关。这个**新型的**代表机关的特征在于"不是省本身在这里起作用而是别人代替省起作用，不是省代表它自己而是别人越俎代庖"[1]。

通过怎样的途径建立新型机关呢？为了寻找这个问题的答案，马克思再一次转向**历史经验**。马克思注意到，普鲁士的政治机关建立在对人民的不信任、赋予政权神的灵感的基础上，他写道："但是，**英国历史**非常清楚地表明，来自上面的神的灵感的论断如何产生了同它正好相反的来自下面的神的灵感的论断；查理一世就是由于来自下面的神的灵感才走上断头台的。"[2] 换句话说，国家对人民的不信任引起了人民对国家的不信任，其结果是人民通过革命的途径消灭了这个国家。

难以估量马克思下述论点的意义："人民革命是**总体性**的，这就是说，每一个领域都按自己的方式起来造反……"[3] 无论是在人民的精神生活领域，还是在人民的物质生活领域。换句话说，革命在人民生活的**每个领域**

---

① 马克思，恩格斯. 马克思恩格斯全集：第 1 卷. 2 版. 北京：人民出版社，1995：159.

② 同①168.

③ 同①153.

实行，而在每个领域都**按自己的方式**实行。对这两个领域的考察虽然还带有唯心主义观点的说法，但却是极为正确的。

所有这些论点都是马克思理解报刊在革命改革中的作用的方法论基础。"比利时革命是比利时精神的产物，因此，报刊——目前精神的最自由的表现——也参加了比利时革命"① 的整个过程。自由报刊的人民性要求它积极参加由人民精神发展而来的革命。马克思在自己文章的结尾用斯巴达人斯珀亚斯和布利斯回答波斯总督希达尔奈斯的话来回答那些对新闻出版自由捍卫者的活动持怀疑态度的"绝顶聪明的从事实际活动的官僚们"和"政治智慧的世袭租佃者们"：

"希达尔奈斯，你向我们提出的劝告并没有从两方面同样地加以考虑。因为你的劝告有一方面你亲身体验过；而另一方面你却没有体验过。你知道做奴隶的滋味；但是自由的滋味你却从来也没有尝过，你不知道它是否甘美。因为只要你尝过它的滋味，你就会劝我们不仅用矛头而且要用斧子去为它战斗了。"② 要清楚地在合法性的报刊上表达革命的思想在那时是不可能的。

所有这一切说明，马克思在《关于新闻出版自由和公布省等级会议辩论情况的辩论》中已经作为一个成熟的革命民主主义者出现了。

这篇文章是马克思第一篇公开发表的文章。这是一篇在各方面都很出色的处女作。《莱茵报》主编格·荣克（Г. Юнг）第一个祝贺作者。他在5月14日给马克思的信中写道："您的关于新闻出版自由的文章写得非常之好。"③不久，卢格也来信说，这些文章是非常出色的，是"迄今以来"关于新闻出版自由"文章中最优秀的作品"④。不仅如此，6月7日，卢格专门在《德国年鉴》上写道："关于新闻出版自由以及在捍卫它的方面，从来没有也不可能比这说得更深刻更充分的了……在我们的时论中出现了这样学识渊博、有独到见解和善于弄清那些对常人来说是如此混乱的问题的文章是值得我们庆贺的。"⑤

成绩鼓舞了马克思，但附加的义务也加重了他的负担。

---

① 马克思，恩格斯. 马克思恩格斯全集：第 1 卷. 2 版. 北京：人民出版社，1995：153.

② 同①201-202.

③ Marx—Engels—Gesamtausgabe（MEGA）. Dritte Abteilung, Bd. 1. Berlin, 1975：373.

④ 同③375.

⑤ Deutsche Jahrbücher, 1842：535-536.

## 革命家的得与失

如果不注意到反映在马克思个性本身、他生活和创作规划上的，以及与周围人之间相互关系上的革命信念的锻炼，就完全不能理解马克思作为革命家的成长过程。

### 特殊的职业

向革命家立场的转变最终解决了马克思职业选择的问题。我们记得，他最初比较喜欢实践性的职业（法律学），然后倾向于理论性的职业（哲学），获得博士学位证书后，职业选择的两难困境就更加尖锐地摆在了他的面前。当时，马克思决定研究理论（在大学任教），但政府阻碍他给学生授课。于是他开始给政府"上课"，并很快完全专心从事这项工作了。

这是一种特殊的"授课工作"。它意味着按照理论的模式改造社会生活。在这里马克思发现，革命活动正好是他早就寻求的、能把理论职业和实践职业结合起来的活动。职业革命家的活动要求马克思放弃以前的某些计划，把注意力集中于当时对于革命宣传事业更重要的问题上。

### 未能实现的计划

1842 年初，马克思的主要计划还是同《对黑格尔、无神论者和反基督教者的末日宣告》第二部联系着。在 2 月 10 日给卢格的信中，马克思还请他转告出版者维干德（Виганд），手稿将"过几天"寄过去。但是很快卢格写来了回信，从中显然可以看出，变本加厉的书报检查制度开始根除报刊中的"有害倾向"，其中也禁止了马克思对书报检查令进行的批评。事情的这种转折证实了马克思所采取的立场的正确性，因此也促进了对具体政治问题的继续研究。

在《德国年鉴》编辑部里，那时积存了相当多的被书报检查机关禁止发表的"火爆材料"，于是卢格产生了一个主意，把这类材料用篇幅超过 21 个印张的不要求检查就可以出版的文集的形式出版，并标了一个引人注意的书名：《哲学界轶文集》（简称《轶文集》），于是也就创办了激进哲学家们的一种新的机关刊物。

马克思热情地响应这个想法，并决定把为《对黑格尔、无神论者和反基督教的末日宣告》准备的、论基督教艺术和论黑格尔法哲学的那几章修改后放到《轶文集》中。在着手准备时，他确定关于艺术的文章应该完全改写，便于 4 月初离开特里尔来到波恩，着手对研究资料进行补充。这一研究的成果被保存在五本波恩笔记本中①。

4 月中旬马克思打算给卢格的《轶文集》提供《论宗教艺术》(《О религиозном искусстве》)、《论浪漫主义者》(《О романтиках》)、《历史法学派的哲学宣言》(《Философский манифест исторической школы права》)、《实证哲学家》(《Позитивные философы》) 等文章，所有这些文章汇集成一组有独创见解的历史理论集。在这里马克思从宗教艺术（包括在崇拜物中体现的亚洲和拉丁美洲各古代民族的神话），经过 18 世纪末到 19 世纪初同宗教关系密切的浪漫主义作家的艺术，一直考察到对现代政治和理论生活有相当影响的两个反动理论流派：历史法学派和"实证哲学"（在青年时代是浪漫主义的老谢林不久前为它树起了一面新的旗帜）的整个道路。历史在这里蓄意安排了一个艰难的窘境，排除这个境况对马克思来说是真正的快乐。卢格认为，这一系列文章可能成为《轶文集》点缀之一。因此，当马克思最终也没有给这个文集提供一篇文章时，他被气恼笼罩也就不足为奇了——从 3 月到 6 月下旬，卢格没有给马克思写过一行字，而在 6 月写的一封干巴巴的信中非常气愤地指责马克思的拖延。

7 月 9 日，马克思在回信中写道："如果不是所发生的一切能为我开脱，我也就不再为自己作任何辩解了。我认为给《轶文集》撰稿使我感到荣幸，这是不言而喻的，只是因为一些不愉快的身外琐事，才使我未能把文章寄出。"②

**"身外琐事"**

这究竟是些什么事呢？3 月初，路德维希·冯·威斯特华伦去世了，整整一个月马克思都留在特里尔，帮助燕妮分担她失去父亲的痛苦。后来他又到了波恩，但新的家庭不幸——弟弟海尔曼因腹膜结核病去世了——

---

① 波恩笔记本约有下列作品的 380 条摘录：Х. 梅涅尔 (Х. Майнерс)《宗教批判通史》两卷集，1806—1807 年版；Ж. 巴尔贝拉克 (Ж. Барберак)《论神父的道德》，1728 年版；Ш. 德·布罗斯 (Ш. Де Бросс)《论物神崇拜，或古代埃及宗教与现代黑人宗教的比较》，1760 年版；К. 伯提舍尔 (К. Бетижер)《艺术性神话的观念》两卷集，第一部 1826 年版；И. 格隆德 (И. Грунд)《希腊人的绘画，或绘画的发生、发展、繁荣和衰落》两部试作，1810—1811 年版；К. 鲁莫尔 (К. Румор)《意大利研究》三卷集，1827 年版。参见 K. Marx, F. Engels. Gesamtausgabe. Erste Abteilung, Bd. 1. Hlbbd. 2. Berlin, 1929, c. 114—118. 马克思从德·布罗斯的书里摘录了关于拜物教和宗教史其他观点的一些事实和思想，并用于《莱茵报》的一些文章中。现在已经确定，这些事实和思想是德·布罗斯从 Д. 休谟 (Д. Юма)《自然宗教史》(参见 Д. Юм. Соч В 2-х т. М., 1965, т. 2, с. 875—876.) 中借用来的。

② 马克思，恩格斯. 马克思恩格斯全集：第 47 卷. 2 版. 北京：人民出版社，2004: 30—31.

马克思于 5 月底又返回特里尔，在那里一直待到 7 月中旬。

但是，事情不仅仅是亲人的去世和由此从一个城市到另一个城市的奔波。马克思写信给卢格说："而余下的时间都被令人讨厌之极的家庭纠纷占用和浪费了。我的家庭虽然殷实，却给我设下重重障碍，使我目前陷入极为窘迫的境地。"① 从这些话中可以感觉出母亲的自私决定而引起的痛苦：她不仅拒绝给他帮助，而且还通过法院剥夺了他的继承权②。罕丽达·马克思同儿子发生了冲突，因为她不满意卡尔完全没有固定的工作，并且也不去找好的出路，只沉迷于危险的政治活动。卡尔被迫离开了父母的家，住到特里尔的一家旅馆里。从此贫困经常伴随着他。

### 个人的东西和社会的东西

就这样，马克思遇到了亲人的不公正和冷漠的对待。他写道："社会的肮脏事使一个坚强的人不可能为私事而烦恼，这是真正的幸事。"③此时，革命斗争已经如此地吸引青年马克思的注意力，成为排除私人纠纷的一剂良药。无论遇到怎样的困难，他都不让怀疑腐蚀灵魂和消磨意志，而是以旺盛的精力继续自己的事业——革命者的事业。

向革命者立场的转变使马克思增强了把个人生活经验作为社会经验的**一部分**来认识的能力。同时，从社会观点出发评价个人的事儿，而在描述社会的事件时利用个人的丰富经验。

**只写自己感受和经历最深刻的那些问题**——这就是青年马克思在自己这一活动时期所定的方针。

于是，下列三方面的原因让马克思延迟，而后又停止了为《轶文集》撰稿的工作：（1）合理性原则，这要求马克思在从事任何理论研究时都必须达到研究对象的深处；（2）时间不够；（3）选择刻不容缓的主题的新原则。

在这些原因中，只有第一条不依赖于马克思向革命者立场的转变，因为这是他作为学者的固有品质。马克思在撰写有关具体问题的政论性文章时，工作效率极高，责任心极强，但对待一般理论性问题的文章时就是另一种态度：只要研究工作实质上没有真正完成，就不急于结束科学著作，

---

① 马克思，恩格斯. 马克思恩格斯全集：第 47 卷. 2 版. 北京：人民出版社，2004：31.

② 只是在 1848 年初马克思才获得父亲给他的那份遗产。于是在 2 月底（由于在一些国家发生了革命），他拨出相当大的部分钱款用于武装革命工人。同年 10 月马克思又把剩下的资金用于《新莱茵报》（《Новая рейнская газета》），并以此延长了德国革命者的这个战斗机关刊物的寿命。

③ 同①.

甚至是在这种情况下不得不放弃以前承担的责任。

导致马克思理论上的一系列构思未能实现的被称为最高原则的其他两个原因，直接同马克思最终确立了职业政治革命活动家的立场有关。正是马克思对政治的"沉迷"而引起了家庭纠纷，耗费了他不少的时间和精力。最后，也正是革命者的责任要求马克思对那些**首先**需要认真研究和公开讨论的题目和材料本身制定出新的选择原则。

实际上，他把节省出来的时间（从 4 月到 7 月马克思只有一个月左右的工作时间）不是用来给卢格写文章，而是完全为《莱茵报》写文章了。于是，1842 年 5 月下半月，马克思着手撰写《集权问题》（《Проблема централизации》）一文，其内容是批判赫斯在《莱茵报》上的一篇文章，这篇文章抽象地、虚无主义地讨论国家集中性质的问题①。在革命者的职责面前，为《轶文集》写一般理论性文章的责任要退让给在《莱茵报》上对最重要的政治、社会和经济问题展开讨论。

当然，这种选择对马克思来说有某些牺牲：他不可能完成那些他早先就感兴趣的理论问题的研究工作。没有完成的不只是上面所提到的由四篇文章组成的一系列论文（《历史法学派的哲学宣言》除外），还包括反对黑格尔关于君主立宪学说的文章。但是，这些牺牲完全是有道理的，不仅是因为马克思放弃了这些著述而在《莱茵报》公开发表了一组政治文章，而且是因为在报纸上的实践活动相当程度上促使青年马克思在观念上发生根本转变，把他的命运同广大劳动者阶层，特别是农村贫困者的切身利益直接联系在一起。

这样，革命民主主义的目标在马克思的个性上留下了深刻的印记。首先它显示出马克思在智力上的天赋的新境界。早在马克思大学时代，他那些顺利在学院任教和取得学位的朋友认为，在智力和学识上他们是平等的，但在潜力上马克思却超出他们很多。迟一些的时候，即 1841 年秋，通常不是十分慷慨地称赞别人的莫泽斯·赫斯写信给奥艾尔巴赫（Ауэрбах），这样谈及他与年轻的哲学博士相识后的印象：

> 虽然我和他在同一个舞台上从事活动，但却给我留下了极深的印象；概言之，你应该准备去结识一位最伟大的、也许是现今活着的**唯一真正的哲学家**。只要他一旦公开发表文章或讲座（在报刊上或在讲台上），很快就会把德国的目光吸引到自己的身上。无论在自己的目标性方面，还是在自己的哲学思想的发展方面，他不仅超越了**施特劳斯**，

---

① 马克思，恩格斯. 马克思恩格斯全集：第 1 卷. 2 版. 北京：人民出版社，1995：203−205.

也超过了**费尔巴哈**，而他的哲学思想的发展将具有很大的意义！当他开始讲逻辑学课时，如果我能在波恩，那我将成为他最勤勉的听众。我希望经常有这样的人作哲学老师。只是现在我才感觉到，自己在哲学上是多么一知半解。但是，耐心点！现在我也将学习点东西。

马克思博士——这样称呼我的偶像——也完全是一个年轻人（他恐怕还不到 24 岁），他将给中世纪的宗教和政治以最后的打击；他那极深刻的哲学严肃性同最敏锐的机智结合在一起；假设把卢梭、伏尔泰、霍尔巴赫、莱辛、海涅和黑格尔结合成一个人——我是说结合，而不是凑合，这将是马克思博士。①

不能否认赫斯的心理学家的深刻判断力，他立即捕捉到马克思的多方面的天赋。此外，到 1842 年年中，马克思还表现出具有远见的政治家和满腔热情的革命家的才能。但是，作为一个革命家，要具有特殊的品质。它要求个人善于使所有的才能服从于一个目标——准备革命和实现革命的事业。事实上，正如我们所看到的，马克思已经完全表现出这样的才能：作为一个成熟的革命民主主义者，他先是把自己不久前的理论构思推迟到后面，后来则完全放弃了，把自己全部注意力都集中在政治斗争的迫切问题上。对社会问题的深刻而直接的理解，使他能够坚定不移地把自己的个人命运直接依从于对这些问题的解决。

马克思本人在许多方面表现出的革命目的性是一种精神上的先决条件，没有这个条件他不可能完成他所肩负的艰巨工作。这种革命目的性成为他完成各项工作所获得的最高满足的源泉。

---

① K. Marx, F. Engels. Gesamtausgabe. Erste Abteilung, Bd. 1. Hlbbd. 2. Berlin, 1929: 261.

# 向唯物主义
# 和共产主义转变

# 第一章
# 向唯物主义和共产主义转变的开端

　　前面我们已经研究了马克思思想发展的最初阶段——从多方面探索世界概念的阶段。这些探索的结果是，马克思确立了**革命民主主义**的立场。自1842年年中，在马克思观点发展中开始了新的阶段——从唯心主义和革命民主主义转向唯物主义和共产主义的阶段，并于1843—1844年之交完成。这个转变是一个**综合**过程，其基础是马克思观点和活动的各个方面的**相互影响**。这种相互影响分为三个时期，每个时期相互影响的因素都具有新的内容，以及相互联系的方式。

　　第一个时期（1842年年中至1843年初）表现为马克思哲学观点和政治观点发展的相互制约性，在此基础上马克思开始还**不自觉地**转向唯物主义和共产主义。

　　第二个时期（1843年春季至夏季）马克思已经**自觉地**力求运用唯物主义分析社会发展的各方面广泛的问题，包括历史、社会、政治、法律等问题，紧接着就着手研究共产主义思想。

　　第三个时期（1843年秋至1844年初）马克思发现无产阶级的历史使命，共产主义思想成为马克思今后整个理论探索的政治核心。

　　因此，这个时期同时也是青年马克思观点发展中新阶段的开始，当他的观点的各个方面在实质上整合成新的整体——马克思主义本身，包括辩证唯物主义和历史唯物主义、政治经济学和科学共产主义，是**完整的科学世界观的三个方面**。因此，在这一章我们仅考察前两个时期，也就是马克思向唯物主义和共产主义转变的过程本身。而第三个时期，即这一转变的完成，同时也是马克思观点发展中新阶段的开始，我们将在本书的下一章进行研究。

　　随着马克思对具体政治问题的分析，他的观点不断得到以事实为依据的论证，同时也产生了最初的唯物主义因素。同时，马克思政治观点也得到发展，他对共产主义学说越来越感兴趣。

这个过程开始时，新旧之间的界线在马克思的观念中还很不明显，并且是有条件的。在他的著作中，一方面是用革命民主主义的、有时是唯物主义的观点提出和解决某些问题，另一方面则是用青年黑格尔派的唯心主义观点解释相同或相近的问题。最初马克思甚至没有意识到自己观点发展中的唯物主义倾向，也就是说，他向唯物主义的转向是自发的。

这个过程的开展与马克思作为《莱茵报》主编的活动有着直接联系。

## 《莱茵报》编辑

### 马克思为捍卫报纸的革命民主主义路线而斗争

《莱茵报》于 1842 年 1 月 1 日在科隆创刊。股东们建议把它办成十分温和的工具，主要登载经济问题，因此让古斯达夫·霍夫金（Густав Гефкен）——著名的资产阶级经济学家弗里德里希·李斯特①（Фридрих Лист）的学生担任主编。但是，他所倡导的方向遭到另一个出版负责人、代表青年黑格尔派意见的奥尔格·荣克（Георг Юнг）的强烈反对。1 月 18 日霍夫金被迫宣布辞职，根据马克思的建议，指定阿道夫·鲁滕堡接替霍夫金的职务。

从此时起，青年黑格尔派实际掌控了报纸。除了马克思和恩格斯，经常撰稿的还有布鲁诺·鲍威尔和埃德加尔·鲍威尔（Эдгар Бауэр）、赫斯、布尔（Буль）、科本、梅因（Мейен）、瑙威尔克（Науверк）、普鲁茨（Прутц）、施蒂纳等人。报纸开始讨论德国统一问题、出版自由、实行代议制等问题。股东们没有反对这个转变，因为其结果是报纸获得了极大的声誉（订户的数量从 400 份增至 800 份）。

普鲁士政府对报纸的新方向感到十分不安，以查禁相威胁，加强对报纸的严格审查。在这种情况下，主编应发挥重要作用。但是，鲁滕堡没有主见，不能胜任领导者的职责。报纸版面的排版在相当程度上是自发的，取决于哪一组供稿人写的文章多、争取发表的压力大。因此，尽管报纸上

---

① 大约过了三年，马克思在《评弗里德里希·李斯特的著作〈政治经济学的国民体系〉》（《О книге Фридриха Листа〈Национальная система политической экономии〉》）一书的手稿中对弗·李斯特的反动观点进行了极为严厉的批判。参见马克思，恩格斯. 马克思恩格斯全集：第 42 卷. 北京：人民出版社，1979：239-271.《政治经济学的国民体系》这本书于 1841 年出版，在霍夫金被聘为《莱茵报》主编前不久。

反对派的调门急剧增高，实际上最初并没有一个确定的路线，在不同的期上对同一个问题甚至发表了相互矛盾的意见。由于在青年黑格尔派的文章中大半是唱高调，而且千篇一律，鲜有涉及具体的问题，结果原来不断增强的报纸声誉很快就下降了，连政府官员都断言，报纸注定是无所作为的。

马克思深深地感到推荐鲁滕堡做主编是自己的一个失误，他开始对报纸的方向给予越来越强有力的影响。他的第一篇文章《关于出版自由的辩论》（《Дебаты о свободе печати》），是《莱茵报》历史上的一个重要界点：因为它把革命热情和当时所讨论的问题的具体的、实际的状况结合起来，并开始把报纸转向革命民主主义。这一方向很快就在马克思其他几篇文章的发表下得到巩固。但是，即使像马克思这样的作家，一个人的文章并不能改变一份大型日报的面貌。这种改变需要整个编辑部来做。这就是为什么马克思开始对《莱茵报》的出版负责人荣克和奥本海姆（Оппенгейм）不断施加个人影响，而逐渐成为报纸的实际领导人。

### 反对反动的浪漫主义

当马克思通过《莱茵报》广泛开展宣传反对普鲁士政治制度基础这一战略目标的时候，在策略上他需要进行两条战线上的斗争。其中一条，也是主要的一条战线是反对在浪漫主义旗号下为现存制度发声的辩护士的斗争。在 1842 年 8 月 9 日发表于《莱茵报》的《历史法学派的哲学宣言》一文中，马克思指出，胡果（Гуго），这个反动的历史法学派的创始人，认为一切存在的事物都是**"权威，而每一个权威又都被他拿来当作一种根据"**①。胡果一意孤行，完全不以许多不合逻辑的现存制度为耻，他甚至还把这种无理性上升为永恒的历史原则。胡果**"不认为实证的事物是合乎理性的事物，但这只是为了不把合乎理性的事物看作实证的事物。胡果认为，人们消除实证的事物中的理性假象，是为了承认没有理性假象的实证的事物；他认为，人们摘掉锁链上的虚假的花朵，是为了戴上没有花朵的真正锁链"**②。

这种观点好像是书报检查的理论基础。此外，还找了一批"理论者"担负书报检查员外部帮凶的职责。其中，普鲁士政府雇佣的代理人、《科隆日报》主编卡尔·海尔梅斯（Карл Гермес）特别卖力。马克思专门写了一篇文章——《〈科隆日报〉第 179 号的社论》（《Передовица в №179

---

① 马克思，恩格斯. 马克思恩格斯全集：第 1 卷. 2 版. 北京：人民出版社，1995：231.

② 同①232.

〈Kölnische Zeitung〉》）（1842 年 6—7 月），揭露其扮演的卑鄙角色及其采用的公开告发自己思想敌人的策略。海尔梅斯在自己的报纸上发表文章，针对青年黑格尔派，说这个党的意图"不纯正；它的主要目的不是要教诲和启发人民，而是要达到其他的另外的目的"①。因此，他直接建议政府"禁止**不够资格的**空谈家胡说八道"。对此马克思机智地指出："显然，作者指的是他的观点的反对者，因为他早就以**够资格的**空谈家自命了。"②

海尔梅斯在自己的社论中写道："我们的责任并不是做一个公开的原告，因此我们拒绝作更详细的说明。"马克思针锋相对地予以反击："真是天使般善良的人儿！他拒绝作更详细的'说明'，然而，只有十分详细而明确的特征才能证明和说明**他的**观点究竟要求什么。可是，他只是低声地说些含糊其词的令人怀疑的话。他的责任不是做一个**公开的**原告，他的责任是做一个**秘密的原告**。"③

青年马克思在与反动分子进行斗争的同时，已经清楚地意识到了来自左派空谈家的危险。

### 反对左派空谈

马克思力图把进步哲学同生活紧密结合起来，但是在唯心主义框架内他不可能解决这个问题。最初他认为这只是黑格尔思辨的**叙述方式**的缺陷。他指出，哲学的"无法理解的神秘的话语"是由以往的历史条件造成的，当时，"已不允许可以理解的话语成为明辨事理的话语了"④。他得出结论，**现在**类似的方式只能掩盖哲学同生活的现实脱离，因为德国人习惯了把观念当作崇拜的对象，但不去培育它——"他们由于过分地敬重观念，所以就不去实现这些观念"⑤。

按照马克思的说法，哲学的实现意味着把神的语言变成人的语言，使人同进步的哲学亲近起来，向人表明，这里所指的不是可望而不可即的东西，而是他的切身利益。为此必须"用从与他们最紧密的周围环境中得出的严酷而现实的观点"向人们证明这一点⑥。但是，这是左派空谈者所不赞同的，在这个时期他们的典型代表是柏林青年黑格尔派，他们结成小组自命不凡地称为"自由人"。

---

① 马克思，恩格斯. 马克思恩格斯全集：第 1 卷. 2 版. 北京：人民出版社，1995：208.

② 同①209.

③ 同①210.

④ 同①149.

⑤⑥ 同①189.

埃·鲍威尔 1842 年夏天在《莱茵报》上发表的《论中庸》(《Золотая середина》) 一文仿佛是"自由人"在政治问题上的纲领性文件。作者一开篇就猛烈攻击"中庸"的拥护者(这首先指的是南德意志自由派的无原则性立场)。接下来就对作为"奴隶制理论"的君主立宪制理论缺陷的理由进行非常一般性的理论分析,甚至对自然法理论(由此不仅能导出卢梭的共和国,而且还可以导出霍布斯的君主专制)、对权力分配理论、最后对立宪主义者关于国家、议会和人民的政治作用的观点提出反驳。文章最后号召努力实现"理性国家的理想"。

这种一般理论文章只能被很小一部分报纸读者理解,因为这要求具有较好的哲学和历史学的功底。而对于有学问的读者来说,这篇文章又由于其宣言性,以及报纸文章版面有限的必然性,得到启发的也很少。事实上,文章只能引起大部分读者的反感,因为它没有积极的纲领,也没有任何具体行动的概要。它遭到了左派空谈结果的普遍命运,其实际效果与美好的"革命的"意图相反。

马克思立即激烈反对这种滥用《莱茵报》的行为。在《论中庸》刊登后不久,他写信给奥本海姆说:"首先,从理论上泛论国家制度,与其说适用于报纸,毋宁说适用于纯学术性的刊物。正确的理论必须结合具体情况并根据现存条件加以阐明和发挥。……无论如何,我们这样做会惹恼许多甚至大多数具有自由思想的实际活动家;这些人承担了在宪法范围内逐步争取自由的吃力角色,而我们却坐在抽象概念的安乐椅上指出他们的矛盾。……只有当问题成了现实国家的问题,成了实际问题的时候,报纸才开始成为讨论这类问题的合适场所。"①

这样,问题不仅在于抽象地批判立宪主义,还在于这种批判在当时缺乏现实基础。那时为争取宪法而进行着实际斗争,因此,在进行实际斗争的机关报上批判立宪主义者,这意味着为这种批判选择了不恰当的舞台。

尽管马克思指出了在报纸上批判立宪主义者的不当之处,但那时他对君主立宪制的缺陷所做的批判不比埃·鲍威尔少。只要回忆一下这件事就够了,还是在 1842 年 3 月,马克思写信给卢格说,他在写一篇文章,这篇文章的主要内容"是同**立宪君主制**这个彻头彻尾自相矛盾和自我毁灭的混合物作斗争"②。马克思在给奥本海姆的信的结尾引用的就是这篇文章。马

① 马克思,恩格斯. 马克思恩格斯全集:第 47 卷. 2 版. 北京:人民出版社,2004:35-36.

② 同①23.

克思对埃·鲍威尔的批评主要是出于策略上的考虑，并得出如下实际结论：
"我认为必须做到的是，不要让撰稿人指挥《莱茵报》，而是相反，《莱茵报》要引导撰稿人。上述那一类文章，为给撰稿人指出明确的行动计划提供了良机。单单一个作者是无法像报纸那样掌握全局的。"①

马克思在这里指明了唯一正确的道路，使报纸能摆脱死亡的危机，同时又能加强它对读者的影响。应给予《莱茵报》的出版人应有的称赞，因为他们正确地理解了马克思提出的原则的实质，并为实现这一原则，做到了他们所能做的最重要的事情：邀请马克思担任《莱茵报》的主编！

**马克思作为主编的策略**

马克思从柏林到了科隆，于 1842 年 10 月 15 日开始担任新的职务。作为主编，他不是简单地期望在同政府的某种论战中获胜，他的主要目的是通过报纸进行政治宣言，把报纸作为号召广大读者为彻底改变他们的社会地位和政治状况而斗争的手段。这就意味着要把报纸变为一个有效的革命民主主义的刊物。马克思认为扩大报纸的影响具有非常大的意义，他采取了灵活的策略，在这方面取得了巨大的成功。

首先他把斗争的中心转向反对反动报纸，从主要研究宗教问题的《科隆日报》转到了奥格斯堡的《总汇报》（《Всеобщая газета》），因为这份报纸更广泛地反映了反动派在**政治**问题上的观点。

接着马克思**直接给政府**以显著的打击：《莱茵报》秘密地从总督弗洛特韦尔（Флоттвел）的儿子那里得到了政府拟定的离婚法草案后，于 10 月 20 日把草案予以公布。震动极为强烈。问题在于国王弗里德里希-威廉四世（Фридрих-Вильгельм Ⅳ）遵循天主教婚姻不可解除的信条，责成萨维尼（Савиньи）内阁起草一个给离婚造成极大困难的法律草案。弗里德里希-威廉四世赋予这个法律草案特殊意义，将它看作是自己施政的第 个重要步骤。法律草案是保密的，突然秘密被公开了。

自由派报刊纷纷用众多的抗议来回应法律草案。照普鲁茨（Прутц）的话来说，"草案在普鲁士居民中到处激起不满和屈辱的叫喊；政府还没有一个措施引起过这样强烈的愤慨"②。

弗里德里希-威廉四世被迫放弃了自己的打算：法律草案就这样没有成为法律。弗·恩格斯在宪章运动者《北极星》（《The Northern Star》）报上写道："人民取得了一次伟大的胜利；他们通过自己的坚定而持久的反抗迫

---

① 马克思，恩格斯. 马克思恩格斯全集：第 47 卷. 2 版. 北京：人民出版社，2004：36.
② B. Prutz. Zehn Jahre, Bd. 2. Leipzig, 1856：355.

使国王放弃了他最得意的法案——新的离婚法草案。"恩格斯还特别指出了"一家民主派报纸"即《莱茵报》在这场斗争中的作用①。在盛怒下斤斤计较的国王要求编辑部说出提供这份草案的人，并威胁否则将封杀《莱茵报》。但在这一点上他遭到了坚决的拒绝。这样马克思赢得了同政府在一个重要实际问题上交战的胜利。报纸的影响开始增长，从而通过报纸为马克思实现同政府进行的斗争中的战略目标创造了条件。

**政府的进攻遭到回击**

10 月 15 日，即马克思开始担任主编那一天，省总督冯·沙培尔（Фон Шапер）向政府报告说，《莱茵报》只有 885 个订户，它的负面倾向在莱茵省得不到同情。但过了还不到一个月，报告的口吻就发生了急剧改变。11 月 10 日，还是这个总督不安地向柏林汇报：报纸的倾向变得"越来越勇猛，越来越敌视政府"，而且它现在的销量已经达到 1 820 份，这保障它能够继续存活②。他责成科隆的行政区长官冯·格尔拉赫（Фон Герлах）警告出版负责人雷纳尔（Ренар），如果鲁滕堡继续留任主编（政府消息不灵通，还以为他是《莱茵报》的中心人物），报纸将失去许可。

书报检查大臣们也提出了类似的要求，专门强调必须改变报纸的倾向。11 月 12 日，格尔拉赫向雷纳尔说明了这一切③。

11 月 17 日，雷纳尔以编辑部的名义对沙培尔就政府对编辑部所提的要求提出异议。异议的作者就是马克思：他以自己独特的进攻方式反驳对报纸的一切责难。马克思的反驳意见归纳如下：

**第一**，要求改变报纸的倾向，如果仅就报纸上发表的文章的形式而言是可以考虑的，但任何内容上的都不予以考虑。"像《莱茵报》这样的报纸，不是枯燥无味的评论和卑鄙的阿谀奉承的毫无思想的混合物，而是以意识到自己的崇高目标的（虽然是尖锐的）批判精神来阐明国家大事和国家机构的活动的；我们认为……这种报纸的倾向只能是符合政府愿望的倾向。"④ 马克思就是这样驳斥了似乎报纸诽谤了现存制度的指责。

至于对《莱茵报》无神论倾向的指责，马克思则引用了这段话给予反驳，整个德国，特别是普鲁士，分裂成两个对立的阵营：天主教和新教。"难道报纸在这场尚未解决的争论中不应当采取什么立场或者只采取官方给

---

① 马克思，恩格斯. 马克思恩格斯全集：第 3 卷. 2 版. 北京：人民出版社，2002：602.

② J. Hansen. Rheinische Briefe und Akten aus der Geschichte der politischen Bewegung 1830–1850, Bd. 1. Essen, 1919：368–369.

③ 同②377.

④ 马克思，恩格斯. 马克思恩格斯全集：第 47 卷. 2 版. 北京：人民出版社，2004：37.

它规定的立场吗?"①

《莱茵报》是为了表达人民的真实声音而存在的。"这家报纸的空前畅销，证明了它是多么理解人民的愿望。为了这个目的这些人付出了自己的资本，为了这个目的他们不怕任何牺牲。现在请阁下自己来断定：我作为这些人的代言人能不能、有没有权利声明《莱茵报》将改变倾向？查封《莱茵报》难道只是对个别人的暴力行为，而不是对莱茵省以及整个德国精神的暴力行为?"②

**第二**，关于辞退鲁滕堡的要求，编辑部坚持要指出，这个要求的提出依据的是哪一项法律或者是别的什么法律规定；否则出版负责人将依照程序获得自己的合法权利。

**第三**，根据 1819 年 10 月 18 日的书报检查法，任命一名新的编辑的要求只能由书报检查机关提出。只有在有关机关发出相关批示的情况下，出版负责人才愿意推荐一名新编辑。

上述反驳意见完美地反映了马克思的法学修养，不放过任何当局向报纸编辑部提出的一系列不合法的要求，并加以讽刺。

### 同空谈者的决裂

为坚持报纸的存在，马克思开始进行果断地反对"自由人"的行动，当时他们已经完全退化为伪革命的空谈者和爱闹事的人。1842 年 11 月 29 日，马克思在《莱茵报》发表了一篇论"自由人"的短评，文章的结尾写道："在我们的时代，胡闹、莽撞的行为应当受到公开而坚决的谴责；我们的时代需要严肃、刚毅和坚定的人来达到它的崇高目标。"③ 第二天，他写信给卢格说："我自己淘汰的文章也不比书报检查官淘汰的少，因为梅因一伙人寄给我们的是一大堆思想贫乏却自命能扭转乾坤的拙劣作品：所有这些文章都写得极其草率，只是点缀上一点无神论和共产主义（其实这些先生们从未研究过共产主义）。"④

马克思的要求不被"自由人"所理解。为力求保住在《莱茵报》上无阻碍地发表自己文章的权利，他们企图将马克思置于自己的影响之下，就像以前成功地对待鲁滕堡一样。梅因代表"自由人"用教训人的态度开始与马克思打交道。马克思在答复中坦率地说出自己对他们文章中缺点的意见，并要求他们"少发些不着边际的空论，少唱些高调，少来些自我欣赏，

---

① 马克思，恩格斯. 马克思恩格斯全集：第 47 卷. 2 版. 北京：人民出版社，2004：38.

② 同①39—40.

③ 马克思，恩格斯. 马克思恩格斯全集：第 1 卷. 2 版. 北京：人民出版社，1995：946.

④ 同①41.

多说些明确的意见，多注意一些具体的事实，多提供一些实际的知识。"①

但"自由人"简直被自己的空谈迷惑住了，听不进任何批评。很快马克思就收到梅因的一封蛮横无理的信，信中提出许多不合理的要求。梅因给马克思戴上保守主义的帽子相威胁，扬言报纸应当以"**最极端的措施**"进行活动等等。马克思明白，在复杂的情况下接受这些要求就意味着"安心地屈从于警察局和书报检查机关，而不是在读者看不见的、然而是顽强的、充满责任感的斗争中坚守自己的阵地"②。

马克思的回信原文没有保存下来，但显然措辞是相当尖锐的。大约过了两个星期，"自由人"企图恢复同马克思的接触，并把这个微妙的使命委托给马克思以前的朋友布鲁诺·鲍威尔。但是马克思对鲍威尔的这封进行调解的信未予答复。

### 透过新的日常生活层面

在成为日报的通讯员，继而编辑之后，马克思让自己接触到了一些新的日常生活层面。首先，这是一些被迫同政府官僚进行经常性斗争的农民的日常事务和琐事。其次，是一些自由资产阶级的利益和事情，马克思最初与其中的典型代表，即《莱茵报》的主要作者和出版者打交道，获得了直接观察他们的可能。最后，不得不与书报检查官和其他一些有权审查报纸的代表频繁接触。在可能的情况下，马克思鄙视他们并愉快地愚弄他们。

在这些条件下，出版活动使马克思坚信，必须从报纸的角度越来越积极和坚决地支持农民为了维护自身利益所进行的公平斗争，包括在日常生活（例如捍卫一般的林木法）方面的斗争，同地主和官僚进行法律辩论方面的斗争，以及在省议会上的斗争。

现在马克思的当务之急在于：在把《莱茵报》变成革命民主主义的机关报后，他准备同政府进行决定性的斗争。为此，在担任报纸主编的头几个月里，马克思写了一系列文章作为理论的出发点。


## 共产主义问题。社会的政治背景


### 工人运动和社会空想

19 世纪 40 年代以前，工人们常常地同资产阶级一起参加革命斗争，而

---

① 马克思，恩格斯. 马克思恩格斯全集：第 47 卷. 2 版. 北京：人民出版社，2004：42.
② 同①43.

他们较少的独立发声多半是自发的、具有破坏性的（鲁德运动等）。1831
年和 1834 年里昂纺织工人起义第一次表明，无产阶级成为了一支特殊的、
独立的力量；但它们还不能说明，这支力量想做什么和能做什么。从 40 年
代起，自发的工人运动开始与社会主义和共产主义的理论结合起来。

法国罢工斗争的新高潮产生了各种关于未来社会的空想方案：蒲鲁东
（Прудон）的《什么是所有权?》（《Что такое собственность?》）、路易·
勃朗（Луи Блан）的《劳动组织》（《Об организации труда》）、比埃尔·
勒鲁（Пьер Леру）的《关于人类及其原则和未来》（《О человечестве, его
принципе и будущем》）、埃蒂耶纳·卡贝（Этьенна Кабе）的《伊加利亚
旅行记》（《Путешествие в Икарию》）、让·雅克·皮奥（Ж.-Ж. Пийо）
的《既无宫殿，也无茅舍》（《Ни дворцов, ни хижин》）和《共产主义不
是空想》（《Коммунизм—не утопия》）、德奥多·德萨米（Теодор дезами）
的《公有法典》（《Кодекс общности》）等。

但是，理论与工人运动的接近，最初是一个潜在的过程：社会主义理
论与任何一支明确的社会力量之间都没有出现联系，而在理论方面它们的
正面纲领也经不住严肃的批判。这就是马克思没有对这些空想主义予以重
视的原因。

1842 年年中，英国发生的事件改变了许多人对工人运动以及对空想社
会主义和空想共产主义的看法。这一年宪章工人运动取得了最明显的进展，
总罢工成为这一发展的顶峰，它得到了工联（тред-юнион）的支持，而且
遍及全国的许多工业区。工联代表会议 8 月 12 日通过的决议指出："只要
阶级立法不废除，集体劳动原则不确立，那么工人就不可能利用自己的全
部劳动产品。"① 社会主义理论同工人运动的联系明显起来。

宪章运动，这个工人的第一次群众性的政治运动，列宁称之为"马克
思主义的准备，是马克思主义的'前奏'"②；它不仅对英国的政治发展有
影响，而且对法国和德国的政治发展也有影响。

在青年黑格尔派中间，赫斯对宪章运动采取最积极的态度。他于 1842
年 9 月 11 日在《莱茵报》上写道："在我们时代的共和制度下，自由因贫
穷而破灭，贫穷还使我们社会的一大部分人完全失去了自由地发展自己的
力量的可能……与时代精神相矛盾的不仅仅是封建贵族阶级，也不仅仅是
专制制度，而是我们社会生活的整个组织，或不如说是被破坏了的组织，

---

① С. В. Гингор. Первое политическое рабочее движение в Англии. Л., 1925: 83-84.
② 列宁. 列宁全集: 第 38 卷. 2 版增订版. 北京: 人民出版社, 2017: 326.

要求进行改革。"① 19 世纪的任务不是要解放社会的一部分，而是要解放整个社会，"消除赤贫和富人之间的对立，实现国家的**统一**"②。同时，赫斯还在《莱茵报》上刊登了几篇宣传社会主义思想的文章。

这使得奥格斯堡的《总汇报》有理由指责《莱茵报》具有共产主义倾向。马克思在自己作为主编进行工作的第一天，即 1842 年 10 月 15 日就写了《共产主义和奥格斯堡的〈总汇报〉》（《Коммунизм и агусбургская〈Allgemeine Zeitung〉》）一文来回击这一指责。

**转向共产主义的第一步**

资产阶级研究者通常认为《共产主义和奥格斯堡的〈总汇报〉》这篇文章可以证明，马克思在那个时期"和当时对德国已有影响的共产主义思想相去甚远"③。乍一看，似乎是对的，因为马克思认为可以在《莱茵报》上对空想共产主义进行批判。

但是，在上述这篇文章中提到，必须批判的只是**当时的**、空想形式的共产主义思想，而不是整个共产主义思想。此外（这也是资产阶级思想家通常精心掩盖的一点），马克思认为，奥格斯堡的《总汇报》对共产主义思想的批判在理论上是站不住脚的。这家报纸提出了以下理由来反对共产主义："废除所有制，我们将返回到个人不享有任何权利的自然状态中去……人所知道的最自由的东西，即他的个人活动，被放到一个普遍体系的桎梏中去，人的独立活动的美好的东西被摧毁了。"④ 奥格斯堡的《总汇报》对待共产主义正是这样的一个立场，马克思把这个立场评价为是"肤浅的、片刻的想象"⑤ 的结果，现在资产阶级思想家们试图将其强加于马克思的身上。

然而，那时马克思已经意识到，共产主义思想不只是简单地著述写作，而应以最贫穷的居民阶层的真正利益为基础，"今天一无所有的等级要求占有中等阶级的一部分财产，这是事实，……是曼彻斯特、巴黎和里昂大街上有目共睹的事实"⑥。

马克思提出这三个城市并不是偶然的，在最近十年内恰恰是在这些城市中发生了最大规模的工人反抗：曼彻斯特在 1842 年 8 月是宪章运动的中

①② M. Hess. Philosophische und sozialistische Schriften（1837－1850）. Berlin，1961：122.

③ J. Löwenstein. Hegels Staatsidee. — Phelosophische Forschungen，H. Ⅳ，1927：121.

④ Allgemeine Zeitung. Augsburg，1842：2270.

⑤ 马克思，恩格斯. 马克思恩格斯全集：第 1 卷. 2 版. 北京：人民出版社，1995：295.

⑥ 同⑤293.

心；在巴黎，1839 年 5 月和 1840 年 9 月人们拿起了武器进行反抗；在里昂发生了已经提到的纺织工人起义。

共产主义问题，这是"正由**两个**民族在解决的问题"：法国的和英国的①。这就是为什么如果要批判空想形式的共产主义，那就不能像奥格斯堡《总汇报》那样进行肤浅的批判，而"只有在长期持续的、深入的研究之后才能加以批判"②。

后来，马克思回忆道："在善良的'前进'愿望大大超过实际知识的当时，在《莱茵报》上可以听到法国社会主义和共产主义的带着微弱哲学色彩的回声。我曾表示反对这种肤浅言论，但是同时在和奥格斯堡《总汇报》的一次争论中坦率承认，我以往的研究还不容许我对法兰西思潮的内容本身妄加评判。"③

对社会问题和共产主义的兴趣，大概也促使马克思参加了在科隆举行的关于社会问题的讨论。除了这次讨论的发起人赫斯，以及荣克和奥本海姆，参加讨论的还有一些激进派和自由派的人士。马克思在那时还研究了蒲鲁东、德萨米、勒鲁和孔西得朗（Консидеран）的著作，更加确信了他很早就得出的关于必须深刻了解贫民生活条件的结论是正确的。

### 为了一无所有的群众的利益

在《第六届莱茵省议会的辩论》（《Дебаты шестого рейнского ландтага》）（1842 年 12 月）一组文章中的第三篇——《关于林木盗窃法的辩论》（《Дебаты по поводу закона о краже леса》）一文中，马克思首次研究了这个问题。在这篇文章中，马克思公开声明，要为"政治上和社会上一无所有的贫苦群众"发声④。

乍一看，文章的标题似乎没有什么实质内容。捡拾枯枝是否算作盗窃林木这个问题重要吗？但是，在当时，枯枝对于贫苦农民来说是经济上重要的补贴，因为单靠买的劈柴是不够的。这就是为什么全国各地的农民都竭力维护他们自由地捡拾枯枝的权利。这就引起了许多关于盗窃林木的诉讼案件。

仅 1836 年一年内普鲁士审理的 207 478 件刑事案件中约有 15 万件就是有关盗窃林木和违反林木法、狩猎法和牧场法的案件。普鲁士政府提出一个法案交省议会审议，规定未经林木所有者许可，禁止捡拾枯枝，否则当以盗窃

---

① 马克思，恩格斯. 马克思恩格斯全集：第 1 卷. 2 版. 北京：人民出版社，1995：293.
② 同①295.
③ 马克思，恩格斯. 马克思恩格斯全集：第 31 卷. 2 版. 北京：人民出版社，1998：411-412.
④ 同①248.

论处。这是典型的阶级法案：十分符合林木所有者的利益，却反对贫苦农民。

在各省议会（包括莱茵省议会）1841 年举行的会议上通过了该法案，普鲁士政府企图在最近的时间内赋予其法律效力。马克思在这个问题上对莱茵省议会的批评具有原则性，他要维护贫民的利益，**反对国家准备制定的法律**。

### 事物的法理本质

为了竭力证明捡拾枯枝不是盗窃林木，马克思对"事物的法理本质"进行研究。他认为，枯枝和作为财产的林木之间不存在任何联系，既没有有机的联系（枯枝是已死林木，也就是说，它不是林木），也没有人为的联系（在这个过程中只要没有人的干预，枯枝就不再是林木）。因此，枯枝不是林木所有者的财产，它是"不确定的财产"，属于先占权范围。

但是，根据先占权原则，不是可能会得出因为枯枝落在了林木所有者的土地上，所以应属于林木所有者的结论吗？按照黑格尔的说法，占有某物只要对它加以标志就行了①；例如，只要林木所有者声明，凡是落在他的林木所在地上的枯枝都属于他就行。卢梭根据相反的原则指出："……占有这块土地不能仅凭一种空洞的仪式，而是要凭劳动与耕耘，这是在缺乏法理根据时，所有权能受到别人尊重的唯一标志。"②

马克思在自己的文章中采用了与卢梭相近的立场（虽然他没有提到卢梭③，同时也没有提到黑格尔）："贫民在自己的**活动**中已经发现了自己的权利。人类社会的自然阶级在**捡拾**活动中接触到自然界自然力的产物，并把它们加以处理。"④

因此，捡拾枯枝是一种合法的占有，不能算作盗窃。

### 贫苦农民的权利意识

马克思不满足于这个结论，他还要恢复贫苦农民自发的权利意识。当穷人在捡拾枯枝时，不仅感觉自己有权这样做，而且也知道这种权利是**自己特有的**。这些干燥的、被折断了的枯枝同根深叶茂的枝干相对比，在穷人的意识中是"贫富的自然表现。贫民感到与此颇有相似之处，并从这种

---

① Г. В. Ф. Гегель. Соч., т. Ⅶ, с. 83.

② 卢梭. 社会契约论. 何兆武, 译. 北京：商务印书馆, 1982：32.

③ 但是值得注意的是，在克罗伊茨纳赫笔记中（1843 年夏）马克思在摘录卢梭的《社会契约论》时，摘录了上面引用的观点，并认为它是卢梭为了论证先占权而提出的条件之一。（参见 К. Маркс. Выписки из《Общественного договора》Жан Жака Руссо. В кн.：Жан Жака Руссо. Трактаты. М., 1969：474.）

④ 马克思, 恩格斯. 马克思恩格斯全集：第 1 卷. 2 版. 北京：人民出版社, 1995：253.

相似感中引伸出自己的财产权……正如富人不应该要求得到大街上发放的布施一样，他们也不应该要求得到**自然界的这种布施**"①。

要能像 24 岁的哲学博士那样准确地反映贫苦农民的思想趋向，需要多么关心他们的疾苦啊！他完全赞同穷人的权利意识，为了支持他们，马克思提出下面的理论命题："……那些由于它们的自然发生的本质和偶然存在而属于先占权范围的对象，也就是这样一个阶级的先占权的对象，这个阶级正是由于这种先占权而丧失了任何其他财产，它在市民社会中的地位与这些对象在自然界中的地位相同。"② 这样，马克思从贫民阶级的社会地位中，从社会的其他阶级对待他们的态度中得出贫民阶级的权利。

本能的权利感在贫民那里发展为无阻碍地捡拾枯枝的习惯。相反，林木所有者竭力把自己的特权变为习惯。这两种习惯究竟哪一种应当成为法律呢？

### 所有者的特权上升为法律

马克思指出，立法者把所有者的随意要求变成合法的要求，"……贫民并没有得到任何赔偿"，"还为贫民设置了新的限制，切断了他们同旧有的法的联系。在所有把特权变成法的过程中都曾有过这种现象。……立法的理智……忘记了，即使纯粹从私法观点来看，这里也存在两种私法：占有者的私法和非占有者私法，更何况任何立法都没有取消过国家对财产的特权，而只是去掉了这些特权的偶然性质，并赋予它们以民事的性质"③。

特权变为法律的原因何在？在这个时期，马克思的看法是，他对这个问题给出了两种回答。作为黑格尔派，他首先看到的是理念的原因，即竭力把世界看作是片面的理性的片面性。但是，后来马克思也揭示了特权变为权利的真实的社会经济根源。他特别着重强调**私人利益**的作用，认为已经不能把私人利益仅仅理解为等级的私利，而恰恰是"私有制的利益"。

**私人利益**破坏了人与人之间**道德关系**的基本原则。其诡辩性在于，它遵循的不是理性的逻辑，而是私人利益的逻辑：它不是在思考，而是在算计，把意志束缚在最渺小的私利上，就像把奴隶锁在大桡战船的凳子上一样。私人利益始终只考虑自己，矛盾不会使它窘困，因为他从来都不会和自身发生矛盾。马克思总结说："……没有什么东西比自私的逻辑更可怕的了。"④

---

① 马克思，恩格斯. 马克思恩格斯全集：第 1 卷. 2 版. 北京：人民出版社，1995：252-253.

② 同①252.

③ 同①251-252.

④ 同①267.

私人利益损害最基本的**法的原则**，正是它迫使省议会同意林木所有者因被盗窃的林木获得三重补偿：被窃物的价值，超出该价值四倍甚至八倍的罚款，以及作为特别补偿的"额外价值"。因而盗窃变成了利息。林木所有者成了与林木盗窃有切身利害的人，因此，他成了罪犯的同谋。这一切都是以法律为依据的。

**国家是私人利益的工具**

马克思指出，作为国家机关的省议会服从于作为私人利益等级代表的省议会。"这种把林木所有者的奴仆变为国家权威"的自私观念的逻辑，**"使国家权威变成林木所有者的奴仆……一切国家机关都应成为林木所有者的耳、目、手、足，为林木所有者的利益探听、窥视、估价、守护、逮捕和奔波。"**①

马克思在这里碰到了把唯心主义国家观推倒的现实。国家机关不是作为抽象的理性原则的化身出现的，完全是具体的私有制利益的体现。不是国家使私人利益服从于合理的社会利益，"这里会得出截然相反的结果"，"私人利益希望并且正在把国家贬为私人利益的手段"②。

因此，通过分析"事物的法理本质"，马克思触及了一系列重要问题：习惯和法律、私有制和权利、人对物的关系和人与人之间的关系、私人利益和国家利益等。在自己的研究中，马克思首次接触物质本身的条件，并确定了在社会生活的一系列重要方面现实和应然之间的断裂。虽然还没有得出关于用唯心主义来看待现实是站不住脚的一般结论，但实际上他在制定自己的方法论的道路上已经大大地前进了一步，在很多方面已经同黑格尔的方法论有着实质的区别了。

主要一点还在于，当法的全部内容来自一些一般观点时，他能够超越对法的抽象理解的范围，并考察这个内容是**现实中的法的内容**。现在他分析的**不是**等级、国家等**概念**，而是事实、社会生活各种现象的**实际本质**，及其相互间的实际关系。

**第一次着手研究经济问题**

关于林木盗窃法这场辩论把马克思的注意力引向经济问题本身的研究。他不能不看到，使国家利益臣服于自己的私人利益，这首先是经济利益。这些利益的本质、经济发展的规律对于马克思来说暂时还不清楚，但开始越来越引起他的注意。

---

① 马克思，恩格斯. 马克思恩格斯全集：第 1 卷. 2 版. 北京：人民出版社，1995：267.
② 同①261.

1842 年秋，《莱茵报》参与了关于贸易自由和保护关税的辩论，也就是有关纯经济问题的辩论，而且具有国际性。作为报纸的主编，马克思必须对这个问题发言，这使马克思感到为难。在 1842 年 11 月 22 日发表的对《汉诺威的企业家和保护关税》（《Ганноверские предприниматели и покровительственные пошлины》）一文的编辑部的按语中，马克思反对保护关税制度本身，评价它是适合于中世纪条件的，即 "每一**特殊的**范围必须受到**特殊的保护**"。在现代条件下，应当把 "这种制度看作是和平时期**保持战时状态的措施**，这种战时状态先是针对外国，一旦实施，必然转而针对本国。但是，**个别**国家不管它如何承认自由贸易原则都要依赖于整个世界状况，因此这个问题只能由国际会议来解决，而不是由哪一个国家的政府来解决"①。

这只是马克思写作经济学问题的第一次尝试，它本身带有社会哲学观点的痕迹，而不是政治经济学观点的特征。但是，马克思**转向**经济学问题本身和关于全世界共同解决这一问题的必要性的大胆结论是很能说明问题的。

在这个时期马克思观点发展的主要特点就像已经指出的那样，还没有完全自觉地转向唯物主义。这种转变是在从革命民主主义观点出发解决非常重要的具体问题的基础上实现的，它同时也促进了马克思政治观点的发展。

## 社会政治理想的具体化

马克思在开始研究具体的社会政治问题的时候，加深了自己对历史过程的理解，他把世界历史分为两个主要时期：不自由时期和自由时期。

当然，他的这种做法还没有超出黑格尔关于历史是自由的发展的思想范围。但是，马克思并不像资产阶级历史学家 H. H. 阿列克谢耶夫（H. H. Алексеев）所确定的那样，只是简单地借用黑格尔的思想②，而是给它做了另一番解释。黑格尔把主要注意力放在对自由的**认识**上；马克思则相反，他主要关心的是自由的**实现**。在黑格尔那里，自由的发展表现为具体的自由个体数量上的增加：在亚洲专制国家中，是一个人自由，在古希腊

---

① 马克思, 恩格斯. 马克思恩格斯全集：第 40 卷. 北京：人民出版社，1982：322.

② H. H. Алексеев. Идея государства. Очерки по истории политической мысли. Нью-Йорк, 1955：393.

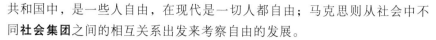
共和国中，是一些人自由，在现代是一切人都自由；马克思则从社会中不同**社会集团**之间的相互关系出发来考察自由的发展。

**"精神的动物王国"**

在不自由时期，"……人类史还是**自然史**的一部分，根据埃及的传说，当时所有的神灵都以动物的形象出现"①。这是最广义的封建主义时期，马克思借用黑格尔的一个术语，称之为"精神的动物王国"②。

黑格尔在《精神现象学》中认为，"精神的动物王国"的本质在于社会分裂为自私自利的个人，每个人只顾自己，因而既骗人，同时也受人骗。

马克思则认为，"精神的动物王国"的本质在于**等级**，而不是个人的分裂性。正像动物的自然属性只取决于它所属的那个种一样，在封建社会中的人也只能按其出身属于那个等级，因此，"人类分成为若干特定的动物种属，决定他们之间的联系的不是平等，而是不平等，法律所确定的不平等"③。

马克思认为，各等级相互**敌对**的关系是不自由时期的动物特点。就像动物世界中一个种类的动物吃掉另一个种类的动物一样，在这个时期的人类社会里一个等级靠另一个等级为生。但是，"在自然的动物王国，是工蜂杀死不劳而食的雄蜂，而在精神的动物王国恰恰相反，是不劳而食的雄蜂杀死工蜂——用劳动把它们折磨死"④。

这样，马克思不仅揭露各等级之间在政治上的对立，而且还揭露了在社会方面的对立。尽管他认为这种对立是封建制度固有的，但实际上，他反对任何一种由社会的一部分人去奴役另一部分人的形式，其中包括资本主义的。在广义上说，封建主义是不自由的时期，在实质上，它包括人类分裂为敌对阶级以后的几个历史时期。以反对穷人为目标的省议会活动的等级特征，富人谋私利的特权变成他们的法律权利，甚至剥夺穷人的习惯权利——所有这些类似的事实都证明，不自由的时期继续存在。

---

① 马克思，恩格斯. 马克思恩格斯全集：第 1 卷. 2 版. 北京：人民出版社，1995：248.

② "精神的动物王国"一语是在北德意志的一首诗《狐狸——莱涅克》（《Рейнеке-лис》）的影响下产生的，诗的作者被认为是亨内克·冯·阿尔马尔（Хирек фон Альмар）。它以讲述动物世界的生活的形式描述人类的生活，抨击人们关系中的弊病。这首诗最早于 1498 年在卢卑克问世，但 18 世纪下半叶才广泛流传，而在 1793 年经歌德的艺术加工后似乎重获新生（参见 И. В. Гёте. Соч М., 1932, т. 2.）。黑格尔在《美学讲演录》中认为，这首诗的人类内容是写一个无法制和无序的时代，充满了邪恶、软弱、暴力和无耻，当时奸诈、狡黠和贪婪在各处横行（参见 Г. В. Ф. Гегель. Соч., т. XII. с. 398），在《精神现象学》中黑格尔把这个时代称之为"精神的动物王国"（参见 Г. В. Ф. Гегель. Соч., т. IV. с. 210）。

③ 同①.

④ 同①249.

因此，马克思对"精神的动物王国"的反对是对活生生的、真正现实的反对，他在 1842 年 3 月曾指出："把人兽化的信仰，竟成了政府的信仰和政府的原则……"①

**歌德的神圣人类和马克思的人的世界**

在起来反对现存的现实时，马克思虽然粗略地，但已阐述了自己对社会**应当是**什么样子的看法：在这个社会中所有人类成员都是"伟大圣者（即神圣的人类②）的高贵的、彼此自由联系的肢体"③。

通过歌德的人类的形象，马克思试图直观地指出，与"精神的动物王国"相对立的真正的社会是这样的一个人类世界，"它和有区别的人类世界相反，因为后者的不平等现象不过是平等的色彩折射而已"④。在这个社会里当然应该是有差别，但只是作为这个整体的一个因素，这个整体并不是什么特殊的，脱离其因素而独立的东西，而是作为它的总体存在的。社会生活的不同方面有机联系也表现在那里，即每个个体自由地决定自己参与这样或那样的领域：伟大人类的高尚成员互相自由转换。

马克思的《评奥格斯堡〈总汇报〉第 335 号和第 336 号论普鲁士等级委员会的文章》（《О сословных комиссиях в Пруссии》）（1842 年 12 月）有助于正确理解马克思关于历史的这些总的观点具有怎样具体的政治意义，以及在德国政治斗争期间它们客观上把马克思提到怎样的地位。这篇文章似乎是关于林木盗窃一文的继续，并把其主要思想具体化和进一步发展。奥格斯堡《总汇报》上刊登了一篇效忠政府的文章是写这篇文章的直接原因。

**无定形的大众，还是人民的有机运动？**

这家报纸的记者表达了当时广为流传的保守主义的观点，把人民描写

---

① 马克思，恩格斯. 马克思恩格斯全集：第 47 卷. 2 版. 北京：人民出版社，2004：25.

② "神圣的人类"这一文学形象显然是马克思从歌德《神秘》一诗中借用来的。在诗中有"人类（Humanus）名曰圣人、贤人、至善之人，我曾亲眼得见"（И. В. Гёте. Соч М.，1932，т. 2，с. 338.）歌德写道，在《神秘》一诗中他有意向读者指出在自身中体现"思想情感的各类不同形式"的人类社会，聚集在一起"虽然没有实现统一，但为了通过共同生活找到自己相应的表达，渴望更高的发展。但是为了使这一点成为可能，他们紧紧聚集在一个名为人类的人的周围，如果不是他们所有人都感觉与人类有相似之处，他们也不会靠近他"（И. В. Гёте. Соч М.，1932，т. 2，с. 569.）。在与人类长期共同生活之后，在他们每一个人身上都体现着人类的一部分精神，他们合在一起就能构成统一的整体，已经不再需要人类作为这个整体的特殊承载者。

③④ 马克思，恩格斯. 马克思恩格斯全集：第 1 卷. 2 版. 北京：人民出版社，1995：248.

成除了等级差别就只存在"不成熟的无组织的大众"。黑格尔赞同这个观点，并断言，处于国家之外的人民本身"只是一种无定形的、无序的、盲目力量，如同不安的自然海洋的力量"①。

与此相反，马克思认为，等级制度机械地把人民分为"固定的、抽象的组成部分"，在这种情况下，能引起的只有抽搐运动，不能实现有机运动。认为人民除了一些随意制造的等级差别外，只不过是作为一群不成熟的、无机联系的大众存在，那就意味着没有看到国家生活的机体本身；以等级原则为指针，就意味着将倒退到"国家生活早就使其丧失意义的某些虚构的领域"。等级不是现代国家的现实，而是"县、乡镇、地方政府、省政府、军事部门"②。

在谈到这些"真实的领域"时，马克思不是想指出真正国家的具体形式。他的目的是要证明，国家内在的真实区别是"那些由于自己的本质而时时刻刻正在统一的整体中消失的差别……这些差别是环节，不是部分，它们是运动，不是固定状态，它们是统一体中的差别，不是具有差别的几个统一体"③。

马克思举出将国家转化为"常备军和后备军"作为这种有机运动的例子。当普鲁士市民成为一个士兵时，他就从一种状态（市民状态）转变为另一种状态（军人状态），这个转变是有组织实施的，那么普鲁士国家本身就承认，作为自己的原则，统一不是机械的、僵化的状态，就像等级一样，而是有组织的相互转化状态的统一。人民代表制也建立在类似的原则基础之上：在这里人们不是永久地履行某一种职责，这些职责可以变换，这样的运动也不是自发的，而是按照人们自觉的意志进行的。

这样，人民代表制原则就不是一群不成熟的、无机的大众的虚拟运动，而是人民现实的有机运动。

**理想——人民自身的代表权**

在这种情况下，马克思认为真正的国家是人民自己的事情，也就是说不是由其他人代表人民的代表权，而正是人民**自身的代表权**。"被人所代表，一般说来是受动的东西；只有物质的、无生气的、不独立的、受到危害的东西才需要代表权；但是，国家的任何要素都不应是物质的、无生气的、不独立的、受到危害的。不应当把代表权理解为某种并非人民本身的

---

① Г. В. Ф. Гегель. Соч., т. Ⅲ, c.325.
② 马克思，恩格斯. 马克思恩格斯全集：第 1 卷. 2 版. 北京：人民出版社，1995：333，334.
③ 同②334.

事物的代表权，而只应理解为人民**自身的代表权**，理解为一种国务活动，这种国务活动不是人民唯一的、独特的国务活动，它跟人民的国家生活的其他表现不同的只是它的内容的普遍性。"①

由此完全清楚地看出，马克思认为真正的国家是**民主制**。从而表明，马克思关于国家是一个有机的整体的观点与黑格尔的观点完全不同：黑格尔认为，民主制是以人民处于"未发展状态"为特征的国家形式；按照黑格尔的观点，"在自己内部发展的真正的有机整体"必须是以君主制为前提②。相反，马克思则认为民主制是真正的有组织的国家的适当形式。

当时马克思只能在合法的报刊上始终不渝地、十分坚定地捍卫这个革命民主主义理想的国家。他加以批评的不仅是右派和立宪主义者，而且还有资产阶级自由派，他们企图折中地调和两个截然对立的原则：等级代表制和人民代表制。马克思指出，这两个原则是不可以调和的，因为"这里涉及的不是**补充**，而是**对立**"③：或者等级代表制原则发展为国家原则，国家从属于私人利益；或者发展为有文化修养的人民代表制原则，私人利益服从于公共利益，即人民的利益，换句话说，建立一个劳动者的国家。

马克思的文章，特别是在 1843 年前夕出版的该文的结尾部分，清楚地表现出革命民主主义倾向，这一倾向成为书报检查部门的大臣认为这篇文章是"煽动对国家现存制度不满"的理由。

因此，虽然直到 1842 年底马克思仍是站在唯心主义国家观的立场上，但这种唯心主义的观点本质上已经是带有唯物主义的倾向了——首先是有意识地注意国家的**内容**，在非常具体的方面注意到十分重要的现实问题。因为"如果形式不是内容的形式，那么它就没有任何价值了"④。马克思的社会政治理想具体化，他向共产主义理想接近正是与他的世界观的这个唯物主义倾向联系在一起的。要求从贫穷劳动者的立场出发具体分析社会政治现实的革命民主主义的深化，以及向共产主义的初步转向，同时也有益地促进了马克思在对待现实问题态度中的唯物主义因素的增长。

**列宁论马克思早期著作**

列宁在评价《莱茵报》发表的上述文章时，指出马克思哲学观点和政治学观点发展中这种互为条件性："从这些文章可以看出马克思开始从唯心

---

① 马克思，恩格斯. 马克思恩格斯全集：第 1 卷. 2 版. 北京：人民出版社，1995：344.

② Г. В. Ф. Гегель. Соч., т. Ⅶ, с. 305.

③ 同①343.

④ 同①288.

主义转向唯物主义，从革命民主主义转向共产主义。"①

这一转变最明显地表现在马克思的《摩泽尔记者的辩护》（《Оправдание мозельского корреспондента》）一文中。一些评论者甚至倾向于把列宁的这段话认为是指向这篇文章的。但他们却没有考虑到，虽然列宁是从恩格斯的回忆中知道这篇文章的存在，但他只是从梅林编辑出版的《卡尔·马克思，弗里德里希·恩格斯，斐迪南·拉萨尔的遗著》（《Литературного наследства К. Маркса，Ф. Энгельса и Ф. Лассаля》）第 1 卷中直接了解马克思发表在《莱茵报》上的文章，而这篇文章并没有收入该书②。梅林错误地认为，它不是马克思写的，而马克思"大概只是加工过"它③。在苏维埃政权时期，根据党的第十三次代表大会通过的决议，准备首次出版马克思恩格斯全集，全集的编者 Д. 梁赞诺夫（Д. Рязанов）证明，《摩泽尔记者的辩护》一文的作者就是马克思④，并把这篇文章收入指定的版本中。

显然，列宁直接依据的只是《摩泽尔记者的辩护》以前的那些文章来评论马克思向唯物主义和共产主义的明显转变。必须真的拥有列宁那样的洞察力才能从那些文章中发现青年马克思世界观的最初转变，这些转变清楚地表现在列宁并不知道的《摩泽尔记者的辩护》一文中！

## 马克思与恩格斯的相识

早在写《摩泽尔记者的辩护》之前，卡尔·马克思和他未来的战友弗里德里希·恩格斯就已经相识了。

### 青年弗里德里希·恩格斯

弗里德里希·恩格斯于 1820 年 11 月 28 日出生在巴门市的一个富裕的工厂主家庭。他是长子，因此父亲把他看作是"卡斯巴尔·恩格斯公司"的继承人。恩格斯的家庭和学校教育的环境与马克思童年时期的环境截然不同。恩格斯的家庭被掺杂着对金钱的炽热崇拜的宗教的偏狭笼

① 列宁专题文集·论马克思主义. 北京：人民出版社，2009：39.

② Aus dem literarischen Nachlass von K. Marx, F. Engels und F. Lassale. Hrsg. v. Mehring F., Bd. 1. Stuttgart, 1902.

③ Из литературного наследия К. Маркс, Ф. Энгельс и Ф. Лассаля（под редакцией Ф. Меринга），т. 1. Одесса, 1908：262.

④ К. Маркс, Ф. Энгельс. Соч., т. 1, М., 1927.

罩。宗教改革协会所属的埃尔伯费尔德中学，以及后来的下巴门的福音会学校①都给青年人灌输了真正的虔诚主义，甚至引起他反对一切宗教自由主义思想，但……不是很长久。

1837 年 9 月，弗里德里希的父亲决定，儿子在中学学习科学知识的时间已经够长了，要送他去自己的公司学习经商。但这个青年对"商业"没有任何兴趣，他的理想是文学和诗歌；一年后他就已经发表了《贝都因人》（《Бедуины》）一诗。

在阅读了进步文学作品，包括施特劳斯的《耶稣传》之后，弗里德里希开始怀疑自己的信仰，然后就陷入了一个人当他要断定上帝是否真实存在时所经历的内心斗争的痛苦之中。很快弗里德里希最终抛弃了人格化上帝的理念。

施特劳斯把他的注意力引向了黑格尔。当他清楚地了解到黑格尔派的力量分化后，他坚决地站到左派的一边。

的确，在恩格斯最终决定转向青年黑格尔派之前，他已经对"青年德意志"（"Молодая Германия"）这个文学团体表现出热情，这与他个人的文学创作经验有关〔他在这个团体的机关杂志《德意志电讯》（《Телеграф》）上发表过文章〕。但他很快就弄明白了"青年德意志"领导人谷兹科（Гуцк）、蒙特（Мундт）、劳伯（Лауб）等人在政治上的软弱性，仅剩下对这个圈子的创始人路德维希·白尔尼（Людвиг Берни）的深深敬意。正是在白尔尼的影响下，恩格斯很早就具有了激进的政治观点。他在 19 岁时写道："只有国君被人民打了耳光而脑袋嗡嗡响时，只有他的宫殿的窗户被革命的石块砸得粉碎时，我才能期待国君做些好事。"②

**志愿兵和旁听生**

1841 年秋，年轻的商人成为近卫炮兵团的志愿兵。这个团的兵营驻扎在柏林，离大学不远，同时他也成了那里的旁听生。

这时普鲁士政府决定对黑格尔派的大本营柏林给予打击，带着这个目的聘请了谢林到柏林大学，谢林原是黑格尔的朋友，后来成了黑格尔的死对头。谢林的讲座遭到了青年黑格尔派的强烈批评，而以最鲜明的方式提出最有力根据的是谢林最年轻的学生之一——弗里德里希·恩格斯。他很快就认清了思想斗争中的复杂形势，他带来三次有力打击，促使谢林的讲

---

① 恩格斯于 1829 年开始在巴门市立学校接受启蒙教育，1834 年进入埃尔伯费尔德文科中学继续学习。作者在这里的考证有误。——译者注

② 马克思，恩格斯. 马克思恩格斯全集：第 47 卷. 2 版. 北京：人民出版社，2004：234.

座落得了个不耻的下场〔(文章《谢林论黑格尔》(《Шеллинг о Гегеле》)，小册子《谢林和启示》(《Шеллинг и откровение》) 与谢林——基督哲学家》(《Шеллинг—философ во Христе》))〕。恩格斯的这几部反谢林著作给人的印象十分深刻，以至于人们认为作者的身份很了不起（文章是用弗里德里希·奥斯渥特的笔名发表的），被以为是出自几个有名的哲学家之手。

恩格斯一方面反对右翼即谢林方面的攻击而为黑格尔辩护，同时又支持左翼即费尔巴哈方面对黑格尔的批判。尽管当时他和马克思一样，还不是唯物主义者，但在费尔巴哈的影响下已经转变为一个战斗的无神论者。恩格斯用鲍威尔在写《末日的宣告》时所用的诙谐讽刺的手法来宣传反宗教的观点。他的《基督教英雄叙事诗四章》(《христианская героическая поэма в четырех песнях》) 题为《横遭威逼但又奇迹般地得救的圣经，或信仰的胜利》(《Библии чудесное избавление от дерзкого покушения...》) 不是简单的模仿，而是这类风格的典范。

起初，"自由人"无忧无虑的生活，特别是他们在哲学宗教问题和政治问题上的无休止的争论吸引了青年恩格斯。这些争论帮助他弥补在教育上的缺陷，激发他不停地思考，以及迫使他更清楚地确定自己的立场。但有一个界线明显地区分了他与这个团体的其他成员，这就是他力求不停留于一般哲学问题的辩论上，而是一定要把自己的观点引到具体的结论上，然后采取使之实现的实际步骤。

1841 年下半年，恩格斯的政治观点已经明显具有革命民主主义倾向，因为从一开始就超越了"自由人"的政治思想倾向。恩格斯的一般哲学观点的继续发展使这一倾向占优势，这就决定了他与"自由人"的同盟是不可靠的、短暂的。

### 立场相近

还有一点，1842 年年中，恩格斯"决定在一段时间里完全放弃写作活动，而更多地进行学习。原因很清楚"。他在给卢格的信中说："我还年轻，是个哲学自学者。我所学到的知识足以使自己形成一个信念，并且在必要时捍卫它；但是要想有效地、有的放矢地为这种信念去工作，这些知识还不够。"①

这个决定已经背离了"自由人"的思想倾向，与马克思的主张相一

① 马克思，恩格斯. 马克思恩格斯全集：第 47 卷. 2 版. 北京：人民出版社，2004：301.

致：少一些自我满足，多一些实际知识。主要的是，恩格斯与马克思在提出和解决重要哲学问题和政治问题上观点相近。例如，在《普鲁士国王弗里德里希-威廉四世》（《Фридрих-Вильгельм Ⅳ, король прусский》）一文中恩格斯指出，历史的进程消灭了德国旧的封建等级的权利，而国王却与这个历史的进程背道而驰，试图复兴中世纪的残余。"世袭贵族得到他的保护，并且由于在必须遵守长子继承制的条件下获得了新的贵族封号而变得日益强大……各个同业公会的分立、个体手工业的闭关自守以及它们趋向于行会制度等等都受到鼓励。""使国家力量分散以致使国家本身完全瓦解的局面"① 是构成国王观念的一个重要因素。恩格斯写作这篇文章的时间不晚于 1842 年 11 月中，并于 1843 年 7 月发表。另一方面，1842 年 11—12 月，马克思甚至打算专门写一篇批判长子继承制的文章（《论地产析分》），而正如本书所指出的，在《评奥格斯堡〈总汇报〉第 335 号和第 336 号论普鲁士等级委员会的文章》里，马克思提出要从当时德国现实的结构单位（区、县等），而不是倒退到在生活中早就失去意义的等级结构中去。

在斗争策略方面，马克思和恩格斯的观点也是相近的。恩格斯曾写道："普鲁士的舆论越来越集中在两个问题上，即代议制和新闻出版自由，特别是后者。不管国王怎样，人们首先要求他给予新闻出版自由，而人们一旦争得这种自由，再过一年就必然会争得宪法。"② 马克思在反对右翼（为争取新闻出版自由）和反对"自由人"的左派空谈（为争取宪法）的斗争中，也持这样的看法。

**第一次相遇**

我们不知道，在 1842 年 11 月前马克思是否知道弗里德里希·奥斯渥特就是年轻商人弗里德里希·恩格斯的笔名。恩格斯却很多次听说过"黝黑的特里尔之子"，也正是由恩格斯发起的初次会见。

尽管他们在观点上事实上是一致的，但在他们初次会见中在对待第三者即鲍威尔和整个"自由人"的态度上存在着明显差别。恩格斯后来回忆说："11 月底我赴英国途中又一次顺路到编辑部去时，遇见了马克思，这就是我们十分冷淡的初次会面。马克思当时正在反对鲍威尔兄弟……因为当时我同鲍威尔兄弟有书信往来，所以被视为他们的盟友，并且由于他们的缘故，当时对马克思抱怀疑态度。"③

---

① 马克思，恩格斯. 马克思恩格斯全集：第 2 卷. 2 版. 北京：人民出版社，2005：539.

② 同①542.

③ 马克思，恩格斯. 马克思恩格斯全集：第 39 卷. 北京：人民出版社，1974：452.

　　然而，那时他们已经找到了对于双方来说都非常重要的可以合作之处：弗·恩格斯因为父亲公司的业务被派到英国，他就成为《莱茵报》驻英国的记者。报道的题目是英国社会政治问题，特别是英国工人阶级及其政党的状况。说明这些问题主要不是站在观察者的立场上，而是从内部让德国读者了解英国自己对本国问题的看法。

　　恩格斯抵达英国之后，立即履行他记者的职责：1842 年 11 月 29 日他写了第一篇通讯，题为《英国对国内危机的看法》（《Английская точка зрения на внутренние кризисы》）。不到一个月他就发出了五篇通讯，这些文章在马克思的主持下实事求是地未经修改就立即连续登载在报纸上，因为这是在理论内容上充实、政治上尖锐同时又具体的事实材料，总之，与"自由人"写的招摇而又空洞的东西完全不同。

**恩格斯在通向共产主义和唯物主义的道路上**

　　恩格斯写给《莱茵报》的通讯内容说明，他对英国即将来临的革命满怀信心，并把它作为一件好事来欢迎。他的信心起初依据的是英国在政治上落后于法国和德国这一论断，但这个论断立即遭到大多数英国人的反对，他们认为"根本谈不上什么革命"①。

　　恩格斯试图分析清楚这个他未料到的观点，在第二篇通讯中他断定，英国人是从直接实践即从物质利益出发的。在这里斗争的两党——辉格党和托利党"并没有原则斗争，它们中间只有物质利益的冲突"②。这是青年黑格尔派所无法理解的，他们认为，这种利益在历史上不能作为主导的目的，它们本身总是为引导历史前进的这样或那样的原则服务的。但是，青年恩格斯的目光相当敏锐，甚至透过唯心主义的眼镜他能够发现事件的真实联系（虽然他预先声明这只是英国所特有的！）："……革命在英国是不可避免的，但是正像英国发生的一切事件一样，这个革命的开始和进行将是为了利益，而不是为了原则，只有利益能够发展成为原则，就是说，革命将不是政治革命，而是社会革命。"③

　　恩格斯在遇到了他未预料到的情况后，他开始更加详细地研究这些斗争的力量，以及它们的斗争的实际内容。结果，他给《莱茵报》寄去了《英国工人阶级状况》（《Положение рабочего класса в Англии》）一文，文章简明扼要地叙述了宪章派的社会基础。在这里已经不再说抽象的原则，

---

① 马克思，恩格斯. 马克思恩格斯全集：第 3 卷. 2 版. 北京：人民出版社，2002：407.

② 同①408.

③ 同①411−412.

而是谈英国不同工业部门和不同地区的工人挣多少钱、吃得怎么样的问题。

恩格斯最后以一篇关于谷物法的通讯结束了他为《莱茵报》的撰稿。由于遇到的完全是新问题，恩格斯发现要解决这些问题自己的学识不够，于是他开始研究资产阶级经济学家的著作，甚至了解了大量社会主义文献①。

## 同政府斗争

当恩格斯在英国着手直接研究社会经济关系时，马克思在德国也开始了同样的工作，主要以莱茵省贫苦农民的生活条件为例。但是，普鲁士的制度为马克思解决这个问题制造了十分巨大的困难。

那个同政府进行斗争的 11 月份已经过去一个月了，当时马克思成功地带领《莱茵报》摆脱了被查封的威胁。整个这段时间主编就像一个有经验的领航员，小心翼翼地引导编辑部这条船通过了书报检查部门的封锁。马克思善于以自己灵活的策略不仅使新任检查官维塔乌斯（Витаус）丧失了警惕性，而且也使直接监督报纸的官员麻痹。12 月 22 日，书报检查机关的大臣们向国王报告："毫无疑问，比起前一个时期来，这个报纸的口气缓和多了，而且董事会也开始表示，它并不反对政府要他们改变迄今所保持的道路的愿望。"② 这个策略允许马克思为进行决定性的斗争而积蓄力量。

### 不祥的预兆

1842 年底，德意志各联邦政府联合起来开始向自由报刊积极发起进攻：12 月 18 日查禁了由布尔（Бул）出版的《爱国者》（《Патриот》）杂志；12 月 28 日，因海尔维格（Гервег）指责普鲁士国王违背诺言的一封信被公开，政府查禁了普鲁士各地的《莱比锡总汇报》（《Лейпцигская всеобщая газета》），这个报纸在萨克森出版（该报在那里一直出版到 1843 年 4 月 1 日）；1843 年 1 月 3 日，萨克森政府查禁了《德国年鉴》。

在评论查禁《莱比锡总汇报》时，马克思写道，德国报刊在不祥的

---

① 关于青年恩格斯的生平和事业详见：М. В. Серебряков. Фридрих Энгельс в молодости. Л., 1958；О. Корню. К. Маркс и Ф. Энгельс. Жизнь и деятельность. М., 1959, т. 1 и 2；С. Продев. Весна гения. М., 1966；H. Ullrich. Der junge Engels. Bd. 1-2. Berlin, 1961—1966.

② 科尔组. 马克思恩格斯传：第 1 卷：1818—1844. 刘丕坤，等译. 北京：生活·读书·新知三联书店，1963：414.

预兆下进入新的一年。对莱比锡自由报纸的镇压是对所有年轻的人民报刊的进攻，而对这种报刊的指摘“我们应该……看作对人民政治精神的指摘”①。

**只有斗争！**

自由报刊及其拥护者应该怎样回答呢？大概要装出什么事都没有发生的样子，还是行动开始更小心些，以便使那些被激怒的当权者缓和下来？前一段时期，在自由报刊刚刚创办的时候，这样的策略是好的，过早的执拗可能会引来对它的祸端。现在人民报刊已经成为有影响力的报刊。它的声音铿锵有力并传播到很远。因此政府正是现在开始进行反对它的真正斗争，而“反对任何一种存在的斗争都是这一存在得到认可和这一存在的现实性与力量的最初形式”，并且回答只能是斗争：“只有斗争才能不仅使政府，而且使人民、使报刊自己相信报刊具有真正的和必然的存在权利。”②

因此，现在对于德国自由报刊来说只有斗争，没有其他的路可走。于是《莱茵报》领导了这场斗争。它重新采取了策略方案：不给反对者出其不意的机会，不让政府因丑闻而迫害报刊，而是强迫政府讨论一些对于最广泛的居民阶层有着极其重要意义的根本问题。人民报刊只有使人民相信它是真正保护人民利益的，才能够向政府显示自己的力量。只有调动起全体人民进行斗争，它才能胜利。

**马克思把摩泽尔农民的不幸公之于众**

马克思开始反攻，他出色地逼迫政府参战：围绕对摩泽尔河沿岸地区葡萄酒酿造者的状况、他们贫困的原因及摆脱贫困的出路等看法展开决定性的战斗。

摩泽尔河沿岸地区位于莱茵省，它以自己的葡萄园而扬名，这里出产的葡萄品种极好。摩泽尔葡萄酒酿造者难以忍受的苦难生活与大自然如此慷慨的赠品形成了鲜明的对比。随着1834年关税法的通过，取消了禁止从其他国家进口葡萄酒的法令后，葡萄酒的价格急剧下跌。破产的葡萄酒酿造者因为债务而拍卖自己的产业成了常事。政府继续正常收税，并且禁止抱怨现状。摩泽尔农民的贫困状况依然处在社会舆论关注之外。

马克思不畏惧君主的恼怒，第一个把这些事实公之于众，并对整个管理制度进行毁灭性的批判。12月12日和14日，他刊登了报纸驻摩泽尔记者科布伦茨（Кобленц）的两篇文章，语调十分尖锐，以期最终引起对摩

①② 马克思，恩格斯．马克思恩格斯全集：第1卷．2版．北京：人民出版社，1995：353.

泽尔农民贫困状况的注意："备遭痛苦折磨的贫苦葡萄酒酿造者难道没有权利公开说出使他们陷于赤贫之境的祸根吗？难道他们没有权利要求人们把他们从那些长期吮吸他们膏血的吸血鬼手里解放出来并且把它们杀死吗？……上层人物长期以来对**葡萄酒酿造者**的苦难**处境表示怀疑**，他们的求救的呼声被认为是一种蛮横无礼的叫喊。"① 这是对政府的直接控诉。

### 总督的两个指示

为答复这两篇文章，总督冯·沙培尔向报纸发出两个指示。他对葡萄酒酿造者求助的呼声被上层社会认为是蛮横无礼的叫喊的这一看法进行批驳，并要求举出事例来证明当局阻挠公开讨论摩泽尔河沿岸地区居民贫困状况。其次，他建议报纸公开把"使葡萄酒酿造者陷入赤贫之境的祸根叙述出来，并且把吮吸他们膏血的吸血鬼明确地指出来……以便对他们进行追究"，并尽可能地"提出适当的办法来消除葡萄酒酿造者的苦难处境"②。最后，沙培尔要求说出那个乡镇的名称，记者报道说该镇的居民拥有极为茂盛的林区，实际上却不可能利用森林来满足自己的需要。

12 月 18 日，《莱茵报》发表了总督的这两个指示，委托文章的作者科布伦茨准备答复。由于科布伦茨不能胜任，马克思亲自担起了这个任务。

### 《摩泽尔记者的辩护》的革命构思

《摩泽尔记者的辩护》（简称《辩护》）一组文章写于 1843 年 1 月 1 日至 20 日之间，而它的总构思形成于 1842 年 12 月底到 1843 年 1 月初，即马克思开始清楚地认识到必须与政府进行公开斗争的时候。因此，目前给沙培尔的答复不能只在于对所有指摘逐一进行有说服力的、恰当的反驳，就像 11 月份那样。现在的任务原则上不同：**把和总督的论战变为对普鲁士国家基础的全民讨论**。通过全面分析摩泽尔葡萄酒酿造者的不幸来揭露普鲁士政治制度的反人民性，这个尝试本身（不管这个尝试结果怎样），就是《莱茵报》编辑部对德国人民的卓越功绩。

回复沙培尔只是一个借口，马克思的文章用为摩泽尔记者辩护的形式表达对国家的谴责。这个形式也决定了文章的结构，即文章各部分的标题与谴责沙培尔的要点相符：（1）关于乡镇分配木材的问题；（2）阻挠在报刊上自由讨论摩泽尔农民状况的情况；（3）摩泽尔河沿岸地区的症结：直接描述农民最需要的，以及贫困状况的历史，包括政府的错误政策是造成农民贫困的原因；（4）摩泽尔河沿岸地区的吸血鬼（这里应当指的是大

---

①② 科尔纽. 马克思恩格斯传：第 1 卷：1818—1844. 刘丕坤，等译. 北京：生活·读书·新知三联书店，1963：416. ——译者注

私有者，他们占有大量葡萄园和批发经营葡萄树，残酷剥削小私有者）；
（5）消除弊端的若干建议。

**具体的社会调查的经验**

实现这个构思需要在收集和研究各种不同的具体材料上进行耐心细致
的工作。1843 年 1 月 3 日《莱茵报》上发表了一则通告，指出推迟答复总
督是"因为必须进行许多补充调查"①。

因为准备给官方权力机关代表做答复，所以注意力主要放在收集官方
文件上。其中包括指令、指示和政府及地方国家机关的其他指令；有关财
政部、特里尔区政府和摩泽尔河及萨尔河沿岸葡萄酒酿造业特里尔促进协
会理事会之间的谈判报告；一个乡镇委员会的会议记录；贫民要求减轻负
担的集体和个人的申请书，以及当局对这些申请书的答复；报刊和学术刊
物中的报导。

为了确认这些官方材料，编辑部利用"各种可以互相印证的来信"，
即**私人文件**也被用来研究这个问题。

此外，还获得了许多人的**问询材料**：有关行政当局高级代表同地方官
员的谈话，以及官员和农民之间的冲突的证明材料。

后来，总督沙培尔这样描述自己对马克思《辩护》第三部分的印象：
"当作者终于把题为《摩泽尔的疾苦》一文寄到书报检查机关时，我们发
现，他预先走遍了摩泽尔河谷的大部分地区，收集了在这里发生的、早就
弄清楚并被遗忘的官员和居民之间的冲突的有关材料，为了现在让所有这
些材料公诸于世，并把这些事实作为压迫摩泽尔河谷居民的例证报告
出来。"②

马克思的这篇文章被禁止刊登在《莱茵报》上，但这篇文章的开头
被保存了下来：它在报纸编辑卡·海因岑（К. Гейнцен）那里，1844 年
底海因岑将它发表在小册子《普鲁士的官僚制度》（《Прусская
бюрократия》）里。马克思写道："我们先从事实开始……这些事实不仅
说明了乡镇内部的经济，而且从另一个方式上讲就是利益，政府如何理
解自己在隶属于它的官员和权力关系上的地位。"③ 然后，马克思连续地
描述了官员冷酷无情地对待摩泽尔地区得霍乱的农民的事实等，包括十年
前或更早的事实④。

---

① 马克思，恩格斯. 马克思恩格斯全集：第 1 卷. 2 版. 北京：人民出版社，1995：356.

② Г. Штейн. Карл Маркс и мозельские крестьяне. Летописи марксизма，1926（1）：42.

③ Marx—Engels—Gesamtausgabe（MEGA）. Erste Abteilung，Bd. 1. Berlin，1975：324.

④ 同③324－327.

根据恩格斯的证实，马克思"无论如何不可能亲自去收集这样的材料"①。然而，马克思是收集这个想法本身的发动者。按照现在的说法，就是他实现了具体的社会调查。

现在对于马克思来说，研究事实不仅意味着利用它们作为事实例证，而是进一步发展研究方法本身。马克思强调："……我们想把我们的全部叙述都建立在事实的基础上，并且竭力做到只是概括地说明这些事实……"②

具体的经济、政治和法的材料深刻地并有机地贯穿于马克思对摩泽尔农民状况的整个研究，1842年期间，在马克思的世界观中积累起来的唯物主义因素从根本上动摇了他先前的唯心主义理论。

### 各种关系的客观本性

马克思向唯物主义的转变首先表现在他对社会关系的客观特点的理解。他写道："在研究**国家**状况时很容易走入歧途，即忽视**各种关系的客观本性**，而用当事人的**意志**来解释一切。但是存在着这样**一些关系**，这些关系既决定私人的行动，也决定个别行政当局的行动，而且就像呼吸的方式一样不以他们为转移。只要人们一开始就站在这种客观立场上，人们就不会违反常规地以这一方或那一方的善意或恶意为前提，而会在初看起来似乎只有人在起作用的地方看到这些关系在起作用。"③

这个方法论原理是马克思哲学发展道路上的重要里程碑。确实，从各种关系的客观本性出发这一要求本身还没有超出唯心主义的范畴。但马克思事实上在《辩护》中把注意力主要放在按其本性来说是**物质的**各种关系上，虽然还没有分清这些关系本身，而且没有提出正是生产关系起决定作用的问题。他从自己的观点出发确定了三种客观关系：私人利益领域和国家利益领域（公共利益领域）之间的关系，"管理机构"内部的关系，报刊和社会意见的情况。让我们更加详细地研究一下这几种关系。

马克思认为摩泽尔河沿岸地区的贫困状况是**复杂的**情况，其中"至少必须始终分清两个方面，即私人状况和国家状况，因为不能认为摩泽尔河沿岸地区的贫困状况和国家管理机构无关，正如不能认为摩泽尔河沿岸地区位于国境之外一样，只有这两个方面的相互关系才构成摩泽尔河沿岸地区的现实状况"④。

---

① 马克思，恩格斯. 马克思恩格斯全集：第39卷. 北京：人民出版社，1974：453.

② 马克思，恩格斯. 马克思恩格斯全集：第1卷. 2版. 北京：人民出版社，1995：371.

③ 同②363.

④ 同②364.

**国家和私人利益领域**

马克思在之前的文章中已经系统研究了这个相互关系中的一个方面（私人利益领域对**国家**的关系）并得出结论，私有制的利益努力使国家服从于它。但是，现在马克思碰到贫困从私人贫困转变为国家贫困。于是，他把注意力主要转向关系的另一个方面，即**国家**对私人利益领域的关系。

马克思用有文件根据的实例来研究这个关系：为了回答摩泽尔葡萄酒酿造者的申诉，特里尔区政府委派一名自己的官员去了解清楚这些申诉的实质。官员得出结论，情况完全不是这样坏，如果最近的情况更加糟糕，那这只能是请愿者自己的过错。但是，许多数字证明，实际事情完全是另一回事。原来，不是私人，而是国家官员歪曲事实。在马克思看来，这一歪曲的根源在于国家机关（"管理机构"）**内部的**关系。

**官僚等级制度的法律**

马克思注意到，普鲁士国家机构领域的关系就是官僚等级制度的关系。他的基本原则同一切等级制度机体的原则一样，划分出明确的各个等级，每一个等级在等级制度的金字塔中占有严格的确定的位置，它服从上一级，同时也要求下级无条件地服从自己。任何一个官员被任命后，成为某一级的成员，这一级的活动原则在他到来之前上面就已经明确。他不能改变这些原则，而只有执行它们的义务，如果这个原则本身需要改变，只能改变管理的对象。

官僚等级制度的内部规则就是这样，它用牢固的纽带把官僚机构的所有成员联结成统一的整体。这些规则被为他们辩护的**理论**所补充，"公民分为两类，即分为管理机构中的积极的、自觉的公民和作为被管理者的消极的、不自觉的公民的原则"①。这个理论的重要因素是这一观点，似乎领导总是什么都知道得更清楚。"因为管理机构能够比谁都正确地判断国家的福利在多大程度上受到了威胁，因而必须承认，管理机构对整体和整体中的各个部分之间的关系的认识，要比这些部分本身对这种关系的认识更加深刻。"②

这在实质上符合黑格尔的法哲学。正是黑格尔认为，人民——这是那一部分国家成员，"**不知道自己需要什么**"。只有"国家的高级官员必然对机构的性质和国家的需要具有比较深刻和比较广泛的了解"③。于是，马克思在这里揭露出作为普鲁士官僚哲学的黑格尔法哲学的社会根源。

---

① 马克思，恩格斯. 马克思恩格斯全集：第 1 卷. 2 版. 北京：人民出版社，1995：374.

② 同①377.

③ Г. В. Ф. Гегель. Соч., т. Ⅶ, с. 324.

被理论的神圣光环环绕的官僚等级制度的规则是决定官员对管理机体，即官僚机构以外的居民采取敌对态度的现实基础。

收到对他所管辖的区域内的管理不善的申诉后，由于自己在国家管理机构体系中的地位，官员不能怀疑这种管理的一般原则，因此必须假设是指责他**个人**的不良管理。但他相信自己忠于职守（为了更清楚地研究问题的实质，马克思处处假设官员是忠于职守的），因此，只能认为请愿者本身不诚实。越是忠于职守的官员，越是应该怀疑请愿者的善意。马克思引用的事实指出，官员在对待请愿者的态度上确实表现出"**敌对的**态度……他不是去利用他们提供的材料，而是力图否定这些材料"①。

不满意的请愿者可以向上级机关投诉。但连最高行政当局都坚定地相信一般原则的正确性，而他们对自己的官员的信任超过了对被管理者的信任。此外，在评估这一地区或那一地区的状况时，最高行政当局还有自己的传统，根据这一评估传统做出的评价，让官员看不见事情的真实情景。这一官僚现实性的威信极高，甚至真正的、明确的现实也被官员认为是虚构的，在这一现实与在官方文件中被证明的现实相比较时。

某些人出于善良的意图，结果也必然是部分官员和整个官僚机构对待居民的态度为："一方面，他就会发现情况并不是那样悲惨，另一方面，即使他发现情况确实很悲惨，他也只会**在**管理机构**之外**寻找原因，他把这种原因或者归于不以人们的意志为转移的自然现象，或者归于同管理机构毫无关系的私人生活，或者归于同任何人都毫无关系的偶然事件"②。

**革命的结论**

但是，无论怎样，居民也不能满意这种管理（马克思指的居民不是无所事事的人或挥霍无度的人，而是勤劳的人、节俭的人，等等。也就是说，马克思对私人也和对官员一样，做了同样的假设）。私人看到的现实情况与官僚机关的办事员所编造的那个情景是矛盾的，并且自己的论据经常被官员忽视，因此，他们开始怀疑官员办事有偏见：无论怎样对任何不满都加以否定，为的是不承担责任。

在此基础上，在**管理者和居民之间**的极尖锐**冲突**又发展了："官员指摘私人把自己的私事夸大成国家利益，私人则指摘官员把国家利益缩小成自己的私事，即缩小成一种把所有其他的老百姓都排斥在外的利益。"③

① 马克思，恩格斯. 马克思恩格斯全集：第 1 卷. 2 版. 北京：人民出版社，1995：371.
② 同①373.
③ 同①372.

私人赞同官员自己所坚持的理论，即好像领导一切都知道、一切都能做，为了减轻居民的生活负担。但这一点官员们都做不到。

这样，"**摩泽尔河沿岸地区的贫困状况**同时也就是**管理工作的贫困状况**"①。这一结论是青年马克思到此为止公开发表的东西中最革命的结论。准备这个结论需要整整一年的时间。

在批判书报检查令时，马克思首次说出这个想法，即需要改变的不是人，而是机构，指的就是书报检查机关。然后，马克思证明地方自治代表会和等级委员会是无能的。就是在现在，做出了关于整个管理制度的贫困状况的概括性结论。

马克思利用大量的事实来"重新认识一般**关系**对当事**人意志的**巨大影响"②，并在受检查的报纸上向自己的读者说明，他们贫困的原因不是个别官员或个别政权机关的残酷无情，而是现存关系的整个制度的残酷性的表现。正是这些关系本质是普遍的、肉眼不可见的力量，这种力量迫使个别的官员或政权机关去做那些乍看起来是随意的残酷的行为。因此应该反对的不是个别官员或个别政权机关，而是**反对现存社会关系的整个制度**。

**报刊及其规律**

马克思认为，可以借助"第三个因素"来消除普鲁士国家和摩泽尔地区大多数居民之间的冲突，这个因素是政治的因素，而不是官方的因素，从而也是市民的因素，但不和私人利益纠缠在一起。"这个具有**公民头脑和市民胸怀**的补充因素就是**自由报刊**。在报刊这个领域内，管理机构和被管理者同样可以批评对方的原则和要求，然而不再是在从属关系的范围内，而是在平等的**公民**权利范围内进行这种批评"③。

报刊怎么样实现自己的这个社会职能呢？

为了给出答案，我们不仅要研究《摩泽尔记者的辩护》，而且要直接研究在此前发生的马克思因《莱比锡总汇报》被查禁所进行的一场论战。在这场论战过程中，马克思形成了完成这个任务的直接条件："……要使报刊完成自己的使命，首先必须不从外部为它规定任何使命，必须承认它具有连植物也具有的那种通常为人们所承认的东西，即承认它具有自己的**内在规律**，这些规律是它所不应该而且也不可能任意摆脱的。"④

既然报刊是人民精神的反映，具有复杂的结构（它包含科学意识和日

---

① 马克思，恩格斯. 马克思恩格斯全集：第1卷. 2版. 北京：人民出版社，1995：376.

② 同①384.

③ 同①378.

④ 同①397.

常意识，理论思维和经验事实等），因此报刊就是一个复杂的整体。它的内部必须要有不同报刊机关之间的确定**分工**：每家报纸应该显示出自己的特点，自己的问题域和阐明问题的态度，以及自己的读者群。一家报纸（例如《莱茵报》）的兴趣点是政治学，而另一家（例如《莱比锡总汇报》）就应该是政治实践；一家主要关心的是新思想，而另一家就关心新事实；等等。"只有在人民报刊的各个分子都有可能毫无阻碍地、独立自主地**各向一面**发展，并使自己成为各种不同的独立报刊的条件下，'**好的**'人民报刊，即和谐地融合了**人民精神**的一切**真正**要素的人民报刊才能形成。那时，每家报纸都会充分地体现出真正的道德精神，就像每一片玫瑰花瓣都散发出玫瑰的芬芳并表现出玫瑰的特质一样。"①

甚至不同记者之间的分工也是必要的。记者是报刊这个复杂机体的一分子，他在这个机体中自由地为自己选择一定的职责。例如，一个人从与葡萄酒酿造者的直接交往中获得消息后，他就倾向于描写自己对葡萄酒酿造者贫困状况的印象。第二个人就去研究造成这种状况的历史。第三个人就研究消灭这种状况必要的手段，并且有权或者从地方范围，或者从整个国家范围来对待这个问题。

这个特点的产生不是因为极大的个体差异（例如天分、风格特点、语言等），当然，这些差异总是存在的，而是来自记者们反映社会舆论的各个方面在讨论这件事上所产生的差异。因此，马克思确信，**不署名**是由报纸的自身实质所决定的，不署名恰恰使报纸"由许多个人意见的集合点**转变为表达一种思想**的喉舌"②。不署名不仅使作者，而且还可以使读者更加自由和公正。因为读者摆脱了作者的名字、社会地位和威信等的影响，他们集中注意的就不是说话的**人**，而是这个人所说的**事**。

而在文章里，最好不要说出官员的名字和私人的名字，因为报刊应该揭露一般的情况，而不是揭发个别的人。无疑，只有当不这样做就不能防止社会的某种恶，或者当事情已经在整个社会生活中公开，并且揭发的概念已经失去了特殊的意义时，才可能放弃这个原则。

这一切的结果是"只要报刊生气勃勃地采取行动，**全部事实**就会被揭示出来。这是因为，虽然事情的整体最初只是以有时有意、有时无意地同时分别强调各种单个观点的形式显现出来的，但是归根到底，报刊的这种工作本身还是为它的工作人员准备了材料，让他把材料组成**一个整体**。这

---

① 马克思，恩格斯. 马克思恩格斯全集：第1卷. 2版. 北京：人民出版社，1995：397.
② 同①359.

样，报刊就通过分工一步一步地掌握全部的事实，这里所采用的方式不是让某一个人去做全部的工作，而是由许多人分头去做一小部分工作"①。

与官僚等级制度的法律相反，自由报刊的内部规律就其实质来说是民主的。因此，在其基础上在报刊领域内要实现一个创造的过程，创造的结果是使社会舆论更加丰富，对某一个问题的理解更加新颖、更加深刻、更加完整。"'自由报刊'是社会舆论的产物，同样，它也制造社会舆论。"②

自由报刊从理性上和情感上来影响人民。因此，它所用的不仅是理论评论性的平和语言，而且还是生活本身充满热情的语言。人民的需要的粗陋呼声在自由报刊中不应受到官僚等级法律的歪曲，但却以自己直接的方式强力地传达给所有人，并迫使人们注意到。

**"新闻出版自由的外部桎梏"**

但是，在普鲁士国家条件下，新闻出版受到官僚等级制度法律的巨大影响。这个影响的主要传导者是书报检查机关。

在这里，与他以前写的文章不同的是，马克思不仅注意书报检查机关对核心报刊和一般"大的"报刊的影响，而且还注意到情况特别严重的地方报刊的影响。事情在于地区的领导，县长们在自己地区的主要城镇执行书报检查官的职责。行政管理机构精简地方新闻出版的书报检查官的这个值得赞许的努力转变为最后真正的祸患。书报检查官，甚至是最刁难的，也会对地方报刊好得多，因为他不是地方政权委派的，因此能更公正地看待在报纸上阐明的一些地方事件。当县长执行书报检查官的职责时，其行政行为及其所属的一切机关的行政行为恰恰是地方报刊的主要对象，县长成了审理自己事务的法官。由此就清楚**"县长主持的书报检查机关**的存在就足以构成坦率地发表意见的地方报刊不存在的原因了"③。

至于书报检查机关的一般职责，马克思对它做了如下描述："书报检查机关过分谨小慎微，成了自由报刊的**外部的桎梏**；与此同时，报刊**内部**也存在着局限性，它已经丧失了勇气，甚至不再努力使自己超出报道新闻这样一种水平；最后，人民本身已不再关注**祖国的利益**，而且丧失了民族意识。也就是说，他们恰恰失去了这样一些要素，这些要素不仅构成一种坦率而公开地发表意见的报刊的创造力，而且还构成一种坦率而公开地发表意见的报刊赖以发挥作用、从而能得到民众承认的唯一条件。而民众的承认是报刊赖以

---

① 马克思，恩格斯. 马克思恩格斯全集：第 1 卷．2 版．北京：人民出版社，1995：358.

② 同①378.

③ 同①386.

生存的条件，没有这种条件，报刊就会无可挽救地陷入绝境。"①

　　由于书报检查机关束缚住了报刊，也就窒息了人民贫困的粗陋呼声。贫困不会因此而消失，但会变成更大的贫困，无论是政府，还是人民现在都找不到解决它的办法。可见，书报检查机关的社会功能就是使人民的利益受到损失，而归根结底也是政府本身的利益受到损失。

### 马克思破坏了书报检查机关

　　令人惊奇的是，马克思竟然能把这样一些热烈声讨书报检查机关和政府本身的话语刊登在受书报检查、并在当时有着上千读者的日报上，而不是刊登在革命者小范围的秘密刊物上。这怎么可能的呢？

　　马克思作为报纸的主编，不得不打交道的第一个书报检查官是警察局顾问多里沙尔（Доллешаль）。他完全不是马克思的对手，经常在因为他打算删掉的某些地方而发生的争论中被迫向马克思让步。过了一个月，1842年 11 月 16 日，总督沙培尔向书报检查大臣报告说："最近多里沙尔多次表现出他没有能力作为书报检查官领导像《莱茵报》这样一家具有有害倾向的报纸，因此我不得不迫切希望尽快有一个较有能力的继任者把他替换下来。"② 从 12 月 1 日开始，陪审员维塔乌斯成了这个继任者。这是一个有教养的人，毫无疑问，比前一任检查官有能力得多。但是，马克思很快就成功地"改造"了维塔乌斯，使他起初允许发表《摩泽尔记者的辩护》一文，然后连马克思反对《莱比锡总汇报》的文章也可以发表。

　　这次大臣们自己第一次敲响了警钟。1 月 13 日，书报检查大臣写信给沙培尔说："《莱茵报》一直在讨论查封《莱比锡总汇报》的事件，它的口气不仅违反上月 29 日我们公布的法令，而且即使不去涉及那些专门法令，而只一般地来说，也足以证明新任书报检查官的笨拙，我们无论如何没有想到他会是这样的。"③

　　维塔乌斯在职责上的接连失误——允许发表《摩泽尔记者的辩护》，客观地说，不是检查官的过错，而不幸的是，他不能禁止报纸发表给总督的答复，这是沙培尔很早就希望得到的答复。马克思策略的明智就在这里，即他善于以敌人自己提出的要求来反对敌人。至于涉及的发表文章的一些原则，维塔乌斯在马克思智慧的实力面前就像多里沙尔早先的退让一样被

---

　　① 马克思，恩格斯. 马克思恩格斯全集：第 1 卷. 2 版. 北京：人民出版社，1995：380－381.

　　② 科尔纽. 马克思恩格斯传：第 1 卷：1818—1844. 刘丕坤，等译. 北京：生活·读书·新知三联书店，1963：415.

　　③ 同②455.

迫让步。在同马克思斗争的三个月中，接连两个书报检查官遭受失败。马克思自豪地回忆说，他领导的报纸"破坏了普鲁士书报检查的效能"①。

**国王的查封**

但是，《莱茵报》还没有足够的能力破坏普鲁士国王的力量。1月19日，在弗里德里希-威廉四世的主持下召开内阁会议，通过了决定：从3月31日起查封《莱茵报》。

1月21日，书报检查大臣们颁布了一个专门指令，阐述查封《莱茵报》的理由。指令说："该报一贯明显地企图攻击国家制度的基础，阐述旨在动摇君主制原则的理论，恶意地煽动舆论怀疑政府的所作所为，挑动国内一些等级去反对另一些等级，挑起对现存法定秩序的不满，并怂恿人们对各友好国家采取极端敌对的态度。"②

**被束缚的普罗米修斯**

马克思立即评论说，查封报纸的指令是官方承认报纸的真正力量的证明，但是他因意识到不能再继续这项重要工作而感到痛苦。马克思在1月25日给卢格的信中写道："我对这一切都不感到意外。您知道，我开始时对书报检查令是怎样评价的吗。我从这件事中只看到一个结果：我认为《莱茵报》被查封是政治觉悟的一种**进步**，因此我决定辞职不干了。再说这种气氛也令我感到十分窒息。即使是为了自由，这种桎梏下的生活也是令人厌恶的，我讨厌这种缩手缩脚而不是大刀阔斧的做法。伪善、愚昧、赤裸裸的专横以及我们的曲意逢迎、委曲求全、忍气吞声、谨小慎微使我感到厌倦。总而言之，政府把自由还给我了。"③

这段时间马克思真正地处于被缚的普罗米修斯状态之中。政府不仅判处了报纸的死期，而且在处决前的这段时间内使报纸所处的境地，甚至对于像普鲁士这样的警察国家都少有。就像普罗米修斯因盗走神的火种，并交给了人类而被盛怒的宙斯用铁链锁在了悬崖上一样，《莱茵报》因高声号召保护在政治上和社会上毫无保障的大众而被普鲁士国王置于书报检查机关的双重压迫之下。接替书报检查官维塔乌斯的年轻的柏林官员圣保罗（Сен-Пол）非常卖力地完成好自己的职责，而在他之后，科隆的行政区长官冯·格尔拉赫（Фон Герлах）作为代理书报检查官监督报纸。结果，编

① 马克思，恩格斯. 马克思恩格斯全集：第30卷. 北京：人民出版社，1975：504.
② 马克思，恩格斯. 马克思恩格斯全集：第1卷. 2版. 北京：人民出版社，1995：964. 这个"对外理由"的产生是因为1月4日《莱茵报》发表了一篇文章，旨在反对俄国沙皇制度企图干涉德国事务，引起了沙皇政府的抗议.
③ 马克思，恩格斯. 马克思恩格斯全集：第47卷. 2版. 北京：人民出版社，2004：49.

辑部失去了在报纸上实施基本的政治路线可能。被束缚住手脚的编辑部勇敢地尝试**在报纸的外围**继续进行斗争。例如，像 1842 年 11 月所做的那样，可能对内阁的命令准备一个歼灭性的回复。从马克思在该命令的页边所做的标注中可以看出，这次他能够驳倒大臣们反对《莱茵报》的论据，并使这些论据反而对《莱茵报》有利。例如，为反驳一个指责，他写道：

> 对于企图"挑起对现存法定秩序的不满"的指摘，在这样一种含糊不清的措辞下，甚至算不上一种指摘。

> 政府也企图挑起对现存法定秩序的不满，例如，对旧普鲁士婚姻法的不满。法律的每一项改革和修订，每一个进步都是建立在这类不满上面的。

> 因为合法的发展不可能没有法律的发展，因为法律的发展不可能没有对法律的批评，因为对法律的任何批评都会在公民的脑子里，因而也在他的内心，引起与现存法律的不协调，又因为这种不协调给人的感觉是不满，所以，如果报刊无权唤起人们对现存法定秩序的不满，它就不可能忠诚地参与国家的发展。①

但是，在新的条件下，需要的已经不只是找到理论上的论据，而是以尽可能最广泛的市民阶层的实际政治行动对抗政府的法令。1843 年 1 月《莱茵报》在其资产上已拥有了 3 400 个订户，其中四分之三不是科隆的居民；《莱茵报》已广销到普鲁士各地，甚至国外。在为争取保留报纸的斗争中，编辑部一开始指望这种影响的积极表现。实际上，查封任何一家出版机构，都没有在普鲁士引起这样空前广泛的抗议和请愿的浪潮，像这次查封《莱茵报》一样。

查封《莱茵报》的法令通过后过了 10 天，1 月 30 日在科隆举行了集会，会上通过了致国王的请愿书，请求撤销这个法令。请愿书秘密印刷并相互传阅。在请愿书上收集了近千人的签名，并于 2 月 18 日被寄往柏林。类似的请愿书也从莱茵省的其他城镇寄给国王：从阿亨、巴门、别恩堡-特拉尔巴赫、维塞尔、古捷斯洛乌、杜塞尔多夫、略平、列特、龙茨多弗和特里尔。共约 2 000 名莱茵省人对查封报纸表示书面抗议。

请愿书不仅来自主要是反映激进知识分子情绪的城市，而且也来自农业地区——这是农村穷人的声音。别恩堡-特拉尔巴赫和周围地区（摩泽尔地区！）的 52 个贫穷的葡萄酒酿造者在自己的请愿书中写道："《莱茵报》是否散布了谎言，是否诽谤了行政机构，我们不知道。但我们知道，关于我

---

① 马克思，恩格斯. 马克思恩格斯全集：第 1 卷. 2 版. 北京：人民出版社，1995：427-428.

们地区和我们的需要，它说的都是真话，而这个真话应该再也不能讲了。"① 他们继续写道，如果报纸善于正确地阐述现存的状况，那么可以预料，它会以同样的判断力提出消除贫困的办法，假如不阻碍它这样做的话。

能说明问题的是，农村的地主们站在反对的立场上。30 名特拉尔巴赫富裕的葡萄酒酿造者担心被怀疑赞同 52 名贫农的请愿书，就寄了反请愿书。他们声明，不认可《莱茵报》的行动，《莱茵报》"竭力破坏基督教国家的基石"②。

莱茵城里的资产阶级的情绪也是如此。例如，富商佩尔（Пейль）写道：《莱茵报》"尖锐地批判现存的一切，并加以嘲讽，企图唆使人民反对国家和政府"③。

城乡大资产阶级的这种立场让政府能以一些"居民"的请愿书反对另一部分人，而事实上对所有的抗议者都没有答复，把它们丢在了内政部的档案库里。

报纸的股东们仍抱有幻想，似乎事情可以挽回，只要把刊载的文章的语气缓和下来，并向政府保证今后不再允许"极端的行为"。因此，作为主编的马克思行动不仅受到外部力量的束缚，而且还受到直接与报纸相关的力量的束缚。为坚决反对改变报纸的原则，并同时证明上述幻想的极端错误，马克思决定自己一个人承担《莱茵报》的全部政治责任。

在这以前，马克思还没有用自己的名字发表过一篇文章，因此，他的名字只在激进分子的小范围里知道。甚至政府也还不知道马克思在《莱茵报》中的真正作用。现在，马克思采取步骤来**公开**他在报纸中的作用。最开始他想把这一使命委托给卡尔·海因岑（Карл Гейнцен）④，而后来则叫《曼海姆晚报》（《Маннгеймская вечерная газета》）编辑部这样做。1843年 2 月 28 日，《曼海姆晚报》刊登了一则简讯，指出马克思是《莱茵报》整个叛逆的精神鼓动者："**马克思**博士当然是使报纸具有基本色彩的主

---

① Jahrbuch des Kölnischen Geschichtsverein, Nr. 14, c. 144.

② Jahrbuch des Kölnischen Geschichtsverein, Nr. 14, c. 145.

③ J. Hansen. Rheinische Briefe und Akten aus der Geschichte der politischen Bewegung 1830—1850, Bd. 1. Essen, 1919：440. 围绕查封《莱茵报》的斗争所引用的许多事实被收集在《莱茵省 1830—1850 年政治运动史书信和文件》一书中，这本书于 1919 年由 И. 埃森（И. Хансен）出版。在苏联文献中，这些事实在 А. В. 卢卡舍夫（А. В. Лукашев）的著作中首次得到系统的阐述。（参见 А. В. Лукашев. Начало общественно-политической деятельности К. Маркса. // Ученые записки АН СССР по новой и новейшей истории. Вып. Ⅱ. М., 1956.）

④ K. Heinzen. Erlebtes, Bd. 2. Boston, 1874：429.

编……来编辑部前，他因发表关于第六届莱茵省议会的文章，即关于'新闻出版自由'和关于'林木盗窃'等文章而初露头角。无疑，这些长篇论文的读者都能很好地记得他那敏锐而果敢的智慧，真正非凡的辩证法，作者运用这种辩证法，仿佛渗透到代表们空洞的议论里，然后从其内部将它们批驳得体无完肤。一个有批判力的头脑竟有如此神奇的摧毁力，这样高超的技艺真是罕见。马克思还从未如此成功地显示出自己对所谓'实事求是者'之憎恨，从未如此熟练地把他诱入自己的网中以便扼杀……**马克思**领导了反对《奥格斯堡报》和《科隆日报》的全部论战；在这场论战中清楚地展现出他整个的论战艺术，他的彻底性，他对平庸和自负的无比优势。总之，大家知道，马克思是《莱茵报》主要的善辩者，因而把大部分的论战记在他的账上不是没有理由的。据传说，冯·沙培尔先生得到的有名的《摩泽尔记者的辩护》正是出自马克思的手笔，这组文章没有登完，因为正在这个时候报纸被查封了……无论如何，在完成这篇《辩护》中（读者已知的那部分）显示出高度的精神优势，并凭他的全部毅力，他是一个有卓越外交才能的人，因为他能把辩论从事实引向一般理论原则，从而把所讨论的事实阐述得非常清楚。"①

为了安全，马克思通过政府方面的**秘密**途径保证了类似的报道，并为了这个目的利用了……书报检查官圣保罗。新任书报检查官同马克思"几次详尽的谈话"后，向政府枢密顾问比特尔（Биттер）报告说："显然，这里的马克思博士是报纸的理论中心，是它的理论的活的泉源。我了解他，他准备誓死捍卫已成为他的信念的那些观点。"②

注明 3 月 2 日的报告发出后的一个星期，圣保罗又寄出一份同样的报告。

这样，马克思把政府的全部注意力集中在自己身上，然后退出编辑部，以示抗议。3 月 18 日，《莱茵报》发表了他的如下《声明》："本人因**现行书报检查制度**的关系，自即日起，退出《莱茵报》编辑部，特此声明。**马克思**博士 1843 年 3 月 17 日于科隆。"③ 马克思试图以此把编辑部剩下的同事从打击中摆脱出来，让他们为保存报纸而斗争。

在 3 月 19—29 日期间，马克思的这个声明还被刊登在 8 份德国的报纸

---

① K. Marx, F. Engels. Gesamtausgabe. Erste Abteilung, Bd. 1. Hlbbd. 2. Berlin, 1929: 152−153.

② 同①151.

③ 马克思，恩格斯. 马克思恩格斯全集：第 1 卷. 2 版. 北京：人民出版社，1995：445.

上：巴门、汉堡、杜塞尔多夫、柯尼斯堡、莱比锡、特里尔、法兰克福（两家报纸）①。这是《莱茵报》及其主编对当时德国舆论的影响广泛的标志之一。

就在 3 月 17 日，圣保罗满意地向比特尔报告："今天情况完全不同了。整个事情的思想上的领导人马克思博士终于在昨天离开了编辑部。奥本海姆接替他，这是一个极其温和而又平庸的人物……我对此感到高兴，因为今天我在这份报纸上所花费的时间还不到先前的四分之一。"②

报纸的股东代表向政府递交了一份有数千人签名的请愿书，请求保留报纸。但是政府拒绝接见代表团，还坚持自己的决定，这和马克思预料的一样。这一次政府相当明智，它明白，在确定报纸的内容上，马克思的个人作用无可争辩，在马克思领导下的编辑部已经变成了某种整体的机体，其中已建立了坚定的工作原则。这些原则就像马克思培养的记者一样，不能在一夜之间就消失了。

没有了马克思的《莱茵报》编辑部证明，它忠于自己主编的传统。在 1843 年 3 月 31 日出版的最后一期报纸上，编辑部满怀自豪地向读者们致告别词：

### 告别③

我们高举自由的旗帜出海航行，
抛弃灾难、锁链和皮鞭：
水手们不需要监督，
他们都做知道的事情。

让他们反复地说，我们拿命运儿戏，
让他们去嘲笑和讨论各种灾难吧！
哥伦布当初也遭到鄙视——
他毫不在乎地铺就通向新世界的路。

新的战斗在彼岸等着，
在战斗中我们会遇到战友，
如果在征途中我们注定遇险——
在艰险中我们将忠于自己。

---

① Marx—Engels—Gesamtausgabe（MEGA）. Vierte Abteilung, Bd. 1. Berlin, 1976：1124.
② K. Heinzen. Erlebtes, Bd. 2. Boston, 1874：490.
③ Э. 索洛维耶夫（Э. Соловьев）翻译。

# 第二章
# 通过对黑格尔的批判转向科学世界观

1843 年上半年对于德国激进分子，首先对于青年黑格尔派来说，是重新评判有重要价值事物的痛苦时期。普鲁士政府急剧转向反动，摧毁了德国自由报刊，彻底粉碎了不久前希望借助自由报刊实现理性国家制度的可能性。由于这些理想在当时是联系青年黑格尔派内部各个学派的基本环节，因此，随着它们的破灭整个哲学政治运动也都瓦解了。从 1841 年末已经发展到顶点的青年黑格尔派的危机开始显露出来。

## 失败的教训

### “自由人”的自我孤立

“自由人”对新情况的反应表面上最强烈。他们极为惊讶地发现，他们的革命词语没有对周围的世界产生任何影响。当然，他们的思想本身具有一定的进步内容。难怪马克思和恩格斯不久前还曾与他们合作过。但是，广大居民阶层不理解这些内容；社会意识是按照另一种规律发展的，超乎“自由人”的想象。原来，仅捍卫正确的思想是不够的，还必须知道，怎么样能更好地把它灌输到社会意识中去，使之成为群众的精神财富，必须找到一种手段，使这些内容得到令人信服的论证。实际上，马克思在与“自由人”辩论中指出的正是这一点。但他们不能领悟这一点。“自由人”推断，既然群众不能理解由具有批判能力的思想家为大众制定的自我意识的哲学思想，那么就意味着，他们向来就是“精神”的最危险的敌人。于是“自由人”放弃了他们自己过去的政治思想。例如，鲍威尔对《莱茵报》关于报刊的存亡不是为了自己而是为了人民的观点加以尖锐的批评。按照他的主张，报刊“只能表现出自己不能**孤立**，并且它本身**不能**控制社会冲突的发展"。鲍威尔还认为，"批判的思想家的自我意识"是一种最高的目标，它不能降低到"其存在只靠人民的恩宠"①。

"自由人"不是科学地、客观地批判分析 1842 年激进主义失败的教训，而是错误地分析了它所走过的道路，并且表现出对自己的生活目标不坚定：他们抱怨不支持他们的"群众"，并完全被这种情绪所控制。在这种抱怨情绪的影响下，他们将以前为人民服务的理想一笔勾销，并树立了新的旗帜——孤芳自赏的批判家的骄傲旗帜。这种对群众社会意识客观发展形式的彻底否定，就意味着在政治上自愿放弃所有的现实斗争。

### 进步包含在失败本身之中

马克思吸取 1842 年激进主义失败的教训，得出另一种结论。诚然，他在这一历史事件中所得到的个人经验也是不同的。

作为革命民主主义者，他在斗争过程中深刻地理解了斗争的规律，并善于使《莱茵报》从对普鲁士国家的抽象理论的批判转向对具体的政治、社会和经济问题的批判，后者对于极端贫困的群众来说具有极其重要的意义。结果报纸得到了人民的支持，虽然这种支持还不足以打破国王的禁令，但足以反对它。马克思有充分理由在最后的事实中看到了"政治觉悟的某些**进步**"。这使得斗争的结果在某种程度上令人满意，虽然它的直接结局是痛苦的。

如何平衡这种欢乐和痛苦交织在一起的经验呢？

无疑，对于马克思来说，他毫不动摇地坚持了早在中学作文中就已经确立的生活目标：为人类而工作。马克思在自己生活的每个阶段都根据新的条件把这个目标具体化，但从没有背叛它。忠于已选定的理想是要付出沉重的代价的。而现在，1843 年，马克思不得不经受特殊的诱惑：普鲁士政府通过枢密监察顾问埃塞尔（Эссер，马克思已故父亲的朋友）给马克思一个俸禄很高的高级官员的职位。

从世俗的观点看，这个委任具有十足的诱惑：职位和固定的收入对于一个失去了遗产、在普鲁士境内不会再有其他任何养家糊口的机会的人来说是十分需要的，这可以为马克思开辟通往婚礼的道路，而他心爱的燕妮·冯·威斯特华伦也能最终得到安宁和家庭幸福。但是，马克思忠于自己的理想，拒绝了这一委任。

### 寻找新的办法

为了在已经完全改变了的新条件下继续为实现自己的理想而斗争，

---

① B. Bauer. Vollsändige Geschichte der Parteikämpfe in Deutschland während der Jahre 1842—1846. Bd. 1. Scharlottenburg, 1847：171.

就必须彻底改变**斗争的手段**。1841 年，当政府剥夺了马克思去大学讲台上传播自己观点的可能性时，他就转而去了报刊。现在，政府连这个都剥夺了，马克思必须找到一种新的手段，使自己完全处于普鲁士政府的支配之外。

马克思在《莱茵报》被查封后三天写信给卢格说："在德国，我什么事情也干不了。在这里，人们自己作践自己。……我正在写一些东西，这些东西，在德国这里既找不到书报检查官来检查，也找不到出版商来出版，也根本没有存在的可能。"① 两个月后，他又一次表达这个思想："我不能在普鲁士书报检查制度下写作，也不能呼吸普鲁士空气。"②

在普鲁士合法的斗争手段被剥夺，马克思决定侨居国外。

侨居国外又应当选择什么斗争手段呢？可以在德国境外出版《德国年鉴》。似乎，复刊应当使这件事的参与者满意。卢格大致这样认为，他建议马克思成为复刊后的编辑部成员之一："我们应当为杂志改名，真正把它变为一个类似《独立评论》（《Revue indèpendante》）的刊物。"③ 对此马克思反驳说："即使《德国年鉴》重新获准出版，我们至多也只能搞一个已停刊的杂志的很拙劣的翻版，而现在这样做是不够的。"④

在改变了的环境中需要创办一个完全新型的刊物，马克思对此敞开地说：不是《德国年鉴》或某种类似的东西，而是**《德法年鉴》**——"这才是原则，是能够产生后果的事件，是能够唤起热情的事业"⑤。

法国和德国进步力量联合起来的思想本身在当时传播得很广，并依据下面的考虑：德国人民最强的方面是思想、理论；法国人民最强的方面是行动、实践；因此，德国和法国的联合就意味着富有成果的、两个民族相互丰富的、理论和实践的结合。例如，费尔巴哈由此得出结论："真正的、与生活、与人同一的哲学家，必须有法国人和德国人的混合血统。"⑥ 但是，如果说费尔巴哈仅局限于这种抽象的构思，那么，马克思的建议就是某种现实——创办来自两个民族的革命者的理论和政治的机关刊物，它应摆脱民族局限性，因为它能从外部、从更高的观点来评价任何一个国家发

---

① 马克思，恩格斯. 马克思恩格斯全集：第 47 卷. 2 版. 北京：人民出版社，2004：49.

② 同①54.

③ K. Marx, F. Engels. Gesamtausgabe. Erste Abteilung, Bd. 1. Hlbbd. 2. Berlin, 1929：295.

④⑤ 同①52.

⑥ 费尔巴哈哲学著作选集：上卷. 荣震华，王太庆，刘磊，译. 北京：生活·读书·新知三联书店，1959：111-112.

生的事件。卢格经过一番犹豫之后接受了马克思的建议。

### 对唯心主义原理的怀疑

确定继续斗争的新手段不是最困难的。最让马克思苦恼的是在《德法年鉴》上应当宣传**正面方案**的问题。它能建立在过去那种一般是唯心主义观念的基础上吗？特别是在两国范围内，其中一个国家——法国——唯物主义传统很强，它适宜开展群众斗争吗？总而言之，唯心主义世界观在原则上正确吗？

到目前为止，我们发现在马克思的观点中唯物主义因素自发地、对他自己来说还未察觉地聚集着。对以失败而告终的斗争结果的思考，现在已经成为马克思自觉转向唯物主义的条件。费尔巴哈的《关于哲学改造的临时纲要》（《Предварительные тезисы к реформе философии》）也促进了这一转向。


## 费尔巴哈人本学唯物论


无论是布鲁诺·鲍威尔，还是他的思想支持者，都没有成为政治战士，这不是偶然的。鲍威尔的自我意识哲学太抽象，以至于不能确立与现实的牢固联系；要确立与生活的现实联系，它还缺乏某种重要的因素。在 19 世纪 40 年代初德国思想体系史上，这种因素的作用发生在费尔巴哈人道主义或哲学人本学的部分内容上，尽管费尔巴哈本人并不善于从自己的学说中得出实践的必然结论。

### 不屈不挠的隐士

路德维希·费尔巴哈（Людвиг Фейербах，1804—1872）毕业于柏林大学，是黑格尔的学生；他将自己的博士论文《论统一的、普遍的、无限的理性》（《Об едином，универсальном и бесконечном разуме》）（1828 年）献给老师。但他从来都不是顺从的学生，很快就"陷入秘密的异教主义（еретизм）"。在《论死与不朽》（《Мыслях о смерти и бессмертии》）（1830 年）一书中，与正统基督教相反，他否定个人不朽。虽然这部大胆的著作匿名发表，但作者的名字已众所周知，因此他被剥夺了讲课的权利。

1836 年，费尔巴哈定居在遥远的纽伦堡附近的勃鲁克堡，在那里度过了四分之一个世纪，几乎没有离开过。这种长期离群索居使哲学家避开了普鲁士现实中反动方面的直接影响，但同时是思想家自愿同德国发展中的进步的革命力量相隔绝。可是，把这种自我隔绝描述成对现实的政治问题极端漠不关心的态度就不对了。费尔巴哈在 1848 年 12 月—1849 年 3 月撰写的《宗教本质讲演录》（《Лекциях о сущности религии》）中回忆道："我不仅同那个时代的统治的政治制度经常处于对立的地位，而且同那个时代的统治的思想体系、即哲学思潮和宗教思潮，也是处于对立的地位。"① 1844 年前，"国内退隐"（внутренняя эмиграция）对于费尔巴哈来说，并不是对激进的政治理想的背叛，而是实现它的一种手段。

由于不可能在报刊上对当时引人注目的一些问题公开发表意见，费尔巴哈在 1833—1838 年写了一系列有关新时代哲学史的著作②，以此来进行"通过历史反对现实"的斗争。在这些著作中费尔巴哈已断言，哲学在神学原理方面的任务不在于证实它们的正确性，就像黑格尔所做的那样，而在于揭示它们来自人的本质。

### "基督教的本质"

1839 年，在《黑格尔哲学批判》（《К критике философии Гегеля》）一文中，费尔巴哈与黑格尔哲学彻底决裂，并宣告转向唯物主义。随后，为了证明宗教的世俗本质，他开始进行认真研究。研究的结果记录在 1841 年 6 月出版的《基督教的本质》（《Сущность христианства》）一书中。费尔巴哈的科学贡献如下：

第一，作为彻底的无神论者，他的研究对象不是教条的神学（基督教教义和耶稣生平），就像施特劳斯所做的那样，也不是圣经神学（福音书），就像鲍威尔所做的那样，而是一般基督教和基督教在人们经验的实际生活中的主要的**直接**表现，这种表现区别于理论化的（哲学的或神学的）基督教形式。

第二，他在这一研究中运用的不是思辨唯心主义方法，而是唯物主义方法，虽然他还不能关联性地运用它，因为在解释历史过程的时候他还是唯心主义者。

第三，他得出一个全新的结论：宗教的本质不是早期基督教社团精神的实质属性（像施特劳斯认为的那样），也不是福音书某些创作者的自我意识（像鲍威尔认为的那样），而是包含着精神的和肉体的、个体的和类的特质的完整的人。"上帝对人的爱——宗教之根据和中心点——，不就是

---

① 费尔巴哈哲学著作选集：下卷. 荣震华，王太庆，刘磊，译. 北京：生活·读书·新知三联书店，1962：505.

② Л. Фейербалх. История философии. //Собрание произведений. В3-х т. М. , 1967.

人对自己的爱吗？不过这种爱被对象化为、被看作是至高的真理、人的至高的本质罢了。"① 换句话说，基督教表现的是人对自己的态度，或者更确切地说，是对自己本质的态度，这种本质被看作是某种外物，也就是异化的本质。

这种态度不是总也不改变的。几千年前，宗教不仅占据着人的本质生活，而且还占据着人的外部生活。例如，古犹太教徒只做上帝所吩咐的事情，宗教的权威甚至延伸到进食的时限和方式。基督教已经允许人独立解决外部生活的许多问题了。同犹太教徒相比，基督教徒就是不信教的人。"事情就是一直在这样变化着。昨天还是宗教，今天就不再是宗教了；今天还被认为是无神论，明天就被认为是宗教了。"②

于是，神学的秘密就是人的学说，也就是作为哲学学说的人本学，而基督教不是精神发展的绝对阶段（像黑格尔教诲的那样），但它是精神异化在历史上的暂时形式。消灭基督教将意味着把人的本质力量全部还给人。在这种情况下，人对人的现实之爱就占据了上帝对人和人对上帝的神秘之爱的位置。

《基督教的本质》一书在读者中引起广泛的共鸣。它被许多报纸和杂志评论，在大学生和其他读者中围绕它展开了激烈的争论。当时，大部分读者主要接受了《基督教的本质》一书的否定方面——作为反宗教的著作。这部著作的积极方面，即作为与黑格尔和青年黑格尔派对立物的唯物主义方法论，最初许多读者和评论家都没有发现，因此，费尔巴哈不得不做自我解释。在《评〈基督教的本质〉》（《К оценке〈Сущности христианства〉》）（写于 1842 年 1 月初，2 月中旬发表在《德国年鉴》上）一文中，他强调，他的哲学"只是由于反对黑格尔哲学才产生的，也只有从这一反对立场出发，才能理解它，评价它。而正是在黑格尔那里具有派生的、主观的形式意义的东西，而我这里则是有原始的、客观的、本质的意义的东西"③。

1842 年 1 月，费尔巴哈又写了一篇短文《论施特劳斯与自己》（《О Штраусе и о себе》）并寄给卢格，让他酌情使用，这一次他反对在非常具体的关于基督教的奇迹观念的问题上歪曲他的观点。在《基督教的本质》

---

① 费尔巴哈哲学著作选集：下卷. 荣震华，王太庆，刘磊，译. 北京：生活·读书·新知三联书店，1962：87.

② 同①59.

③ Deutsche Jahrbücher, 1842：153−154.

一书中，他对论点的论证是"奇迹之威力，不外就是想象力之威力"①。神学家们依靠施特劳斯开始指责费尔巴哈在书中使宗教沦为情感的虚空运动。为了回应这个指责，在 1842 年 1 月 11—12 日的《德国年鉴》上登载了一篇题为《基督教和反基督教》（《Христианство и антихристианство》）的文章，署名为"哲学家"②，其内容比施特劳斯的深刻批判更为巧妙。这就促使费尔巴哈本人也投入了争论之中。

一年后，卢格才在《德国现代哲学和政论界轶文集》上以《路德是施特劳斯和费尔巴哈的仲裁人》（《Лютер как третейский судья между Штраусом и Фейербахом》）为题发表了费尔巴哈的这篇文章，署名为"非柏林人"③。遵循自己的唯物主义方法和在《基督教的本质》中所采用的主要方法，即借助对基督教徒本身具有权威性的文献史料来证明理论上的结论，费尔巴哈援引了路德的意见，充分证明了《基督教的本质》中的奇迹观。

费尔巴哈在进行这个自我辩解的同时，开始研究新的哲学。

**哲学改革的必然性**

开始，费尔巴哈写了一篇小文《哲学改革的必然性》（《Необходимость реформы философии》）。如果说他在《基督教的本质》中认为，宗教的历史是人越来越多地把以前归属于神的本质重新回归于自己的历史，那么他在《哲学改革的必然性》一文中得出结论，这样的过程也可以说明世俗的、政治的历史。

---

① 费尔巴哈哲学著作选集：下卷. 荣震华，王太庆，刘磊，译. 北京：生活·读书·新知三联书店，1962：163.

② 假定的哲学家是麦克思·施蒂纳的笔名（参见 G. Mayer, Die Anfänge des politischen Radikalism us im vormärzlichen Preußen. Zeitschrift für Politik, Bd. Ⅵ, Heft 1, 1913.），他在《唯一者及其所有物》（《Единственный и его достояние》）（1845 年）中批判了《基督教的本质》一书，引起费尔巴哈在其论著《因〈唯一者及其所有物〉而论〈基督教的本质〉》（《О сущности христианства в связи с Единственным и его достоянием》）（参见《费尔巴哈哲学著作选集》下卷）中进行了答复性批判。马克思和恩格斯在《德意志意识形态》（《Немецкой идеологии》）中对这两部著作进行了全面的批判。

③ 由于一系列原因，这篇文章的作者直到最近都被认为是马克思，并被收入《马克思恩格斯全集》（参见马克思，恩格斯. 马克思恩格斯全集：第 1 卷. 北京：人民出版社，1955：32—34）。但在 1967 年首次发现一些重要论据，说明作者是费尔巴哈（参见 H. M. Sass. Feuerbach statt Marx. International Review of Social History, vol. Ⅺ, part 1, 1967.）。正筹备出版的新版 MEGA 最终断定，《路德是施特劳斯和费尔巴哈的仲裁人》一文的作者是费尔巴哈本人，因此，这篇文章没有被收入 MEGA（参见 Marx—Engels—Gesamtausgabe（MEGA）. Erste Abteilung, Bd. 1. Berlin, 1975：966—967）。

当人们使自己的类本质从宗教的外衣下解脱出来时，**政治关系**就构成了这个本质的世俗内容。因此，政治应当开始占领宗教的位置。但是，现代政治接受了宗教的异化形式：当宗教改革刚刚夺去**教皇**的神圣光环，它的位置立即就被作为人民政治主权的唯一代表者——**国王**占据。因此，在政治领域人们现在致力于宗教改革在宗教领域的目的，即废除作为人的政治本质的绝对代表的君主，并承认这种本质**每个人**都具有，也就是说，人们致力于共和制作为对人的本质**异化的实际扬弃**。现在的任务在于，将积极的形式赋予这种意识。到那时将完全消除异化，而政治也将最终代替宗教。

解决这一任务就意味着要**创立一种新哲学**，它应该不只是解释或否定宗教，像以前的一切哲学体系所做的那样，而恰恰是代替宗教。

费尔巴哈的《哲学改革的必然性》一文保存在自己的私人档案中（这篇文章直到 1874 年，即哲学家去世后的两年才问世①），为了出版，他准备了《关于哲学改革的临时纲要》（《Предварительные тезисы к реформе философии》）（1842 年 1 月），用警句的形式（大约有 70 条警句）阐述了自己关于新哲学的本质的观点，按照他的看法，这个新哲学还有待创立。一年半以后，1843 年 7 月，他把《关于哲学改革的临时纲要》发展成《未来哲学原理》②（《Основные положения философии будущего》）。

《临时纲要》在卢格那里放了一年左右，按照书报检查条例，他不能把这篇文章刊登在《德国年鉴》上；包括《临时纲要》在内的《德国现代哲学和政论界轶文集》也因为各种原因延迟到 1843 年 1 月才出版③。刊登在这部两卷集的汇编中的大部分著作已经在相当程度上丧失了自己的意义。除了马克思的《评普鲁士最近的书报检查令》外（其中的天才的洞察力现在已被政府的行动证明），只有费尔巴哈的《临时纲要》没有失去自己的现实性。它们甚至可能因不得不延迟出版而得到好处：如果一年前“自我意识”哲学还处于传播的顶峰，而费尔巴哈被绝大多数的读者看作是这个唯心主义哲学的代表（也就是简直不理解他），那么，现在当青年黑格尔

---

① Ludvig Feuerbach in seinem Briefwechsel und Nachlass. Hrsg. v. Grün K. Bd. 1. Leipzig—Heidelberg, 1874.

② 费尔巴哈哲学著作选集：上卷. 荣震华，王太庆，刘磊，译. 北京：生活·读书·新知三联书店，1959：120.

③ 通常将《德国现代哲学和政论界轶文集》的出版日期定在 1843 年 2 月。但是从巴枯宁 1843 年 1 月 19 日给卢格的信中可以看出，在出版地苏黎世已经于 1 月中旬就见书了。参见 M. Бакунин. Письмо к Руге 19 Января 1843г. Летописи марксизма，1927（2）：120.

派的危机暴露后，为正确理解费尔巴哈的思想创造了最有利的条件。这些思想现在成为进步的青年黑格尔派的新的理论旗帜。

被费尔巴哈的思想鼓舞的人也没有多少。当布·鲍威尔和他的追随者毫无根据地认为费尔巴哈的著作对自己原来的思想有危险时，他们生气地感到被这位伟大的人道主义者和唯物主义者的新著冒犯了。保守报刊以敌对的沉默来应付这些著作。一年半以后，马克思在《1844年经济学哲学手稿》中写道："……对费尔巴哈的《**未来哲学**》和《轶文集》中的《哲学改革纲要》——尽管这两部著作被悄悄地利用着——可以说策划了一个旨在**埋没**这两部著作的真正阴谋。"①

**费尔巴哈的信念**

《关于哲学改革的临时纲要》是费尔巴哈的唯物主义信念。它可以归结为以下几个论点：

（1）人本学是神学被掩盖的本质，而神学是思辨哲学的本质，黑格尔哲学是其发展的顶峰，因而也是神学最后的理性主义的堡垒。因此，正是这一哲学应当受到批判。

（2）类似于神学把人的本质异化，将人的本质置于人的范围之外，并把它变为彼世之神，思辨哲学把人从自然中异化出来，把人的思维置于人的范围之外，把它变为彼世的绝对精神。因此，批判思辨哲学的方法与批判宗教时所使用过的方法（费尔巴哈的方法）不应该有区别："我们只要经常将宾词当作主词，将主体当作客体和原则，就是说，只要将思辨哲学颠倒过来，就能得到毫无掩饰的、纯粹的、显明的真理。"②

（3）这个真理首先是这一事实，即哲学的真正开端不是神，不是绝对，不是存在的观念，而是现实的、有限的、确定的存在。"思维与存在的真正关系只是这样的：存在是主体，思维是宾词。思维是从存在而来的，然而存在并不来自思维。"③

（4）真理还在于"作为存在的存在的本质，就是自然的本质……自然是与存在没有区别的实体，人是与存在有区别的实体。没有区别的实体是有区别的实体的根据——所以自然是人的根据"④。

（5）最后的和最高的真理是**人**。而且在费尔巴哈的观念中，这不是优

① 马克思，恩格斯. 马克思恩格斯全集：第3卷. 2版. 北京：人民出版社，2002：220.
② 费尔巴哈哲学著作选集：上卷. 荣震华，王太庆，刘磊，译. 北京：生活·读书·新知三联书店，1959：102.
③ 同②115.
④ 同②115-116.

先注意人的某一种性质（例如按鲍威尔所说的自我意识）或一类性质（例如按黑格尔所说的需要）这样的抽象概念，而是表达人的生命表现中所有性质和方法总和的概念。"……'人'这个名称……是一切名称的名称。'多名'这个宾词当然是属于人的。"① 现实的人的存在"是自觉的自然本质，是历史的本质，是国家的本质，是宗教的本质"②。这既是理性的本质，也是经验的本质，它拥有肉体和精神，心脏和思维着的大脑。

（6）新哲学应该主要是关于人的学说，即**人本学**。它的对象不仅包括头脑，而且还有心脏，因此人本学本身也应该是彼此协调统一的头脑和心脏的产物。

费尔巴哈的理论信条是唯物主义哲学发展中的一个重要阶段，并且给进步思想以有力的推动③。但是，费尔巴哈的观点本身具有实质性的矛盾。

在指出现实的、经验的、具体的人是真正的主体后，费尔巴哈是在最一般的理论方面理解这个经验的具体性的。只谈"多名"这个宾语应当是属于人的还不够，还应当揭示这些"名称"**相互依赖的作用过程**，发现其中的主要联系和次要联系，以及它们历史上的暂时性。因为绕过了这一系列的问题，费尔巴哈仍然被抽象的、实质上是唯心主义的人的观点束缚（违背了本人的意图！）。他只是把意识的异化形式**归结**为其世俗根源——现实的人的属性，但他不能够从它们独特的基础——历史上一定的生产方式中**追溯**根源。

在这里，根本的软弱性在于，费尔巴哈的异化概念和他全部一般哲学观点的内部矛盾性，其外部表现为着重强调人的自然属性，而不注重人的社会特质。

从前青年黑格尔派的各种学派的进步代表，在总体上把《临时纲要》理解为"符合人的要求的哲学"，在对其内容的具体解释上却是分散的。在初期，这种差别表现在费尔巴哈的什么哲学观点可以被推出来作为其基本观点。

**卢格和赫斯对费尔巴哈学说的态度**

卢格由于处于编辑的位置而比别人早了整整一年看到费尔巴哈的《临

---

① 费尔巴哈哲学著作选集：上卷. 荣震华，王太庆，刘磊，译. 北京：生活·读书·新知三联书店，1959：117.

② 同①116.

③ 这不仅是对德国的进步思想。参见 Н. Г. 车尔尼雪夫斯基《哲学中的人本主义原理》（参见 Н. Г. Чернышевский. Избранные философские сочинения. В 3-х т. М.，1951，т. 3. ）。

时纲要》。1842 年 8 月，他在《德国年鉴》上发表了一篇题为《黑格尔法哲学与现代政治》（《Гегелевская философия права и современная политика》）的文章，其中能明显感觉到《临时纲要》的影响。但是，卢格虽然已接受了费尔巴哈的某些论题，却不理解其广泛的方法论意义。作为一位具有实践特质的思想家，他很快就看到了《临时纲要》中可直接用于分析**政治现象**的方法论的论点。因此，他的文章不是独立地研究理论问题，而主要是通俗地阐释费尔巴哈的某些论题。

赫斯对费尔巴哈的《临时纲要》理解得比较深入，他在费尔巴哈的学说里看到了一种创造性的、能够解决迫切的**社会**问题的方法。与卢格不同，赫斯把异化概念看作是费尔巴哈哲学的方法论核心。赫斯扩大了这个概念的范围，得出结论指出，不仅被歪曲的意识（宗教、思辨哲学）是异化的形式，而且被歪曲的社会存在（社会制度、金钱关系）也是异化的形式。因此，必须消灭异化本身，建立起所有人之间的兄弟般的关系。无产阶级由于自己的生活条件已倾向于这样的关系，因此，还要使社会其他受过教育的人相信建立这种关系的必要性。

但是，像卢格一样，赫斯也倾向于在方法论意义上解释异化概念，并用它直接解释社会问题。然而，异化学说并不是费尔巴哈观点中最有力的方面，他的唯物主义方法论恰恰没有被赫斯理解。

### 马克思对费尔巴哈的态度

与大部分青年黑格尔派不同，马克思在 1842 年就已经开始近似地理解了《基督教的本质》一书中反映的唯物主义方法论的本质。当我们对马克思在《莱茵报》工作期间的哲学观点和政治观点的发展有所研究时，就已经可以确信这一点了。我们可以回忆一下，马克思努力分析的不是等级、国家等**概念**，而是**事实**、社会生活各种现象的**真正本质**及其真正的相互关系，这在《关于林木盗窃法的辩论》中就已经表现出来了。马克思的这种方法论最明显地表现在《摩泽尔记者的辩护》一文中："……我们想把我们的全部叙述都建立在**事实**的基础上，并且竭力做到只是概括地说明这些事实……"[①]

虽然马克思还不是完全自觉地倾向唯物主义，但由于他把注意力主要集中在政治问题和社会问题上，因此，在某些非常重要的方面已经**超越了**费尔巴哈。这一点表现在 1842 年 3 月他"同费尔巴哈……有些冲突"[②]

---

① 马克思，恩格斯. 马克思恩格斯全集：第 1 卷. 2 版. 北京：人民出版社，1995：371.
② 马克思，恩格斯. 马克思恩格斯全集：第 47 卷. 2 版. 北京：人民出版社，2004：27.

上。对于费尔巴哈来说，人们之间的真正关系是正常的、自然的真正人的关系。这种关系只能在意识领域中被歪曲，并且在宗教意识形式中表现得最明显。与他相反，马克思通过分析政治关系发现，在一系列情况中，人们之间的真正关系是不自然的、被歪曲的。其原因不在于人的本质，而在于他所生活的社会条件，并且首先在于私人利益的主要影响。私人利益歪曲了人们对各种现象的关系，也歪曲了人与人之间的相互关系。正是这种被歪曲了的现实产生了被歪曲的意识，宗教就是它的典型形式："……宗教本身是没有内容的，它的根源不是在天上，而是在人间，随着以宗教为**理论**的被歪曲了的现实的消失，宗教也将自行消灭。"①

于是，马克思在理解宗教的社会基础方面成功地迈出了重要一步。看来，他"同费尔巴哈……有些冲突"与此有关。马克思写道，这个冲突不涉及"原则"（宗教——被歪曲的意识），而涉及"对它的理解"（宗教——被歪曲的现实的被歪曲的理论反映）②。由此得出结论，必须"更多地在批判政治状况当中来批判宗教，而不是在宗教当中来批判政治状况"③。

青年马克思比费尔巴哈前进这一步的原因在于，那时他在自己的生活目标上已经超越了费尔巴哈，费尔巴哈把自己的任务局限于研究新的理论，在创作新的理论前放弃参加实践斗争。这种目标充满着某种内在的高尚情操，但也刻上了虚弱的巨人悲剧般的烙印。

马克思没有类似的自相矛盾。思想和行动的统一，用思想指导行动，这就是他在个人生活和社会生活中的原则和目标。当然，按照这种目标生活会相当难，因为这不仅是隐居方式生活的人所不能想象的各种额外的负担造成的，而且也因为必须克服由于对问题的理论研究的不够而产生的内在的冲突和疑虑，而实际斗争又提出必须刻不容缓地解决这些问题的要求。这样的生活要求一个人最大限度地发挥他的全部创造性才能和力量。因此成果会更加丰硕。

马克思对待《临时纲要》的态度比卢格和赫斯更加具有批判性，更加深入地探究其积极的内容，因而显得更突出。马克思在 1843 年 3 月 13 日致卢格的信中写道："费尔巴哈的警句只有一点不能使我满意，这就是：他

---

① 马克思，恩格斯. 马克思恩格斯全集：第 47 卷. 2 版. 北京：人民出版社，2004：43.

② 同①27.

③ 同①42-43.

强调自然过多而强调政治太少。然而这是现代哲学能够借以成为真理的惟一联盟。"①

马克思不是唯一一个注意到费尔巴哈的这个缺点的人，卢格②、赫斯和巴枯宁都看到了。但与他们不同的是，马克思对费尔巴哈的批判不仅只注意到这个缺点，也不是简单地弥补费尔巴哈观点的不足方面，**而是从整体上对费尔巴哈的观点进行了系统的改造**。此外，马克思不像卢格和赫斯那样不成熟地接受费尔巴哈观点的主要内容，也不像巴枯宁③那样浅薄地批判一下就接受，而是把费尔巴哈观点的主要内容作为一种**方法**，掌握这种方法不是简单地记住，而是要对具有最复杂的和社会意义的对象进行系统的验证。最后，马克思的注意中心是费尔巴哈的哲学**唯物主义**，在理解这一唯物主义的过程中，马克思同时超越了它的范围，向历史唯物主义迈出了第一步。

## 马克思自觉转向唯物主义

### 《1843 年手稿》

马克思退出《莱茵报》后，就着手分析黑格尔法哲学，这是他第一次对黑格尔哲学进行批判。在对黑格尔法哲学分析的过程中，马克思自觉地转向唯物主义立场。作为这次工作的成果保存下来的是 40 张手稿，每张叠成 4 页（共 160 页）④；其中，第一张手稿已经遗失。手稿的篇幅约 10 个印张。

过了将近 85 年，手稿才得以面世。它的发表归功于苏联学者：当手稿从德国社会民主党人的档案中被解救出来后，д. 梁赞诺夫和其他联共（布）中央马克思恩格斯研究院的同事们一起把它收录于《马克思恩格斯

---

① 马克思，恩格斯. 马克思恩格斯全集：第 47 卷. 2 版. 北京：人民出版社，2004：53.

② 卢格在 3 月 19 日给马克思的回信中写道："我同意您关于费尔巴哈片面地醉心于自然的意见。"（Marx—Engels—Gesamtausgabe（MEGA）. Dritte Abteilung, Bd. 1. Berlin, 1975：401.）

③ 巴枯宁读了《临时纲要》后，几乎与马克思同时给卢格写信说，虽然自己把费尔巴哈评价为"哲学家中唯一有活力的人"，但这部著作他却"非常不满意……这种对教条主义的武断反驳、警句式的腔调使费尔巴哈的令人厌恶的清高更加显露出来……"（М. Бакунин. Письмо к Руге 19 Января 1843г. Летописи марксизма，1927（2））

④ 拉宾在《青年马克思》1976 年版中统计结果是：保存下来 39 张手稿，共 156 页。参见拉宾. 马克思的青年时代. 南京大学外文系俄罗斯语言文学教研室翻译组，译. 北京：生活·读书·新知三联书店，1982：148-149. ——译者注

全集》第 1 卷（1927 年）中，并第一次指出，手稿在青年马克思观点发展中占有多么重要的地位。当时就给手稿命名为《黑格尔法哲学批判》（《К критике гегелевской философии права》）①，还确定了手稿的写作时间是 1843 年春夏，基本是在克罗伊茨纳赫。

批判黑格尔法哲学在很多方面对马克思都是重要的。我们记得，马克思对法学问题感兴趣还是在 1835 年，当他进入波恩大学法律系学习的时候。1837 年，正是在解决法学问题时的困难使马克思转向了哲学研究；那时他为黑格尔辩证法"与众不同的说法"所倾倒。1842 年他开始挣脱这个"敌人的怀抱"，当时马克思作为《莱茵报》的撰稿人和编辑又碰到了法学问题，但这次是通过实际政治形式表现的。1842 年 3 月至 8 月，马克思在自己的信②中提到正在写一篇文章，这篇文章"是在**内部的国家制度**问题上对黑格尔自然法的批判。这篇文章的主要内容是同**立宪君主制**这个彻头彻尾自相矛盾和自我毁灭的混合物作斗争"③。他预先打算这篇文章是为《末日的宣告》写的，后来修改后把它给了《德国年鉴》。文章的命运不得而知；可能马克思在撰写 1843 年手稿时使用了它。在写这个手稿的过程中，马克思从黑格尔的思辨哲学和一般唯心主义哲学中摆脱出来。只有这时，即 1843 年，马克思才能够解决那些 30 年代使他去研究黑格尔的法学问题，而且正是在**克服**黑格尔的唯心主义、掌握和发展**唯物主义**的道路中找到了解决的办法。

**手稿的结构**

乍一看，马克思的手稿结构完全由他所批判的对象决定，即黑格尔的《法哲学原理》④ 相对应的章节结构。为了更好地弄明白这个章节结构，我们先扼要地叙述一下它在整个黑格尔学说体系中的地位。正如大家所知，绝对观念是黑格尔学说的基础。最初，绝对观念以纯粹的逻辑存在的形式在自身内部发展，黑格尔体系的第一部分**大逻辑**就与之相应。然后，绝对观念使自己外化于自然，于是相应地，**自然哲学**构成了体系的第二部分。最后，绝对观念又从自然返回到作为精神的自身，因此黑格尔体系结束于

---

① 以下简称为《1843 年手稿》。

② 1842 年 2 月至 7 月，马克思给卢格写了 5 封信（2 月 10 日，3 月 5 日，3 月 20 日，4 月 27 日，7 月 9 日），信中反映了马克思开始从事政论工作，为《德国年鉴》《莱茵报》等报刊撰稿和任《莱茵报》编辑与书报检查机关进行斗争的情况。这里指的是马克思 3 月 5 日写给卢格的信。——译者注

③ 马克思，恩格斯. 马克思恩格斯全集：第 47 卷. 2 版. 北京：人民出版社，2004：23.

④ 原文为《法哲学》（《Философии права》），根据中文对黑格尔这一著作题目的翻译，统一为"《法哲学原理》"。——译者注

**精神哲学**部分。

返回自身后，精神获得了发展。这种发展表现在：最初它以自己本身的形式存在（与之相应的就是黑格尔关于主观精神的学说），然后它获得了现实的形式（关于客观精神的学说），最终作为回归自身和为了自身的存在，以及自身的永恒导致的精神的客观性和它的主观性的统一，使它平静下来，精神在自己的绝对真理中得到实现（关于绝对精神的学说）①。

**客观精神**是存在着的绝对观念本身。它的自由在这里获得必要的形式，它的内容是作为自由意志的各种表现形式的基础的规律。自由意志最初作为直接意志，作为拥有所有权的单个人突出出来。然后自由意志作为道德反省自身。最后，作为在伦理中（在家庭、市民社会和国家中）实行的实体意志而出现。

在《法哲学原理》中黑格尔阐述了客观精神的学说。《法哲学原理》分为三个部分："抽象法""道德""伦理"。"伦理"部分也分成了三章："家庭""市民社会""国家"。

马克思选择了黑格尔《法哲学原理》中的"国家"作为自己直接批判的对象。准确地说，他把注意力集中在"国家"章的第一节"**国家法**"上。正是在这一节中，黑格尔阐述了马克思最感兴趣的问题：国家和市民社会的关系，王权、行政权和立法权。接下来的"国际法"和"世界历史"两章还处于在马克思的视线之外。

马克思严厉地批判分析了第一节中的 54 个小节（从第 260 节到第 313 节）。其中前 12 个小节有序言的性质。"一、内部国家制度本身"从第 272 节开始，其中除了几个导言节外还包括"王权""行政权""立法权"（在"立法权"的 23 个小节中，马克思分析了头 16 个小节，即从第 298 节到第 313 节）。

虽然在马克思的手稿里黑格尔书中的这一结构被复述了，但马克思对黑格尔文本中的不同小节的重视程度是不同的。导言节和"行政权"分析得很详细，"行政权"的几节几乎是连续摘录的，仅仅夹杂着一些简短的评论和总的结论："黑格尔关于'行政权'所讲的一切，不配称为哲学的阐述。"② 不过，在做了这些摘录后，马克思给了一个相当详细的概括性分析。至于"立法权"一章，马克思手稿的三分之二几乎都献给了它（40 个印张手稿中的 24 个印张）。这表明马克思的工作有自己的逻辑，应该揭示

---

① Г. В. Ф. Гегель. Соч., т. Ⅲ. с. 45—51.

② 马克思，恩格斯. 马克思恩格斯全集：第 3 卷. 2 版. 北京：人民出版社，2002：57.

手稿的内部结构与黑格尔《法哲学原理》的结构给出的外部结构不相符。

首先，可以发现马克思摘录黑格尔著作重要章节的一些**工作规律**：他通常会对这些章节的第一段进行单独的和相当详细的分析，然后开始连续摘录几段，并对它们做一个概括的分析。第一个这样的节奏已经在"导言"节中看得很清楚。在"王权"这部分中可以清楚地看到上述节奏，对前六节进行详细的分析，最后六节只做了简短的评注。如上文所述，第二部分（行政权——译者注）从摘录和简短评注开始，然后做概括分析。第三部分（立法权——译者注）如同第一部分，从对前六节的详细分析开始，连续摘录后面的四节（第 304 节到第 307 节）①。但是，在这个地方，第XXII—XXIV印张，**在分析上**出现了一个**中断**：马克思刚一开始概括分析摘录的段落后，就又回到了已经考察过的第 303 节，对它进行反复分析，这次的分析比最初的更详尽。在这之后他才转去考察之前摘录的节，不是概括的，而是对每一节都做了详细分析。

叙述中的这个中断能暴露出来，是由于在鉴别中我们发现了一个错误，看似像马克思手稿的一个无关紧要的记号②。但怎么解释这个中断呢？在这个中断里只能看到外部的情况：马克思预先摘录了上述小节，而在分析之前的第 303 节时，划定的页面不够地方了，并且他应该在被摘录的节后

---

① 马克思, 恩格斯. 马克思恩格斯全集: 第 3 卷. 2 版. 北京: 人民出版社, 2002: 93-94.

② 马克思在结束对黑格尔《法哲学原理》第 303 节（《1843 年手稿》第XXIII印张）的分析时写道："市民社会各等级本身就必须同时构成立法社会的等级要素（参看 XIV, X）。"（马克思, 恩格斯. 马克思恩格斯全集: 第 1 卷. 北京: 人民出版社, 1956: 336-337）正如《1843 年手稿》一些版本中的编辑注所指出的那样，在上述引文中括号内的数字表示上述手稿的印张页码。但在仔细研究保存在苏共马列主义研究院原稿影印件后，可以推断，"数字"X 根本不是数字，而是一个作为星号的记号，在手稿中，马克思通常用它表示文本的相应部分应该移至另外一个地方，即他也做了相同的记号的地方。而第二个这样的记号在哪里呢？研究原稿影印件可以得出如下结论：在第XXIV印张的记号实际上与第XXIII印张末尾上的记号是完全相同的，至今都把这个记号辨识为罗马数字 X，也就是说，这个"数字"完全可能是我们要找的第二个记号（参见 ЦПА ИМЛ, ф. 1, оп. 1, ед. хр. 113, л78）。至于说上述的数字 XIV，那可以推断，是马克思（像这样的事儿在他的手稿中经常会遇到）弄错了：把"XXIV"写成了"XIV"。

如果这个推断是正确的话，那么上面提到的记号所表示的第XXIV印张的文本应该是第XIII印张结尾一段文本的继续部分。它的内容是这样的："黑格尔使**等级要素**变成**分离**的表现……"（第XXIII印张）"黑格尔觉得市民社会和政治社会的分离是一种**矛盾**，这是他的著作中比较深刻的地方。"（第XXIV印张，用相应的记号标明的文本开头）（马克思, 恩格斯. 马克思恩格斯全集: 第 3 卷. 2 版. 北京: 人民出版社, 2002: 93, 94）。因此，第XXIII印张末尾的附注具有如下样子：（参见XXIV ＊）。新版 MEGA 考虑到了这一变化（参见 Marx—Engels—Gesamtausgabe (MEGA). Erste Abteilung, Bd. 2. Berlin, 1982: 80, 578-579）。

面的一页进行分析①。可是，在我们看来，在马克思撰写《1843 年手稿》的阶段中，一些重要内容的区别与叙述中的这个中断联系在一起。

有理由假设，这个中断是马克思撰写克罗伊茨纳赫笔记导致的。马克思用克罗伊茨纳赫笔记中的欧洲国家历史方面的广泛资料丰富了这个中断，并能够对"立法权"章节中的未考察的段落进行更深入的和具体的分析。从这 87 页的影印件（马克思手稿的第 XXIII 印张开始）可以看到，马克思摘录了第 303 节就立即（笔迹鉴别）给出了两段评注②。可以认为，马克思正是以此结束了这一阶段对第 303 节的分析。在新的一页，即第 XXIV 印张上，他连续摘录了第 304-307 节，并对它们做了一个总的简短的评注。

在对黑格尔的《法哲学原理》分析在这个地方产生了中断，也许是由纯粹的外部原因造成的（例如，马克思结婚），但实际上是由马克思的历史研究所决定的。在做这些研究后，在其思辨的形式下发现了代议制度和等级制度之间存在着更加尖锐的政治纠纷，因此马克思重新着手对第 303 节进行更加详细的考察。

马克思在中断后不仅返回到这一节，还返回到了中断前只要他认为需要补充论据的许多其他段落（例如，在分析第 304 节时返回到了第 300 节和 302 节，在分析第 306 节时返回到了第 268、289、297、301 节，等等）。在中断后，马克思对已经分析过的第 286 节写了一段内容丰富的补充③。在中断前写的文本中还有几个较小的补充。

这些和其他有关内容的评论意见可以让我们做出推测，《1843 年手稿》是分两次写成的，克罗伊茨纳赫笔记的撰写（7—8 月）成为这两部分之间的界线。大概这个界线最初是卡尔和燕妮结婚和新婚旅行，也就是说，时间大约是从 6 月中旬到 6 月底。如果同意这一推测，那么就完全可以区分出**手稿的两个主要"部分"**：第一部分包括第 I 印张到第 XXIII 印张的开头，同时包括写在中断前的第 XXIV 印张的上半部分④，即大约的写作时间是从 3 月到 6 月中旬；手稿的第二部分包括第 XXIII 印张（除开头以外），以及

---

① Marx—Engels—Gesamtausgabe（MEGA）. Erste Abteilung, Bd. 1. Berlin, 1975：578 – 579.

② 同①75.

③ 马克思，恩格斯. 马克思恩格斯全集：第 3 卷. 2 版. 北京：人民出版社，2002：50. 从"此外，在这个附释中谈到……"一直到第 52 页"……君王是体现出私人对国家的关系的惟一私人"。

④ 马克思，恩格斯. 马克思恩格斯全集：第 3 卷. 2 版. 北京：人民出版社，2002：7–88. 同时从第 93 页到第 94 页第二段结束。

从写于中断后的第XXIV印张的中间到第XL印张结束，大约的写作时间是从 8 月底到 10 月初，也就是在马克思动身去巴黎前①。

手稿的第二"部分"同样也由**三个片段组成**。第一个片段是对第 303 节的重新研究：它从马克思对这一节做了最初考察之后写的评注开始，包括对第XXIII印张、第XXIV印张的下半部分，第XXV印张和第XXVI印张的开头中摘录的节本身及其附释的多方面分析②。第二个大的片段包括对早先摘录的第 304－307 节的详细评注。在这里又对它们进行了摘录，但不是连续的，而是部分的，每一节都附有详细的分析。第二个片段有如下几页：第XXVI印张（除了开头）到第XXXV印张全部包括在内，并且最后一页只写了半页，后面的三张是空白③。因此，第三个片段与前面的有明显的分隔，而且在手稿中承担了另一个任务：这已经不再返回到第一"部分"的文本中了，也不在新的研究的基础上对它的再研究，而是继续批判黑格尔《法哲学原理》的新章节——第 308－313 节。这个片段写在了第XXXVI印张到第XL印张上④。

从整体上对手稿的结构进行分析后，我们将转向考察第一部分的内容。

**统一性内部的异化**

黑格尔叙述关于国家法的学说，是从第 260 节开始的，他在其中说道："国家是具体自由的现实。"⑤

马克思对这一节的分析并同手稿的第一张没有保存下来。但是它的论述过程可以根据研究黑格尔《法哲学原理》第 261 节的第二张手稿判断出来。我们会看到："上一节已经告诉我们，**具体的自由**在于（家庭和市民社会的）特殊利益体系和（国家的）普遍利益体系的同一性（应有的、双

---

① 鉴于上述问题，一些研究人员在此书第一版出版后就推测指出，马克思的《黑格尔法哲学批判》手稿一部分写于 1842 年（上述所提到的关于反对君主立宪制的内容似乎就是这个"部分"），一部分写于 1843 年（参见 Т. И. Ойзерман. Формирование философии марксизма. М.，1974：155）。然而，这一推测的作者不否认这样一个事实，在手稿的最开始，也就是保存下来的印张的第一页，马克思在方法论方面比他在 1842 年写的著作向前迈出了极为重要的一步。对手稿的影印件的研究也证明，手稿所有后面的印张写作的时间更晚一些。因此，马克思离开《莱茵报》后完了全部手稿，也就是在 1843 年。这并不排除在写 1843 年手稿时马克思利用了 1842 年的文章的可能。

② 马克思，恩格斯. 马克思恩格斯全集：第 3 卷. 2 版. 北京：人民出版社，2002：89－102.

③ 同②102－138.

④ 同②138 页的倒数第二段开始到第 158 页。

⑤ 黑格尔. 法哲学原理. 范扬，张企泰，译. 北京：商务印书馆，1979：260.

重的同一性）。现在应当更详细地规定这些领域的关系。"①

在研究了这一更详细的规定之后，马克思概括道："在'从属性'和'依存性'这两个概念中，黑格尔进一步发展了双重同一性中的一个方面，即进一步发展了统一性内部的异化这个方面"②。

这样一来，马克思虽然接受了黑格尔关于国家和私人利益体系之间存在着一定的统一性的观点，但他对这个统一性的理解完全不同于黑格尔。在黑格尔那里这是非常体面的、可敬的、和谐的统一性或同一性。相反，在马克思那里这只是"应有的"双重同一性，其中异化是本质方面，因此，就是绷紧的弓与弦的统一。

对这个问题的看法还可以从后面的几张手稿中得到证实："市民社会和国家是彼此分离的。"③ 接着又说："黑格尔把这种现象说成**令人诧异的东西**④，但这丝毫也不能消除上述两个领域的**异化**。"⑤

**马克思批判的"笼子"**

马克思特别注意《法哲学原理》第 262 节，其中似乎集中了黑格尔法哲学的全部神秘之处，对它的分析可以看作是 1843 年马克思批判黑格尔的"笼子"。这一节内容是这样的：

"现实的观念，精神，把自身分为自己概念的两个理想性的领域：家庭和市民社会，即分为自己的有限性，以便从这两个领域的理想性中形成自为的无限的现实的精神，——现实的观念从而把自己的这种现实性的材料，把作为**群体**的各个人，分配于这两个领域，这样，对于单个人来说，这种分配是通过情况、任意和本身使命的亲自选择为**中介的**。"⑥

对这段文本的分析的复杂性在于，在这里，黑格尔能够把具体的历史材料（国家、家庭和市民社会；作为集合体的所有个人和处于这样或那样状况下的单个人，有个人意愿和对自己的使命的私人选择）同他的基本的唯心主义神秘观点紧紧地联系在一起，因此，整个自然界和人的世界的真正内在意义是：力求把神的观念变成绝对自由的、直接存在的客观精神。在这复杂性之中，再一次表现出黑格尔的伟大而又可悲之处——一方面，

① 马克思，恩格斯. 马克思恩格斯全集：第 3 卷. 2 版. 北京：人民出版社，2002：7.
② 同①8.
③ 同①96.
④ 文字游戏："die Entfremdung"——"异化"，"das Befremdliche"——令人吃惊的东西。——拉宾注
⑤ 同①99.
⑥ 同①9.

他是世界历史上为数不多的思想家，另一方面，他也是一个平庸的顺从于政府的人。

第二个黑格尔总是让马克思厌恶，第一个在那时则让他佩服。现在马克思完成了一件十分艰巨的工作，即坚决地使一个黑格尔同另一个分离。在他之前，青年黑格尔派已经开始了这项工作，但与青年黑格尔派不同，马克思不仅实现了把黑格尔的伟大之处与可悲之处的**最彻底的分离**，而且还把黑格尔的最伟大之处**颠倒过来**，使它脚踏实地。此外，与第一个开始这项颠倒工作的费尔巴哈不同，马克思不只限于这个庞然大物的一部分——关于自然的学说，而是完整地抓住它的所有部分，包括关于社会和思维的学说。

马克思对这一节的分析从把它翻译成普通的语言开始：暂时抛开了框在具体的历史材料上的思辨的神秘的镶边后，马克思就把黑格尔所能抓住的**现实联系**固定下来。

因为在黑格尔所掌握的历史材料中，**单个人**拥有最大的具体性，因此国家同家庭和市民社会的关系的现实内容的问题在于，这种关系怎样才能在对于个人的方面中表现自己。黑格尔正确地认识到，在这方面所说的关系是"通过情况、任意和本身使命的亲自选择**为中介的**"①。

马克思由此得出："因此，国家理性同国家材料之分配于家庭和市民社会是没有任何关系的，国家是从家庭和市民社会之中以无意识的任意的方式产生的。家庭和市民社会仿佛是黑暗的自然基础，从这一基础上燃起国家之光。"② 这个结论在于，不是国家用自己的法律规定私人利益领域，而是相反，国家本身无意识地、偶然地从这个领域产生。这个结论特别重要，因为它为走向历史唯物主义观念开辟了道路。为什么黑格尔没有得出这个合理的结论而得出完全相反的结论呢？

**黑格尔思想进程的根本缺陷**

我们已经注意到黑格尔的一个功绩，即提出不"**应当按照国家应有的样子**建立国家"，而是"要理解**存在的东西**"的任务。但这个"存在"对于哲学家来说指的是什么呢？

一般科学，特别是哲学的对象不是各种"存在"，不是经验的现实本身，而是它的本质，它的规律。而且本质和现实不相符，有时甚至看起来是对立的。例如，价值规律规定，所有商品应按其价值出售；但是这一规

---

① ② 马克思，恩格斯. 马克思恩格斯全集：第 3 卷. 2 版. 北京：人民出版社，2002：9.

律却按照这样的形式表现出来，在实际交换中事实上没有一个商品是按照价值出售的。

这种难以捉摸的本质是什么？它的性质是怎样的？唯物主义依据目前科学发展的一切成果做出结论，本质是**客体本身之间的重要关系**，并且只有通过研究这些客体本身才能认识它，而且在这一过程中不能掺进任何先验的东西。

在这个问题上黑格尔是持矛盾态度的。一方面，他在《逻辑学》（《Логика》）中巧妙地揭示了现象和本质之间关系的辩证性：本质是要表现出来的，而现象也是本质的。黑格尔写道：当我们认识了"作为现象的"直接的、物的世界时，"我们因此也就同时认识了并不照旧隐藏在这一现象后面或说成它的另一面的本质"①。

另一方面，由于自己的唯心主义观点，黑格尔用包罗万象的本质来宣称绝对理念、神的理性。黑格尔写道："哲学的任务在于理解存在的东西。"并补充道："因为存在的东西就是理性。"② 这个"因为"就是黑格尔的根本错误认识，他力图用这样的观点来分析具体材料以不断揭示隐藏在其中的"理性"，绝对观念的运动。

在《法哲学原理》中，黑格尔似乎已经忘记了《逻辑学》中所承担的在具体的历史现象中寻找本质的义务，坦率地断言，精神先于现象，是现象的本质。

根据黑格尔《法哲学原理》的一般公式，家庭和市民社会先于作为它们的合题的国家。由此可以得出结论，国家依赖于家庭和市民社会，受它们制约。但是在黑格尔那里，这样的制约性只是这种关系的经验方面，至于谈到这一关系的本质，黑格尔的出发点是，家庭和市民社会只是理想性的领域，精神"把自己分为自己概念的两个理想性的领域，分为家庭和市民社会，即分为自己的**有限性**的两个领域，目的是要超出这两个领域的理想性而成为**自为的无限的**现实精神……"③

马克思写道："逻辑的、泛神论的神秘主义在这里已经很清楚地显露出来……观念变成了主体，而家庭和市民社会对国家的**现实的**关系被理解为观念的**内在想像**活动。家庭和市民社会都是国家的前提，它们才是真正活动着的；而在思辨的思维中这一切却是颠倒的。可是如果观念变成了主体，

---

① Г. В. Ф. Гегель. Соч., т. I. с. 222.
② 黑格尔. 法哲学原理：序言. 范扬，张企泰，译. 北京：商务印书馆，1979：12.
③ 黑格尔. 法哲学原理. 范扬，张企泰，译. 北京：商务印书馆，1979：263.

那么现实的主体，市民社会、家庭、'情况、任意等等'，在这里就变成观念的**非现实的**、另有含义的客观因素。"① "这样一来就认可经验的现实性的现状；这种现实性也被说成合乎理性，然而它之所以合乎理性，并不是因为它固有的理性，而是因为经验的事实在其经验的存在中具有一种与它自身不同的意义。作为出发点的事实没有被理解为事实本身，而是被理解为神秘的结果。"②

对《法哲学原理》以下几节的分析使马克思彻底相信，"黑格尔在任何地方都把观念当作主体，而把本来意义上的现实的主体……变成谓语"③。青年马克思把这种唯心主义的颠倒现实关系的做法评价为黑格尔思想进程的根本缺陷④。

在《资本论》第二版跋中（1873 年 1 月）马克思以充分的理由指出："将近 30 年以前……我就批判过黑格尔辩证法的神秘方面"⑤。

### 从此站在唯物主义者一边

《1843 年手稿》证明马克思**自觉地**转向唯物主义。这个自觉转向是在同黑格尔的唯心主义斗争中完成的，从而为哲学中马克思主义的党性原则的形成奠定了基础。

19 世纪 40 年代是许多新的资产阶级哲学流派形成的时期。1841 年，Ф. В. 谢林（Ф. В. Шеллинг）鼓吹他的《启示哲学》（《Философии откровения》）。1842 年，О. 孔德（О. Конт）完成了他的《实证哲学教程》（《Курс позитивной философии》）。1843 年，Д. 穆勒（Д. Милль）出版了《推论和归纳的逻辑体系》（《Система логики силлогистической и индуктивной》）。同时，С. 克尔凯郭尔（С. Кьеркагор）出版了《或者……或者》（《Или ... Или》），它是现代存在主义的起源。

所有这些流派的共同趋势是，寻找哲学中的"第三条道路"，并力求凌驾于哲学的主要流派之上。马克思的伟大正表现在，他没有被任何一个新的唯心主义的构想所迷惑，他在黑格尔——费尔巴哈（唯心主义——唯物主义）二者的选择中看到了当时论战的实质，并坚定地站在了唯物主义

---

① 马克思，恩格斯. 马克思恩格斯全集：第 3 卷. 2 版. 北京：人民出版社，2002：10.

② 同①12.

③ 同①14.

④ 马克思，恩格斯. 马克思恩格斯全集：第 1 卷. 北京：人民出版社，1954：273. 在《马克思恩格斯全集》中文第 2 版第 3 卷中，此处译为"解释上的这一根本缺陷"（第 32 页）。——译者注

⑤ 马克思，恩格斯. 马克思恩格斯文集：第 5 卷. 北京：人民出版社，2009：22.

一边。

列宁没有看到《1843 年手稿》，但是，他依据 1843 年 10 月马克思写给费尔巴哈的信理解了这一时期马克思的哲学立场所具有的深刻的党性。列宁在其著作《唯物主义和经验批判主义》中强调了青年马克思哲学观点的这个方面，他写道："……早在 1843 年，当马克思刚刚成为马克思……的时候，他就已经异常明确地指出了哲学上的根本路线……马克思在当时就已经看出，不管'怀疑论者'叫做休谟主义者或康德主义者（在 20 世纪，或者叫做马赫主义者），他们都大声叫嚷反对唯物主义的和唯心主义的'独断主义'；他没有被千百种不足道的哲学体系中的任何一个体系所迷惑，而能够经过费尔巴哈直接走上反唯心主义的唯物主义道路。"①

## 唯物主义的深入和走向共产主义：社会历史形态

### 《1843 年手稿》的内在进程

《1843 年手稿》是多方面的、以一定形式发展的整体。最初，马克思将黑格尔唯心主义与唯物主义分析现实的方法相对比，在批判过程中，他说明并发展了自己的观点，发现了唯物主义比唯心主义具有越来越多的优势，更充分、更准确地说明了以前他所提出的某些论点的意义，做出新的理论总结。手稿的内在进程反映了青年马克思观点的发展，以及新的、真正的科学世界观因素的产生。

马克思对黑格尔的批判与费尔巴哈对黑格尔的批判不同之根源首先在于对这一批判采用的**路径不同**：在费尔巴哈那里，以理论研究、主要是宗教哲学方面的研究为路径；在马克思那里，这是为争取劳动者的社会利益和政治利益的斗争，在斗争过程中他的哲学观点和社会政治观点又得到发展，两者相辅相成。

由此也可以看出被批判的直接**客体**的区别：在费尔巴哈那里，这是黑格尔的宗教思辨理论和一般哲学观念；在马克思那里，这是黑格尔的法哲学，即关于社会的思辨学说。

因此，费尔巴哈只**能**在关于存在和思维相互关系的一般哲学问题范围内改造黑格尔哲学。他虽然站在唯物主义立场上来理解这个问题，但没有涉及更具体的问题——关于社会存在和社会意识的关系，因此在对社会的

---

① 列宁专题文集·论辩证唯物主义和历史唯物主义. 北京：人民出版社，2009：118.

理解方面仍然是唯心主义者。

马克思改造黑格尔哲学正是使它运用于社会，**应当**对市民社会和国家的相互关系这个更具体的问题给出回答。诚然，暂时这还不是社会存在和社会意识相互关系的问题，因此，马克思没能立即意识到他所进行的哲学改造的全部重要性，并且在一定时期还认为自己是费尔巴哈事业的继承者。然而，这是一个根本问题，对这个问题的唯物主义解决开辟了通向完整的对社会科学理解的道路。

随着开展对黑格尔法哲学的批判，马克思的注意中心由一般问题转向更加具体的问题。批判对象本身是这个转向的直接动因：从第 275 节开始，黑格尔转向研究他所在的现代社会的"王权""行政权""立法权"等方面。每一个研究方面也都要求分析一整套更加详细的社会观点。在这些丰富的透过思辨的外衣的现实问题上，又显示出黑格尔作为思想家的伟大之处。

黑格尔真的配得上马克思的评价。甚至作为一个失败者，他对自己的胜利者也有很多教益。

在《1843 年手稿》中，马克思已经摸索出了一个脱离迷途的线索——哲学唯物主义，使他能够简单地转向科学世界观，但这个线索有时还会中断，而马克思自己暂时还不知道，这条线索究竟会把他引向何处。因此，马克思在前进的初期信心还不足，有时准确性也不够。

有时，这表现在对年轻充满激情的黑格尔吹毛求疵，甚至连他的修辞错误也不放过。但这首先反映在：马克思经常在理解所研究对象的某个方面迈出了决定性的一步，而在理解同一对象的另一个方面时，他又被自己过去的观点所束缚。例如，马克思在解释个人的社会性时就出现过这个矛盾。

### 个人的社会性

马克思将黑格尔当前的命题从故弄玄虚中解放出来后指出，"国家的各种职能和活动同个人发生联系（国家只有通过各个人才能发生作用）"①，接着他强调，"如果黑格尔从作为国家基础的各现实的主体出发，那么他就没有必要以神秘的方式把国家变成主体"②。

这样，个人是真正现实的主体，因此是国家的基础。个人究竟是什么？或许，这是费尔巴哈颂扬的作为人类成员的抽象的人？也是，也不是。

---

① 马克思，恩格斯. 马克思恩格斯全集：第 3 卷. 2 版. 北京：人民出版社，2002：29.

② 同①31.

是，这是因为马克思暂时还没有把它作为阶级成员区分出来。这正是一般的人，即与人类其他成员完全平等的人。因此，马克思还被抽象的人道主义所束缚，这种人道主义当时典型地表现在费尔巴哈的著作中，但一般来说，它是新时代所有的启蒙派所固有的，特别是 18 世纪的法国唯物主义者所固有的。

不是，这是因为马克思强调的不是人类及其单个成员的自然属性，而是他们的**社会属性**。他强调，"'特殊的人格'的本质不是它的胡子、它的血液、它的抽象的肉体，而是它的**社会特质**，而国家的职能等等只不过是人的社会特质的存在方式和活动方式"①。

因此，一定的社会特质是作为人类成员的任何一个人一般的**固有的**。人的需要不仅表现在私人利益的领域内，而且也表现在整个社会利益的领域内——这就是这种最重要的特质之一。

在理解这种要求方面，马克思不论是与 18 世纪法国唯物主义，还是与费尔巴哈都有本质的区别。18 世纪法国唯物主义认为，个人只是**理性的利己主义者**，理性迫使利己主义者必须在私人利益上使自己的利己主义适应其他人的利己主义。在这种情况下，国家作为由利己主义者协商所产生的、以避免利己主义的极端表现的集体安全工具而显现出来。相反，费尔巴哈认为，人的**本质**只存在于**人与人交往**之中，其特点不是利己主义，而是个人对他人的**爱**，我对你的爱。

青年马克思并不完全否定利己主义是个人行为中的动力。在《莱茵报》上，他严厉抨击在莱茵地方自治委员会、等级委员会和普鲁士国家机构本身中盛行的利己主义私欲。但是，他不认为利己主义是人的真正本质，在这方面他站在费尔巴哈一边。他坚信，同他人的无私交往的高尚需要是个人真正的人性。但同时马克思把费尔巴哈的观点转向政治，并用具体的政治内容加以充实：问题不在于一个人爱另一个人（这是不可能的），而在于他**愿意为其他人的利益**，为公共幸福**做事**。这种活动不是简单地把你和我联合起来，而是将个人团结成**人民**，而他们这种活动本身就是**政治**活动。正是人民具有这种政治职能，它的存在和活动方式是国家的职能和活动范围。

**人民和国家**

黑格尔断定："如果没有自己的君主，没有那种正是同君主必然而直接

---

① 马克思，恩格斯. 马克思恩格斯全集：第 3 卷. 2 版. 北京：人民出版社，2002：29.

地联系着的整体的划分，人民就是一群无定形的东西，他们不再是一个国家。"① 马克思早在《莱茵报》上揭露了类似观点的反人民性。现在他进一步发展了自己的论据。

他写道，当然，如果人民**已经有**君主并且同君主联系着的整体的划分，就是说，如果人民已经组织成为君主制，那么离开这种组织，人民自然就变为无定形的东西。但这绝不意味着，似乎人民的政治组织正好必然地同君主相联系，或国家总是拥有特殊的、不同于人民的存在。不是国家将一定的组织带到人民中去，而是**人民本身将自己组织一定的国家**。"正如同不是宗教创造人，而是人创造宗教一样，不是国家制度创造人民，而是人民创造国家制度。"②

同时马克思不否认**国家对人民**、对市民社会的**反作用**。相反，他认为这就是国家和市民社会相互关系问题的实质。在判明这种相互关系存在着几种形态后，马克思深入思考了自己对历史的总看法，并产生了关于存在着几种不同的社会历史形态的思想。

**难以给主体命名**

我们使用了"社会形态"这一表达。但是，在《1843 年手稿》中还没有这个术语。

问题在于，历史唯物主义的创始人马克思和恩格斯面临的是这样一个艰难的任务：如何创造关于社会的科学术语的基干。《1843 年手稿》反映出这个过程的开始阶段。在这里与其说青年马克思创造了新的术语，不如说他对旧的术语感到不满。例如，马克思对费尔巴哈的术语"人"和"人类"的抽象而又温情的内容感到不满，马克思为它们加入了另一些具体的政治内容。还有他对黑格尔赋予"国家""国家制度"等术语的内容感到不满：虽然有时马克思仍在传统意义上作为政治制度的符号使用它们，在手稿中马克思经常为了标记整个社会的社会政治体制而使用它们。只有考虑到这一点，才能理解马克思对黑格尔的指责，说他把"作为人民的整体存在的国家同政治国家"混为一谈③。同时，"政治国家"指的是国家一词的本身意义，而马克思有时把与它相对立的市民社会称作"非政治国家"。但是"国家"这一术语在广义上，甚至"政治国家"，同"非政治国家"一样，实际上在《1843 年手稿》中都出现过。后来，马克思把加进这些术

---

① 黑格尔. 法哲学原理. 范扬，张企泰，译. 北京：商务印书馆，1979：298.

② 马克思，恩格斯. 马克思恩格斯全集：第 3 卷. 2 版. 北京：人民出版社，2002：40.

③ 同②98.

语的内容以"社会"或"社会制度"和"社会经济制度"或社会的"基础"等术语固定下来。

"民主制"这个术语使用的时间略长一些，在《1843年手稿》中马克思赋予它广泛的社会政治内容，用它来标记在思想上被理解为近似共产主义的未来社会形态。但只有在《德法年鉴》中，马克思在这个意义上广泛使用这一术语；后来他用其他一些更合适的术语代替它了。

**因此，在《1843年手稿》中我们要在术语方面做各种假设。**

马克思出于谨慎或者还完全没有意识到他摸索出来的新的内容的全部意义，有时，他只是描述性地叙述这个内容，没有把它与任何一个术语联起来。在这种情况下，我们必须要跑步前进，在符合马克思观点进一步发展的趋向上给这个客体命名。

"社会形态"这一术语的情况正是这样的。我们用这个术语表示的就是马克思在《1843年手稿》中说明**市民社会与国家之间的关系形态**。

在这里，马克思区分了四种社会历史形态：古希腊罗马社会或称古代社会，中世纪或称封建社会，新时代社会或称现代社会，民主制或称未来社会。

### 古代社会

马克思说明古希腊罗马社会，或称"古代国家"的性质是"人民和国家之间……实体性统一"①。指的是奴隶制国家，在这里"人民"仅被理解为自由市民，即占绝大多数的奴隶主。只有这些市民拥有政治权利，他们每一个人对于奴隶来说都是国家政权的全权代表（例如，他可以打死任何一个奴隶，不用因此对国家负责，而对奴隶主来说，仅仅是作为他的私有财产遭到了物质的损失）。在这里国家还没有发展为区别于"人民"的日常生活的特殊形式，并且是自由市民真正的**私人事务**，是他们活动的真实内容。

"人民"和国家在这里是同一的。而市民社会，也就是从事必需生活资料生产的人，还不是人民。劳动是奴隶的命运，因此"在希腊人那里，市民社会是政治社会的**奴隶**"②。

### 中世纪社会

在中世纪，社会由几个等级组成，这些等级无论在市民社会领域还是在国家领域都拥有同等重要的作用。市民社会因此就是政治社会，而市民社会的原则就是国家的原则。但在基础上这一原则与古希腊罗马的原则相

---

① 马克思，恩格斯. 马克思恩格斯全集：第3卷. 2版. 北京：人民出版社，2002：43.
② 同①91.

对立：不是自由市民，而恰恰是**没有自由的人**。在这里，国家与市民社会的同一只有通过等级来实现，每个等级都执行着严格的规定的职能。国家职能丧失了**社会**职能的性质，并变成了一个等级的特权。因此，每个等级都不是全民公共利益的代表者，而是独立的社会，是国家与市民社会同一性的**私人领域**。

这种同一性不仅没有把人归附于他的社会本质，即普遍本质，而且按照要素把这一本质本身劈开，并以此扼杀它的活的灵魂。

**现代社会**

在新时代出现了人的普遍本质的各种政治要素的许多再统一。马克思写道："在人民生活的各个不同环节中，政治国家即国家制度的形成是最困难的。对其他领域来说，它是作为普遍理性、作为彼岸之物而发展起来的。"① 现在国家的一切形式都宣告人的社会特质是自己的原则，所有人都追求成为人民普遍理性的代表者。共和国和君主国的区别仅在于，在共和国内，**社会的人**，也就是作为政治生物的人被承认是自由的，而在君主国内，人还是不自由的。

如果在中世纪各等级是真正的**政治上**的等级要素，那么在新时代，政治等级成为国家的特殊所有物，因此，等级变成了社会的非常**私人的要素**。现在**自由的人然而是私人**成为等级的原则。这样的私人等级属于市民社会，并与国家**相对立**。国家与市民社会彼此分离，相互**异化**。既然市民社会是"真正的、物质的国家"，那么，在被分割成相互对立的各要素的现代社会中现实生活就在市民社会一边，而国家仅是这个社会形式主义的要素。

**异化国家的形式主义**

这种国家形式主义在**官僚政治**中获得了自我表现。在描述官僚政治时，马克思在自己的手稿中利用了他在《莱茵报》上就做过的结论，用以表达在那时就已经被揭示了的官僚政治等级制的规律。

"官僚政治是一个谁也跳不出的圈子。它的等级制是**知识的等级制**。上层指望下层了解详情细节，下层则指望上层了解普遍的东西。结果彼此都失算。"②

在手稿中，马克思反对普鲁士官僚政治的个人斗争经验得到了理论的升华，普鲁士官僚政治狡诈地将自己的私人利益冒充为国家利益，同时又

① 马克思，恩格斯. 马克思恩格斯全集：第3卷. 2版. 北京：人民出版社，2002：42.
② 同①60.

侵犯真正的国家利益和人民利益。马克思写道，官僚政治统治了国家——这是**它的私有财产**。官僚政治认为它自己是国家的最终目的，而现实的国家目的就成了反国家的目的。"就单个的官僚来说，国家的目的变成了他的私人目的，变成了**追逐高位、谋求发迹**。"①

对于官僚政治来说，**权威**是它的知识的原则，而崇拜权威则是它的思维方式。因此，真正的科学被官僚政治想象成是没有内容的，而任何事物都具有双重意义，即现实的意义和官僚主义的意义。

### 官僚政治存在的辩证法

马克思从理论上不仅认识到自己与普鲁士官僚政治进行个人斗争的经验，而且认识到近几年来普鲁士官僚政治在政治上的随机应变的更广泛的历史经验：一开始，它确立自己在国家生活的一切领域内的统治，直至几乎完全压倒各等级的作用，然后从 1840 年德国人民的政治运动发生后，开始讨好各个等级——召开多年未举行的地方自治委员会会议，召开全普鲁士等级委员会会议，在新的书报检查令中实行虚假的"出版自由"，等等。

马克思看出普鲁士等级政治类似做法的目的在于，官僚政治把各等级同业公会作为自己的前提，因为新时代的国家是从中世纪各等级同业公会国家发展而来的。就像任何结果一样，官僚政治为反对自己的前提的存在而斗争。"可是，一旦现实的国家生活苏醒，市民社会由于自己固有理性的推动而逐渐摆脱同业公会，官僚政治就要竭力复兴同业公会……"②。在官僚政治中有与同业公会共同的原则，即私人利益的原则。因此"一旦新原则不为反对前提的**存在**而为反对这种存在的**原则**进行斗争，结果就开始为自己的前提的存在进行斗争"③。

虽然暂时官僚政治与真正的普遍利益相对立，但是官僚政治只有在达到那一点时才能在这场斗争中站住脚，即只有它能够作为"普遍利益"——把自己的私人利益冒充为普遍利益时。"只有普遍利益**在实际上**而不是像在黑格尔那里仅仅在思想上、在**抽象**中成为特殊利益，才有可能；而这又只有**特殊**利益在实际上成为**普遍利益**时才有可能。"④

这些思想证明，马克思在政治斗争，实质上是阶级斗争的战略上有着深刻的洞察力。这就自然而然地涌现出马克思总结 1848—1850 年及 1871 年阶级斗争的经验的一些著名论著。在《路易·波拿巴的雾月十八日》

---

① 马克思，恩格斯. 马克思恩格斯全集：第 3 卷. 2 版. 北京：人民出版社，2002：60-61.

②③ 同①58.

④ 同①61.

（《Восемнадцатом брюмера Луи Бонапарта》）一书中，当力求消灭作为前提的基础及其前提后果的基础的原则本身的力量登上历史舞台时，他同时注意到反对自己前提的后果的斗争和后来的保护这些前提的斗争。在这部著作中，马克思精辟地分析了正是官僚政治作为"小波拿巴"的基础而现实的结构，这种结构使小波拿巴将整个民族引入歧途，用自己渺小的虚荣冒充为全民族的利益。

当然，不应该把《1843 年手稿》与马克思在**方法论**方面的经典著作一概而论。但在这部手稿里已经显示出一位为了争取人民的幸福而进行政治斗争的伟大战略家的风骨。例如，正是在这里他做出重要结论，即为了消灭官僚政治需要一种真正成为普遍利益的特殊利益。确实，马克思还没有指出这个利益的代表者。半年后，他为《德法年鉴》撰稿时才揭示了这一点。

而暂时，马克思在手稿中仅指出，"……历史任务就是国家制度的回归"①，就是说，首先要消灭社会中的异化，恢复国家和人民、国家和市民社会的实质统一，并且自由的人应该成为这种统一的原则。

**未来的民主制**

上述这些要求在历史上已经分别被实现：第一项实现于古代社会，第二项实现于中世纪社会，第三项实现于现代社会。现在摆在面前的是要将所有这些原则统一成在本质上是新的、和谐的整体。这个整体的名称是民主制，即"作为**特殊**国家制度的社会化的人……民主制对其他一切国家形式的关系，就像对自己的旧约全书的关系一样。在民主制中，不是人为法律而存在，而是法律为人而存在；在这里法律是**人的存在**，而在其他国家形式中，人是**法定的存在**。民主制的基本特点就是这样"②。

因此，**社会化了的人**的思想是马克思关于未来社会论断的核心。在马克思对人的本质做的评论中就已经有了这个思想：不是生物特质而是社会特质构成人的本质。过去的一切社会用各自的方式破坏这个本质。现在的任务就是恢复这一本质的真正的人的内容、价值和形式。这种恢复也就是人的社会化。

虽然这些表达方式具有费尔巴哈的色彩，但在内容上两者存在着本质的区别：这里指的不是抽象的、孤立的个人，而是作为政治共同体即人民中的个体的人。对于马克思来说，提出把**人**作为民主制社会的原则就意味

---

① 马克思，恩格斯. 马克思恩格斯全集：第 3 卷. 2 版. 北京：人民出版社，2002：42.
② 同①40.

着宣告**人民**就是这样的原则。在另一方面谈到未来社会的原则时，马克思写道："……必须使国家制度的运动，使**前进**成为**国家制度的原则**，从而必须使国家制度的实际承担者——人民成为国家制度的原则。这时，前进本身也就成了国家制度。"①

在本质上马克思的观点是反对一切以私有制为基础的社会制度的。"在北美，财产等等，简言之，法和国家的全部内容，同普鲁士的完全一样，只不过略有改变而已。因此，那里的**共和制**同这里的君主制一样，都只是一种国家**形式**。国家的内容都处在这些国家制度之外。因此，黑格尔说得对：政治国家就是国家制度。"②

由此可见，一般说来，作为政治国家的原则不是"物质国家"的原则，即不是市民社会的原则。在略有改变的北美，在普鲁士，私人利益就是市民社会的真正原则。

马克思认为，在民主制下是这样的新社会，一般说来，在这个社会里全民利益不仅成为政治国家的而且也是物质国家的真正利益，即**整个**社会生活、**整个**社会制度的原则。

马克思提出的新的社会政治理想暂时还过于抽象，但它明显地接近于共产主义的理想。那些试图把这种理想看作是资产阶级的理想的人，就像某些研究马克思遗产的国外研究者是毫无根据的，马克思所憎恶的私人利益原则就是资产阶级理想的基础。

**生产关系的秘密还是秘密**

的确，马克思的理想（在形式上，这个理想在《1843 年手稿》中得到了反映）论据还不充足。实际上，那时他提出的社会历史形态的替代草案还不能对未来做出具有科学根据的结论。要知道，国家和市民社会的彼此分离还完全**不能得出**它们的结合是历史的必然这一结论。青年马克思所提出的这种结合还只是社会进一步发展的可能路径之一，还没有**证实**历史应该正是沿着这条道路发展。在 1843 年中，马克思总体上对他所处的现代社会的规律认识得还不够；资本主义的基本经济规律还有待他去发现。而在《1843 年手稿》中**市民社会内部的客观关系**暂时还没有引起马克思应有的注意，他还没有认识到同样受到生产力水平制约的人与人之间的生产关系在社会中的决定作用并以此为依据。他的观点的推进暂时是从两个侧翼实现的，就像神秘对手的迂回包抄一样。其中一个侧翼是对异化社会，即资产阶级社会的产生的**具体**

① 马克思，恩格斯. 马克思恩格斯全集：第 3 卷. 2 版. 北京：人民出版社，2002：72.
② 同①41-42.

**历史的研究**，揭示私有制的本质和规律的意图就是这一研究的直接结果。另一个侧翼是在**抽象理论领域**做进一步的研究，即在唯物主义基础上做研究辩证法的初次尝试。

## 唯物主义的深入和走向共产主义：异化世界和辩证法

在上文中提及的马克思在阐述中的中断，即能够把《1843 年手稿》分成两个主要"部分"的分界线，它与马克思去研究具体历史，特别是去撰写克罗伊茨纳赫笔记密切相关。当然，这个分界线的存在还没有被明确地证明。但不应不考虑到，中断后，从手稿的第**XXIV**印张①，马克思对问题的本身论述也变得更加清楚和具体，似乎是以经验材料的更广泛的知识为依据。这些新的论据，这一具体而大量的材料等是从哪里来的呢？

**克罗伊茨纳赫：感情和思想的飞跃**

看起来，对这些问题的回答首先要与马克思对另一类文献的研究联系起来，这是由他的理论观点的发展需要引起的。

马克思创作手稿不仅是在科隆，而且是在克罗伊茨纳赫，他的未婚妻住在这里，1843 年 5 月马克思自己也来到这里，准备结婚。还是在 1 月份，马克思做出决定迁居国外，他坚决主张不是他一个人，而是和燕妮一起去。他写道："我不能、不可也不想不带着我的未婚妻而离开德国。"②

从这位热情的小伙子向自己心爱的人求婚并得到同意到现在，已经过去七年了，在这七年中很多事情都改变了。但无论时间，还是生活中的困难，都未曾影响他们之间的感情，而只会使它变得更深厚、更牢固。1843 年 3 月马克思在给卢格的信中写道："我可以丝毫不带浪漫色彩地对您说，我正在十分热烈地而且十分严肃地恋爱。"③

证明马克思和燕妮于 1843 年 6 月 12 日订婚的婚约文件还保存着④。过了一周，举行了简朴的婚礼后，他们在燕妮的母亲和弟弟埃德加尔的陪同

---

① 马克思，恩格斯. 马克思恩格斯全集：第 3 卷. 2 版. 北京：人民出版社，2002：94. 从"黑格尔觉得市民社会和政治社会的分离是一种矛盾，这是他的著作中比较深刻的地方"这句话开始。

② 马克思，恩格斯. 马克思恩格斯全集：第 47 卷. 2 版. 北京：人民出版社，2004：49.

③ 同②52.

④ 马克思，恩格斯. 马克思恩格斯全集：第 3 卷. 2 版. 北京：人民出版社，2002：611. 七天后，1843 年 6 月 19 日，马克思和燕妮办理了结婚登记。——译者注

下做了一次短途的新婚旅行，路线是：克罗伊茨纳赫—爱贝尔堡—普法尔茨—巴登—克罗伊茨纳赫。

1843 年夏天是青年马克思一生中真正幸福的时刻。他感情的升华被紧张的理论工作填满了。正是在这一时期，马克思特别强烈地感觉到，为了解决他所面临的问题，自己的具体的历史知识还不够。因此，他从暂时使他中断了对黑格尔《法哲学原理》的批判的新婚旅行回来后，继续撰写这一著作前，专心研究各国历史方面的大量书籍。

### 克罗伊茨纳赫笔记

这些书籍的摘录保存在五个笔记本中，注明的日期是 1843 年 7—8 月，马克思自己还编上了页码。第 1 页封面上他写着"历史政治笔记"。但是，在文献中经常会遇到另一个他写的明确的标题——"克罗伊茨纳赫笔记"。1929 年，在 MEGA[1] 中对这些笔记本给予了详细的描述，包括了几乎所有马克思自己的笔记。但是，只有到 1981 年，克罗伊茨纳赫笔记才第一次完整地发表在 MEGA[2] 中①。

这五册笔记本的手稿超过了 250 页（多于 17 个印张），上面写满了马克思的笔迹，包括 23 本著作的摘要。其中有意大利文艺复兴时期思想家马基雅弗利（Макиавелли）的著作，法国启蒙派孟德斯鸠（Монтескье）和卢梭的著作，还有一些与马克思同时代的英国和法国的国务活动家的著作，例如约翰·罗素（Дж. Рассел）、布鲁哈姆（А. П. Брухэм）、皮埃尔·达鲁（П. Дарю）、费朗索瓦–勒内·沙多勃利昂（Ф. Р. Шатобриан），同时还有那个时代各个历史学派的代表人物的著作，例如德国的约翰·马丁·拉彭贝尔格（И. М. Лаппенберг）、Ю. 默瑟尔（Ю. Мезер）、莱奥波德·兰克（Л. Ранке）、威廉·瓦斯穆特（В. Вахсмут）、约翰·林加尔特（Дж. Лингард）、埃·格·盖耶尔（Э. Г. Гейер），等等。

马克思研究的大部分著作都是描述国别史的，而且是当时流行的一套"欧洲各国史"丛书。这套丛书于 1829 年由阿·赫伦（А. Хеерен）出版，他是在法国启蒙运动和德国启蒙思想影响下的哥廷根学派的历史学家和歌德文献学家、地理学家。出版者不只是想简单地介绍各个国家的历史，而且把注意力集中在欧洲历史中最重要的问题上，对其在国家和政治的理论

---

① Marx—Engels—Gesamtausgabe（MEGA）. Vierte Abteilung, Bd. 2. Berlin, 1981：9−278. 用俄语只发表过克罗伊茨纳赫笔记中一小部分片段：《关于黑格尔对国家的具体历史形式和国家的抽象观念之间的相互关系的观点》；马克思写的这篇短评载于第四册笔记本中对 Л. 兰克主编的《历史政治杂志》的摘录中（参见马克思，恩格斯. 马克思恩格斯全集：第 40 卷. 北京：人民出版社，1982：368−369）。

和历史方面给出一些综合和概括①。

　　所有这一套著作对于许多欧洲国家的历史给予了多方面的介绍——法国、英国、德国、意大利、波兰、瑞典等——从公元前 600 年直至现代这样长一段时期。并且，马克思不是单纯地积累经验材料，而是在对各国的历史相互对照中进行研究，这就使他能够在一些国家的发展特殊性背后发现历史过程的一般趋势。这种对历史规律的理解的特点在于，它的发现同马克思自觉转向唯物主义立场是同时发生的。因此，**马克思已经开始自觉地运用唯物主义作为方法研究历史进程。**

　　在克罗伊茨纳赫笔记中，马克思利用各种方式对原始的科学资料进行选择和分析。有时是从原始材料中逐字逐句地摘录。另一些情况是摘录要点提纲，即自由而简略地叙述材料。可以看到，马克思对事件和叙述按时间的顺序分类，这些分类更清楚地反映了马克思本人的研究兴趣。笔记本中还收集了重要的书目资料（超过 80 本书）。马克思本人的评论——从短评到更为详细的评述，都具有特别的价值。马克思为自己的笔记做的科目索引是对他的研究兴趣的某种概括，索引中注有标题和该摘录内容的页码②。

　　摘要题目异常多样。但是，不难相信，这不是无系统的杂乱无章，而是为了解决一个理论任务（马克思以此任务为基础开始撰写《1843 年手稿》），把有着许多细微差别的材料集中起来，这个理论任务就是，说明国家和市民社会之间的相互关系，以及前者是后者的异化历史。

　　第一册笔记本整个是对 X. 亨利希（Х. Хайнрих）《法国史》（《Истории Франции》）三卷集的摘要，马克思认真地考察了作为其他社会组织之外的政治机构——议会的产生。马克思注意到一个问题，管理社会事务的为数不多的人的特权的产生问题。对皮埃尔·达鲁的《威尼斯共和国史》（《Истории республики Венеции》）一书的摘录也是为专门研究这种特权的产生问题。在第二册笔记本的科目索引中，关于特权问题的题目单独列出，作为研究官僚政治的前提，这种官僚政治使国家与人民相分离。马克思在第三册笔记本中对约翰·马丁·拉彭贝尔格（И. Лаппенберг）的《英国史》（《Истории Англии》）一书作摘要时注意到这样一个事实，即英国议会的议员也和法国的议员一样，大多数都维护的是自己的私人利益，

　　① Marx—Engels—Gesamtausgabe（MEGA）. Vierte Abteilung, Bd. 2. Berlin, 1981：605－606.

　　② 同①607－608.

而不是人民的利益。

在研究国家由市民社会异化而来的历史时，马克思把自己的注意力集中在所有制关系及其对国家和整个社会制度的影响上。在第一册笔记本中对卡洛林王朝的研究结论指出了军事制度和所有制关系之间的联系①。在第二册笔记本中这个题目获得了更广泛的意义：财产是参加选举的条件，私有者对共同体的关系，财产与统治和奴役之间的联系，财产和平等，这还远没有列举出马克思在这里专门阐述的全部问题的清单。在后面的几册笔记本中，马克思阐明了各种所有制形式及与它相联系的社会关系形式的历史性质。在约翰·普菲斯特（И. Пфистер）的《德国人的历史。论起源》（《Истории германцев. По первоисточникам》）一书中一些事实特别引起马克思的注意，这些事实证明，在古代，各种不同形式的土地所有制（自由市民的私人所有制、王室所有制、公社所有制）是德国人的生活基础，地方会议是社会生活的中心；相反，在随后的时期里，当在城市里发展起来的私有制形式的作用有所增长时，社会生活越来越受到国王颁布的全国性的准则和法律的约束。

马克思对私有制感兴趣的所有方面都贯穿着历史主义。马克思甚至能从Ю. 默瑟尔（Ю. Мёзер）的肤浅著作《爱国者的幻想》（《Патрионические фантазии》）一书中汲取有价值的知识，他记录下来的是：古代国家的体制只保障个人本身的自由；后来个人自由受到与土地占有相联的自由的限制；在古代罗马人那里，奴役是一种私法关系，而在德国人那里，农奴的依附是一种国法关系。在克·茹弗鲁瓦（К. Жофруа）的《继承原则和英法的贵族》（《Принцип наследственности и французские и английские пэры》）一书中马克思注意的是英国和法国两国封地的依附关系的发展过程的对比。托·汉密尔顿（Т. Гамильтон）所著的《美国人和美国风俗习惯》（《Люди и нравы в Соединенных штатах Северной Америки》）一书给马克思提供了关于美国尖锐的社会矛盾的材料：联邦主义者反对穷人拥有选举权；黑人虽然在形式上是自由的，但实际上是被鄙视的人，他们的真正解放必须克服白人的种族偏见；虽然在形式上全体公民在法律面前平等，但富人觊觎特权；金钱和生意，这就是美国人的真正上帝②。

正像 В. Г. 莫索洛夫（В. Г. Мосолов）所指出的，马克思对书中的那些内容都做了详细的摘要，如对工人要求的阐述，其中包括那些主张平分财

---

① Marx—Engels—Gesamtausgabe（MEGA）. Vierte Abteilung, Bd. 2. Berlin, 1981：36.

② Marx—Engels—Gesamtausgabe（MEGA）. Vierte Abteilung, Bd. 2. Berlin, 1981：266—275.

产的"过激派"（正如汉密尔顿所说的）。值得指出的是，马克思每次都在汉密尔顿用资产阶级惯用的污蔑来攻击工人的地方停止引用①。马克思在摘录约翰·马丁·拉彭贝尔格的《英国史》第二卷时，注意的中心是这样一个观点，即现今私有制体系是长期发展的结果。

马克思在考察 2 500 年来社会过程的多样性时，清楚地意识到法国大革命的世界历史意义，因此他力求尽可能更深入、更详尽地研究这一事件——它的准备阶段、进程和后果。由马克思做过摘要的大部分书籍正是关于法国历史的，这些书籍几乎全部都以这种或那种形式涉及 1789 年革命。例如第二册笔记本的内容就是 K. 路德维希（K. Людвиг）的《近五十年历史》（《Истории последних пятидесяти лет》，1833 年）一书的摘要，其中马克思把注意力放在了和革命相关的政治过程和社会过程上。在这里，他摘录了 Ж. 贝勒尔（Ж. Бейлел）对德·斯泰尔夫人有关法国革命的著作所做的批判性分析。在对这些书的摘要所做的科目索引中，马克思专门标出了这些题目：封建制度的结构；革命前三个等级的相互关系；财产及其后果，"私有制的巴托罗缪之夜"②；没收教会财富和满足国家债权人的主张③；最高限额和恐怖制度④。

马克思从威廉·瓦斯穆特（B. Ваксмут）的《革命时期的法国历史》（《Истории Франции в революционную эпоху》）一书中汲取了关于法国革命进程本身的重要资料。他从中摘录了著名的 1789 年《人权宣言》（《Декларации прав человека и гражданина》）和 1791 年宪法中的很多段落（后来，马克思不仅把它们用在了《1843 年手稿》中，而且还用在了《德法年鉴》的文章中）。在这里，他还了解了孔多塞（Кондорсе）、德穆兰（Демулен）、丹东（Дантон）、阿贝尔派（эбертист）、罗伯斯庇尔（Робеспьер）、长裤汉（санкюлот）以及其他人的革命活动中的波折。

马克思从费朗索瓦-勒内·沙多勃利昂（Ф. Шатобриан）关于法国

---

① Отв. Ред. Э. А. Желубовская. Маркс-историк. М. 1968：100—101.

② 这里指的是 1879 年 8 月 3 日至 4 日夜，制宪会议在农民起义的压力下宣布完全废除封建制度：无偿废除个人义务，废除教会什一税，等等。

③ 在这一点上马克思注意的是国民议会在对待私有财产的问题上矛盾：牺牲一个等级（僧侣）的私有财产，以保障另一个等级（借贷给王权的大资产阶级）的私有财产。参见 Marx—Engels—Gesamtausgabe（MEGA）. Vierte Abteilung, Bd. 2. Berlin, 1981：85.

④ 指的是雅各宾党人专政时期革命政府实施的一系列制度：强迫对生活必需品的最高限价，严格商业规章，严厉打击投机活动。这些措施限制了支配财产的自由，引起资产阶级的极度不满。参见 Marx—Engels—Gesamtausgabe（MEGA）. Vierte Abteilung, Bd. 2. Berlin, 1981：116.

1830 年 7 月革命后的复辟和立宪君主制的两本小册子中所做的摘录，从 Ш. 拉克雷特尔（Ш. Лакретел）的《复辟后的法国史》（《Истории Франции после песта врации》）和 К. 兰齐措勒（К. Ланцицолле）的《论七月革命的原因、性质和后果》（《О причинах, характере и последствиях июльских дней》）等著作中所做的摘录，以及从这一时代的某些杂志和报纸上所做的摘录都是用来研究革命以后发生的事件的。

在第四册笔记本里，马克思在摘录的同时，还编纂了近 200 本关于法国史的书目，包括资产阶级古典历史学家的著作：基佐（Гизо）的《法国史纲》（《Очерки истории Франции》）和《法兰西文明史》（《История цивилизации и во Франции》），梯叶里（Тьерри）的《法国历史通信》（《Письма об истории Франции》）和《查理大帝逝世后国内关系的转变》（《Преобразования внутренних отношений после смерти Карла Великого》）。马克思对法国革命的历史以及与此相关对整个法国历史的日益增长的兴趣，使他在 1843 年底产生了编写一部国民公会史的计划①。但是，在 1844 年马克思加紧了对经济学问题的研究，因此干扰了这个计划实现。

### 笔记和手稿的共同点

在研究历史问题的过程中得到的具体材料对于马克思撰写《1843 年手稿》起着极为重要的作用，它不仅为马克思提供了新的经验论证，而且还促使他更深刻地理解所研究的问题的本质②。

将《1843 年手稿》第二部分的某些片段和表述与克罗伊茨纳赫笔记相比对就不难发现，前者带有这个笔记的一些痕迹。此外，很明显马克思在这些笔记的影响下对手稿的第一部分做了增补。以下就是例证。

还是在 1843 年 5 月，马克思在从科隆写给卢格的信中说，法国革命是

---

① H. P. Jaeck. Der junge Marx und die französische Revolution von 1789. In： W. Förster (hrsg.). Bürgerliche Revolution und Sozialtheorie. Studien zur Vorgeschichte des historischen Materialismus (1). Berlin, 1982.

② 马克思把克罗伊茨纳赫笔记中大量而丰富的材料不仅用在了《1843 年手稿》上，而且也用到了随后的一系列著作中，包括《论犹太人问题》（《К еврейскому вопросу》）和《〈黑格尔法哲学批判〉导言》（《К критике гегелевской философии права. Введение》），以及《经济学哲学手稿》（《Экономическо-философиских рукописях》）和《德意志意识形态》（《Немецкой идеологии》）。实质上，关于历史的研究马克思持续了他的一生。在《马克思是一位历史学家》（《Маркс—историк》）一书中就多方面地分析了历史研究在马克思观点的形成和发展中的作用。Отв. Ред. Э. А. Желубовская. Маркс-историк. М., 1968.

"重新使人恢复为人的法国革命"①。现在，在掌握了一些新的历史材料后，他得出了另一个结论：法国革命实现了国家同市民社会的分离，其结果是"他就不得不与自己**在本质上分离**"②。

正如已经谈过的，在第一册笔记本和其他册笔记本中，特权的产生的问题吸引了马克思的注意。这个问题在《1843 年手稿》的第二部分里也得到了反映，在那里他写道："人们常说，在中世纪，权利、自由和社会存在的每一种形式都表现为一种**特权** ……"③ 在这里马克思指的是作为总根基的私有财产。

在第二册笔记本关于 K. 路德维希所著的《近五十年历史》一书的摘要中，以及在关于这册笔记本、带有引用这本著作的科目索引中，马克思都使用了 "制宪议会"（assemblée constituante）这一表达。《1843 年手稿》第一部分中，就有一个相应的增补放在主要文本之后："有人曾企图用区分 assemblée constituante［制宪议会］和 assemblée constituée［宪制议会］的办法来解决这个冲突。"④ 手稿的影印件可以证明这个后来的增补⑤。

值得注意的是，正是在中断后，在手稿中可以看出马克思把更多的注意力放到了对市民社会及其内部结构的研究上——在批判黑格尔的国家学说后，紧接着他就明确打算把注意力转向 "批判黑格尔对市民社会的看法"⑥。既然这个打算证明了马克思的论证过程并不符合黑格尔《法哲学原理》的总逻辑（在《法哲学原理》中，"市民社会" 部分位于 "国家" 部分的前面），那么可以得出结论，在克罗伊茨纳赫历史问题研究的影响下，马克思修正了自己最初的计划。

马克思在阅读莱奥波德·兰克（Леопольд Ранке）的《历史政治杂志》（《Историко-политического журнала》，1832—1836 年）时所写下的意见也有代表性。马克思指出，在历史发展过程中，在一定条件下各种历史因素之间的关系能发生急剧的变化：起决定作用的东西和被决定的东西在地位上会互换。例如，有这种情况，一直主宰人民命运的等级会突然被以前位于其下的某一个等级取代了自己的统治地位。但是，保守势力会把这种变

---

① 马克思，恩格斯. 马克思恩格斯全集：第 47 卷. 2 版. 北京：人民出版社，2004：57.

② 马克思，恩格斯. 马克思恩格斯全集：第 3 卷. 2 版. 北京：人民出版社，2002：96.

③ 同②136.

④ 同②74.

⑤ ЦПА ИМЛ，ф. 1，оп. 1，ед. хр. № 113，с. 69.

⑥ 马克思，恩格斯. 马克思恩格斯全集：第 3 卷. 2 版. 北京：人民出版社，2002：100. 还可以参见第 103 页。

化看作只是一种偶然的、表面的现象，在这之后必然应该会恢复到当年的好时光。因此，反动势力以为，似乎它们的过去将是现在的结果，换句话说，他们认为"旧世界就是新世界观的真理"。马克思把这类意识形态幻想称为**"政治神学"**①。

马克思正是把黑格尔的法哲学描述为德国社会保守势力的政治神学，在这个法哲学中当时已经过时的普鲁士国家形式被描绘成符合国家的"真正理念"：

"当黑格尔把国家观念的因素变成主语，而把国家存在的旧形式变成谓语时——可是，在历史真实中，情况恰恰相反：国家观念总是国家存在的［旧］形式的谓语——他实际上只是道出了时代的共同精神，道出了时代的政治神学。这里，情况也同他的哲学宗教泛神论完全一样。……这种形而上学是反动势力的形而上学的反映，对于反动势力来说，旧世界就是新世界观的真理。"②

马克思在《1843年手稿》中似乎直接进一步阐述了第四册笔记本中的这个思想。他指出，黑格尔把新时代已经失去政治意义的等级同中世纪具有这种意义的等级在这个意思上混为了一谈，马克思得出结论："这还是那一套**非批判性的、神秘主义**的做法……这种**神秘主义**，既构成了现代国家制度（主要是等级制度）的一个谜，也构成了黑格尔哲学、主要是他的**法哲学和宗教哲学**的奥秘。"③

在分析现实历史过程及其在兰克式的反动分子那里形成的错误概念时，在把这些概念同黑格尔的法哲学进行比较时，马克思弄清了意识形态现象（黑格尔哲学）和产生这种现象的社会政治关系的性质之间的联系，也就是向历史唯物主义迈出了重要的一步。

现在，对大量历史材料的灵活掌握使得马克思能判定，黑格尔在维护现代国家中等级的政治职能时，"不是用人所共知的名称来称呼这里所谈论的问题。争论的问题在于是**代议**制还是**等级**制。代议制是一大进步"④。正因为马克思现在能更加具体地看出黑格尔的立场同现实的历史过程之间的联系，因此，他着手对黑格尔《法哲学原理》第303节进行了第二次评论。

---

① 马克思，恩格斯. 马克思恩格斯全集：第40卷. 北京：人民出版社，1982：368，369.

② 同①368-369.

③ 马克思，恩格斯. 马克思恩格斯全集：第3卷. 2版. 北京：人民出版社，2002：104.

④ 同③94-95.

### 法国革命完成了国家异化

马克思在做克罗伊茨纳赫笔记的过程中更加深刻、更加具体地理解了国家与市民社会相异化的过程。他写道:"历史的发展使**政治**等级变成**社会**等级……从**政治等级**到**市民等级**的真正转变过程是在**君主专制政体**中发生的。"①

可见,马克思的方法本身发生了改变。对现实历史过程的阐述代替了主要是逻辑上的反证。理论上的必然性让位给了事实上的可靠性。结果,甚至是黑格尔、费尔巴哈,以至于马克思常用的那些不太确定、可以有各种解释的术语本身,现在同十分明确的历史现象结合起来,并因此获得了极大的准确性。

方法的准确性是由内容的准确性决定的。马克思简明地阐述了上述历史过程的本质:在国家统一的理念的掩饰下,官僚政治限制了等级的政治功能;但是,在某一时期内等级的这些功能继续同官僚政治的职能**同时**存在。什么时候等级的功能才能**完全**被官僚政治侵占呢?逻辑是不能帮助马克思回答这个问题的。他从历史中获得了答案:"只有法国大革命才完成了从**政治**等级到**社会**等级的转变过程,或者说,使市民社会的等级差别完全变成了社会差别,即在政治生活中没有意义的私人生活的差别。这样就完成了政治生活同市民社会的分离。"②

这个结论可以称得上是纲领性的结论,因为法国大革命是有世界历史意义的事件,一百多年来,直到伟大的十月革命,它们都是一切国家的革命者划分时代的基础。正像现在客观地评价十月革命的历史地位一样,当时客观评价法国大革命也是衡量一个革命者成熟的标志。而马克思卓越地经受了这一考验。

由于社会经济形态学说尚未形成,还不能准确地把法国大革命的内容本身确定为从一种形态过渡到另一种形态的交叉点。但马克思仍然能够大致确定它在不断发展的历史中的地位:

(1)他认为法国大革命的**巨大进步**在于,它废除了等级的特权,并宣布人的一切政治权利是每个人的不可剥夺的财产。今天,"人民的单个成员在他们的政治世界的天国是**平等的**"③。

(2)但它**只是**完成了当时摆在人类面前的**第一步**,而不是最重要的一步。人们"在**社会**的尘世存在中却不平等"④。社会平等将是新的革命,必

---

①②③④ 马克思,恩格斯. 马克思恩格斯全集:第3卷. 2版. 北京:人民出版社,2002:100.

然要到来的革命的结果，因为正如马克思已经认识到的，要建立新的制度，逐渐过渡总是不够的，需要经过一场真正的革命①。

在这里，马克思的共产主义方向是非常明显的，尽管"共产主义"一词还没有说出来。

**分裂的人**

总之，法国大革命的结果建立了一种社会制度，贯穿了作为现实生活原则的私有制和只有在人的政治生活的天国里才存在的人的共同本质之间的矛盾。这种社会分裂的结果是，现实的人不得不使自己在本质上二重化："作为一个**现实的市民**，他处于一个双重组织中：处于**官僚组织**——这种官僚组织是彼岸国家的即不触及市民及其独立现实性的行政权的外在的和形式的规定——和**社会组织**即市民社会的组织中。但是，在后一种组织中，他作为一个**私人**处于国家之外；这种社会组织不触及政治国家本身。第一种组织是国家组织，它的**质料**总是由市民构成的。第二种组织是**市民组织**，它的质料并不是国家。"②

这样，在《1843年手稿》（还是在《经济学哲学手稿》之前）里，马克思从自己关于现代社会是异化了的社会的观点发展出关于这个社会的人的分裂的结论，或者正如他后来所说的，这个社会的人的"内心矛盾"（разорванность）。

**处于统治形式之外的人**

由此马克思得出结论，人不是社会的真正成员，既不是官僚组织（因为它只是公民社会的形式主义）的成员，也不是社会组织（因为它是市民社会的组织，即它是建立在私人利益原则基础上的）的成员。因此，为了成为**真正的**社会成员，人就必须摆脱这两个组织——"离开这整个组织而进入自己的个体性"③。这个结论不是鼓吹个人主义，就像第一眼看上去的那样：当摆脱了同人的真正本质异己的、现有共同体形式时，个人才第一次露出**人的**个体性。马克思自己的生活道路就是这方面明显的例子：当他同小资产阶级的家庭环境决裂，然后又同反动的普鲁士政府决裂后，马克思摆脱了束缚他积极性的那些共同体形式，并得到了作为人和公民的真正自由。正是走这条道路，他才获得了坚定地为人类的崇高理想而奋斗的可能。因此，马克思的这个结论绝不是抽象的逻辑推理，而是经历了一段饱

---

① 马克思，恩格斯. 马克思恩格斯全集：第3卷. 2版. 北京：人民出版社，2002：72.

② 同①96—97.

③ 同①97.

受痛苦的生活得来的。

当然，类似这样出于**责任使命**而与周围环境决裂的人并不是很多。但是，我们可以把马克思所做出的结论用于更广泛的人群——那些现存社会的成员，他们**由于这个社会本身的规律**而不依赖其意志地处于共同体统治范围**之外**。在《1843年手稿》中，马克思本人还没有弄清楚这种联系，但为此已经有了必要的前提。

因此，在谈到现代市民社会中的等级的流动的特点时，马克思强调，"**丧失财产的**人们和**直接**劳动的即具体劳动的**等级**，与其说是市民社会中的一个等级，还不如说是市民社会各集团赖以安身和活动的基础"①。因此，在历史发展的进程中形成的人类集团，在异化社会中其客观状况是处于正式确定的共同体之外的。

**人的对象性本质的异化**

在研究具体历史的时候，这样一些现象就出现在马克思的视野里，如"需要的差别和劳动的差别"、"城乡之间的差别"以及另外一些具体的劳动关系。诚然，他还没有认识到这些关系的全部重大意义，但他已经觉察到它们与现代社会问题有关。

马克思写道，如果中世纪使人同自己的普遍本质分离，那么"我们的时代即**文明时代**，却犯了一个相反的错误。它使人的**对象性**本质作为某种仅仅是**外在的**、物质的东西同人分离，它不认为人的内容是人的真正现实"②。

因此，马克思承认人的对象性活动是人的内容，甚至是人的本质。诚然，只有在中世纪，当国家生活与市民社会的生活处于实体性统一的时候，对象性活动才同人的社会内容紧密地联系在一起。由于在现代社会中这些领域的异化，对象性活动变成了仅仅是个人的私事，并因此失去了自己的真正的人的性质。现在它作为某种在人之外的，同人相分离、相异化的东西。

在这里，马克思打算分析异化劳动的态度很明显。当然，无论是这种态度的意义，还是上述详细分析过的、包含在《1843年手稿》中的关于人的分裂的思想的意义，都不应做过高的评价。在这里，马克思主要是在描述市民社会和国家之间的**关系**时才使用"异化"范畴本身。在分析市民社

① 马克思，恩格斯. 马克思恩格斯全集：第3卷. 2版. 北京：人民出版社，2002：100-101.

② 同①102.

会本身时还没有使用它，因为在这里一般还没有进行这种分析，而只有决定酝酿成熟了才去进行。

在手稿的最后几个印张上，马克思开始使用这个范畴来描述资产阶级社会中的人的这一事实非常有意义：它为理解资产阶级世界的存在和即将到来的灭亡的问题的实质铺平了道路。

在提出上面得出的关于我们的时代使人与其对象性本质相分离的观点后，马克思在这里又做了一个标注："关于这一点要在《市民社会》这一章中作进一步阐述。"① 这个分析我们没有见到，大概他完全没有做：马克思没有批判关于市民社会（经济）制度的**哲学**学说，而选择去分析**经济**理论。这一分析的结果就产生了《经济学哲学手稿》，它的中心问题是异化问题。

在那里，在涉及这些或其他一些问题的时候，马克思对黑格尔的辩证法加以彻底的改造，但这一改造的某些雏形已经在《1843 年手稿》中概括出来了。

**矛盾的类型**

在手稿的最开始，马克思就判定了黑格尔所规定的国家的二律背反的性质。随着批判的深入，随着发现和研究黑格尔哲学中反映出来的现实本身的矛盾，对于马克思来说，这个二律背反的深刻的方法论意义就变得越来越明显："……黑格尔的深刻之处，正是在于他处处都从各种规定（如我们各个邦所存在的那类规定）的**对立**开始，并且强调这种对立。"②

但是，当黑格尔把绝对理念当作是世界的本质时，他也就把现实的矛盾看作只是这个普遍本质的表现和存在方式。但是同一个本质的存在方式的矛盾只是特定的矛盾类型：存在的矛盾。存在的矛盾具有最不可调和、最尖锐的性质，它是**本质本身**中和**各种本质之间**的矛盾。

在黑格尔哲学中根据需要各种矛盾都被说成是存在的矛盾。因此"黑格尔的主要错误在于：他把**现象的矛盾**理解为**观念中**、本质中**的统一**，而这种矛盾当然有某种更深刻的东西，即**本质的矛盾**作为自己的本质"③。

既然黑格尔把矛盾归结为现象，最终归结为表象，因此他只能满足于单纯从表面上来解决这种矛盾，并把它看作是事情的本质本身。用某个第三要素作为矛盾双方的中介就是黑格尔这种"克服"矛盾的典型方式。

---

① 马克思，恩格斯. 马克思恩格斯全集：第 3 卷. 2 版. 北京：人民出版社，2002：102.

② 同①69—70.

③ 同①114.

例如，黑格尔不能发现现代立法权中两个完全不同的原则的冲突：共同利益和私人利益的冲突。但他力图证明，这仅仅是存在的矛盾，在国家的理念中是统一的。他把等级提升作为中介要素。马克思写道："在'各等级'中汇集了现代国家组织的一切矛盾。它们是各方面的'中介者'，因为在各方面，它们都是'中介物'。"①

但是，任何思辨的构思都不可能掩盖本质矛盾的存在。因此，黑格尔事实上不得不把国家组织的所有要素轮番加之于中介物的作用，包括国王在内，君王的必要性，他似乎是用作为等级和……政府中间人的积极作用来论证！

马克思得出结论："在这里，这些极端的荒谬性完全暴露出来了，它们时而起着极端作用，时而起着中项作用。"② 他还指出，现实的矛盾之所以不能调和正是因为它们是现实的："……它们也不需要任何中介，因为它们具有互相对立的本质。它们彼此之间没有共同之点，它们既不相互需要，也不相互补充。一个极端并不怀有对另一极端的渴望、需要或预期。"③ 也就是说，这是两个不同本质的对立。

**黑格尔逻辑的二元论**

黑格尔能够制造现实矛盾和解的假象，是因为他能把它们变成**逻辑上**的对立面。但同时他又把逻辑上的对立面（例如，普遍性和单一性是推理的两个方面）看成**真正的**对立。"这正是他的逻辑学中的基本的二元论。关于这一点留待批判黑格尔的逻辑学时再作进一步的研究。"④

我们集中看看下面两段文字中所做的"进一步"结论："看来与此相对立的是下述说法：两极相通，北极和南极相互吸引，女性和男性也相互吸引，而且也只有男女这两极差异相结合，才会产生人。

从另一方面说，任何极端**都是**它自己的另一极端。抽象**唯灵论是抽象唯物主义**；抽象唯物主义是物质的**抽象唯灵论**。"⑤

所引的两段中的第一段谈的完全是日常事情，相反，第二段则谈的是**哲学的基本问题**，因此，青年马克思的研究者们都把注意力集中在第二段上，总的上下文的内容却脱离了他们的视野。而离开上下文孤立地看，这段话表明，似乎马克思承认自己的立场是二元论的。

① 马克思，恩格斯. 马克思恩格斯全集：第 3 卷. 2 版. 北京：人民出版社，2002：86. ——译者注
② 同①109.
③④ 同①110.
⑤ 同①110-111.

事实上不论是第一段还是第二段，马克思都阐述了对上述论点（"真正的极端之所以不能互为中介，就因为……"①）的**可能产生的反对意见**。

这种看法的正确性可以从下面的文字得到证明。马克思写道："就第一种情况而言，北极和南极，二者都是**极**，它们的本质是同一的；……就第二种情况而言，这里的主要规定在于：一个**概念**（定在，等等）可以**抽象地把握**；它不是作为一种独立的东西而具有意义，而是作为从某种他物中得出的**抽象**并且仅仅是作为这样一种**抽象**才具有意义。例如，精神只是从物质中得出的**抽象**。这样就很明显，这个概念——因为这种形式应当成为它的内容——其实正好是**抽象对立面**，是对象，它就是从这种对象中抽象出来的，存在于这种对象的抽象中。"②

因此，第二段表达的不是马克思的立场，而是可能反对它的"第二个反对意见"。在第三段中马克思对这个"第二个反对意见"提出了**反证**——正是这个反证解释了马克思自己的观点。

这个观点的实质在于：如果对立的概念（物质和精神）不是在它真正的内容中去把握，而**只是作为**其对立面的**抽象理念**（"现存的存在"——只是作为逻辑的概念，也就是作为精神的抽象理念，而"精神"——也只是作为物质的抽象理念），也就是说，**事实上**是把它们作为没有独立意义的东西去**把握**，但同时又作为完全独立的本质来表现，这样，事实上"**抽象唯物主义**是物质的**抽象唯灵论**"，反之亦然③。

**理解特殊对象的特殊逻辑**

这种二元论（黑格尔就是借助它来调和真正的极端）的基础是"在**一种本质所存在的范围内的差别**既没有同**转化为独立本质的抽象**（当然不是从某种他物中得出的抽象，而是本来就从自己本身中得出的抽象）相混淆，也没有同相互排斥的各种本质的现实对立面相混淆"④。

---

① 马克思，恩格斯. 马克思恩格斯全集：第3卷. 2版. 北京：人民出版社，2002：110.

② 同①111.

③ 青年马克思和青年恩格斯在这个问题上的表述令人叹为观止的一致。在1843—1844年之交，恩格斯在《政治经济学批判大纲》中写道："18世纪这个革命的世纪……然而，正如这个世纪的一切革命都是片面的并且停留在对立的状态中一样"。这样，哲学领域里的革命导致"抽象的唯物主义和抽象的唯灵论相对立……到处依然存在着下述前提：唯物主义不抨击基督教对人的轻视和侮辱，只是把自然界当作一种绝对的东西来代替基督教的上帝而与人相对立"。马克思，恩格斯. 马克思恩格斯全集：第3卷. 2版. 北京：人民出版社，2002：442，443.

④ 同①111.

在这种混淆的土壤中会产生"三重错误"：（1）任何抽象和片面性都以只有极端是真理为根据自命为真理；（2）把现实对立面的鲜明性看作是某种有害的东西；（3）企图调和这些对立面。

第二个错误是试图缓和斗争的尖锐性的自由派所固有的。第三个错误首先对于黑格尔来说是有代表性的。显然，只有第一个错误需要专门加以研究。为什么肯定地说，任何极端片面性都是真理这种说法是错误的？马克思写道，那是因为不论两个极端表现得多么真实和多么极端，它们的地位也不相同："……成为极端这一特性，却仍然只包含在其中一个极端的**本质**中，对于另一个极端则不具有**真正现实的意义**。一个极端占了另一个极端的上风。"①

例如，宗教和哲学就是两个极端。但这不意味着它们两个都是真理：哲学认为，宗教实际上是一种幻想；因此宗教是一个形不成真理的对立面。在"抽象唯灵论"方面，马克思也能这么说。

因此，只揭露对象的矛盾性是不够的。必须了解这个矛盾性的特点，并揭示哪一方面包含着真理。

费尔巴哈开辟了一条理解这个特点的正确道路。他在揭露基督教的虚幻本质时丝毫没有局限于纯粹的逻辑推论，而是**历史地**对待这个问题。以前的宗教批判者用指出"一"和"三"两个概念之间的矛盾来批驳神圣的三位一体的教条，因而没有跳出教条式的批判的框架，与他们相反，费尔巴哈揭示了神圣三位一体内在地起源于人脑，并描述了这个教条产生的经过。这才是真正的批判。

诚然，历史主义深刻地浸透于黑格尔的全部概念之中。但黑格尔把历史本身也归纳为逻辑，把对具体对象的理解归纳为对对象中的逻辑概念的探究，结果只是出现了对对象真正认识的幻想。

黑格尔试图把经验事实说成是虚幻的东西，经验事实不仅用出卖黑格尔关于这一思想本身的虚幻性来报复它，而且在黑格尔的结构中，经验事实最终整体上是作为真理出现的。马克思强调，"……把某种**经验的存在非批判地**当作观念的现实真理性"②。

青年黑格尔派，尤其是"自由人"也对黑格尔试图通过调和矛盾的方法探索关于矛盾的真理进行批判。但这是一种庸俗的批判，它陷入了与黑格尔相反的"**教条主义的**错误。例如，它批判宪法。它注意各种权力的相

① 马克思，恩格斯. 马克思恩格斯全集：第3卷. 2版. 北京：人民出版社，2002：112.
② 同①51.

互对立，等等。它到处发现矛盾。它甚至还是那种同自己的对象**作斗争**的教条主义批判……对现代国家制度的真正哲学的批判，不仅揭露这种制度中存在着的矛盾，而且**解释**这些矛盾，了解这些矛盾的形成过程和这些矛盾的必然性。这种批判从这些矛盾的**本来**意义上来把握矛盾。但是，这种**理解**不在于到处去重新辨认逻辑概念的规定，像黑格尔所想像的那样，而在于把握特有对象的特有逻辑"①。

因此，科学认识的真正任务在于，要具体地揭露其特殊的对象中存在着的真正的矛盾根源，并把握这个对象的特殊逻辑。

马克思不是简单地宣布这个非常成熟的方法论结论。他力求把它运用到研究像黑格尔哲学这样的问题中去，而且还运用到研究具体生活的问题中去（特别是在手稿的最后几个印张中明显地感觉到，马克思依靠了克罗伊茨纳赫笔记的广泛材料）。

### 私有财产权力的起源

于是，在这里马克思开始尝试对国家和私有财产之间的关系问题做历史的研究。这一研究的范围极为广泛——从古罗马的成文法一直到黑格尔的法哲学：

"私有财产既有**罗马人的**理智也有**日耳曼人的**情愫。在这个场合，把私有财产发展上的这两个极端对比一下，是会有启发的。这会帮助我们解决现在讨论的这个政治问题。"②

马克思于 1837 年开始对法权问题的研究似乎绕了一个圈子：当时他正是以罗马法为例试图把一种唯心主义哲学贯穿于全部法学体系；现在，经验和知识更加丰富的他又回到了罗马法，但已经是另一个目的了——运用**唯物主义**哲学原理来分析社会。

马克思认为，罗马人最初是以古典的方式制定了作为抽象人格的私有财产的权利。他们摆脱了故弄玄虚，主要的兴趣在于："阐明并规定作为私有财产的**抽象**关系而产生的那些关系。私有财产的真正基础，即**占有**，是一个**事实**，是**无可解释的事实，而不是权利**"③。

罗马人也同样清醒地看待君王的权力：他们整体上是在私人权力的规范范围内来解释君王的权力的，也就是说，他们把私人权力看作是国家权力的最高规范。同时皇帝的权力本身正是作为某个私人权力表现出来，是

---

① 马克思，恩格斯. 马克思恩格斯全集：第 3 卷. 2 版. 北京：人民出版社，2002：114.
② 同①136.
③ 同①137.

经验意志本身的主权。

罗马法的特点是承认遗产法的自由，并且总地说来是承认占有者任意对待财产的态度。在这里不是财产支配人，而是人支配财产。这个原则适用于一切人，直到皇帝本人，他并不是把私有财产看作是自己和自己臣民之间的纽带，而是任意地支配它。

与罗马人相反，日耳曼人是私有财产的神秘主义者。财产的神秘主义明显地表现在像长子继承权这类经济政治制度的发展上。长子继承权是**国家**规定的一条法律原则，根据这条法律原则，**全部私有财产**在他的占有者死后只能归他的长子所有。在这里，人作为所有者甚至连自己最后的权利——遗嘱权利都不自由。马克思写道，私有财产的"不可让渡"是普遍意志自由和伦理的**"可以让渡"**①。

同时马克思无论是在提出，还是在解决国家和私有财产的相互关系问题方面都达到了异常地精确："政治国家对私有财产的权力究竟是什么呢？是**私有财产本身的权力**，是私有财产的已经得到实现的本质。同这种本质相对照，政治国家还剩下什么呢？剩下一种**幻想**：政治国家是规定者，可它又是被规定者。"② 在这里，国家的权力和私人的权利相分离并且相对立。但是，也正是在这里私有财产是政治制度的保障。"这样一来，国家制度在这里就成了**私有财产的国家制度**。"③

从马克思观点发展趋势的角度上看，这些结论具有巨大的意义。但是，不应该把在《1843年手稿》中关于国家依赖于私有财产的内容表述同历史唯物主义范畴直接联系起来，在当代马克思主义者的意识中这些范畴是与"私有财产"概念联系在一起的，而这些范畴在当时还尚未被研究。

正如过去的一年（1843年）一样，马克思首先感兴趣的是私有财产是**私人利益**粗陋的、无灵魂的（在这个意义上是物质的）**体现**，因此是作为人类一员的个体的社会本质的对立物。但还没有谈到私有财产是社会的**生产关系**的表现。

因此，这里只是具备了一些为作为完整概念的科学世界观的产生做准备的个别因素，但还不是这个概念本身。

---

① 马克思，恩格斯. 马克思恩格斯全集：第3卷. 2版. 北京：人民出版社，2002：126. ——译者注

② 同①124.

③ 同①135.

# 完整的科学世界观的起源

# 第一章
# 共产主义者的起始线

1843 年 10 月初，马克思和燕妮一起离开德国，不久来到为《德法年鉴》选择的出版地——巴黎。在这里卢格、赫斯、出版商福禄培尔（Фрёбел）和杂志的其他撰稿者正等着他们。杂志的出版事宜已经安排就绪：吝啬的卢格舍得拿出 6 000 塔勒保证杂志最初的出版，现在马克思的任务是尽可能快地准备最初几期的文章。

看来，局面有利于新的事业。卢格在夏天拜访过的几个德国激进分子答应用自己的文章和推广杂志来支持他。在巴黎生活着 85 000 名德国人，其中有不少是知识分子，他们将是这份出版物的可能订户。最后，法国人本身也不会不对这份杂志感兴趣，因为它的目的就是使两个民族互相接近。

卢格习惯于以一些带有共产主义色彩的人道主义词句出风头，他甚至建议杂志的几个主要撰稿人——他本人、马克思、海尔维格和其他人，包括他们的家属——组成一个类似于生活公社的团体：住在一个房子里，共同为日常开销支出，共用一个厨房、餐厅等等①。但这样的决定维持了不久：卢格的激进的共产主义词句和马克思树立起来的原则性的共产主义信念之间的分歧在研究杂志的方案时已经出现了。

## 《德法年鉴》的两个方案

杂志的第一期的两辑合刊于 1844 年 2 月底出版。杂志以卢格的《〈德法年鉴〉的计划》开篇。但《1843 年通信》是杂志总内容的事实上的导

---

① K Marx., F. Engels. Gesamtausgabe. Erste Abteilung, Bd. 3. Berlin, 1932：315.

言，包括卢格、马克思、费尔巴哈和巴枯宁写的八封信，揭示了创办杂志思想本身的社会政治前提和社会心理前提。

**信中的事情**

《1843 年通信》不是一个普通的纪实（也就是完全由作者本人写的）文献集。1843 年 12 月 19 日卢格告诉福禄培尔："我还要根据巴枯宁、费尔巴哈、马克思和我的一些信的原件写几封信。"① 既然信的原件没有了，就很难判断卢格究竟改写了多少，但毫无疑问，他对某些信件做了重要的修改，为了把它们组成一个具有统一政治思想的完整的文献作品。结果就获得了以下述方式展开的特殊的情节：

第一幕：登场人物——1843 年 3 月在荷兰旅行的**马克思**。他给卢格的信好像是整个《通信》的序曲；两种相对立的主题交织在一起构成了这封信的内容：为现在的声名狼藉的德国感到羞耻和坚信革命即将来临。

第二幕：德国柏林，同样是 3 月，**卢格**登台，他扮演的角色是 1842 年激进派运动的积极参加者之一，现在这些人在失败的影响下放弃了自己先前的理想，并准备离开斗争场地。

第三幕：5—6 月，德国各地；《通信》的所有参加者：马克思、巴枯宁、费尔巴哈，每个人都用自己的观点让卢格相信，他的悲观情绪是没有根据的。**马克思**对于有幻想倾向的指责进行了驳斥，并且声明，他是按照世界的本来面目观察它：这是一个庸人的世界，是一个政治动物的世界。但正因为这个世界降到了最低水平，更深入的反动已经不可能了，一切进一步的运动只能是实现向民主制的人的世界的过渡。**巴枯宁**坚信，哲学在 19 世纪的德国也应该起到像它在 18 世纪的法国那里光荣地实现的作用；只需要像法国人一样，不在学术理论的空中孤立的生活，而是把人们吸引到自己一边来。最后，**费尔巴哈**以智者的淡定认为，在德国不会很快就取得成效，并且为此必须把人们头脑中的旧的观念消除掉，灌输新的原则；因此，如果有可能为新的原则创办一份新的机关报，那么就不应该拖延。在这些论证的影响下，**卢格**逐渐同意了行动的必要性的思想。

第四幕：8 月，剧情转移到了国外，在巴黎；**卢格**登场，他向马克思说："新阿那卡雪斯（巴枯宁——拉宾注）和新哲学家（费尔巴哈——拉宾注）说服了我……德国同盟正确地禁止了《**德国年鉴**》的复刊，它向我们喊道：不要任何形式的复刊！这多么的合理！……如果我们总是

---

① Marx—Engels—Gesamtausgabe（MEGA）. Erste Abteilung, Bd. 2. Berlin, 1982：939.

想做点什么的话，我们应该干一番新的事业。商务方面的事我来做。我们期待着您。请来信谈谈您对我附在这封信后的新杂志的方案的意见。"①

因此，《通信》的意图在于，首先激起德国读者对德国形势的羞耻感，然后通过卢格在第一封信中流露出的绝望和怀疑使读者认识到自己的绝望和怀疑，之后通过一封又一封信逐步打消这种怀疑，并使读者下定决心，进行新的斗争和接受新的革命原则——《德法年鉴》方案。

显然，在实现这个意图时，卢格对自己的原信也做了修改；他利用这些信来表现一个曾经绝望了的激进派分子的演变，而不是他本人的态度，他本人的态度毫无疑问是另一个样的：如果在3—5月他真的处于绝望状态并对德国人民的未来完全失去信心，那么也不会在那时进行《德法年鉴》的准备工作，而事实上，卢格在5月就已经同马克思订立了一份关于出版杂志的非常具体的合同。

有理由假定，卢格也在费尔巴哈的信（信上的日期是1843年6月）中加入了相当多自己创作的元素。费尔巴哈写给卢格的原信的日期是1843年6月20日，在信中答复同意用他的文章作为《德法年鉴》的开篇，就像当时施特劳斯创办《哈雷年鉴》一样，费尔巴哈声明："我自己完全没有任何理由反对这个想法，相反，与法国的精神接近对我会有吸引力，甚至多于这个；但是从**实际的**观点来看，这种接近现在恰恰是不可能的……我们还不能从理论转向实践，因为我们还没有理论，至少在各方面没有准备就绪。教条主义还是首要的东西。"② 几乎不能设想，同样在6月，费尔巴哈还给卢格写了一封同一个问题而内容完全不同的信。当然，过了一个月，7月22日卢格拜访了费尔巴哈，并和他商谈了关于合作办杂志的事；大概，卢格正是以费尔巴哈给他写信的形式叙述了这次商谈的结果，但是，在这种情况下也不应该相信，费尔巴哈的思想被完全准确地转达出来。恩格斯后来直接指出，马克思不止一次地说，在编辑《通信》的时候，卢格"塞进了许多胡说八道的东西"③。

卢格在编《通信》时，除了上述政治意图外，还抱有一些个人目的，沽名钓誉地把自己放在信的中心位置：或者是他自己写的（三封信），或

---

① Marx—Engels—Gesamtausgabe（MEGA）. Erste Abteilung, Bd. 2. Berlin, 1982：349. ——译者注

② Ludvig Feuerbach in seinem Briefwechsel und Nachlass. Hrsg. v. Grün K. Bd. 1. Leipzig—Heidelberg, 1874：358.

③ 马克思，恩格斯. 马克思恩格斯全集：第37卷. 北京：人民出版社，1971：519.

者是别人写给他的（五封信）；剩下的其他通信者相互间没有联络。此外，按照卢格的意图，《通信》应该为充实他自己制定的《德法年鉴》办刊方案服务，这个方案是在他给马克思的最后一封信的结尾提出的。

**卢格的方案**

在这封信的原件里，卢格并没有以关于他所起草的杂志方案的简短的声明结束，而是附带了一份用法文和德文写的关于杂志的"内容提要"的声明。这个没有在《德法年鉴》上发表的附录，被卢格在重新出版《1843年通信》时收进了他的文集①。

在卢格的文集里我们找到了上述法文的"内容提要"，其正文也没有载入《德法年鉴》。这是一篇用法文写的短文，被冠上了一个哗众取宠的题目——《〈德法年鉴〉办刊方案》。这个方案面向法国读者，它许诺"对在今天能激起欧洲任何阶层的各种问题做出哲学的和政治的解决……就其哲学性质来说，它（杂志——拉宾注）将主要面向德国。就其社会倾向和实际努力来说，它将同法国相接近"②。接着，卢格强调了在为争取民族真正自由的斗争中法国与德国联合的意义，卢格以杂志的以下三个行动方针结束了《方案》：（1）讨论那些对未来社会产生有益的或消极的影响的政治制度、宗教制度和社会制度；（2）述评报纸和杂志，它们的目的和倾向，它们对社会意识的影响；（3）批判分析莱茵河两岸出版的书籍③。

在《方案》之后是一篇用德文写的相当冗长的文章，题目仍是《〈德法年鉴〉的办刊方案》（正如我们提到的，这篇文章保留在杂志中，甚至以此开篇）。它从法文的《方案》结束时阐述的三个行动方针开始，只是稍加修改。接着论证了法国和德国进步力量联合起来的必要性。大多数人对在德国禁止自由的哲学思想一事漠不关心，这"证明，在德国哲学距离成为民族的事业还相当遥远，但它应当成为民族的事业……在还没有使哲学成为自己的发展原则之前，民族是不可能自由的；哲学的任务就在于把民族提高到这样的文化程度"④。卢格强调，这里指的是真正的人的，即政治的自由。

在这方面法国为德国树立了一个榜样：从1789年大革命时代以来，法国努力使哲学得到实现，因此可以说，法国显出完全是一个哲学国家。可

① A. Ruge. Sämtliche Werke, Bd. IX. Mannheim, 1847：141—142.
② 同①143—144.
③ 同①143—144.
④ Deutsch-Französische Jahrbücher. P., 1844：4.

是，德国人在纯粹原则的领域里的工作也不是徒劳的：当前需要在法国实现他们所制定的原则，当这件事情发生了，那么 18 世纪开始的革命的伟大变革将永远得到保障。"德国精神和法国精神的真正联合是在人道主义原则上的一种联合。"①

这些费尔巴哈式的抽象的人道主义理论原理对于杂志的方案来说是完全不够的。同时，在卢格的文章中它们的理论方面也没有获得进一步的具体化，而实践方面就更少了。卢格认为，不久前的德国精神和法国精神之间联系的实际表现首先是文化交流：优秀的理论著作和小说文学作品的翻译和传播等。按卢格的意见，现在决定性的实际步骤是树立一个真正自由刊物的**典型**——自己当家作主并拥有自己的规则的刊物。这一职能就委托给《德法年鉴》。

因此，卢格在 1843 年底关于革命斗争的具体任务的观点与他在 1842年甚至 1841 年的见解区别不大。相同的原则——实现哲学，相同的手段——自由刊物。只不过是用费尔巴哈的人道主义代替黑格尔哲学，用德法机关报代替德国刊物。

显然，类似的方案已经不能让马克思满意了。

**马克思的方案**

由于卢格生病，马克思不得不一个人直接为杂志的出版做准备。在审阅材料的中间，他还必须编辑卢格的《通信》和方案性的文章。除了不可能彻底修改自己同事的文章之外，他还是对文章做了一些改动。

保存下来的一页可以表明，马克思对法文的《方案》的结尾部分，即杂志的三个方针的表述尝试进行修改。马克思利用这些表述的两个不同版本（法文的和德文的），用德文文本中的一些论点补充法文文本，同时还赋予了两个文本更加具体的、在政治上更加确定的意义。例如，在法文版本中所表述的杂志的第二个方针，经马克思编辑后就成了以下的样子："……我们将对报纸进行述评，它对一些报纸的奴颜婢膝和卑鄙行径将是一种鞭挞和匡正，它将引导人们注意另一些报纸为了人类和自由所作的崇高的努力……"② 马克思加强了三个方针的政治尖锐性，强调德国陈旧的制度必然瓦解和灭亡。

马克思的这些修改在已发表的德文版的《方案》③ 中有一些反映。法

---

① Deutsch-Französische Jahrbücher. P. , 1844：7.

② 马克思，恩格斯. 马克思恩格斯全集：第 3 卷. 2 版. 北京：人民出版社，2002：215.

③ 同②662.

文版的没有在杂志中发表。显然，由于这个原因删去了卢格最后一封信中的"附言"，因为其中正好提到了存在两个方案：法文的和德文的。与此同时，马克思找到了一种成功的（在对待卢格的态度上是策略的）方式提出自己的方案：他以自己致卢格信的方式阐述这个方案，并把信收入《1843年通信》，注明日期是9月①。

在这封信里马克思首先反对，把任何一种现有的哲学观点作为现成的教条接受下来，只要付诸实现就行了，就像卢格以为的一样。马克思写道，在今天的理论家中存在着关于以下内容的极大混乱，即未来社会应该什么样，从而斗争应该朝什么方向进行。通过现存的教条中的某一条来支持加剧这种混乱是不对的。"新思潮的优点又恰恰在于我们不想教条地预期未来，而只是想通过批判旧世界发现新世界。"②

当时已经存在的空想社会主义（傅立叶、蒲鲁东）和空想共产主义（卡贝、德萨米、魏特林）之所以不能使马克思满意，正是因为它们仅仅是用新原则对抗旧世界，而不是从旧世界中推导出新原则。**在批判旧世界中发现新世界**，这是马克思针对这些被他正确地评价为教条的理论而提出的方法论的基本立场。问题在于，这些理论中的任何一种都没有研究新原则的全部综合，而只是取其中之一，结果使每一个新原则教条式地不仅同旧世界对立，而且也同其他没有被它掌握的新原则相对立。

例如，上述的空想共产主义理论把自己全部注意力只是集中在消灭私有制上，并用人们在公有制条件下生活的各种方案与人们在私有制条件下的生活相对照。马克思接受消灭私有制毋庸置疑是必要的，但是，他指出，这些理论本身实际上还没有摆脱其对立面即私有制存在的影响。这种共产主义不是全面实现社会主义原则，而只是单独地、片面地实现。"私有制的消灭和共产主义决不是一回事；除了这种共产主义外，同时还出现了另一些……社会主义学说，这不是偶然的，而是必然的"③，这些社会主义学说不仅把注意力放在一种所有制上，而且还放在社会主义化的人的存在的其他方面——他的才干、天赋等。"然而整个社会主义的原则又只是

---

① 卢格在自己的文集中重新发表了《1843年通信》，但他没有收录马克思的这封信。Д. 梁赞诺夫（Д. Рязанов）不是毫无根据地推论："卢格想强调，他不同意马克思的这封信，这封信实质上就是杂志的方案，它与卢格自己的方案差异很大"（К. Маркс，Ф. Энгельс. Соч.，т. 1，М.，1927：14）。

② 马克思，恩格斯. 马克思恩格斯文集：第10卷. 北京：人民出版社，2009：7.

③ 同②8.

涉及真正的人的本质的**现实性**的这一个方面。我们还应当同样关心另一个方面，即人的理论生活，因而应当把宗教、科学等等当做我们批评的对象。"①

要求全面研究真正人的本质的存在，绝不意味着放弃确定性和具体性。每个国家历史上形成的情况的特殊性要求具体地对待这些问题。由于宗教和政治在目前的德国引起极大的兴趣，所以考察德国人为了真正的人的存在而斗争的任何方面，都应该把它们作为**出发点**。

马克思利用自己在克罗伊茨纳赫的研究成果来说明这个论题。他写道，现代国家是政治国家，即具有**社会的**人的本质；但它的现实的前提条件是**私有**财产。这一矛盾表现在所有问题之中，甚至表现在最特殊的政治问题之中。因此，对政治的分析总能引出社会的真理。例如，等级制和代议制之间的区别只不过是私有制统治和社会的人的统治之间的区别的政治表现。代议制的真正内容是人的生活的一切方面的社会特征，而不是像这个制度的辩护士所认为的那样，仅仅是政治生活的社会特征。通过揭露代议制的真正意义，批评者就可以唤起其拥护者越出纯粹的政治斗争范围，因为相反，他们的胜利就是他们的末日。

"所以，什么也阻碍不了政治把政治的批判，把明确的政治立场，因而把**实际**斗争作为我们的批判的出发点，并把批判和实际斗争看做同一件事情。在这种情况下，我们不是教条地以新原理面向世界：真理在这里，跪下吧！我们是从世界的原理中为世界阐发新原理。我们并不向世界说：停止你那些斗争吧，它们都是愚蠢之举；我们要向世界喊出真正的斗争口号。我们只向世界指明它究竟为什么斗争……这样，我们就能用一句话来表明我们杂志的倾向：对当代的斗争和愿望作出当代的自我阐明（批判的哲学）。这是一项既为了世界，也为了我们的工作。"②

这就是《通信》最后一幕的内容，它违背了卢格的意图。正是它成了《德法年鉴》实际方案，《德法年鉴》的全部资料（卢格的"方案"文章除外）不是一般地研究法国精神和德国精神统一的思想，而是从事具有实际重大意义的工作，即解释清楚当前世界各种形式的现实斗争的意义。最有益的文章是马克思本人写的（《论犹太人问题》《〈黑格尔法哲学批判〉导言》），以及他未来的战友恩格斯的文章（《政治经济学批判大纲》和《英

① 马克思，恩格斯. 马克思恩格斯文集：第10卷. 北京：人民出版社，2009：8.
② 同①9-10.

国状况》）①。

## 政治解放和人类解放

正如马克思在自己的那封方案的信中所指出的，因为在目前的德国使人感兴趣的主要是宗教和政治，因此在《德法年鉴》中所刊载的他的两篇文章正好是谈这些问题的②。文章展示了，具体分析有益于论证关于新的真正的人的社会关系的必然性的一般结论，也有益于揭示为了实现这种关系的斗争实际上已经在进行了，尽管斗争的参与者还没有意识到这一点。

**现实的事件是分析的出发点**

马克思在 1843 年秋写的《论犹太人问题》（《К еврейскому вопросу》）一文中选择了一个具体的事实作为出发点：信教的犹太人，即犹太教信徒为了和其他的德国人享有同等的政治权利在德国进行斗争。这场斗争的真正意义是什么呢？

由于犹太教宣称犹太人是上帝的选民，整个基督教把犹太教看作自己的死敌，并千方百计地迫害犹太教徒。在基督教是国教的地方这一点尤为明显。例如，在德国信奉犹太教的犹太人在政治权利方面受到极大的限制：他们被 1816 年 5 月 4 日法令剥夺了担任国家职务的权利。在争取取消这种状况的斗争中，犹太人客观地陷入德国反对过时的政治制度的普遍斗争的轨道中，尽管在这场斗争中他们的立场是有局限性的。

如何对待犹太人为争取自己的政治权利的斗争呢？自由主义者通常是支持它的，把这个斗争看作是争取国家和教会分离的斗争（这是启蒙主义

---

① 除了马克思和恩格斯的这些文章，以及上面提到的卢格的《方案》和《通信》外，杂志上还登载了格·海涅（Г. Гейне）的诗《致路德维希国王的颂歌》（《Хвалебные песнопения королю Людвигу》）和赫·海尔维格的诗《背叛》（《Измена》），莫·赫斯的《巴黎来信》（《Письма из Парижа》），对乌·雅科比博士案件的起诉材料，克·贝尔涅依（К. Бернайс）的《维也纳部长会议最后议事录》（《Заключительного протокола Венской конференции министров》，1834 年）分析和《报纸展望》（《Обзор газет》）。

马克思曾希望请费尔巴哈写一篇关于谢林的文章，但布鲁克堡的隐士婉言拒绝。法国评论家拉马丁（Ламартин）和拉梅耐（Ламенне）也回避参加杂志撰稿工作（参见马克思，恩格斯. 马克思恩格斯全集：第 3 卷. 2 版. 北京：人民出版社，2002：616）。另一方面，马克思本人因"意见分歧太大，我不得不拒绝了"居住在巴黎的德国侨民的一些文章（参见马克思，恩格斯. 马克思恩格斯全集：第 47 卷. 2 版. 北京：人民出版社，2004：71）。

② 这两篇文章是马克思第一次发表的署名文章。

者在新时代来临之际就开始的斗争）因素之一。相反，力求更激进的鲍威尔在其 1842 年 11 月发表在《德国年鉴》上的文章《犹太人问题》（《Еврейский вопрос》，之后这篇文章以小册子的形式再次出版）中，实际地否定了犹太人的这一斗争的意义。

他认为，当国家还是基督教的时候，它就不会允许作为基督教敌对的宗教信仰者犹太人拥有平等的权利。因此，犹太人的政治解放是以消灭基督教国家为前提的。但是，为了完全做到这一点，犹太人就应该同自己的宗教断绝关系。无神论，这就是政治解放的前提。

换句话说，鲍威尔向为争取自己政治解放的犹太人宣布：你们的一切斗争都无济于事；实际上，你们应该同自己的宗教信仰斗争；等等。在所有的激进主义面前，鲍威尔的批判是教条主义批判的例证，他的批判不是从对象出发去发展对象的原则，而是与对象本身相对立，试图把自己的原则强加于对象，因此必然要遭受失败。

还是在 1843 年 3 月，马克思写道："不管我多么讨厌犹太人的信仰，但鲍威尔的观点在我看来还是太抽象。应当在基督教国家上面打开尽可能多的缺口……"① 马克思在《论犹太人问题》一文中遵循这一方法的逻辑，努力把握对象的特殊性，并从**特殊性**向普遍真理发展；对于他来说，普遍真理就在于**社会的**人必须在**全部**生活领域得到确立。因此，他把德国犹太人为争取政治解放的斗争看作是现实的出发点，但是需要正确地思考，也就是说应理解它同一般历史过程的深刻联系，从而揭示它的历史前景。

**政治解放的局限性**

这种思考先要研究**各种**历史条件下的犹太人问题。在德国，作为人的社会本质的代表者的政治国家是不存在的。因此，在这里犹太人的问题实际上纯粹是宗教问题：犹太教同承认基督教是自己的基础的国家在**宗教**上是对立的。而在共和制的美国情况不同，那里宗教已降为公民的私事，因此，犹太人问题失去了自己的神学意义，而变成一个**世俗**的问题。但是，如果甚至在一个"政治解放完成了的"国家里，宗教存在着，而且富有生命力，那么，这是不是意味着政治解放本身还没有进行到底，与人的解放相矛盾呢？

在回答这个问题时，马克思阐述了自己带有那样明确性的，并只有**自觉的唯物主义者**才具备的方法论观点的唯物主义本质："我们并不宣称：他们一旦消除了世俗限制，就能消除他们的宗教局限性。我们不把世俗问题

① 马克思，恩格斯. 马克思恩格斯全集：第 47 卷. 2 版. 北京：人民出版社，2004：54.

化为**神学**问题。我们要把神学问题化为世俗问题。相当长的时期以来，人们一直用迷信来说明历史，而我们现在是用历史来说明迷信。在我们看来，**政治解放对宗教的关系**问题已经成了**政治解放对人的解放的关系**问题。"①

国家对宗教的关系不是哲学-神学的抽象，而是那些组成国家的人对宗教的具体关系。如果甚至在共和国的条件下人们继续信教，那么这就意味着，国家建立在必然产生宗教关系的那种人与人之间的关系类型的基础上。马克思认为这种基础在于，现存的国家**也像宗教一样**只是**通过间接的途径**，即在中间环节的帮助下才承认人所具有的人的东西。"正像基督是中介者，人把自己的全部神性、自己的**全部宗教约束性**都加在他身上一样，国家也是中介者，人把自己的全部非神性、自己的全部人的无约束性寄托在它身上。"②

什么样的原因使国家不是人实现自己自由的工具，而是人和人的自由之间的、事实上使自由同人相异化的**中介物**？马克思认为其根本原因在于，作为政治共同体的国家（在其中人承认自己是**社会**存在物）同市民社会（在这里人作为**私人**进行活动）之间的对立。人的实际生活在私有制占统治地位的市民社会领域内进行；因此，人的自由权利的实际运用首先是私有财产的权利。在这种情况下，每一个人都不得不把另一个人看作是自己自由的限制，即在日常生活中他没有同他人联合的自由，而是不与他人往来。因此，人不能拥有真正的人的自由。人的自由只剩下一种幻想，它的表现就是"政治生活的天国"，在那里似乎还存在着人与人之间千丝万缕的联系。

因此，人的生活被撕裂为现实的和幻想的、尘世的和天国的。这个世俗的分裂，这个双重生活也是思想分裂的沃土，正像宗教所表现的那样。"政治国家的成员信奉宗教，是由于个人生活和类生活之间、市民社会生活和政治生活之间的二元性；他们信奉宗教是由于人把处于自己的现实个性彼岸的国家生活当作他的真实生活；他们信奉宗教是由于宗教在这里是市民社会的精神，是人与人分离和疏远的表现。"③ **因此，政治解放既不排除人们信仰宗教，也不提倡信仰宗教。**

政治解放在历史上有怎样的实际地位呢？政治革命在打倒封建主义连同其君主专制权力后，把国家事务变为全体人民的事务。但是在摆脱了政治桎梏的同时也消除了束缚市民社会利己主义精神的羁绊，瓦解了市民社

---

① 马克思，恩格斯. 马克思恩格斯全集：第 3 卷. 2 版. 北京：人民出版社，2002：169－170.

② 同①171.

③ 同①179.

会，也使它剩下了自己的基础——**利己主义**的人。政治革命把需要、劳动、私人利益和私有权利作为自己有限的前提，作为自己的**自然基础**。

**金钱是异化的本质**

因此，实际需要，利己主义，这就是市民社会的原则。只要它摆脱了封建主义，并从自己的内部产生出政治国家，上述原则就**赤裸裸地**显现出来：**"实际需要和自私自利**的神就是**金钱**。"① 在观念上，政治权力应该凌驾于金钱权力之上，但实际上它成了金钱的奴隶。

利己主义需要的统治强迫人使自己的全部活动屈从于异己的本质的权力——金钱，并且赋予自己的活动具有这个异己的本质的意义，即实际上使人从他本身异化出来。"金钱是人的劳动和人的存在的同人相异化的本质；这种异己的本质统治了人，而人则向它顶礼膜拜。"②

马克思在分析鲍威尔的第二部著作《现代犹太人和基督徒获得自由的能力》[《Способность современных евреев и христиан стать свободными》，载于海尔维格文集《二十一印张》（1843 年）] 时，尝试确立作为一般世俗生活的异化状况的产物的宗教，同作为这种异化的实质的金钱之间的关系。

鲍威尔把犹太人的解放问题变成哲学-神学问题，马克思转向了世俗的道路："……必须克服什么样的特殊社会要素才能废除犹太教的问题"？而回答是：

"我们不是到犹太人的宗教里去寻找犹太人的秘密，而是到现实的犹太人里去寻找他的宗教的秘密。

犹太教的世俗基础是什么呢？**实际**需要、**自私自利**。

犹太人的世俗礼拜是什么呢？**做生意**。他们的世俗的神是什么呢？**金钱**。"③

因此，现代人的异化本质和现代犹太人的世俗上帝是**一致的**。转了一圈发现，犹太人自己体现了现代人最突出的特点。怎么会这样呢？

犹太教作为实际需要的世界观能够继续发展，并不是在理论上获得实现，而首先是在实践中。在自私的需要撕毁了人的一切类联系并把人的世界变成个人相互敌对的世界的地方，也就是在市民社会臻于完成而将政治社会压在身下的地方，在那里犹太教达到了自己的最高点。

---

① ②　马克思，恩格斯. 马克思恩格斯全集：第 3 卷. 2 版. 北京：人民出版社，2002：194.

③　同①191.

但是，这只能发生在**基督教**世界里。因此，还是绕了一圈："基督教起源于犹太教，又还原为犹太教……只有这样，犹太教才能实现普遍的统治，才能把外化了的人、外化了的自然界，变成**可让渡的**、可出售的、屈从于利己的需要、听任买卖的对象。让渡是外化的实践"①。

因此，现代犹太人的本质不仅是犹太人的狭隘性，而且是**社会的"犹太人狭隘性"**②。"犹太人的社会解放就是**社会从犹太精神中获得解放**"③，其本质是金钱和生意。

**人类的解放**

正像我们所看到的，马克思确实成功地把宗教问题变为世俗问题，同时并没有贬低它的意义，而是第一次揭示了它的真正普遍的意义。他认为，德国犹太人为争取解放的斗争具有完全现实的内容，因为它是反对国家同市民社会相分离的斗争的表现之一。但是，既然政治解放不能消除异化，而只能把它进行到底，那么就应该扩大这个斗争的范围，把它上升到为争取**人类解放**而斗争的水平，也就是说，争取人的解放不仅仅是某一个方面——政治的、宗教的等方面的解放，而是多方面的，作为整体的人的解放。

这种解放是以消除由异化引起的人分裂为私人和公民的二重化为前提的。

"只有当现实的个人把抽象的公民复归于自身，并且作为个人，在自己的经验生活、自己的个体劳动、自己的个体关系中间，成为**类存在物**的时候，只有当人认识到自身'固有的力量'是社会力量，并把这种力量组织起来因而不再把社会力量以**政治**力量的形式同自身分离的时候，只有到了那个时候，人的解放才能完成。"④

但是人的解放的事业又遇到了金钱以及与之相关的买卖关系的阻碍，它们成为已经达到自己历史发展的最高阶段的现代社会的主要**反社会因素**。既然这些关系同时也构成了实际的、现实的犹太人的本质，那么可以得出，犹太人的解放要以人类解放为前提，而人类解放也要求社会从实际的犹太人中解放出来。因此，犹太人争取解放的斗争的成功不是通过减少它的实际内容和使斗争局限在反对个人信教本身，而是通过全面地展开斗争并主

---

① 马克思，恩格斯. 马克思恩格斯全集：第 3 卷. 2 版. 北京：人民出版社，2002：196，197.

② 同①197.

③ 同①198.

④ 同①189.

要是把斗争指向反对现代社会的"现实的犹太人",即反对做生意和金钱。在这种情况下,犹太人争取**自身**解放的斗争就同争取**人类**解放的普遍斗争结合在了一起。

不难发现,以上阐述的马克思的推理过程同《1843年手稿》和克罗伊茨纳赫笔记有直接联系,而且是在这两部著作中做出的理论推理的结论的首次公开发表。这种联系如此密切,以至于《论犹太人问题》一文中论述的市民社会同国家相异化的问题、封建社会向资本主义社会转化的问题,以及一些其他问题都与《1843年手稿》上的表述密切相近。与此同时,这篇文章发展了手稿中的许多原则,在某种情况下实现了手稿中许下的诺言。

例如,关于黑格尔《法哲学原理》第270节,马克思在《1843年手稿》中指出:"这一节附释——论国家和教会的关系,留待以后再谈。"①但是,他返回到这个附释,不是在《1843年手稿》里,而是在《论犹太人问题》里:"因此,**黑格尔**确定的**政治国家**对宗教的关系是完全正确的,他说:

'……只有这样超越特殊教会,国家才会获得和实现思想的**普遍性**,即自己形式的原则。'(黑格尔《法哲学〔原理〕》第2版第346页)。

当然!只有这样**超越特殊**要素,国家才使自身成为普遍性。"②

马克思在《论犹太人问题》一文中与鲍威尔进行论战所依据的一切材料几乎都来源于克罗伊茨纳赫笔记③。

同《1843年手稿》和克罗伊茨纳赫笔记的紧密联系既决定了《论犹太人问题》一文的优点,也决定了它缺点。优点在于马克思自觉的唯物主义立场,这种立场使马克思能够对鲍威尔给予毁灭性的批判,并且对所讨论的问题做出一个原则性的新回答。缺点在于文章的思想从手稿而来,受到

---

① 马克思,恩格斯. 马克思恩格斯全集:第3卷. 2版. 北京:人民出版社,2002:19.

② 同①172. 我们只是部分地引用了黑格尔的引文,引文正是对《法哲学原理》第270节的附释。

③ 马克思从汉密尔顿的《美国人和美国风俗习惯》一书中摘录了两次,从卢梭的《社会契约论》中引用的话恰恰同他在第一本克罗伊茨纳赫笔记中摘录的一模一样(参见马克思,恩格斯. 马克思恩格斯全集:第3卷. 2版. 北京:人民出版社,2002:188-189,以及Ж. Ж. Руссо. Трактаты. М.,1969:34),1791年《人权宣言》中的某些条文引自瓦克斯穆特的《革命时期的法国史》第2卷的提纲,闵采尔的引文(参见马克思,恩格斯. 马克思恩格斯全集:第3卷. 2版. 北京:人民出版社,2002:195)引自兰克的《宗教改革时期的德国史》。

费尔巴哈人本主义的影响很大：共产主义理想披上了"人类解放"的外衣，宗教（犹太教和基督教）在异化世界历史上的作用被夸大了，等等。

然而，在上述这篇文章中明显地流露出某些新的内容。可以看到马克思更加深刻地掌握了 1789 年法国革命的历史，因为一些著作得到了进一步的研究：O. 米涅（O. Минье）的《法国革命史》（《Истории французской революции》），Ф. Ж. Б. 比舍（Ф. Ж. Б. Бюше）和 П. 鲁（П. Ру）的多卷本《法国革命时期的代议制历史》（《Парламентской истории французской революции》），以及其他一些著作①。对社会政治问题的哲学的、方法论的分析也加深了。如果在费尔巴哈那里人类解放在很大程度上和政治解放结合在一起，那么马克思却明显地把它们分开，甚至对立起来②。此外，在这里第一次表述了关于金钱是异化表现出来的本质这一命题，以及关于消灭（包括一切与此相关的反社会因素）金钱是人类解放的**主要世俗内容**的命题。

但是，还有一个非常重要的问题没有弄清楚：**能够号召推翻现代社会的世俗上帝的那个力量究竟在哪里呢？**马克思在也是发表于《德法年鉴》上的第二篇文章中对这个问题做出了回答。这篇文章按照意图来说是马克思打算在《1843 年手稿》的基础上继续对黑格尔法哲学进行批判的导言。

## 无产阶级——人类解放的心脏

就像在《论犹太人问题》中一样，马克思在《〈黑格尔法哲学批判〉导言》中分析了现实正在发生的斗争，为的是弄清斗争的本来意义和前景。这一次他集中注意力关切的直接对象是人类解放的问题，例如，它的历史必然性、它的实践前提和动力。

### 揭穿非神圣的异化形式

人类的解放，按马克思的理解，就是作为社会存在物的人的全部生命力的解放。它的实现取决于每一个异化的消灭，异化的所有形式可以分为

---

① H. P. Jaeck. Der junge Marx und die französische Revolution von 1789. In: Förster W. (hrsg.). Bürgerliche Revolution und Sozialtheorie. Studien zur Vorgeschichte des historischen Materialismus (1). Berlin, 1982: 22.

② 决不能由此得出，马克思似乎把社会革命同政治革命对立起来。他在《通信》中就已经批判了"真正社会主义者"对政治斗争估计不足，不久又批判卢格把政治革命和社会革命对立起来。

两个基本类型：宗教的和世俗的。现在首先进行的是反对哪一种类型的异化斗争呢？

在那个方案性的信里，马克思谈到宗教和政治是两个主要的、同等重要的批判对象。在批判黑格尔法哲学的《导言》中他开始肯定另一种情况："就德国来说，对**宗教的批判**基本上已经结束……"① 接下来就对此做了说明，天国的幻想的现实性只是人的世界的现实性的**反映**或映像（Widerschein），就是国家、社会，那么对这个现实的世界的批判已经提到了第一位。

"因此，**真理的彼岸世界**消逝以后，**历史的任务**就是确立**此岸世界的真理**。人的自我异化的**神圣形象**被揭穿以后，揭露具有**非神圣形象**的自我异化，就成了为历史服务的**哲学**的迫切**任务**。于是，对天国的批判变成对尘世的批判，对**宗教的批判**变成对**法的批判**，对**神学的批判**变成**对政治的批判**。"②

马克思做的这些推论是从德国现实斗争的过程中观察出来的，对于进一步扩大斗争具有实践意义。它们听起来像是号召所有人参加斗争的口号，它们指出，斗争进行到目前达到了自己的转折点，它们帮助人们认清新的方向，并号召重新组织力量。在实质上，它们不仅对德国有意义，而且对法国也是有意义的，因为它们号召各地社会党人结束宗教的探讨，并把注意力集中到政治问题上。

所有人并不是立即就能理解这些呼吁的正确性。有一个人，他的活动为这个阶段做了大量准备，但他还是不能理解斗争的新阶段即将来临。这个人就是费尔巴哈：1843 年，他三次拒绝了参加《德法年鉴》的邀请——在给卢格的两次建议和马克思的一次建议的答复中。这一回绝决定了他作为思想家和社会活动家今后的一切经历：从此时开始他就实际地脱离了为变革德国社会制度而斗争的主要力量，脱离了他曾经为之完成急剧转变的（成就功名的）那些社会过程；他那强大的理智开始衰退，再也不能给世界提供像 1839—1843 年他所创作的那样有意义的著作了。

马克思和恩格斯在极高的程度上发展了一种总是能准备接受新事物的能力（一种极为罕见的、在社会意义上特别有价值的能力）。因此，青年恩格斯和马克思在同一时间确定在德国完成对宗教世界观的理论基础——

---

① 马克思，恩格斯. 马克思恩格斯全集：第 3 卷. 2 版. 北京：人民出版社，2002：199.

② 同①200.

泛神论的批判并不是偶然的。在被马克思收入《德法年鉴》的《英国状况》一文中，恩格斯写道：

"德国最近对泛神论的批判非常详尽，简直没有什么可以补充的了。"①

马克思把对异化的世俗类型的批判提到了首位，他认为用理论和实践的两种形式进行批判是必要的。但是两种形式的意义是不相等的：对**德国现实**的批判主要对德国本身有意义，而对**德国**国家和法的**理论**批判则主要是对所有发达国家有意义。问题在于，当时的德国制度是一个历史性的时代错乱，法国人在半个多世纪前就推翻了这种制度；德国制度低于历史水平。

德国人在理论方面却完全处于时代的水平：德国人接受了曾经为1789年革命做准备的法国哲学，并进一步发展它，正如法国人进一步推动革命事业。结果，现代德国哲学在黑格尔的著作中获得了最系统的、最丰富的和最终的表述，它不仅**符合**德国的现实，**也符合**法国的和其他发展了的现实。对这种哲学的批判符合对这种发展了的现实的批判。特别是对黑格尔国家哲学和法哲学的批判是"对现代国家和对同它相联系的现实所作的批判性分析……"②

但不应由此得出，似乎这种批判对于落后的**德国现实**没有意义。德国人民的未来是对陈旧制度的否定，并且是他们自己哲学的实现。但是，这个未来不能仅限于此，因为德国人当观察邻国人民的生活时，他们"几乎就**经历过了**"自己哲学的实现，而另一方面，**在理论上**已经**开始了**对黑格尔哲学的批判。因此，德国人民的未来必然地与对自己哲学的批判联系起来，而这种批判又反过来与这个未来联系起来。但是，正因为批判同德国人民和其他人民的现实的、实际的未来联系在一起，所以对思辨的法哲学的批判是与那个任务联系在一起的，即只有一种方法——实践才能解决的任务。

**彻底的理论是人类解放的前提**

这些实践的任务是什么呢？显然，对于落后的德国制度，需要的不是理论的驳斥，而是要用物质力量来消灭，用武器来批判。但是，在一定条件下理论本身也能成为这种打击的力量："批判的武器当然不能代替武器的批判，物质力量只能用物质力量来摧毁；但是理论一经掌握群众，也会变

① 马克思，恩格斯. 马克思恩格斯全集：第3卷. 2版. 北京：人民出版社，2002：517.
② 同①206.

成物质力量。"① 因此，第一个实践任务就是，**制定出这种理论，它能够掌握群众并力求做到这一点**。

一种新的哲学的创立是以对现存的哲学进行批判为前提的。在这个意义上，否定现存哲学的实践派的拥护者是正确的。但是，同时他们不明白，如果不能实现这种哲学就不能破除它。相反，理论派（青年黑格尔派）为自己提出的任务恰好是实现现存的哲学，但他们不懂得，不同时否定这种哲学就不可能实现它。问题的正确解决方式需要制定一种**彻底的哲学**，这种哲学不仅要合理地证明，而且要有感情地证明，是关于人（ad hominem）的，而且正是**能够**掌握群众的。"所谓彻底，就是抓住事物的根本。但是，人的根本就是人本身。德国理论的彻底性从而其实践能力的明证就是：德国理论是从坚决**积极**废除宗教出发的。对宗教的批判最后归结为**人是人的最高本质**这样一个学说，从而也归结为这样的**绝对命令：必须推翻**那些使人成为被侮辱、被奴役、被遗弃和被蔑视的东西的**一切关系……**"②

在马克思的这一观点中，费尔巴哈的人本主义的影响显而易见。但是，马克思却从费尔巴哈关于人是人的最高本质的学说中得出了**革命的结论**，这些结论正好完成了对宗教的批判，即马克思在文章的最开始宣告的事实。同时，这些结论也正好是关于人的论证，这一论证诉诸人的感情，并且为每一个处于受屈辱和被奴役地位的人所理解。因而，马克思的彻底的理论作为德国人的解放的前提，不同于费尔巴哈的唯物主义，而是对它的继续和发展。

**无产阶级的历史使命**

但是，理论只有符合人民的需要才能实现。彻底的革命只能是彻底需要的革命。在德国产生它的前提和基础又是怎样的呢？

这些前提和基础根源于德国的普遍落后的状况。德国人民不同其他国家的人民一起分享他们的革命，却完整地分担了他们的复辟，体现了现代民族发展的痛苦。而德国各邦政府在接受了封建国家的野蛮缺陷的同时，还接受了现代国家的文明缺陷，并在自身体现了一切国家形式的罪恶。因此，马克思说，任何一个民族如果不同时摆脱一切痛苦，它就不能摆脱自己的部分痛苦；任何政府如果不同时净化自己的一切罪恶的本性，它就不能净化自己的某些罪恶。

如果考虑到，还没有现实的、有能力实现这个局部行动的力量，那么在德国要进行部分的、只是政治的革命还十分显然是不可能的。部分革命

① 马克思，恩格斯. 马克思恩格斯全集：第3卷. 2版. 北京：人民出版社，2002：207.
② 同①207—208.

的根据是，市民社会的**一个部分**在一瞬间激起自己和群众的热情，以至它的特殊利益作为**全社会**的利益表现出来。这只可能发生在那个时候，即社会的缺陷集中在某个阶级的身上，这一阶级的公认的活动领域"被看作是整个社会中**昭彰的罪恶**，因此，从这个领域解放出来就表现为普遍的自我解放"①。

那时，在德国还没有一个阶级处于这种状况。从历史上看，阶级之间的问题以这样的方式发展：每一个阶级开始意识到自己并提出自己的特殊要求，不是在它处于受压迫阶级的地位时，而是在产生了另一个阶级，而前者却处于压迫者的地位时。结果"一个阶级刚刚开始同高于自己的阶级进行斗争，就卷入了同低于自己的阶级的斗争。因此，当诸侯同君王斗争，官僚同贵族斗争，资产者同所有这些人斗争的时候，无产者已经开始了反对资产者的斗争"②。

于是，在德国，部分的、只是政治的革命是不可能的，相反，普遍解放是每一个部分的解放的必要条件。但是，"市民社会任何一个阶级，如果不是由于自己的**直接**地位、由于**物质**需要、由于**自己的锁链**的强迫，是不会有普遍解放的需要和能力的。

那么，德国解放的**实际**可能性到底在哪里呢？

**答**：就在于形成一个被戴上**彻底的锁链**的阶级，一个并非市民社会阶级的市民社会阶级，形成一个表明一切等级解体的等级，形成一个由于自己遭受普遍苦难而具有普遍性质的领域，这个领域不要求享有**任何特殊的权利**，因为威胁着这个领域的不是**特殊的不公正**，而是**一般的不公正**……总之，形成这样一个领域，它表明人的**完全丧失**，并因而只有通过**人的完全回复**才能回复自己本身。社会解体的这个结果，就是无产阶级这个特殊等级。

……

无产阶级宣告**迄今为止的世界制度的解体**，只不过是揭示**自己本身的存在的秘密**，因为它就是这个世界制度的**实际解体**。无产阶级要求**否定私有财产**，只不过是把社会已经提升为**无产阶级**的原则的东西，把未经无产阶级的协助就已作为社会的否定结果而体现在**它身上**的东西提升为**社会的原则**。"③

① 马克思，恩格斯. 马克思恩格斯全集：第 3 卷. 2 版. 北京：人民出版社，2002：211.

② 同①212.

③ 同①212—213.

这样，马克思在 1843—1844 年之交首次表述了科学共产主义的伟大发现之———无产阶级历史使命，由于自己的客观地位，无产阶级是历史上唯一的不为建立自己对社会的统治（作为新型的桎梏），而为消灭各种统治和各种压迫而斗争的阶级。无产阶级的革命的自身解放，与社会的自身解放和全人类解放是一致的。这就是无产阶级革命同以往一切革命的根本区别。

**无产阶级的精神武器**

这就找到了那个能够并受命于历史本身去实现人类解放的现实力量。正是无产阶级成为了人是人本身的最高本质的理论的化身。"哲学把无产阶级当作自己的**物质**武器，同样，无产阶级也把哲学当作自己的**精神**武器；思想的闪电一旦彻底击中这块素朴的人民园地，**德国人**就会解放成为人……这个解放的**头脑**是**哲学**，它的**心脏**是**无产阶级**。哲学不消灭无产阶级，就不能成为现实；无产阶级不把哲学变成现实，就不可能消灭自身。"①

这里清晰地阐述了关于革命理论和革命阶级的实践斗争相结合的必要性的思想。无产阶级只有掌握了这种理论才能成为推翻私有制关系和剥削关系的强大力量。只有在无产阶级的革命斗争中，科学哲学才将不再只是哲学，而成为实践变革的精神武器。

这样，马克思实现了在《德法年鉴》中自己的纲领性原则：以批判旧世界为工具发现新世界。他不是力求教条地预测未来，而是揭示了在理论领域和实践领域中正在进行的现实斗争的前景。这是宏伟的、令人振奋的前景。能够立即理解和接受这个前景的人为数不多。特别令人惊奇的是，青年恩格斯与马克思没有联系，却通过另一个途径同时也得出了这些结论。

## 恩格斯向唯物主义和共产主义的转变

从马克思和恩格斯的第一次会见以及恩格斯的通讯在《莱茵报》上发表②后一年过去了。在这些通讯中恩格斯成功地抓住了英国状况的实质：英国面临的革命将不是为了一些原则，而是为了物质利益，因此它将是一

① 马克思，恩格斯. 马克思恩格斯全集：第 3 卷. 2 版. 北京：人民出版社，2002：214.
② 这里是指 1842 年 11 月，恩格斯前往英国曼彻斯特实习经商，他特意去了科隆访问了《莱茵报》编辑部，与马克思初次会面，商谈为该报撰稿事宜。恩格斯到达英国后，于 1842 年 11 月 29 日至 12 月 20 日用了不到一个月的时间写了《英国对国内危机的看法》《国内危机》《各个政党的立场》《英国工人阶级状况》《谷物法》五篇通讯。它们先后被马克思发表在《莱茵报》第 342—344 号、358—361 号上。——译者注

场社会革命。

这些利益和符合它们的政治力量究竟是怎样的呢？恩格斯在四封《英国来信》（《Письмах из Англии》）中揭示了它们，这些信于 1843 年 5—6 月发表在由福禄培尔本人出版的《瑞士共和主义者》（《Швейцарский республиканец》）杂志上，不久福禄培尔就着手出版《德法年鉴》。

**英国的三种革命力量**

恩格斯在自己的《来信》中指出，在英国各个政党与各个社会阶级和阶层是一致的：托利党与贵族和英国国教会的正统派是一致的；辉格党与工厂主、商人及非国教徒是一致的①，而总的说来，由资产阶级的上层组成；激进派由资产阶级的下层组成；宪章派由工人、无产者组成；只有社会主义者不是一个封闭的党派，他从资产阶级的下层和无产阶级中征集自己的拥护者。

恩格斯在描述各阶级的这种等级时，注意到"一个引人注目的事实：一个阶级在社会中所处的地位越是比较低，越是就一般意义而言'没有教养'，它就越是与进步相联系，越是有前途"②。从这一观点出发，最进步的、因此在全国范围内最有影响的是宪章派和社会主义者。《来信》的作者把主要注意力放在英国社会的这两种革命力量上。

**宪章派**表现出英国无产阶级最革命的倾向，并拥有越来越大的影响。宪章派全国协会按会员人数来说如此强大，以至于每周很快就能募集 100 万便士。但是，宪章派，甚至它最优秀的领导人，例如奥勃莱恩（О'Брайен）、奥康瑙尔（О'Коннор）、哈尼（Гарни）等的弱点都在于过高地估计了纯粹的政治斗争的手段，因此，他们没有把消灭私有制提到首位，而是把为争取普选权的斗争提到首位。

相反，**社会主义者**较明确地提出了斗争的最终目标。这就把广大无产者阶层和整个贫困劳动者阶层吸引到自己这边来，这两个阶层准备为社会改造奉献一切：自己的财产和生命。社会主义者为宣传自己的理想定期举办集会。但是，他们的软弱性在于过高地估计了教育活动而低估了斗争的政治手段。

恩格斯在描述宪章派和社会主义者的同时，还描述了英国的第三种革命力量，它没有组成为专门的政党，然而却是完全现实的可畏的力量，这

---

① **非国教徒**，指不信奉英国国教会信条的英国各宗教团体的教徒。
② 马克思，恩格斯. 马克思恩格斯全集：第 3 卷. 2 版. 北京：人民出版社，2002：424.

就是**爱尔兰人**。在英国爱尔兰贫民的生活条件是最艰苦的。但贫民的革命精力暂时被白白地消耗了，因为爱尔兰的无产者在民族主义思想的影响下还没有认识到自己的阶级目标。但是错误也是政治教育的经验，它最终会引导爱尔兰无产阶级意识到自己的真正利益。

**各国共产主义者必须相互了解**

《英国来信》的内容令人确信，恩格斯认为英国革命运动的最重要的任务之一是，在每一股主要力量所拥有的那些宝贵的东西的基础上使它们相接近。四个月后，他已经在**国际**范围内提出了类似的想法。在 1843 年 10—11 月发表在英国社会主义者办的《新道德世界》（《Новый нравственный мир》）周报上的《大陆上社会改革的进展》（《Успехи движения за социальное преобразование на континенте》）一文中，恩格斯指出，在欧洲三个最发达的国家：英国、法国和德国，在财产共有的基础上进行社会制度的彻底革命已成为急不可待的必然。每个国家都独立地通过自己的途径意识到这个必然。"这一事实无可争辩地证明，共产主义不是英国或任何其他国家的特殊状况造成的结果，而是从现代文明社会的一般实际情况所具有的前提中不可避免地得出的必然结论。

因此，看来这三个国家很需要取得相互了解，弄清楚它们在多大程度上是一致的，又在多大程度上是不一致的……"①

既然恩格斯在英国机关报上发表过文章，那么就可以明白，他把注意力主要集中在对法国共产主义运动（巴贝夫、圣西门、卡贝等）和德国共产主义运动（从闵采尔到魏特林）的评述上，并在结论中强调，在最发达的理论形式中德国共产主义是从德国古典哲学中产生出来的哲学党派（赫斯、卢格、马克思、海尔维格）。

恩格斯写于 1843 年底至 1844 年 1 月发表在《德法年鉴》上的两篇文章，标志着他向唯物主义的最终转变迈出了新的一步。

其中的一篇《英国状况》（《Положение Англии》）的写作原因是述评卡莱尔（Карлейль）的《过去和现在》（《Прошлое и настоящее》），该书反映了英国历史上的一些极为重要的方面，使恩格斯能给英国状况描绘出自己的图画。当认识到工人是 1842 年革命事件的主要力量时，恩格斯如同马克思一样，认为阐释其斗争的真正意义是自己的任务。恩格斯同意该书作者关于现代人精神空虚并要求把人的内容返还给人的看法，并坚持主张这一内容的人的本性：应该把人的自己的本质返还给人。民主制只是人返

---

① 马克思，恩格斯. 马克思恩格斯全集：第 3 卷. 2 版. 北京：人民出版社，2002：474.

回到自己本身这条道路上的过渡阶段，这是通往真正的、人的自由的阶段。"民主主义、宪章运动很快就会被接受，那时英国工人群众就只有在饿死和社会主义二者之间进行选择。"①

### 《国民经济学批判大纲》（《Наброски к критике политической эмономии》）

刊登在《德法年鉴》上的恩格斯的文章中最重要的是《国民经济学批判大纲》，它对马克思观点的进一步发展有相当大的影响。

恩格斯写道，国民经济学是一门在成熟的允许欺诈的体系代替了"简单的不科学的生意经"② 的时代所形成的发财致富的科学。它最初的形式是公开地表现商人贪婪的货币主义和重商主义体系。18 世纪使这门科学发生了革命，赋予它全民利益的人道主义精神；但是，正像在政治学领域一样，这只是部分的进步："经济学没有想去过问**私有制的合理性**的问题。"③因此国民经济学就像基督教里新教的伪善代替了天主教的直率一样，也成为伪善的了。亚当·斯密——"**经济学的路德**"④ 开了这个头，并且越接近我们时代的经济学家越不诚实："……**李嘉图**的罪过比**亚当·斯密**大，而**麦克库洛赫**和**穆勒**的罪过又比**李嘉图**大"⑤。

恩格斯认为，对私有制规律的研究是这种自由主义科学的肯定的功绩。如果有**私有制**，那么它产生的第一个结果就是**商业**。商业产生**价值**：抽象（或者实际价值）价值和交换价值，英国人，特别是麦克库洛赫（Мак-Куллох）和李嘉图（Рикардо）都确信，实际价值是由生产费用决定的，法国人萨伊（Сэй）则断定，实际价值是由物品的效用决定的。但是，两个定义都是片面的：实际上，物品的价值是生产费用对效用的关系。在**竞争**的影响下，这种关系发生改变：效用取决于时机、时尚和富人的癖好，而生产费用取决于供和求的偶然的关系。因此，交换价值或者说**价格**与实际价值不同，虽然实际价值是交换价值的基础。这样，政治经济学中的一切"就被本末倒置了：价值本来是原初的东西，是价格的源泉，倒要取决于价格，即它自己的产物。大家知道，正是这种颠倒构成了抽象的本质。关于这点，请参看费尔巴哈的著作"⑥。

---

① 马克思，恩格斯. 马克思恩格斯全集：第 3 卷. 2 版. 北京：人民出版社，2002：524.
② 同①442.　——译者注
③ 同①443.
④ 同①447.　——译者注
⑤ 同①445.
⑥ 同①452-453.

生产费用是由地租、资本和劳动组成的。据斯密（Смит）说，**地租**是那些力求使用土地的人们的竞争和现有土地的有限数量之间的关系。李嘉图撇开竞争而断定，地租是付租金的土地的收入和值得费力耕种的最坏的土地收入之间的差额。这两个定义同样也是片面的，必须把它们结合起来：地租是土地的收获量和竞争之间的相互关系。至于说**资本**和**劳动**，最初他们是同一个东西，因为经济学家自己把资本定义为"积累起来的劳动"①。但是，私有制引起劳动本身的分裂，其结果是资本和劳动之间的分裂，它们又各自分裂：资本分为原有资本和**利润**，并且利润又分为本来意义上的利润和**利息**；劳动也分为劳动本身和以**工资**形式与劳动对立的劳动的产物。除了地主、资本家和工人的利益的对立，又增加了每个阶级内部的利益斗争。

私有制按其本性来说是对占有物的**垄断**，因此，重商主义者最初提出的口号正是垄断。自由主义经济学家举起一面乍看起来是对立的、**竞争**的新旗帜。但实际上每一个竞争者或每一个竞争群体都必然希望自己是垄断者，因此，竞争转为垄断，伴随的是遭到失败的竞争者的破产。在这场为争取垄断而竞争的斗争中，大资本明显比小资本占优势，以至中间阶级必然越来越多地消失，直到世界分裂为百万富翁和穷光蛋。

这个过程的主观方面造成了犯罪率的增长，并且统计表明，每一个犯罪行为完全是由一定的社会原因产生的，这个原因首先与推行工厂制度有关。犯罪的规律性"证明犯罪也受竞争支配，证明社会产生了犯罪的**需求**，这个需求要由相应的**供给**来满足；它证明由于一些人被逮捕、放逐或处死所形成的空隙，立刻会有其他的人来填满，正如人口一有空隙立刻就会有新来的人填满一样"②。

在这里恩格斯不局限于揭露资本主义的矛盾和不道德行为，就像空想社会主义者所做的那样。他指出，由于私有制的规律本身是私有制灭亡的客观基础。在这里竞争规律是一个以参与者的无意识的活动为基础的"自然规律"。这必然产生各种**危机**，就像彗星一样有规律地反复出现，平均每五年到七年发生一次。并且"每一次接踵而来的商业危机必定比前一次更普遍，因而也更严重，必定会使更多的小资本家变穷，使专靠劳动为生的阶级人数以增大的比例增加，从而使待雇劳动者的人数显著地增加——这是我们的经济学家必须解决的一个主要问题——，最

---

① 马克思，恩格斯. 马克思恩格斯全集：第 3 卷. 2 版. 北京：人民出版社，2002：453. ——译者注

② 同①471.

后，必定引起一场社会革命，而这一革命，经济学家凭他的书本知识是做梦也想不到的"①。这一革命要消灭私有制本身，并使人顺从自然界及他自己。

可见，恩格斯的文章所蓄积的爆炸性能量并不比马克思的文章小，虽然文章中可燃烧的材料不同。

## 共产主义者面前的复杂问题

如果认为，从这时起，即从马克思和恩格斯彻底转到唯物主义和共产主义立场开始，他们的观点的进一步发展仅仅是对这些立场的更详细的阐述，那就错了。实际上，这种转变只能使他们开始认清自己所面临的任务的巨大复杂性，并用正确的方法去解决它们，还顾不上来自政权方面的对共产党人施加的严酷迫害。

这就是为什么在成为坚定的唯物主义者和共产主义者后，马克思遇到了各种错综复杂的理论问题和实践问题，这些问题的解决需要他付出全部精力，做出最大的努力。

### 逮捕证

《德法年鉴》于 1844 年 2 月底问世，立即引起大量的反响②——有赞赏的，也有敌视的。普鲁士政府也按照自己的方式做出了反应：它向法国总理基佐提出要求，要禁止杂志的出版，并把编辑们驱逐出境。但是，基佐因担心议会的自由派议员指责他屈从于普鲁士的操纵，没有直接答复。

1844 年 4 月 16 日，普鲁士内务大臣给普鲁士各省省长下发如下通令："卢格和马克思在巴黎出版的《德法年鉴》的第 1 分册和第 2 分册的内容，不管就这一杂志的整个倾向来看还是就它的许多文章来看，都是有罪的，

---

① 马克思，恩格斯. 马克思恩格斯全集：第 3 卷. 2 版. 北京：人民出版社，2002：461.

② 杂志不仅在德国和法国找到了读者，而且在其他国家，包括俄国在内都有它的读者。例如，В. Г. 别林斯基（В. Г. Белинский）写信给 А. И. 赫尔岑（А. И. Герцен）谈到马克思的一些文章中的无神论倾向给他留下深刻印象（参见 В. Г. Белиский. Избранные философские сочинения. т. 2. М., 1948：525）。出现了广为流传的这些文章的手抄本译文。马克思的《〈黑格尔法哲学批判〉导言》一文在杂志上发表后，于 1887 年第一次再版的正是俄译本，这是根据 П. Л. 拉甫罗夫（П. Л. Лавров）的倡议翻译的，并附有他写的序言（参见 П. Л. Лавров. Предисловие к работе К. Маркса 《 К критике гегелевской философии права. Введение》. // П. Л. Лавров. Философия и социология：т. 2. М., 1965：583—613）。

例如，它试图发动叛乱和侮辱陛下。发行人和个别有罪的文章的作者，对这一点要负责任。因此我谨请阁下考虑是否暗中向有关警察当局发布一个指示，在 A. 卢格博士、K. 马克思、Γ. 海涅和 Φ. K. 贝尔涅依进入国境时，立刻逮捕他们并且没收他们的报纸。"[1]

各省省长毫不延迟地"向有关警察当局发布了一个指示"。"犯罪者"本人很快就得知了这件事儿所引起的一些议论。马克思英勇地面对政府决定逮捕他的消息：他很好地知道做些什么，以及做好了被惩罚的准备；政府动用警察措施只能使他坚信，他选择的道路是正确的。对于海涅来说，这种措施本来就不新鲜了。而只有卢格不安了起来，他首先担心的是自己在德国的资产。

**马克思和卢格的决裂**

让卢格更加焦虑的是，在通过德国边境运送杂志时，杂志开始被没收：例如，巴登政府没收了 100 册，而普法尔茨政府没收了 214 册。此外，4月，福禄培尔因财政上和政治上的考虑拒绝出版杂志。在最近期间内继续出版杂志已经不可能了。对于卢格来说，这会导致他投资的损失，这一点是他无论如何也不能容忍的。他成了一个特别多疑和挑剔的人。例如，他抱怨马克思建议他去瑞士，就地推销剩余的册数；这个建议对卢格本身是有利的，可以让他收回部分资金。但卢格却认为这个建议似乎贬低了他的尊严去"做书商"[2]。他开始在日常生活中表现出市侩的吹毛求疵，特别是在对待海尔维格的态度上，而马克思因海尔维格的革命诗歌高度评价他。这就使马克思有理由于 1844 年 5 月书面声明，拒绝与卢格继续合作。编辑之间关系的决裂最终导致《德法年鉴》停刊。

卢格在给费尔巴哈、福禄培尔和自己母亲等不同人的信中企图诽谤马克思并把争吵归咎于一些小的个人动机。事实上，决裂是马克思的无产阶级共产主义和卢格的小资产阶级人道主义之间的许多矛盾迅速加深的必然结果。

**马克思和海涅的友谊**

在很多事情上，马克思接受和卢格关系的决裂，并不比接受和曾经密切交往的海涅分离的感受强烈；马克思和海涅在巴黎相识并很快就成了朋友。他们的个人品质相接近，并且政治信仰也相一致。

① 科尔纽. 马克思恩格斯传：第 1 卷：1818—1844. 刘丕坤，等译. 北京：生活·读书·新知三联书店，1963：631.

② A. Ruge. Briefwechsel und Tagebuchblätter aus den Jahren 1825－1880, Bd. 1. Berlin, 1886：342.

亨利希·海涅（1797—1856 年），伟大的德国诗人，按受教育水平来说是一位法学家，拥有法学博士学位，同时也是一位卓越的政论家和深刻的思想家，具有洞察力的《德国宗教和哲学史》（《К истории религии и философии в Германии》，1834 年）一书的作者，而在政治信仰上是一名赞同共产主义的革命民主主义者。海涅曾在 1842 年从巴黎写给奥格斯堡《总汇报》的文章中预见到共产主义对世界历史的意义，并承认未来是属于共产主义者的。

诚然，海涅在对待共产主义的态度上是矛盾的，他担心工人粗鲁的双手会打碎美丽的大理石雕像，并毁坏那些诗人是那么喜爱的"艺术的小摆设"。但他还是在 1843 年中期曾写过，共产主义者是"在法国唯一值得无条件尊敬的一伙人"①。

因此，马克思和海涅在巴黎很快就相互欣赏不足为奇。他们的关系开始确立还是在《德法年鉴》上发表海涅的诗作《国王路德维希的颂歌》（《Хвалебные песнопения королю Людвигу》）。正是在与马克思接近的时期，诗人创作了大量的政治讽刺诗，如《西里西亚织工之歌》（《Силезские ткачи》），这首诗是关于西里西亚纺织工人起义的（写于 1844 年 7 月）②，《德国，一个冬天的童话》（《Германия. Зимняя сказка》，1844 年 10—11 月）。

海涅经常造访马克思在巴黎的家，并对马克思的妻子，以及对年轻家庭的民主的生活方式持有深厚的好感。但是，这些密切的关系持续时间并不长。1845 年初，马克思即将离开巴黎时写信给自己的诗人朋友说："在我要离别的人中，同海涅离别是最令我难过的。我很想把您一起带走。"③

### 马克思加深同工人的联系

在《德法年鉴》上发表的文章中，马克思公开宣告无产阶级革命是将人类从各种压迫中解放出来的唯一途径。而且马克思在自己的实践活动中更加深了同共产主义者的联系：他与德国"正义者同盟"和法国秘密工人团体的一些领导人和成员都有私人的联系，经常参加他们的政治性会议。关于共产主义会议在警察局的一份报告里是这样描述的："常常有三十、一百或二百名德国共产主义者在这里集会，这所房子是他们租下来的。他们发表演说，公开宣传杀死国王，废除一切财产，惩办富人等等；这里已经

---

① Г. Гейне. Собр. соч. В 10-ти т. М., 1958, т. 8, с. 265.

② 恩格斯很喜欢这首诗，他曾把它翻译成英文发表。

③ 马克思，恩格斯. 马克思恩格斯全集：第 47 卷. 2 版. 北京：人民出版社，2004：341.

谈不到任何宗教……我非常紧急地把这写给您，为的是不让马克思、赫斯、海尔维格、魏尔、伯恩施坦继续这样使年轻人陷于不幸。"①

马克思虽然积极参加合法的和秘密的共产主义团体的活动，但是他并没有作为一个正式成员加入他们任何一个团体，因为他不同意他们的纲领中的许多方面。然而他把这些团体看作是工人为争取全人类解放而斗争的自我组织的表现，并为使其成员从空想社会主义和空想共产主义的影响下解放出来做出了最大努力。他曾试图说服他们，"问题并不在于实现某种空想的体系，而在于要自觉地参加我们眼前发生的改造社会的历史过程"②。

马克思和卢格在理论上意见分歧加深的另一个因素是，无产阶级革命的思想使马克思放弃了他原先提出的杂志的法德原则。事实上，这个原则在《德法年鉴》上只有在卢格的文章中贯彻过，而把恩格斯的关于英国政治经济学和英国状况的文章编入杂志就完全打破了上述这个原则本身。马克思在实践中开始实现一个真正的无产阶级**国际主义**原则，即战士们为争取世界各国无产阶级的革命解放而联合起来，以代替**两个民族**联合的原则。

这一切与自由人道主义的，但局限于小资产阶级自己的历史见识内的典型代表——卢格是格格不入的。他在描写西里西亚纺织工人起义的文章《普鲁士国王和社会改革》（《Король прусский и социальная реформа》）中公开地表现出对工人运动的敌视。这篇文章发表四天后，1844 年 7 月底，马克思已经完成了《评一个普鲁士人的〈普鲁士国王和社会改革〉一文》（《Критические заметки к статье "пруссака" Король прусский и социальная реформа》）。从其中回击的内容可以证明，马克思在 3—7 月间主要在撰写《经济学哲学手稿》时，进行了大量的理论工作。在这里，我们只注意马克思的《评一个普鲁士人的〈普鲁士国王和社会改革〉一文》中的一点："一个有思想爱真理的人，面对着西里西亚工人起义的爆发，他惟一的任务不是在这个事件上扮演**教师**的角色，而是研究这个事件**固有的**性质。当然这就需要有点科学洞察力和有点对人的热爱才行，而要做到前面那一点，只要玩弄一些浸透着空洞自爱的现成词句就足够了。"③

卢格正是缺乏科学洞察力和真正的对人的热爱，从而使他对工人运动反感，而正是这两点激励着马克思，虽然筹划和准备将近一年的杂志

---

① 科尔纽. 马克思恩格斯传：第 2 卷：1844—1845. 樊集，译. 北京：生活·读书·新知三联书店，1965：13.

② 马克思，恩格斯. 马克思恩格斯全集：第 19 卷. 2 版. 北京：人民出版社，2006：137.

③ 马克思，恩格斯. 马克思恩格斯全集：第 3 卷. 2 版. 北京：人民出版社，2002：391.

被查禁了，他也没有像卢格一样垂头丧气。马克思努力地研究工人的生活，他们的劳动和习惯，以及他们的情绪和愿望，提出并解决对革命运动的实际参加者来说具有非常重要意义的问题。例如，共产主义革命成为**必然的**一般历史前提是怎样的？为什么这个必然性正是在**现代**成为不可避免的？社会的共产主义改造的内容和基本阶段是怎样的（哪怕是概括的）？

由于马克思把自己的个人命运和革命运动完全联系在一起，因此他能很好地意识到这种问题的重大意义，但当时他对这些问题能做出的回答还远远不能使他自己满意。对于他——已经成为一位著名的革命理论家来说，他所期待的是深刻的有充分论据的回答。

这就是为什么马克思从杂志编辑的职务中脱离后又埋头于理论研究，与克罗伊茨纳赫时期相比，研究的题目极大地被扩展，并且更加复杂。他在当时的政治生活中心巴黎工作这个事实无疑对此起了促进作用。

### 转向经济学问题

1843 年底到 1844 年 3 月，马克思在继续批判**黑格尔法哲学**的同时，转向他早在写克罗伊茨纳赫笔记期间就使他感兴趣的问题——**国民议会史**。其中，他做了雅各宾党人勒瓦瑟尔（Левассер）的《回忆录》（《Мемуаров》）第 1 卷的摘要，他把注意力集中在雅各宾党人和吉伦特党人的战略和战术的对立上，集中到在法国革命过程中表现出来的这两党斗争的内在逻辑上。马克思断言："吉伦特派谴责山岳派的措施，但是他们从没有提出别的什么计划来同它们抗衡。他们根本没有干什么事。"①

同时，马克思还做了关于古希腊作家和历史学家色诺芬（Ксенофонт）的五部作品的摘要。其中三部著作与古希腊城邦的国家制度的历史有关（在雅典和拉西第梦），后两部涉及的则是古希腊的经济生活问题。摘要中只有一条马克思的评论："色诺芬指出，农业有助于狩猎，训练有助于战争。"②

这些摘要间接地说明，马克思将注意力越来越多地集中到经济学问题上了。早在写《1843 年手稿》的过程中，他就下定决心，坚决打算认真地研究市民社会，即人与人之间的经济关系领域。在恩格斯的《国民经济学批判大纲》之后，现在马克思开始明白，正是在**国民经济学领域**中将揭示出人的各种关系的一些根本问题，从马克思已确立的哲学唯物主义观点和

---

① 马克思，恩格斯. 马克思恩格斯全集：第 40 卷. 北京：人民出版社，1982：388.
② K. Marx, F. Engels. Gesamtausgabe. Erste Abteilung, Bd. 1. Hlbbd. 2. Berlin, 1929：391.

无产阶级的政治观点出发，系统研究这些问题将会有非常大的希望。因此，他很快就把自己的研究主要集中到政治经济学上。著名的 1844 年《经济学哲学手稿》就是这些研究的主要成果。

# 第二章
# 共产主义的经济学哲学论证

如果说《资本论》是马克思经济学说的顶峰，那么 1844 年《经济学哲学手稿》就是通向这个顶峰的现实起点。虽然结果和他最初的预计完全不一样，但在历史上，一切发展恰恰都是从 1844 年开始的。

《经济学哲学手稿》写完后过了 88 年才发表，它立即引起了尖锐的思想理论的争论，直到现在这场争论还没有缓和①。这很清楚：1844 年手稿的特点在于，马克思研究政治经济学的中心问题时，不仅是作为经济学专家（他很快就成为了这方面的专家），而且还是哲学家、社会学家、历史学家和政治学家，同时也是革命思想家和革命实践家。马克思主义的三个组成部分——哲学、政治经济学和科学共产主义在它们形成过程中，在这里融合到了一起。马克思主义的形成在《经济学哲学手稿》中表明的正是还没有固定结构的科学世界观形成的**过程**。

## 马克思经济学哲学研究的结构和特征

巴黎生活时期的马克思的经济学研究，开始于 1843 年底，1844 年 5 月

---

① 对这场斗争的批判性分析，读者可以参见 Е. П. 康德里（Е. П. Кандель）的《从最新研究的方面来看马克思主义史形成的几个问题》（Е. П. Кандель. Некоторые проблемы формирования марксистской философии в свете новейших исследований. Сб.：Из истории марксизма и международного рабочего движения. М.，1963），И. С. 纳尔斯基（И. С. Нарский）的《马克思著作中的异化和劳动》（И. С. Нарский. Отчуждение и труд. По страницам произведений К. Маркса. М.，1983），Т. И. 奥伊则尔曼（Т. И. Ойзерман）的《异化问题和关于马克思主义的资产阶级传说》（Т. И. Ойзерман. Проблема отчуждения и буржуазная легенда о марксизме. М.，1965），以及 Н. И. 拉宾的《围绕青年马克思思想遗产的斗争》（Н. И. Лапин. Борьба вокруг идейного наследия молодого Маркса. М.，1962）。

到 8 月达到最紧张的程度，进行了两种形式的研究：（1）为巴黎笔记积累原始的科学资料，这些资料包括对经济学家和社会学家著作的摘要，摘要旁还顺便附有十分详尽的评注；（2）在 1844 年《经济学哲学手稿》中进行的关于经济学问题和哲学问题广泛领域的独立的理论分析。

**巴黎笔记**

根据恩格斯的证实，"1843 年，他在巴黎开始研究经济学时，是从伟大的英国人和法国人开始的。在德国人当中，他只知道劳和李斯特……"①保存下来的七个笔记本和两页单独的摘录是马克思在巴黎生活期间写的，因此称为《巴黎笔记》。笔记中逐字逐句地摘录和摘要了 16 位作家的 21 部作品，还包括马克思本人对所阅读内容的评注。笔记总共大约有 18 个印张，其中马克思本人的评注超过了两个印张。

马克思不仅在准备《经济学哲学手稿》时利用了巴黎笔记，在撰写重要的生命之著《资本论》时也使用了。1890 年，在《资本论》第 1 卷第 4 版的序言中，恩格斯指出："有一些引文是根据马克思 1843—1845 年在巴黎记的旧笔记本抄录的，当时马克思还不懂英语，他读英国经济学家的著作是读的法译本……"②

巴黎笔记的重要部分 1932 年发表在 MEGA¹ 上，后来又发表在其他一些出版物上。1981 年，巴黎笔记首次完整地发表在 MEGA² 上③。

和克罗伊茨纳赫笔记不同，马克思没有给巴黎笔记注明日期和进行编号。确切地说，马克思只用罗马数字 I 给其中的一本做了标记。但是，这并不意味着它就是巴黎笔记中的第一本。更准确地说，这本笔记是与《经济学哲学手稿》直接相关的材料中的第一本。

并非所有的笔记本马克思都从头到尾写满了。通常，开始一本笔记后，马克思会留下一些空白，转而写下一个笔记本，这本也会留下空白。在文本的最后阶段，当一个笔记本容纳不下摘录的内容时，马克思就会在早先开始时的笔记本的空白页上结束它。因此，正像 MEGA² 编辑注释中所指出的那样，暂时还不能清楚地确定马克思的这些经济学笔记的顺序（摘录的

---

① 马克思，恩格斯. 马克思恩格斯文集：第 6 卷. 北京：人民出版社，2009：11.

② 马克思，恩格斯. 马克思恩格斯文集：第 5 卷. 北京：人民出版社，2009：37.

③ Marx—Engels—Gesamtausgabe（MEGA）. Vierte Abteilung, Bd. 2. Berlin, 1981. 用俄语只发表了巴黎笔记中的《弗里德里希·恩格斯〈国民经济学批判大纲〉一文摘要》和詹姆斯·穆勒《〈政治经济学原理〉一书摘要》（参见马克思，恩格斯. 马克思恩格斯全集：第 42 卷. 北京：人民出版社，1979：3—42），以及《〈勒·勒瓦瑟尔回忆录〉摘要》（参见马克思，恩格斯. 马克思恩格斯全集：第 40 卷. 北京：人民出版社，1982：372—388）。

一些笔记及其章节），只能划分出这些笔记的基本线索①。

但是，某些事实仍然可以让人们对这个顺序形成一定的认识。第一，被马克思直接用在《经济学哲学手稿》文本中的摘录：清楚的是，在这些情况下，在相应的手稿笔记本之前就写了一本或另一本摘录笔记或其章节。

第二，弄清马克思写作巴黎笔记的结果的间接基础可能是其中所载的摘要的**性质**，和所研究材料的接受形式。像通常一样，在文本的开始阶段，直接的原文摘录占多数；在接下来的摘录中则大部分改为对问题的实质用德文进行概述，这样马克思就在对他而言是全新的知识领域研究出自己的术语；在最后的阶段，文本增加了马克思本人的评注内容，有时远远超过了摘抄文本的范围，证明在向他的独立研究过渡②。

基于这些基本的和一些更具个人特点的理由，可以合乎逻辑地推测，马克思巴黎笔记的整个文本可以分成六个阶段③，但是，考虑到这些阶段在内容关系上意义并不相同，其中的一些顺序还存在问题。

显然，在"勒瓦瑟尔"（Левассёр）和"色诺芬"两个笔记本的开头所做的摘录应列为**第一阶段**。正如已指出的那样，从这些作者的作品中所摘录的内容与克罗伊茨纳赫笔记的问题密切相关，而"色诺芬"摘录的末尾反映了马克思开始向经济学问题研究的转向。

**第二阶段**，可能由"舒茨"笔记本构成，其中摘录了德国经济学家 K. 舒茨（К. Шюц）、Ф. 李斯特（Ф. Лист）和 Г. 欧西安德尔（Г. Осиандер）的著作（它第一次发表在 MEGA² 中）。关于这个笔记本在巴黎笔记中的位置有各种推测。但大部分论据表明，这是马克思最早摘录的经济学笔记之一④：上述经济学家的著作内容使马克思感兴趣，正是因为其中的经济学内容；马克思对所研究材料的批判态度表现得还比较微弱，他个人的评注几乎没有。但无疑，由此而知，这些摘录既没有被利用到《经济学哲学手稿》之中，也没有被利用到于 1845 年初撰写批判 Ф. 李斯特的文章草稿之中。

"萨伊"笔记本和"斯密"笔记本，以及"勒瓦瑟尔"笔记本的第二部分构成**第三阶段**。载有萨伊和斯卡尔培克（Скарбек）的著作的摘录的

---

① Marx—Engels—Gesamtausgabe（MEGA）. Vierte Abteilung, Bd. 2. Berlin, 1981：711－715.

② 同①724.

③ 当描述这些阶段时，我们将假定以马克思在相应的笔记本上开始摘录的著作的作者名字来称呼各个笔记。

④ 同①721－722.

"萨伊"笔记本从表面上看与前一本相似。"舒茨"笔记本的每一页分成两栏,萨伊著作的摘录和对欧西安德尔的评注平行并列抄写在两栏中。同样,"萨伊"笔记本也平行并列了萨伊的摘录和斯卡尔培克的摘录。马克思把这些摘录用在了《经济学哲学手稿》第一个笔记本中,由此可以断定,"萨伊"笔记本写在创作手稿之前。而且马克思用罗马数字 I 标注了这个笔记本,可以把它视为巴黎笔记中直接关系到马克思《经济学哲学手稿》的第一本。

"斯密"笔记本紧挨着"萨伊"笔记本,以"勒瓦瑟尔"笔记本作为结束。"斯密"笔记本整本都是英国古典政治经济学创始人主要著作《国富论》的摘录。摘录混合着摘要,并辅之以马克思自己的一些评注。这个笔记本的页数不够,马克思把斯密这部著作的结尾部分摘抄在了"勒瓦瑟尔"笔记本上,那里还有很多空页。结果,对革命政治的研究(摘录的是勒瓦瑟尔的雅各宾党人"回忆录")完全象征性地与经济学分析并列。

在《经济学哲学手稿》第一个笔记本中,马克思积极地利用了许多"斯密"笔记本和"萨伊"笔记本的摘录。这就可以把马克思对"斯密"和"萨伊"的摘抄合并为马克思直接撰写《经济学哲学手稿》开始之前的巴黎笔记的一个阶段。

**第四阶段**是"麦克库洛赫"笔记本,包括对麦克库洛赫(Мак-Куллох)、普雷沃(Прево)和德斯杜特·德·特拉西(Дестюса де Траси)著作的摘录。它还包括两个单页,一个单页上,马克思密密麻麻地摘录了恩格斯的《国民经济学批判大纲》一文(这一页放在了"麦克库洛赫"笔记本普雷沃和德斯杜特·德·特拉西的摘要之间),另一个单页则是对黑格尔的《精神现象学》最后一章的摘录(它被放到了手稿的第三个笔记本,批判黑格尔哲学的片段的结尾)。"麦克库洛赫"笔记本的摘录也被积极地用在了《经济学哲学手稿》第三个笔记本上。

根据我们的推测,**第五阶段**的内容是对李嘉图和穆勒的著作摘录,其中包含了马克思本人对这些著作或关于它们的极为大量的批判性的评注。无论是在巴黎笔记的结构中,还是在马克思 1844 年的经济学著作中,这些摘录和评注的位置从整体上来说还不太明确,仍旧是专家们的争论对象。

李嘉图主要著作的大量摘录放在了"色诺芬"笔记本中,也就是放在了巴黎时期的最早的笔记本之一中,那里还有很多空白页。显然,就像关于"斯密"的摘录结束于"勒瓦瑟尔"笔记本上的情况一样,马克思在笔记本上摘抄李嘉图的著作最初也是用于别的材料。在"色诺芬"笔记本上,李嘉图的摘录之后是穆勒著作摘要的开始,穆勒的摘要结束于"麦克库洛赫"笔记本，紧跟着德斯杜特·德·特拉西的摘要。此外，这个阶段还可以包括在"舒茨"笔记本上的李嘉图著作第二卷的简要摘录，放在了欧西安德尔摘录之后，以及没有实现的对西斯蒙第和边沁的摘录的打算（在"麦克库洛赫"笔记本的穆勒著作摘要之后）。

材料的这些排列允许对写作时间做各种不同的假设。第一，有论据赞成说，李嘉图著作的摘录是写于"麦克库洛赫"笔记本之前，《经济学哲学手稿》第一个笔记本之后，两者形式有惊人的相似性（这个笔记本分成三栏，用罗马数字编号，这是其他任何一个笔记本都没有的形式）。如果这个假设正确，那么在李嘉图之后，马克思就着手写了麦克库洛赫、普雷沃和德斯杜特·德·特拉西，紧接着就是穆勒①。

但在内容关系上，李嘉图著作的摘录证明，在这里马克思比麦克库洛赫的摘录等更加深入到政治经济学的问题实质中。同时，在《经济学哲学手稿》中利用了麦克库洛赫的摘录等，而不是逐字逐句地采用李嘉图和穆勒的摘录。由此能得出第二个假设：马克思摘录李嘉图和穆勒的著作不仅是在麦克库洛赫等之后，而且是在完成《经济学哲学手稿》之后②。

也许第三个假设是：李嘉图和穆勒的摘录是马克思写于麦克库洛赫的摘录等之后，但在完成1844年手稿之前，因为在这部手稿中有利用李嘉图和穆勒的摘录的间接证据。我们遵循的正是这个假设，接下来要对这个假设的合理性做更详细的论证。

巴黎笔记的**第六阶段**是"毕莱"笔记本，其上摘录了法国社会主义者毕莱（Бюре）的《英国和法国工人阶级的贫困》。在《经济学哲学手稿》第一个笔记本中，马克思屡次引用这本书，但在摘录中这些引文的大部分都没有。很明显，一开始马克思就利用了这本书，而在完成手稿后又对它进行了摘录。

以上就是巴黎笔记的结构和马克思摘抄它们的主要阶段。就像我们所看到的一样，某些创作的重要时刻还不是十分清楚，需要进一步研究。

### 《经济学哲学手稿》

1844年，马克思的另一种经济学研究方式就是着手**第一次尝试独立研究政治经济学问题**——它的结构和内容。采用札记的形式是为了自己的需要，正如马克思喜欢讲的那样，为了"自己弄清问题"。这些札记组成

---

① Marx—Engels—Gesamtausgabe（MEGA）. Vierte Abteilung, Bd. 2. Berlin, 1981：717 – 718.

② 同①696–697.

《经济学哲学手稿》，我们只看到三个笔记本，总共约 11 个印张。

1982 年在 MEGA² 第一部分第二卷中发表的这部手稿，在质量上是其发布史上的崭新阶段，让读者最大程度地接近原稿。它附有对手稿结构的详细描述，与以前发布的版本相比，包含了一系列极为重要的更加明确的说明。

第一，手稿的题目本身变得更加简洁。

值得注意的是，马克思自己并没有给手稿加任何题目。1932 年手稿第一次发表在 MEGA¹ 上，给手稿编辑的标题是《1844 年经济学哲学手稿》，相当准确地反映了手稿的内容。但是，把手稿的写作时间列入标题是没有必要的，因为马克思和恩格斯没有另一部著作具有与它相同的题目。因此，在 MEGA² 里完全有理由采用更简洁的（不指明写作时间）题目：《经济学哲学手稿》。

第二，在以前所有的版本中，"手稿"这一术语不仅被用来指称构成马克思这部著作的一切手写材料，而且也指称编辑标题下的三个主要部分的每一个："第一手稿""第二手稿""第三手稿"。其实，第一部分（"第一手稿"）有一个马克思自己给它的名称："笔记本 I"（Heft I）。根据作者的规定，在 MEGA² 里三个主要部分的名称现在全部用这样的标题指代："笔记本 I""笔记本 II""笔记本 III"。

**笔记本 I** 由 9 个大开页的印张组成。印张对折并彼此连在一起，形成一个有 36 页的笔记本。但手稿的正文只有 27 页，马克思用罗马数字给它们编号：I—XXVII。此外，有一页写着标题"笔记本 I"，还有一页记下了 29 本关于经济学问题的书的标题。笔记本上还有 7 页是空白。

第一个笔记本的大部分内容是对收入的三个来源进行分析（"工资""资本的利润""地租"），而最后 6 页的内容是一个片段，第一次发表时被命名为"异化劳动"，现在的名称为"异化劳动和私人所有制"。

**笔记本 II** 只保存下来两张零散的页，其 4 页上编号为从 XL 到 XLIII。上面的文本是一个片段，现在被命名为"私人所有制关系"。

在很长的一段时间里，马克思学家们有一个推测，我们没有找到的这个笔记本至少有 39 页。但 1976 年，Г. А. 巴加图利亚却得出了另一种假设："所谓的手稿 I 和手稿 II——这不是两个独立的手稿，而是两个部分——同一个手稿的开头和结尾。"① 因为笔记本 I 结束于第 XXVII 页，而

---

① Г. А. Багатурия, В. С. Выгодский. Экономическое наследие Маркса. М., 1976: 209.

笔记本 II 是从第 XL 页开始的，那么基本可以假设笔记本 II 是直接继续笔记本 I，并且缺了整整 12 页（从 XXVIII 到 XXXIX）。其上的内容同样可以在笔记本 III 上部分地复原。在 MEGA² 的编辑注释里，虽然最可能考虑的是第一种假设，但还是承认了两种假设的合理性。

**笔记本 III** 由 17 个大的印张组成，就像笔记本 I 一样，印张对折并彼此连在一起，这样，总共有 68 页。马克思在 41 页上写了文本，并且编了页码一直到 XLIII（马克思在页码排序上出现了两次错误）。

在这个笔记本上有笔记本 II 上没有保存下来的关于 XXVI 和 XXXIX 页的补充，补充的内容通常很长，有时还附有对补充的更广泛的补充。在这里马克思发展了自己关于私有制、劳动、共产主义、黑格尔辩证法、需要和分工问题的观点。此外，笔记本的结尾有一篇以三个笔记本为基础为手稿成书而准备的"序言"草稿，以及一篇论货币的独立片段。

正像我们看到的，《经济学哲学手稿》是一部结构层次十分丰富、远没有完成的著作。在这里直接揭示了社会思想史上前所未有的一个最重要阶段，一个全新的、真正的科学世界观的突破，这是马克思的理论功绩。三个笔记本的内容反映了这一伟大突破的逻辑过程。这正是一个突破，而不是直线的上升。笔记本 I 的平行文本和笔记本 III 的内部引文也体现了这一点，证明了马克思打算根据写作过程中形成的新的理论方法论概念重新组织所写的内容。

不论是做研究，还是发表《经济学哲学手稿》，这一切都是极为繁复的任务。选择什么样的途径？是重新再现文本的"原始面貌"吗？在这种情况下有可能会遮蔽掉文本的逻辑结构中的一些环节。或者根据马克思本人的指示对文本进行重排？但这也是有风险的，会消除马克思的创新思维中有活力的具体方面，使得他的创新实验无果而终。

从 MEGA¹ 的编辑开始，《经济学哲学手稿》的大部分发布者都选择了第二条路。这有助于显示手稿的一般理论内容，但却为研究具体的创作过程制造了一系列困难，甚至也为理解某些马克思的理论观点和方法论观点的动态细节制造了麻烦。为了恢复手稿的原貌，必须进行反复的重构，为此往往需要去查看手稿的影印件。

MEGA² 的编辑找到了解决问题的方法，发表了两种编排方案的《经济学哲学手稿》：（1）保持手稿的原始面貌，最大限度地符合它的写作过程①，

---

① Marx—Engels—Gesamtausgabe（MEGA）. Erste Abteilung, Bd. 2. Berlin, 1982：187-322.

（2）重新排列后的样式，更加清楚地表现手稿的逻辑结构①。无论是在哪个方案中，被编辑过的文本部分都形成了紧凑的片段，但它们的划分基础在本质上有所不同：在第一个方案中，这些文本反映了手稿写作的时间阶段；在第二个方案中，首先凸显的是完整的片段的逻辑。

事实上，笔记本 I 甚至被再现了三次——可以把在第一部分第二卷的附属资料卷里的所有 27 页影印件视为第三个方案②。

这些方案都可以让我们深入理解《经济学哲学手稿》的内容和马克思在创作手稿时的内在活动。

**巴黎笔记与《经济学哲学手稿》之间的关系**

直到前不久，在文献里还广泛流传着一种认识，好像一开始马克思积累了许多巴黎手稿中经济学著作的摘录，并顺带一些评注，然后再在手稿中着手对自己的观点进行独立的分析研究。但事实上，马克思研究经济学问题的过程是相当复杂的。

实际上，这些研究是从读恩格斯的《大纲》和做笔记开始的。最初的两个阶段（"勒瓦瑟尔"和"色诺芬"笔记本的开头，"舒茨"笔记本）是从 1843 年关于哲学历史问题的研究转向 1844 年关于经济学哲学问题的研究。在直接开始写《经济学哲学手稿》之前，再确切点说，在写手稿的第一个笔记本之前是巴黎笔记的第三阶段（"萨伊"和"斯密"笔记本），但这个阶段还不能解决马克思在这个笔记本的结尾表述的那些问题。

为了研究这些问题，马克思研读了一批新文献，记下了巴黎笔记的第四、五阶段的摘录（"麦克库洛赫"笔记本，恩格斯《大纲》的摘要，李嘉图和穆勒的著作）。之后，紧接着分析研究了《经济学哲学手稿》第二、三个笔记本中的大量经济学和哲学问题。手稿没有写完，而巴黎笔记的第六阶段开始向另一个问题转移，对于这个问题的研究是在马克思从巴黎迁居到布鲁塞尔以后。

由上述内容得出，可以把马克思从 1843 年底（或 1844 年初）到 1844 年 8 月的经济学哲学研究分成以下**两个主要阶段**：

（1）初读恩格斯《大纲》，巴黎笔记的第二、三阶段积累资料，写作《经济学哲学手稿》第一个笔记本；

（2）巴黎笔记的第四、五阶段，写作 1844 年手稿的第二、三笔记本。

---

① Marx—Engels—Gesamtausgabe（MEGA）. Erste Abteilung, Bd. 2. Berlin, 1982：323-438.

② 同①711-739.

值得注意的是，马克思在写作《经济学哲学手稿》时所利用的资料量远比巴黎笔记里摘录下来的多得多。《经济学哲学手稿》里直接或间接利用或引用的包括傅立叶、圣西门、蒲鲁东、西斯蒙第、贝魁尔（Пеккёр）、舍伐利埃（Шевалье）、舒尔茨（Шульц）、魁奈（Кенэ）、马尔图斯（Мальтус）等其他一些经济学家和社会主义者的著作。其中的许多书都在马克思的个人藏书里，上面还保留着很多他做的标注的痕迹。

写作《经济学哲学手稿》之后应该是彻底研究和系统阐述所拟问题的阶段，也就是手稿成书的阶段。但事实上，这不是一个阶段，而是若干阶段，马克思在搜集和整理"堆积如山的事实"上进行了大量的工作，为此马克思一生都在研究，其不朽的成果就是《资本论》这部巨著。后面的阶段已超出了关于青年马克思这个题目的范围，因此，我们只限于研究上述两个主要阶段。

但是，在我们直接讨论它之前，还有一个问题，它对在整体的科学世界观中理解马克思思想的形成的全部过程具有方法论意义。这就是关于以马克思的方法来理解科学材料来源，以及对其批判性反思的**方法和方式**的辩证特质问题。

### 对原始科学材料的辩证理解和反思

在马克思掌握和反思科学材料的研究过程中（其深层次方法论的内容将继续被挖掘），我们发现了他的思维运行方式的辩证本质。

可以在 1844 年 5 月 15 日卢格给费尔巴哈的信中从一个侧面看出这种运行方式是如何进行的：马克思"读了很多东西；他工作极为紧张，具有批判的天赋，这种天赋有时转变为对辩证法的过分热情，但他什么事都不能进行到底，总是在中间就中断了，突然又重新投入到无边无际的书海……马克思现在这样的暴躁和容易发怒，到了无以复加的地步，特别是三个晚上、甚至四个晚上不睡觉而病倒了之后"①。

我们应该对卢格昧着良心地、不公正地评价马克思"对辩证法的过分热情"、极端"暴躁和容易发怒"持保留意见。我们记得，正是在这一时期，马克思和卢格的彻底决裂暴露出深刻的思想政治分歧②。对于我们来

---

① A. Ruge. Briefwechsel und Tagebuchblätter aus den Jahren 1825－1880，Bd. 1. Berlin，1886：343.

② 几个月后，卢格不择手段地反对马克思，他在 1844 年 11 月写给出版商福禄培尔的信就是证明："您不能再接受出版马克思的任何一部他建议您的书了，无疑，您知道我与这个人的关系是什么样的。"（A. Ruge. Briefwechsel und Tagebuchblätter aus den Jahren 1825－1880，Bd. 1. Berlin，1886：380）

说，重要的是从卢格的引证中得出合理的因素：马克思的工作极为紧张；工作的辩证批判的方向性、多阶段性，在一定程度上不满意每个阶段所取得的成果，要求自己必须掌握新材料，以及向更深层次地理解问题的下一阶段的过渡等。但这只是从马克思思维运行的一个方面看。

我们要从内部更本质地揭示马克思的思维是"如何运行"的。在《经济学哲学手稿》结尾的"序言"中，马克思对自己的思维方式的方法论分析具有非常重要的意义："我在《德法年鉴》上曾预告要以**黑格尔**法哲学批判的形式对法学和国家学进行批判。在加工整理准备付印的时候发现，把仅仅针对思辨的批判同针对不同材料本身的批判混在一起，十分不妥，这样会妨碍阐述，增加理解的困难。此外，由于需要探讨的题目丰富多样，只有采用完全是格言式的叙述，才能把全部材料压缩在**一本**著作中，而这种格言式的叙述又会造成任意制造体系的**外观**。因此，我打算用不同的、独立的小册子来相继批判法、道德、政治等等，最后再以一本专门的著作来说明整体的联系、各部分的关系，并对这一切材料的思辨加工进行批判……我用不着向熟悉国民经济学的读者保证，我的结论是通过完全经验的、以对国民经济学进行认真的批判研究为基础的分析得出的。不消说，除了法国和英国的社会主义者的著作以外，我也利用了德国社会主义者的著作"①。

乍一看可能感觉，这段从"序言"中引出来的话仅仅对所"拟定的写作计划"（最终没有实现）的解释，它有别于在《德法年鉴》中所承诺的工作。而这样的观点在《德法年鉴》中确实存在。与此同时，它们也包括了对思维运行的方法论分析的说明，在巴黎笔记和《经济学哲学手稿》中马克思已经完成了这项工作。以下就是马克思曾强调的这个方法论的要素：

对经济学家著作和社会主义者著作的"认真的批判研究"；

对这些著作和问题的"完全经验的分析"；

"需要探讨的题目丰富多样"；

"仅仅针对思辨的批判同针对不同材料本身的批判混在一起"；

"格言式的叙述"，甚至是对材料的"格言式的充分利用的方式"②；

材料的"系统化"；

揭示这一整体的"整体的联系、各部分的关系"。

---

① 马克思，恩格斯. 马克思恩格斯文集：第 1 卷. 北京：人民出版社，2009：111 - 112.

② 根据新的版本（MEGA²），马克思写道："……充分利用格言……这样的格言表征。"（Marx—Engels—Gesamtausgabe（MEGA）. Erste Abteilung, Bd. 2. Berlin, 1982：325.）

通过对巴黎笔记和《经济学哲学手稿》内容的分析可以看出，所有这些完全是马克思研究方法论的现实要素，特别地反映了那个时期我们所描述的作为完整的科学世界观的形成中的理论的发展。依据这些因素，我们能得出这一时期马克思掌握原始科学材料及对其进行批判反思的一系列方式方法如下：

（1）原始材料的来源选择，必定要考虑其社会政治方向（在一组经济学文献中马克思特意选出了社会主义者的著作）；

（2）原始材料的经验分析，包括：为研究目的确定最相关的材料（主要是在笔记中做摘要或摘录）；对原始材料所描述的显著不同的研究对象的划分；对这些对象进行比较性概述，包括把不同著作的并行提纲摘录到笔记本相邻的栏内；通过反复的、更多是格言式的叙述充分利用（有时是多次地）原始材料；

（3）对研究对象的理论分析，包括：开始叙述个人对对象的理解，有时表现为作为前一个分析阶段的直接延伸，从充分利用的原始材料中发展出来（有时在笔记本的摘录中就已经开始了）；对不同题目进行批判的、常常是对比式的、并行的理论分析（就像我们说过的，有时在手稿相邻的栏里分析了收入的三种来源），有助于弄清楚这些题目的相互关系，及其深层的实质；多次归纳本人的结论，以便充分利用理论分析的结果，因此，从广泛经验的、理论的材料中得出的最终结论被集中在文本的一个或两个段落中；

（4）向一系列新问题和研究对象的过渡：提出新任务——揭示研究对象与相关问题之间的，经常是与一系列更广泛的问题和对象之间的相互关系；这种关系通常被探索出不只是对象性的，而且是问题式的，结果是问题本身以提出需要研究的新的、更基础的问题的形式表现出来；最后提出了进一步研究的草案计划。

于是，该研究周期完成并开始新的一轮：对原始材料新来源的选择和进行经验分析等①。研究过程的周期性，包括掌握原始科学材料的各种方式方法和对这些材料的反思性批判，在本质上都是深刻**辩证的**。下面强调一下这一辩证法的三个主要因素：

（1）对研究对象和现有理论问题中的矛盾的剖析，表现在对各种对象

---

① Г. А. 巴加图利亚首先注意到某些研究周期的存在是马克思科学工作方法论的典型特征之一。他特别强调周期"开始"的问题，并证明，在马克思理论发展的各个阶段上"某些研究周期结束后常常就转向了对观念的片段式和摘要式的叙述，并完成下一步工作的计划草案"（Г. А. Багатурия，В. С. Выгодский. Экономическое наследие Маркса. М.，1976：210）。

的有意识的关注，以及利用如并行摘录和并行分析这些对象的方法，揭露资产阶级学说所固有的二律背反。

（2）不断向各种对象之间越来越深层次的相互关系发展和运动，作为对这些对象的矛盾分析的结果，并在研究周期初始阶段获得了知识充分利用的形式，进一步增强了理论结论的共性，在最后阶段形成了所获得的理论结果的问题域。

（3）否定之否定是思维运动的普遍形式，在此绝不意味着"无用的、赤裸裸的否定"，而是对所实现的辩证"扬弃"，把它变为提出新的问题的基础，然后，新的研究周期必然要解决新的问题并提出新的问题，等等。

在这里，作者通过对青年马克思在掌握原始科学材料和对其批判反思中所利用的所有方式方法的具体研究，得出了上述关于研究过程结构的结论。在这里，在着手研究 1844 年马克思经济学哲学研究的具体特征**之前**，对这一研究过程的结构进行论述，唯一的目的就是让读者轻松地理解这些复杂的材料，能更符合原意地领会它们。

## 马克思经济学研究的起点

### 马克思初识恩格斯《国民经济学批判大纲》

对恩格斯的《国民经济学批判大纲》（简称《大纲》）的认识，是促使马克思进行经济学研究的直接动因之一。在 1844 年手稿中，马克思评价《大纲》是德国社会主义者在批判地研究政治经济学方面所写的有独创性的著作。后来，在《政治经济学批判》序言里，马克思把恩格斯的这部著作称为批判经济学范畴的天才大纲。

在青年恩格斯的著作中有什么使青年马克思特别钦佩的呢？这就是它的革命目标，它从工人阶级立场出发，提出消灭私有制的必然性问题。这就令人信服地证明了，在抽象的政治经济学中现实的关系被本末倒置了，因此，任务就在于把这种关系颠倒过来（其中直接引用了费尔巴哈在哲学方面所写的类似著作）。另外，这是对资产阶级经济学家形而上学方法论的精辟的批判，资产阶级经济学家们只提出矛盾运动的一个方面（效用或生产费用，竞争或垄断等），因此他们不能理解矛盾运动的特征是对立统一。所有这一切都不能不让马克思喜悦，要知道马克思遇见了恩格斯这样一个在根本的政治问题和经济问题上同他**思想一致**的人。

此外，马克思选择了《大纲》中一些**经济学本身的问题**，在对这些问题的研究中，恩格斯在当时站在了他的**前面**。在这些问题上，马克思感到自己是一个新手时，他青年的朋友就已经表现出是一位专家了。但是，因为恩格斯把注意力集中到竞争规律上，因此他没有在自己的第一部经济学著作中指出李嘉图的劳动价值论的重大科学意义。马克思在自己研究第一阶段和恩格斯一样，也低估了这个理论。另一方面，马克思远不能立刻理解恩格斯文章的全部专业内容。这就是为什么在《德法年鉴》问世后，马克思在自己研究的第二阶段，他又返回到恩格斯的文章，并写了提要。

**赫斯论货币和异化的本质**

马克思在手稿中提到恩格斯的文章的同时，也提到了《二十一印张》文集中赫斯的几篇文章。正像所指出的那样，这些文章是运用费尔巴哈的异化理论来解释社会经济问题的尝试。马克思可能还了解赫斯的另一篇文章——《论货币的本质》，这篇文章本来是准备提供给《德法年鉴》的，被公正地评价为赫斯最高的理论成就①。由于杂志停刊，该文于一年半之后才得以面世。

赫斯在这篇文章中写道："**上帝**越是出现在理论生活中，**货币**就越是出现在扭曲世界的实践生活中：这是人的**异化能力**，他们被**出卖的生命活动**。货币，这是在**数**中表现出的**人的价值**，是**我们受奴役的印记**，我们受奴役不可磨灭的烙印……货币，是**异化的人类、异化的个人互相的产品**。"② "只有现在，奴役的原则——通过**个人孤立**使人的**本质异化**，并把这个本质贬低为这些个人的**生存手段**——才能成为普遍的生活原则。"③

赫斯强烈地表达了小资产阶级知识分子在面对资本主义异化世界的毫无意义、惨无人道、贪婪成性的本性时所感受到的**恐惧**："我们现在正处于社会动物世界的顶峰，在它的**最高点**上；因此，我们现在是**社会的猛兽**，是完全**有意识的利己主义者**，把**自由竞争**认作是合法的一切人反对一切人的战争，把所谓的**人权**认作是孤立的个人的权利、私人的权利、'绝对个

---

① E. Mieth. Die Entwicklung einer sozialkritischen Gesellschaftskonzeption durch Moses Hess. — In: Förster W. (hrsg). Bürgerliche Revolution und Sozialtheorie. Studien zur Vorgeschichte des Historischen Materialismus (1). Berlin, 1982: 204.

② M. Hess. P hilosophische und sozialistische Schriften (1837–1850). Berlin, 1961: 334–335.

③ 同②339.

性'的权利，把**工业自由**认作是相互剥削、**渴望金钱**，后者无非就是**社会猛兽的嗜血欲**。"①

但是，小资产阶级社会主义者忽略了主要的一点，即通过个人**孤立**而实现的人的本质的异化是使人的本质力量发展为**社会本质**的**历史必然**道路。赫斯只看到一种（空想的）克服异化的手段：鼓吹人与人之间的博爱。他断定，"在我们已达到的发展阶段上，如果我们不用爱联合在一起，那么我们之间只能有更多的剥削和吞噬"②。

只有马克思和恩格斯是受压迫最深，因而斗争最坚决、最革命的阶级，即无产阶级的思想家，只有他们才能揭示**异化本身**是消除异化的手段：异化劳动的发展导致无产阶级的发展，无产阶级的历史任务就在于消灭一切异化。

当时要成为无产阶级思想家，就是要创立**科学的世界观**。作为建立新世界的无产阶级，其使命不是简单地消灭旧世界，而是改造旧世界，把它所积累的一切有价值的东西保存下来，马克思和恩格斯已经在自己的领域做了同样的工作。马克思在写巴黎笔记的第二和第三阶段的过程中所摘录的德国、法国和英国经济学家的著作札记正是反映了这项工作的一个开始阶段。

### 舒茨—李斯特—欧西安德尔

正如已经指出的，1981 年首次发表的马克思关于德国经济学家舒茨、李斯特和欧西安德尔著作的摘录构成的笔记，假定我们称之为"舒茨"笔记本，这显然是马克思最早的经济学摘录笔记。

笔记的开篇是卡尔·舒茨的《政治经济学原理》（《Основы политической экономии》）一书的摘录，这本书于 1843 年在蒂宾根出版，就在马克思乘马车来到巴黎的不久前。蒂宾根大学教授舒茨属于德国资产阶级庸俗经济学家卡尔·亨利希·劳（Карл Генрих Pay）的学派，劳在个别问题上赞同斯密和李嘉图的观点。舒茨的书是一本教科书，其中系统地论述了从古代到包括斯密和李嘉图在内的经济学说。在这里，斯密被评价为"新政治经济学之父"。这本教科书提供了一个不同国家和地区的经济学家著作的详单。

舒茨这本书的摘录被放在了一页的两栏中。大部分都是逐字逐句的关于重商主义、价格制定、地租理论、关税保护、银行事务等问题的引文。

---

① S. Avineri. The Sociale and Political Thought of Karl Marx. C. U. P., 1968：345.

② 同①348.

没有马克思的个人评注，书本身的内容就是这样的，这可能只是马克思在经济学研究初期所感兴趣的。在马克思的下一步研究中，这些摘录都没有被利用，甚至舒茨的名字也没有被提及①。

马克思对李斯特的《政治经济学的国民体系》（《Национальной системы политической экономии》）一书做了更详细的摘录。这位资产阶级庸俗经济学家鼓吹一种极端保护主义，在弱小的德国资产阶级中间赢得了声望，要求以高关税壁垒来保护德国市场免受更发达的资本主义国家，例如法国和英国的商品的冲击。李斯特的书有一个副标题"国际贸易、贸易政策和德国关税同盟"，这本书是德国资产阶级落后实践的理论辩护词。这本书出版于1841年。在《〈汉诺威的企业家和保护关税〉一文的编辑部按语》（发表在1842年11月22日《莱茵报》上）② 中，马克思已经就反对关税保护制度发表了意见。他评价这个制度是中世纪的，当时"每一**特殊的**范围必须受到**特殊的**保护"。很显然，那时马克思已经知道李斯特是德国保护关税主义的理论家了。总之，正如我们所指出的，在《莱茵报》上的关于贸易自由和保护关税的评论是**马克思第一次关注经济学问题本身**。但这是具有革命民主主义的关注，在此期间还没有完全有意识地从唯心主义转向唯物主义。

马克思第二次关注保护关税问题时已经具有唯物主义和共产主义立场，这是在《〈黑格尔法哲学批判〉导言》一文中。他这样做是在更广泛的背景下嘲笑德国的状况，就好像是历史上过时了的生活形式应该愉快地在坟墓里度过。"工业以至于整个财富领域对政治领域的关系，是现代主要问题之一。这个问题开始是以何种形式引起德国人的关注的呢？以**保护关税**、**禁止性关税制度**、**国民经济学**的形式。"③ 在法国和英国加以反对的腐朽制度，"在德国却被当做美好未来的初升朝霞而受到欢迎，这个美好的未来好不容易才敢于从**狡猾的**理论向最无情的实践过渡"④。

德文"*listige* Theorie"（"狡猾的理论"）是双关语，暗示**李斯特**的保护关税理论⑤。带有李斯特的书的摘录的"舒茨"笔记本的产生不就是《导言》的撰写时间（1843年底到1844年初）吗？

---

① Marx—Engels—Gesamtausgabe（MEGA）. Vierte Abteilung, Bd. 2. Berlin, 1981：721, 793.

② 马克思, 恩格斯. 马克思恩格斯全集：第40卷. 北京：人民出版社, 1982：322. ——译者注

③④ 马克思, 恩格斯. 马克思恩格斯文集：第1卷. 北京：人民出版社, 2009：8.

⑤ Listige（狡猾的）和List（李斯特）读音相近。——译者注

　　在摘录中马克思摘出了李斯特关于政治是国民独立性的保证和他对斯密的理论批评的字句，斯密的理论忽视了国民的存在，并把价值学说当作最主要之点①。但是，马克思反驳说，"李斯特理论的所有原理都直接反对私有制。他将现代理论适用于国民内部事务。但区别于对外贸易关系。李斯特接受的是绝对理想的完成了的资本主义社会"②。

　　李斯特的书的摘录放在了马克思笔记本的左栏。而在同一页的右栏里马克思摘录了亨·欧西安德尔的著作（1842 年出版）里关于强烈批判李斯特的内容。亨利希·欧西安德尔在荷兰的一个贸易办事处有着丰富的实际工作经验，他认为李斯特的理论是乌托邦式的幻想。他断定，"只有在乌托邦中才能幻想出同时允许关税保护制度的（内部的）贸易的绝对自由"③。

　　了解一些德国经济学家的著作，虽然这些著作的实证科学内容是基础，但在马克思的创作中并没有留下明显的痕迹。它们只是使马克思相信转而去了解法国和英国经济学家的著作是有必要的。研究这些著作的开始时期构成了巴黎笔记的第三个工作阶段，其成果就是"萨伊"笔记本和"斯密"笔记本。

### 萨伊—斯卡尔培克

　　"萨伊"笔记本包括了从法国经济学家让·巴蒂斯特·萨伊（Жан-Батист Сэй）的《论政治经济学》（《Трактат по политической экономии》）一书的摘录（左栏）和从波兰经济学家弗里德里克·斯卡尔培克（Фредерик Скарбек）的《社会财富的理论》（《Теории общественного богатства》）一书的摘录（右栏），两人都是斯密的追随者。

　　为什么最初的摘录正是从萨伊的著作开始呢？这是因为当时马克思跟着恩格斯还没有把政治经济学的古典作家和庸俗化者区别开；准确地说，他还不知道这种区别。萨伊在法国算作是最重要的斯密思想的传播者，并且是早期法国经济学派的首领。在《论政治经济学》一书中，萨伊把结构极不成功的斯密学说改为严谨的、易懂的整体。但是，这样萨伊就丢掉了斯密学说的主要之点——**劳动价值论**的基础，而用自己肤浅的效用论来代替它。但在很多读者看来，正是这个理论才是学者才智的顶点。因此，当时萨伊的著作获得了广泛的知名度。

---

①　Marx—Engels—Gesamtausgabe（MEGA）. Vierte Abteilung, Bd. 2. Berlin, 1981：506, 518−520.

②　同①529.

③　同①546.

这样，马克思在法国期间对职业经济学家的研究正是从萨伊的《论政治经济学》开始的也就不足为奇了。从这本书里马克思做了 200 多条原文摘录。只有一处马克思插入了自己的评注，但涉及的正是事实的最实质：

"**私有制**没有被政治经济学论证，但却构成了它的基础，这是事实。没有私有制，就没有**财富**，而政治经济学在本质上是一门**致富的科学**。因此，没有私有制就没有政治经济学。这样，全部政治经济学就建立在一个没有必然性的事实之上。"①

这段评注与恩格斯的思想一致：那就是政治经济学的特征是致富的科学，还有同样的结论，政治经济学甚至不能提出关于私有制合理性的问题。这个结论成为异化劳动片段中马克思批判资产阶级政治经济学方法论的来源。

在接下来的评注中，马克思断定萨伊逻辑上的不连贯性：萨伊通过"价值"概念给"财富"概念下定义，而"交换"又是"价值"的前提；当时马克思是在论生产的章节中研究财富的，而在**下一章**即关于流通的章节中研究价值和交换的。

马克思评注的最后结论有十分重要的意义："财富'不是必须'有的东西，对'个人需求'不必要。"② 在这里首次得出这样的思想：**物质财富是与人的真实需要相异己的东西**，在人和劳动成果之间存在着异化关系。

马克思从斯卡尔培克的《社会财富的理论》一书中做了简练的摘录，没有加个人评注。摘录虽然很简练，但包含了一系列基本原理。例如，"总额——这是累积价值""资本——这是新价值创造的价值总额"③。在《经济学哲学手稿》中，马克思没有利用这些原理，他更愿意直接从斯密那里接受类似的判断。但在手稿的第三个笔记本的结尾，马克思回到了摘要第一页里记下的关于分工的摘录④。

**亚当·斯密**

马克思没花很多时间就从斯密学派的第二流代表的著作追溯到了它的起源本身："斯密"笔记本和"勒瓦瑟尔"笔记本的大部分内容是亚当·斯密的主要著作《国民财富的性质和原因的研究》（《Исследования о

① Marx—Engels—Gesamtausgabe（MEGA）. Vierte Abteilung, Bd. 2. Berlin, 1981: 316 - 319.

② 同①319.

③ 同①329.

④ 同①328.

природе и причинах богатства народов》）一书的摘录。该书为现代资产阶级政治经济学奠定了基础。马克思立即认识到这部科学著作的重大价值，并决定详尽地、全面地掌握它。

斯密的著作从**劳动分工**讲起，把劳动分工看作是国民财富的主要原因。但斯密却未能解释劳动分工本身的原因，马克思立即发现了这一点："斯密的循环论证是很有趣的。为了解释劳动分工，他以交换作为前提。但为了使交换成为可能，他又必须以劳动分工，即人的活动的差别作为前提。问题又回到了原始状态，斯密未能解决它。"①

但这个问题按其性质来说，远比马克思的上述评注所表明的复杂得多。不仅是斯密，而且其他所有资产阶级理论家（经济学家、哲学家、历史学家）都把它归结为利己主义，即人的行为的最终动机。而事实上，生产力（劳动工具和劳动技能）的发展是劳动分工和交换，以及人类历史一切活动的根本原因。但这一原因还未得到揭示。当时，青年马克思还远不能解决它。因此，也不能充分认识到他所发现的问题的意义。

按照斯密的结论，如果自然地产生劳动分工，那么商品的价格也就自然地由三个部分组成：工资、资本的利润和地租。马克思摘录了斯密一书第一卷第六、七章（"论商品价格的组成部分"和"论商品的自然价格和市场价格"）后就中断了摘录的顺序。剩下的第八至十一章主要考察了收入的三个来源，第一卷到这里就结束了，他转向了以"论储备的性质、积累和使用"为标题的第二卷的第一章。

在这里斯密首先力图表明，日益扩大的劳动分工只是随着不同种类的商品储备的积累才可能是国民财富的主要原因。他把这些储备分成两个部分：一部分供消费，另一部分则成为预期收入，即形成资本。同样，资本也分为固定的和流动的，流动资本的"特性是该资本只有通过流通或出让所有权才能带来收入"②。

马克思从斯密关于流动资本的特性开始摘录这一章。他摘录流动资本的组成部分，指出货币作为流动资本的特殊部分的作用，纸币代替了金银③。对第二卷头两章做了简短的摘录后，马克思又回到了第一卷漏过的一章——论收入来源章。

斯密的书**摘录顺序的断裂**说明了两点问题。第一，显然，马克思认为，

① Marx—Engels—Gesamtausgabe（MEGA）. Vierte Abteilung, Bd. 2. Berlin, 1981：336.
② 亚当·斯密. 国富论. 章莉，译. 南京：译林出版社，2012：131.
③ 同①344－346.

为了更深入地理解商品价格的问题必须弄清资本是什么，特别是流动资本是什么，在运转过程中货币发挥了怎样的作用，等等。第二，马克思在研究收入来源问题之前，直接对资本特性及其内部结构问题的关注在方法论上具有十分重要的意义：与斯密把工资、利润和地租简单地看作是私有制条件下（后继者也都是不加批判地接受这样的观点）商品价格自然划分的三个部分不同，马克思发现了另外一条研究路径，即**因为资本本身的特性**而研究收入的三个来源。

但是斯密的书第二卷第一章的内容不足以支撑马克思弄清这个问题。他仅限于做了简要的摘录，并集中在斯密认真研究的问题领域，即**工资、资本的利润和地租**是工人、资本家和地主三个主要阶级的"收入来源"。斯密著作的结构①，还是马克思本人思想的目标，促使他厘清的恰恰是这些问题，马克思自己研究经济学的目的，是为了了解阶级斗争的现实基础。马克思毕生为了这个目的而工作，而且当时他还抱有这样的信念，只要从分析三个收入来源开始，似乎就能从根本上理解社会政治问题。在仔细研究了斯密的书后，青年马克思感到自己有足够的能力来进行这种分析。

## 三个收入来源的分析

### 三个收入来源和异化劳动

《经济学哲学手稿》笔记本 I 由两个主要部分构成：第一部分（第 I—XXI 页）分析了收入的三个来源，第二部分（第 XXII—XXVII 页）包含了一个"异化劳动和私有制"的精彩片段，其中首次准确地表述了科学世界观中的一个重大思想，这个思想在这一阶段的马克思观点发展中起着特殊的作用。这个思想的产生过程是相当有趣的。例如，出现了一个问题：即关于异化劳动片段与之前对三种收入来源的分析是否有关联？

这种关联，并且是非计划性的关联要从理论上，以及方法论上去考察。虽然从博士论文开始，马克思就多次关注异化思想，但是弄清能够说明异化劳动思想直接产生的过程的这个实质性关联是很重要的。

---

① 这部著作的第 VIII—XI 章的标题是：《工资》《资本的利润》《工资和利润随劳动和资本的不同用途而不同》《地租》（参见亚当·斯密. 国富论. 章莉, 译. 南京：译林出版社, 2012）。

### 三个并行的文本

首先要注意的是手稿里分析收入来源的三个文本不同寻常的排列：笔记本 I 的大多数页面上划分为三栏，左栏的标题是"工资"，中间的一栏为"资本的利润"，右栏为"地租"。总之，手稿有三个并行的文本①。

三个文本并排意味着什么呢？只是从技术上和形式上对三组材料的空间排列进行处理，还是有某种更深层意义的处理，即方法论上的处理，对这些材料及其内容分析的简要对照式的处理？

直到前不久回答这个问题的第二种方案仍没有出现，发表者和研究者注意到了文本平行排列的事实也只是得出一个结论，这些文本是按严格的"从左到右"的顺序写的：开始是关于工资的片段（左栏），然后是关于资本的利润（中间栏），最后是关于地租（右栏）。正是按这个顺序发表这些文本的。

但研究了《经济学哲学手稿》的影印件②，以及对它们进行细致的文献学和内容的研究，本文作者从其中字里行间得出了以下结论：三个文本的并行排列不单是对材料编排的一种形式上的处理，同时也反映了马克思**研究**三个收入来源的**实际过程**的一定的**并行方法**。而且对这一过程内容本身的观察表明，马克思有意识地利用并行观察三个不同的、同时也是彼此相关联的材料作为**启发式的方法**，这种方法促使他提出一系列新的问题，不断解决他所面临的复杂的经济学哲学问题。

在 MEGA² 上发表的《经济学哲学手稿》允许我们更深入地研究马克思的这个启发式的方法，因此，现在笔记本 I 首先严格按照手稿的文本排列发表③。

三个文本的相互关系也表明，每一个文本的写作都有**几个阶段**：开始一个文本后，在某时马克思中断了对这个文本的写作，着手写另一个文本（另一栏），同样，中断后再写第三个文本，然后又回到以前的一个文本上，如此等等。

MEGA² 的编辑提出存在四个这样的阶段，但如果在分析了收入来源之

---

① 马克思. 1844 年经济学哲学手稿. 北京：人民出版社，2014. 在这版中文单行本中，第一次在附录中收录了按照手稿写作顺序编排的文本，三个并行的文本可一目了然。——译者注

② 这个影印件目前保存在俄罗斯国家社会和政治历史档案馆。——译者注

③ Marx—Engels—Gesamtausgabe (MEGA). Erste Abteilung, Bd. 2. Berlin, 1982：189-247.

后的下一个关于异化劳动的片段也构成一个阶段①的话，那么，总体上马克思写笔记本 I 时共分为**五个阶段**，如下表所示②。

**笔记本 I 写作阶段图略**

| 页码 | 三栏中的内容 | | |
|---|---|---|---|
| I — IV | 工资 | 资本的利润 | 地租 |
| V | 工资 | 资本的利润 | 地租 |
| VI | 工资 | 资本的利润 | 地租 |
| VII | 工资 | ［资本的利润］<br>工资 | ［地租］ |
| VIII — X | 工资 | 资本的利润 | 地租 |
| XI | 工资 | 资本的利润 | 地租 |
| XII | 工资 | 资本的利润 | 地租 |
| XIII — XV | 工资 | 资本的利润 | |

---

① 笔记本 I 的五个写作阶段的界线与《经济学哲学手稿》俄译本相对应的话（参见马克思，恩格斯. 马克思恩格斯全集：第 42 卷. 北京：人民出版社，1979），可以用下面的表格来表示，每一个小格中都列出了这一卷的页码：

| 阶段 | 工资 | 资本的利润 | 地租 |
|---|---|---|---|
| | 《马克思恩格斯全集》第 42 卷页码 | | |
| 1 | 49—56 | 62—66 | 75—79 |
| 2 | | 66—70 | 79—81 |
| 3 | 56—61 | 70—74 | |
| 4 | | | 81—88 |
| 5 | | 89—103 | |

的确，马克思写作笔记本 I 阶段之间界线划分的根据并不是永恒的，特别是第二阶段和下面的阶段，即第四阶段写作地租文本阶段间的界线。实际上，与所得到的结构相应地，第二阶段结束于这句话："……一个土地所有者的利益，由于竞争的缘故，也决不会同另一个土地所有者的利益一致。我们现在就来考察一下这种竞争。"（马克思，恩格斯. 马克思恩格斯全集：第 42 卷. 北京：人民出版社，1979：81）。但下一段（在第 XI 页，即同一页上！）确实，马克思转而考察了大地产和小地产之间的竞争关系。因此，这里在内容布局上阶段之间的界线并不明显。不排除在第一段之后马克思就在写笔记本 I 的第四阶段中继续写作关于地租的文本，即这些文本全部写于第一阶段和第四阶段。

② MEGA² 中的详细表格（Marx—Engels—Gesamtausgabe（MEGA）. Erste Abteilung, Bd. 2. Berlin, 1982：708-709），以及本书下一页中类似的表格。

续表

| 页码 | 三栏中的内容 | | |
|---|---|---|---|
| XVI | [工资]<br>地租 | 资本的利润 | |
| XVII — XXI | 工资<br>（无正文） | 地租 | 资本的利润<br>（无正文） |
| XXII — XXVII | [工资] | [资本的利润]<br>异化劳动和私有制 | [地租] |

说明：阶段 1：☐    I — VII
       阶段 2：▨
       阶段 3：▨
       阶段 4：▨
       阶段 5：☐   XXII — XXVII

在 [ ] 内是这一栏的标题，栏中的正文内容与这个标题不相符；此栏中的第二个标题才是这栏中的正文内容。

**收入来源的分析从哪里开始？**

可以判明，几乎由手稿整整第 I — VII 页所占据的**第一阶段**，囊括了马克思写的全部三个文本。但问题是，三个收入来源是从哪一个文本开始分析的呢？

当然，如果不注意写作三个文本时所确定的平行结构，而仅依照这三个文本是按顺序写在相应的栏里的观点的话，一般来说就不会产生这个问题，因为也许只有一个结论：马克思是从研究工资特性开始分析三个收入来源的。

不过，如果考虑到三个文本的并行结构以及写作的多阶段的话，这个结论是可能的。至少，这个结论有两个重要的根据。第一，写作笔记本 I 反映了马克思经济学研究的开始阶段，当时他还远远不能相应地评价资产阶级经济学家思想的成就，还不能理解亚当·斯密的三个收入来源的分析顺序是商品的"自然价格"的组成部分。看来，在摘录笔记中马克思重复斯密著作关于收入来源一章并不是偶然的，一般地说，斯密以怎样的顺序写①，马克思在《经济学哲学手稿》的笔记本 I 中的三栏标题下就应该以斯密的顺序写。相应地，MEGA² 的编辑注释中指出："有极大的可能能够接受，叙述应该按照斯密所采纳的顺序：工资、资本的利润和地租。"②

第二，在发展自己的理论和政治观点之前，马克思最大程度地准备的

---

① Marx—Engels—Gesamtausgabe（MEGA）. Vierte Abteilung, Bd. 2. Berlin, 1981：346 – 364.

② 同①690.

正是对工资的分析。在着手写作相应的文本时，马克思已经有了对无产阶级历史作用的初步理解，具备了不少关于其地位和斗争的认识。因此，马克思"对斯密的工资观点的分析，是原则性地从另一个阶级立场出发，在对资产阶级政治经济学有意识的合理对抗中进行的"①。这个判断的依据证明了，与还不具有这样观念的另外两个文本相比，关于工资的文本的概括水平很高：在另外两个文本中，马克思从自己的笔记中再次摘录的，或者从资产阶级作家和社会主义者的著作中直接引用的引文占了相当大的篇幅。

虽然上述理由使人们"有极大的可能"认为，马克思分析三个收入来源是从写作关于工资的文本开始的，但他们既不能对这个问题给出确定的和绝对的回答，也不能排除其他假设。根据我的观点，有不少重要的论据支持另一个结论，即马克思对收入来源的分析是从**关于资本的文本**开始的。

马克思对斯密著作摘录顺序的中断（我们记得，当马克思接近关于收入来源一章时，他越了过去，摘录了第二卷第一章，那里讲到了资本的特性，然后他又返回到第一卷关于收入来源一章），可以被认为是试图开始弄清资本特性问题，之后在此基础上分析收入来源。这个假设甚至可被这一点证实，即关于资本的利润的片段恰恰是从讨论资本及其特性和实质开始的，然后才是资本的利润本身。

应该注意到这个事实，即关于工资的文本不仅总结了关于工资问题的材料，而且在一定程度上还总结了其他收入来源的材料。在关于工资的文本中有近十处马克思归纳式地利用了其他两个片段中的经验素材（同样，从摘录笔记中也能找到它们）。那么就能得出结论，关于工资的文本写于马克思写作笔记本 I 的第一阶段的总结时期，即**接近结束时期**。

但马克思能不能一开始就总结性地阐述问题，然后在另一栏中更具体地加以分析呢？这当然是可能的。但是，与这样的研究过程顺序相比，即马克思开始在摘录笔记中积累具体材料，然后以工资文本的形式对它进行高度概括的分析，之后又重新回到利润和地租文本中对其具体化，下面的活动次序更合理些，即从经验材料到对其的初步分析，然后再归纳概念特征。在马克思写作《经济学哲学手稿》过程中，这个活动次序的具体阶段可以划分如下：

---

① Marx—Engels—Gesamtausgabe（MEGA）．Erste Abteilung, Bd. 2. Berlin, 1982：691.

（1）在笔记上摘录经济学家的著作积累经验材料；

（2）在写作笔记本Ⅰ的第一阶段关于利润和地租的文本中对这些材料进行精选和初步分析；

（3）在同一阶段关于工资的文本中总结分析这些材料和补充材料。

关于工资文本的总结作用在结尾部分变得特别明显（笔记本Ⅰ的第Ⅵ—Ⅶ页）。这里不仅谈了工资，还谈到了资本、资本的利润和地租。例如："国民经济学家对我们说，一切东西都可用劳动来购买，而资本无非是积累的劳动……懒惰的土地占有者的地租大都占土地产品的三分之一，忙碌的资本家的利润甚至两倍于货币利息，而剩余的那一部分，即工人在最好的情况下所挣得的部分就只有这么多：如果他有四个孩子，其中两个必定要饿死。"①为这些议论所总结的具体材料都包含在手稿关于利润和地租文本的上述页码中②。

马克思继续总结道："依照概念来说，地租和资本利润是工资受到的**扣除**。但是，在现实中，工资是土地和资本让工人得到的一种扣除，是从劳动产品中让给工人、让给劳动的东西。"③

在我看来，以上证明了假设是对的，即马克思对三个收入来源的分析

①　马克思，恩格斯. 马克思恩格斯文集：第1卷. 北京：人民出版社，2009：122.

②　我们将引用两个片段作为赞同关于工资的文本是对关于资本的利润文本和关于地租文本的总结的论据，在这两个片段中，马克思为这个总结文本直接提供了具体的材料：（1）在关于地租的片段（参见手稿第Ⅳ—Ⅴ页）中，马克思利用了自己的摘录笔记（参见Marx—En-gels—Gesamtausgabe（MEGA）. Vierte Abteilung, Bd. 2. Berlin, 1981：355），从斯密的著作（第十一章 地租）中引用了下面的摘录："因此，土地地面的地租大都……占总产品的三分之一，并且大都是一种固定的、[Ⅴ]不受收成意外变动的影响的地租。（斯密，第1卷第351页）"（马克思，恩格斯. 马克思恩格斯文集：第1卷. 北京：人民出版社，2009：144）（2）在关于资本的利润的片段（参见手稿第Ⅱ页）中，马克思也利用了自己的摘录笔记（参见Marx—Engels—Gesamtausgabe（MEGA）. Vierte Abteilung, Bd. 2. Berlin, 1981：350），引用了斯密著作（第九章 资本的利润）的另一处摘录："在英国，人们认为，双倍利息就是商人所称的**正当的、适度的、合理的利润**……（斯密，第1卷第198页）"（马克思，恩格斯. 马克思恩格斯文集：第1卷. 北京：人民出版社，2009：131）。此外，在斯密的著作中还引用了这样的事例："……据统计，有半数孩子在成年前就夭折了。因此，最贫穷的劳动者夫妇二人都想生育四个子女，以保证有两个孩子能够有机会存活至成年"（亚当·斯密. 国富论. 章莉，译. 南京：译林出版社，2012：62）。这个事例在马克思的摘录中没有[参见Marx—Engels—Gesamtausgabe（MEGA）. Vierte Abteilung, Bd. 2. Berlin, 1981：347]，但被马克思用在了关于工资的文本中（马克思，恩格斯. 马克思恩格斯文集：第1卷. 北京：人民出版社，2009：122. ——译者注）。因此，马克思在写作这个文本时不仅利用了自己的摘录，而且还利用了斯密著作本身。

③　马克思，恩格斯. 马克思恩格斯文集：第1卷. 北京：人民出版社，2009：123.

是从关于资本的利润文本开始的①，而这一分析的第一阶段结束于关于工资的总结文本。

### 第一个开头问题的理论方法论意义

但是，对收入来源的分析是从哪一个开始的？对这个问题给予这么多的注意值得吗？揭示这个第一个开头还重要吗？一般来说，手稿组成部分的重新排列改变了什么？

问题在于，这改变了对马克思对政治经济学理论问题的理解水平的评价，马克思正是从写作《经济学哲学手稿》着手研究政治经济学理论问题的。当然，这还是一个相当初步的水平，当时马克思还没有着手研究李嘉图的劳动价值理论。同时，马克思已经实现了向唯物主义和共产主义的转变，并完全意识到经济关系在社会中的某种意义，也意识到对资产阶级政治经济学的哲学和政治基础加以彻底批判的必要性。对三个收入来源的分析对于这个批判来说是合理的出发点。

但有一个问题，是"迎头"批判，直接从分析工资开始（工人及其家庭生活依赖于工资水平），还是完全是另一回事，甚至不是从这样的或那样的收入来源开始批判，而是从全部收入来源的某种最重要的关系开始，即**从资本所体现的私有制关系开始**。马克思的全部基础是从对私有制关系、对资本的批判开始的，因为在《德法年鉴》中他就已经宣布了"绝对命令"，将"**推翻**使人成为被侮辱、被奴役、被遗弃和被蔑视的东西的**一切关系……**"② 同样地，他发现并从哲学上论证了无产阶级的历史使命："无产阶级要求**否定私有财产**，只不过是把社会已经提升为**无产阶级**的原则的东西……**提升为社会的原则**。"③ 现在马克思着手对这个历史必然性进行经济学论证，私有制问题，即它的实质、产生和发展的历史、它消亡的前提以及被新的历史所有制形态——社会的、共产主义所有制所代替的问题，成为《经济学哲学手稿》的中心问题。

从这里产生了这一特别的**方法论宗旨**，由这个方法论宗旨马克思在1844 年手稿中着手研究摆在自己面前的问题，马克思在写作笔记本 I 的第

---

① Г. А. 巴加图利亚赞同这些结论，他把关于资本的利润的文本称作《经济学哲学手稿》的"第一个开头"，并揭示了这些手稿的五个不同的开头（此处可能是拉宾的笔误，应为"六个不同的开头"——译者注）。他认为，在时间顺序上六个开头在某种意义上提示了1844 年手稿的总的内在逻辑（参见格·阿·巴加图利亚，维·索·维戈茨基. 马克思的经济学遗产. 马健行，译. 贵阳：贵州人民出版社，1981：195~200）。

② 马克思，恩格斯. 马克思恩格斯文集：第 1 卷. 北京：人民出版社，2009：11.

③ 同②17.

一阶段中这样写道：开始"完全站在国民经济学家的立场上"，然后超出"国民经济学的水平，试从前面几乎是用国民经济学家的原话所作的论述出发，来回答"人类发展中的重大问题①。在写作的第五阶段他又重新强调了这个思想："我们是从国民经济学的各个前提出发的。我们采用了它的语言和它的规律……它不**理解**这些规律，就是说，它没有指明这些规律是怎样从私有财产的本质中产生出来的"；因此"我们现在必须弄清楚……本质联系"②。

按照这个方法论宗旨，马克思应该不是从总结性的文本，也就是关于工资的文本开始写作《经济学哲学手稿》的，而正是从"国民经济学用它自己的话"所论述的问题开始的。关于利润和地租的文本就是这样的，其中关于资本的利润这个文本是最开始。

**资本问题**

因此，我们得出结论，"资本的利润"文本是《经济学哲学手稿》的最开始；确切地说，是手稿的第一篇。在这里表现出马克思的方法论宗旨，此时马克思已经看出资本主义社会一切问题根源于私有制，首先根源于**资本**及其作为收入来源的特性，即利润。早在1844年上半年，他就已经不单单作为富有同情心的人道主义者，也不像资产阶级马克思学家③一直宣扬的仅仅从伦理道德信仰出发，而是作为一名深入研究事物本质的唯物主义学者来着手研究工人阶级的地位和任务问题。马克思那时完全假设的理论观点发展为真正的科学共产主义世界观是以这些方法论前提为依据的。

马克思着手写作"资本的利润"这一文本时，他对这个题目的材料论述有一定的计划。他一开始还给这些论点编码，很快就成了这个文本的章节标题（在写完的文本中补入了头两节）：（1）资本；（2）资本的利润；（3）资本对劳动的统治和资本家的动机；（4）资本的积累和资本家之间的竞争。这样看来，马克思用来称呼《经济学哲学手稿》第一部分的这个词，后来成为他一生中主要著作的名称：《资本论》（《Das Capital》在旧的国际音标中）。

---

① 马克思，恩格斯. 马克思恩格斯文集：第1卷. 北京：人民出版社，2009：122，124.

② 同①155，156.

③ 前联邦德国马克思学家代表之一 Ф. 冯·马格尼斯（Ф. Фон Магнис）在学位论文中试图证明，青年马克思在"确定的必然性"与价值概念之间存在不可思议的矛盾。在这种情况下，马克思合规范的论证就被描述成抉择，不足以支撑他的历史发展必然趋势的结论（参见 F. von. Magnis. Normative Voraussetzungen im Denken des jungen Marx. München, 1975：406—410）。

虽然整个文本有一个总标题"资本的利润"，但四个部分中只有一个直接以此为标题，并且还不是第一个。马克思首先感兴趣的是**资本问题本身**。他从下列问题开始分析："**资本**，即对他人劳动产品的私有权，是建立在什么基础上的呢？……人怎样成为生产基金的所有者？他怎样成为用这些生产基金生产出来的产品的所有者……什么是资本？"①

为了回答这些问题，他研究了萨伊，特别是斯密，斯密写道：资本是"一定量的积蓄的和储存的劳动"，也就是马克思所指出的"资本是**积蓄的劳动**"②。

但并不是所有的积蓄的劳动都是资本，只有给自己的所有者带来一定收入或利润的才是资本。资本作为生产资金，只是一种积蓄过去劳动的储蓄盒，只有利润才能像变魔术一样有规律地把新的物化劳动送进这个储蓄盒。没有这种魔术，储蓄盒就不可能贮存劳动。

谁的劳动被积蓄到储蓄盒中了呢？

也许是资本家自己的劳动，例如说，是资本家监督和管理的劳动？那么谁也不会对资本家提出任何要求。但不对！资产阶级经济学家已经解释了，尽管监督和管理的劳动在不同资本中可能是一样的，但资本的利润的大小完全取决于投资的数量。此外，这种劳动在大企业里完全由专职人员（管理者、监工等）担任。相反，在这种情况下，所有者的劳动几乎等于零，他精确地按照自己资本的多少获得利润。

因此，资本就是积蓄的劳动，而不是资本所有者本人的劳动。的确，资本是积蓄的**他人的**劳动，或者像马克思所写的，它是"对他人劳动产品的私有权"③。

**三个收入来源的阶级对抗性**

有一种奇谈怪论：他人劳动产品不算作是他人的产品。相反，在资产阶级社会里，现存的法律认为这些产品恰恰属于那些不劳动的资本所有者。

法律站在资本家一边。换句话说，资本家是法律的主人。这意味着，一个与资本在一起的人不仅可以获得财产、物质福利，而且好像还可以得到某种更重要的东西。这究竟是什么呢？

"……资本是对劳动及其产品的**支配权力**。资本家拥有这种权力并不是由于他的个人的特性或人的特性，而只是由于他是资本的**所有者**。他的权

---

① 马克思，恩格斯. 马克思恩格斯文集：第 1 卷. 北京：人民出版社，2009：129－130.

② 同①130.

③ 同①129.

力就是他的资本的那种不可抗拒的**购买的**权力。"①

这样，马克思在最初写作手稿时开始剥开资产阶级政治经济学家不知疲倦地为之焚香礼拜的传统物神头顶那神圣的光圈。首先被揭开的大物神是资本，即带上了"积蓄的劳动"这种令人尊敬和冠冕堂皇的、被法律和宗教神圣化了的假面具的资本，在现实中它是社会的**支配权**，占据着**私有财产**，允许资本家阶级能够根据合法理由不断地把**他人劳动**产品即工人阶级劳动的产品据为己有。

马克思也是通过阶级关系的视角来考察另外两个收入来源的："地租是通过**租地农场主**和**土地所有者之间的斗争**确定的"②；"**工资**决定于资本家和工人之间的敌对的斗争"③。

在统一的原则的基础上给所有三个收入来源下定义这一事实本身说明，并行分析内含深刻的意义：这种并行促使他揭示作为所有三个收入来源基础的共同东西，并且允许利用一个文本作为另一个文本的依据。

阶级社会的斗争是全部收入来源的现实的、重要的内容这一思想，是马克思在写作关于资本和地租的片段的初始阶段独立取得的最宝贵的科学结论之一。

这些片段（在这一阶段）的其余内容则是对斯密著作的摘录，这些摘录按照一定的方式进行了分类，并且准确地、非常简练地进行了归纳，关于资本的第三部分片段有一个意味深长的名称——"资本对劳动的统治和资本家的动机"，完全是斯密著作的摘录。难以置信的是，马克思对自己如此感兴趣的题目似乎完全没有一点论述。

对所有三个片段的内容对照性地分析就能消除怀疑。"工资"片段的主要文本是并行分析第一阶段的结束，正好是马克思在第二、第三片段中所集中的具体经济学材料的**理论归纳**。在那里这一丰富的材料形成马克思自己的观点，其核心就是工人阶级的利益。毫无疑问，马克思在这里不只局限于第二和第三片段中的材料，而且多次返回到摘录笔记本和原始资料本身。例如，斯密提出的社会的三个主要状态：社会财富衰落、增长和达到顶点，在马克思关于资本的第三部分中只有非常微弱的反映。但是关于工资的片段中它被提升为中心，并成为第二和第三片段中所包含的具体知识的基础，在这里它不再像斯密一样带有资产阶级辩护的意义，而是意味

---

① 马克思，恩格斯. 马克思恩格斯文集：第1卷. 北京：人民出版社，2009：130.

② 同①144.

③ 同①115.

着对整个资产阶级社会，特别是资产阶级政治经济学的控诉，是由工人阶级理论家做出的控诉。

在资产阶级经济学家（有的是伪君子，有的是厚颜无耻者）的半承认、半真、半假的背后，青年马克思揭示了阶级的不可调和性和对抗性，这种对抗性把全部社会生活都变为对立利益的无休止的战争。这事实上就是所有人反对所有人的战争。

**工人总是失败的**

在这场战争中工人饱受痛苦。在同资本家的竞争斗争中，工人总是被打败，因为资本家没有工人要比工人没有资本家活得更长久。资本家在反对工人的斗争中一开始就联合起来，而工人的组织却遭到迫害。资本家和土地所有者能把资本的利息和地租加到自己的收入中，而工人除了自己的工资外没有任何收入。

这就是为什么工人之间的竞争也十分激烈。但它只会削弱工人同资本家斗争的基本立场：竞争的结果即便使部分工人在当时找到工作，那么从整体上说，竞争也会让资本家以另一部分失业工人代替一部分工人作为威胁而降低工资。

资本家之间的竞争也影响到工人；当资本家赢利时工人不一定得到好处，当资本家亏损时工人一定同他一起受损失。

在劳动价格比较稳定的情况下，生活必需品价格的波动也会极大地影响工人的状况。不同职业工人的劳动价格的差距比不同投资部门的利润的差距大许多。

总之，不论状况如何，工人要么就是什么利益都得不到，要么就是吃亏。为了尽可能令人信服地证明这个思想，马克思分析了在三种可能的社会状态下工人的状况：

（1）如果社会财富处于衰落状态，那么工人遭受的痛苦最大；

（2）如果社会财富正在增长，这是对工人最有利的状态，那么工人就要拼命工作，其结果是缩短了工人的寿命。虽然提高了自己的劳动产品的数量，但增加的也是和他对立的别人的财产。资本的增长促进了劳动分工，其结果是工人更大程度地陷入单一的、机械式的劳动。在资本家之间的竞争加剧的情况下，他们一部分人破产，进入工人阶级，结果是对劳动力的需求下降，工人之间的竞争加大，其中很多人过着极为贫困可怜的生活。

（3）当社会财富的增长达到顶点时，工人之间的竞争就非常激烈，工资只够支付现有工人，不能增加工人的人数。

因此，**资本家财富的增长必然导致加剧工人的贫穷和苦难**。工资必然要降到只是能够使工人养家糊口的水平，使工人种族不至灭绝。

"**对人的需求必然调节人的生产，正如其他任何商品生产的情况一样。** 如果供给大大超过需求，那么一部分工人就要沦为乞丐或者饿死。因此，工人的存在被归结为其他任何商品的存在条件。工人成了商品，如果他能找到买主，那就是他的幸运了。"①

### 资产阶级学说的反人道主义

劳动的人被贬低成没有灵魂的商品，一切商品的创造者变成了一种商品，这难道不是社会的不公平、社会中占统治地位的关系的极度惨无人道吗？

但所有的资本主义社会的思想家都发动智慧逾越这个限度：他们不仅为这种惨无人道辩护，把它还原成人类自然存在的等级，而且精心研究学说介绍，使私有者能够最大限度地利用这种惨无人道的行为达到个人致富的目的。针对这种"学说"，青年马克思写下了下面这段深入浅出的话：

"不言而喻，国民经济学把**无产者**即既无资本又无地租，全靠劳动而且是靠片面的、抽象的劳动为生的人，仅仅当做**工人**来考察。因此，它可以提出这样一个论点：工人完全像每一匹马一样，只应得到维持劳动所必需的东西。国民经济学不考察不劳动时的工人，不把工人作为人来考察，却把这种考察交给刑事司法、医生、宗教、统计表、政治和乞丐管理人去做。"②

因此，马克思首先推倒了资产阶级经济学说的主要偶像，然后摧毁了这一学说为资产阶级社会建立的所谓体现自然对抗利益的理性和谐的庙堂。现在马克思要剥去资产阶级政治经济学本身这一资本主义社会的真正圣经的虚伪法衣，当撕开那华丽的服饰时，现在的资产阶级政治经济学已不再是促进国民经济繁荣的科学，而是使少数人靠国家多数人的破产和贫穷来发财致富的科学了，这种科学是不人道的，是自私的，它的真正目的是社会的不幸。

### 不可解决的自相矛盾

被资产阶级学说蹂躏的人道主义通过歪曲其内容本身进行报复。资产阶级学说碰到的是自相矛盾的对象，他本身也陷入它所无力解决的矛盾之中。马克思把资产阶级政治经济学向来自相矛盾的这一点揭露得淋漓尽致：

——政治经济学最初断言，全部劳动产品属于工人，但后来承认，实

① 马克思，恩格斯. 马克思恩格斯文集：第1卷. 北京：人民出版社，2009：115-116.
② 同①124.

际上工人只得到产品的最少部分。

——政治经济学说认为，所有东西都可用劳动来购买，资本本身不是别的，而是积蓄的劳动；但它同时又说，工人不仅不能购买一切东西，而且不得不出卖自己和自己的人格。

——按照政治经济学的说法，劳动是财富的唯一源泉，但同时拥有这些财富的不是劳动者，而是享有特权并无所事事的人，他们在到处都占工人的上风，并且迫使工人接受他们的命令。

——用政治经济学的话来说，劳动是物的唯一的、不变的价格；但没有什么东西比劳动价格更容易受到偶然性的波动。

——分工提到劳动生产力，同时它也使工人陷于单一的劳动，使工人沦为机器。

——劳动促进资本的积累，但它使工人越来越依附于资本家。

——按照政治经济学的说法，"工人的利益从来不同社会的利益相对立，社会却总是而且必然地同工人的利益相对立"①。

**从无产阶级人道主义的立场出发**

与资产阶级学说相反，真正人道主义关注的中心不应是国家公共财富增长抽象的统计结果，而是**具体的人**的现实生活条件。如果人类主要是由劳动者组成，而他们中的无产者的状况最艰难，那么，人道主义只有在无产者的利益中凸显时，才能**真正地**，即实际地关照所有人的利益。相反，从现实的人道主义立场出发，在这个社会中非劳动者的状况只是纯粹从外表上看是富足的（也不总是这样），而实质上这一状况与人的崇高称号不相称。

无产阶级为了维护**自身**利益而斗争的同时，也凸显了**全人类**的利益。因此，无产阶级的人道主义是唯一的现实的、而不是抽象的幻想的人道主义。从这种人道主义立场出发的学者，才能具有唯一现实和真正的科学立场，而不是幻想的和虚伪的科学立场。

在工资片段正文的结论部分所阐述的这个立场的实质，是**马克思本人**对他所考察的政治经济学问题**第一次表达出原则上的新的**观点。如果到目前为止，马克思对资产阶级经济学家进行批判多半是含蓄的（他写道："现在让我们完全站在国民经济学家的立场上……"②），这里，他表示要坚决冲破束缚自己立场的这种狭隘的框框：

---

① 马克思，恩格斯. 马克思恩格斯文集：第1卷. 北京：人民出版社，2009：123.

② 同①122.

"现在让我们超出国民经济学的水平，试从前面几乎是用国民经济学家的原话所作的论述出发，来回答以下两个问题：

（1）把人类的最大部分归结为抽象劳动，这在人类发展中具有什么意义？

（2）主张细小改革的人不是希望**提高**工资并以此来改善工人阶级的状况，就是（像蒲鲁东那样）把工资的**平等**看做社会革命的目标，他们究竟犯了什么错误？

**劳动**在国民经济学中仅仅以**谋生活动**的形式出现。"①

这里马克思涉及关于社会学说的两个主要问题：人类社会发展方向和推动这一方向的方式。这两个问题不是突然产生的，而是青年马克思很早就遇到的，只是形式不同。现在的形式是他分析了工人在前进着的社会中的状况而得出的结论。马克思指出，前进着的社会所特有的"工资的提高以资本的积累为前提并且导致资本的积累（也就是积蓄的他人的劳动。——拉宾注），从而使劳动产品越来越作为异己的东西与工人相对立。同样，分工使工人越来越片面化和越来越有依赖性；分工不仅导致人的竞争，而且导致机器的竞争"②。

**现代劳动的本质是什么**

**劳动本身**的内容，即它的**实质**这个问题越来越吸引着马克思。被马克思揭露的资产阶级经济学家的自相矛盾恰恰直接与这个问题有关。甚至其最后一点（关于社会利益和工人利益的关系），从阐述来看好像没有涉及劳动的问题，但实质上恰好可以归结为这个问题，马克思特别注意了这一点：

"劳动本身，不仅在目前的条件下，而且就其一般目的仅仅在于增加财富而言，在我看来是有害的、招致灾难的，这是从国民经济学家的阐发中得出的，尽管他并不知道这一点。"③

通过对工人处于对其最有利的社会中的状况的分析，马克思已经把全部注意力集中到工人的贫困及其劳动的性质之间的关系上："……在社会的增长状态中，工人的毁灭和贫困化是他的劳动的产物和他生产的财富的产物。就是说，贫困从现代劳动本身的**本质**中产生出来。"④

"现代劳动的**本质**"问题是整个《经济学哲学手稿》的基本内容。马克思在写作笔记本Ⅰ的第一个阶段就已经提出这个问题，这也是马克思哲

---

① 马克思，恩格斯. 马克思恩格斯文集：第1卷. 北京：人民出版社，2009：124.

② 同①121.

③ 同①123.

④ 同①.

学思维深度的一个证明。

马克思指出，资产阶级国民经济学近似得出结论，**劳动**是三个收入来源的基础，但却经常会陷入处于不确定的自相矛盾之中。资产阶级国民经济学只停留在劳动本质的问题方面，并在无产者中只看到工人，而没有看到具有各种各样需要的人，也没有看到人的生命力的丰富多彩的表现。

资产阶级经济学家这样的片面性建立在资本主义社会无产者的劳动本身——"片面的、抽象的劳动"① 的基础上。"一方面随着分工的扩大，另一方面随着资本的积累，工人日益完全依赖于劳动，依赖于一定的极其片面的、机器般的劳动。这样，随着工人在精神上和肉体上被贬低为机器，随着人变成抽象的活动和胃，工人也越来越依赖于市场价格的一切波动，依赖于资本的使用和富人的兴致"②。

于是，马克思产生了**抽象劳动**是片面的、依赖性的劳动的观念，它成为现代劳动的本质。甚至可以把这个观念看作是对三个收入来源的对照分析的第一次概括的主要结论。在一切条件下，正是这一观念成为表述第一个主要问题的钥匙："把人类的最大部分归结为抽象劳动，这在人类发展中具有什么意义？"接着应该开始回答这个问题："**劳动**在国民经济学中仅仅以**谋生活动**的形式出现。"但事实上，工资的这个片段就结束了。同时，并行分析三个收入来源的第一阶段也结束了。

**为什么问题没有答案？**

马克思对《经济学哲学手稿》接下来的写作表明，第一阶段最主要的结果不全是抽象劳动概念本身（虽然这个概念作为通向异化劳动概念的途径来说是十分重要的），而正是提出了一个包括这个概念在内的**主要问题**，即关于把人类大部分纳入抽象劳动的意义问题。

为了回答这个问题，马克思必须彻底弄清楚，竞争究竟会导致什么，当时他觉得主要是要弄清整个资本主义生产和资产阶级社会的发展结构。这就是为什么收入来源分析的第二阶段就像第一阶段，是从"资本的利润"——"四、资本的积累和资本家之间的竞争"文本开始的。

在这里，大资本和小资本的斗争引起了马克思的注意，在这一过程中，大资本从各方面来说都占有决定性的优势：大资本按照自己的数量来说积累得更快，固定资本跟流动资本的比例对大资本远比小资本有利，大资本为自己采取一套生产过程的组织，等等。结果，大资本家在竞争中通常会

---

① 马克思，恩格斯. 马克思恩格斯文集：第1卷. 北京：人民出版社，2009：124.
② 同①120.

胜利,使小资本家从属于自己或使他们彻底破产,这两种情况都会使他成为垄断者。然后,垄断者之间的斗争将发展下去,又会有更大的资本家取得胜利,等等。

马克思总结道:"与较小的资本家相比,在大资本积累时,一般还发生固定资本的相应的积聚和简化。大资本家为自己〔Ⅺ〕采用某种对劳动工具的组织方法。"①

笔记本Ⅰ写作的第二阶段到此结束。下面的第三阶段是对舒尔茨、贝魁尔、劳顿(Лаудон)、比雷(Бюре)、斯密等人的著作的摘录,这些摘录同时写在了"资本的利润"和"工资"两栏中。马克思熟悉一本著作后,就在两栏的每一栏相应的主题下进行摘录,然后再过渡到另一本书,以此类推。在这些著作中,什么使马克思感兴趣呢?

在"工资"一栏中马克思记了许多关于工人受资本家残酷剥削的令人印象深刻的材料。其中,他发现了早些时候得出的观点的证据,资产阶级国民经济学把工人只当作劳动的动物,当作仅仅有最必要的肉体需要的牺牲者。这样,在资本主义制度下劳动问题及其"不幸的特性"就成为中心:对于工人来说,劳动这是生存,他**被迫**出租自己的劳动;资本家根据这样或那样的计划可以**自由地**使用或不使用这些供给的劳动。

在借用小资产阶级社会主义者贝魁尔、比雷的著作中的典型事例来概括这类事实后,马克思得出结论:"国民经济学抽象地把劳动看做物;劳动是商品……可见,如果劳动是商品,那么它就是一种具有最不幸的特性的商品。然而,甚至按照国民经济学的基本原理,劳动也不是商品,因为它不是**自由交易的自由结果**。"②

在关于利润一栏中,马克思又摘录了贝魁尔的话:"出租自己的劳动就是开始自己的奴隶生活;而出租劳动材料就是确立自己的自由……"③ 但现在马克思已经把注意力指向了资本家本人——其自由导致什么。这导致了竞争的加剧、破产的上升、突然的破坏等资本家内部斗争的事实。马克思从所有这些摘录中得出的一般结论呼应了摘录开始前所做出的关于大资本获胜规律的结论。"当资本和地产掌握在同一个人手中,并且资本由于数额庞大而能够把各种生产部门联合起来的时候,资本的积累日益增长,而资本间的竞争日益减少。"④ 马克思以这个结论结束了收入来源分析的第三

---

① 马克思,恩格斯. 马克思恩格斯文集:第1卷. 北京:人民出版社,2009:137.

② 同①127-128.

③ 同①138.

④ 同①141.

个阶段。

实质上，这些摘录对马克思理解大**工业**企业的性质很少有促进。他当时使用的这个材料是极不充分的。对于大**农业**企业，情况就不一样了，马克思对收入来源所做的并行分析的第四阶段探讨了大农业企业的历史发展趋势。

马克思断定，一般情况下，大地产和小地产之间的相互关系同大资本和小资本之间的关系是一样的。此外，加上一系列特殊情况，这种关系更加有利于大地产，从而导致小地产的毁灭。

这里马克思又碰到了之前他在 1842 年春就已经注意的问题，即**地产析分**问题。但是现在，他作为无产阶级革命家，同时也是经济学家、哲学家和历史学家来考察这个问题，因此他能够揭示地产分割的历史必然性，而主要的是发现战胜它的社会有效途径。

**废除私有制的必然性**

现在他看到，地产摆脱了封建垄断（它的极端形式是长子继承制）后，被裹挟上了竞争的轨道，就像所有商品一样遵循竞争的规律，失去了稳定性：有时缩小，有时扩大，从一个人的手里转到另一个人的手里，等等。这种不稳定性直接的后果就是地产分散到许多所有者的手中。这也导致了劳动的**分散**（不是导致分离，而恰恰是分散），所有的工种都由一个人从头做到尾，是极不合理的。相反，在大企业内劳动被分成简单的工序，因此更有效率。这样小企业必然被大企业吞并，产生新的垄断，它厚颜无耻地把自私自利当作原则，所以比封建垄断更令人厌恶。

马克思得出结论说："因此，凡是进行地产分割的地方，就只能或者回到具有更加丑恶形态的垄断，或者否定（扬弃）地产分割本身。但是，这不是回到封建的土地占有制，而是扬弃整个土地私有制。"①

因此，马克思提出，**土地私有制的扬弃**是在资本主义垄断还没确立的地方避免资本主义垄断的最佳手段。而在资本主义垄断胜利的地方，垄断自身发展的结果必将扬弃私有制，但要通过革命的变革。这是因为，土地的资本主义垄断把农业工人的工资压榨到最低限度；但在工业和外国垄断土地所有者竞争的作用下，"为了经受住新的竞争，已经降到最低限度的工资不得不进一步降低。而这就必然导致革命"②。

这样，马克思继恩格斯之后也在相当程度上不仅能解释土地私有制的

---

① 马克思，恩格斯. 马克思恩格斯文集：第 1 卷. 北京：人民出版社，2009：152.
② 同①154.

过去和现在，而且还能解释它在具体的经济规律的作用下必将废除的未来。是的，他在实质上暂时仅局限于解释最一般形式的竞争规律。但不论是同《1843年手稿》相比，还是同《德法年鉴》相比，这已是在社会理想的唯物主义论证道路上的重大进步。

**未来属于联合**

这个理想本身在这里已经作为**社会主义**的理想出现了，这个社会主义理想具有更具体更令人印象深刻的形式。马克思鲜明地描绘出建立在社会主义基础上的农业前景："联合一旦应用于土地，就享有大地产在国民经济上的好处，并第一次实现分割的原有倾向即平等。同样，联合也通过合理的方式，而不再采用以农奴制度、领主统治和有关所有权的荒谬的神秘主义为中介的方式来恢复人与土地的温情的关系，因为土地不再是牟利的对象，而是通过自由的劳动和自由的享受，重新成为人的真正的个人财产。"①

马克思用从法国社会主义者的词汇中借用来的"**联合**"这一术语把自己的社会理想观点具体化（到目前为止，正像我们所知道的，马克思主要是用"民主"和"社会化的人"这两个术语来表达的）。正是联合现在表现为人们之间的一种社会联系的形式，这种形式是由私有制自身发展规律导致的私有制废除的直接产物。

就像恩格斯一样，马克思也把这些规律推广到农业和工业。"工业必然以垄断的形式和竞争的形式走向破产，以便学会信任人，同样，地产必然以这两种方式中的任何一种方式发展起来，以便以这两种方式走向必不可免的灭亡。"②

对三个收入来源的分析以人道主义的和社会主义的和音而结束。马克思对**大资本所有制**的性质和前景的分析的结论就是这样，为了这个分析，他中断了第一阶段结尾所提出的两个基本问题的回答。显然，现在到了做回答的时候了，马克思在第一手稿的最后六页上给出了答案。这就是好像是一气呵成的关于异化劳动的完整片段，它构成了马克思所撰写的笔记本Ⅰ的最后的第五阶段。

## 异化劳动的实质

"异化劳动和私有财产"是《经济学哲学手稿》的中心章节，是

① 马克思，恩格斯. 马克思恩格斯文集：第1卷. 北京：人民出版社，2009：152.
② 同①154—155.

《手稿》全部内容发展的关键阶段。这是马克思对当时的**经济学**研究，特别是对三个收入来源的并行比对分析所得到的结论做一般理论性的、哲学上的理解的第一次尝试。在这里，对异化劳动是一般**私有制**、特别是资本主义所有制的实质做了全面的分析，甚至还分析了异化劳动的消除和所有形式的私有制的废除。在马克思的分析中依次所使用的无产阶级人道主义观点，比早期所表现出的**社会主义理想**更深入更清晰。在这里，被马克思研究的新的**哲学经济学的概念**获得了一定的**历史根据**，在此意义上，它是马克思在 1843 年所进行的哲学历史研究的一个发展。

"异化劳动和私有财产"一节的逻辑结构看上去是下面这样的。首先对前一个阶段的工作，即收入来源的分析所得到的结论做一个理论方法论的概述。然后从"**当前的**国民经济的事实"出发分析劳动产品与生产者、与工人的异化，借助于"异化劳动"的概念继续做出理论阐述，并全面分析这一概念。随后马克思指出，怎样"在现实中去说明和表述异化的、外化的劳动这一概念"① ——国民经济的、社会的、政治的和宗教的。在结束部分马克思提出新的任务，对接下来的研究做了计划方案。

在《经济学哲学手稿》整个结构中，异化劳动片段的关键性特征是，一方面这个片段是前面所得到的结论的第二个归纳（关于工资的文本是第一个归纳）；另一方面，与 Г. А. 巴加图利亚的正确描述相符合，它事实上是 1844 年手稿的第二个开头②。在这里所表述的思想在手稿的后几章中得到了进一步发展，这些思想在某些方面，无论是实质上的，还是在马克思世界观中位置上，都发生了变化。

**唯物辩证法同政治经济学的结合**

马克思观念的发展在这个阶段表现为对经济学研究结果的哲学理解，首先就是**对资本主义政治经济学方法论基础的辩证唯物主义批判**。现在（紧随恩格斯之后），马克思把一年前开始的对社会科学进行辩证唯物主义的变革（黑格尔法哲学方面）继续到政治经济学方面来。

他在对三个收入来源进行并行分析的过程中已经注意到斯密关于地租取决于土地肥沃程度的论点，"清楚地证明了国民经济学颠倒概念，竟把土地富饶程度变成土地占有者的特性"③。在异化劳动这一章中，类似的考察

---

① 马克思，恩格斯. 马克思恩格斯文集：第 1 卷. 北京：人民出版社，2009：164.

② Г. А. Багатурия，В. С. Выгодский. Экономическое наследие Маркса. М.，1976：215–217.

③ 同①143.

恰恰就获得了哲学上的、辩证唯物主义的理解。

马克思写道，现实的经济过程被资产阶级理论家们变成了抽象的范畴体系，这些范畴照黑格尔思辨结构的样式，具有某些独立的存在方式。"国民经济学从私有财产的事实出发。它没有给我们说明这个事实。它把私有财产在现实中所经历的**物质**过程，放进一般的、抽象的公式，然后把这些公式当做**规律**。它不**理解**这些规律，就是说，它没有指明这些规律是怎样从私有财产的本质中产生出来的。"①

资产阶级经济学家们陷入了无数个自相矛盾的情况也证明了这个方法论的缺陷。劳动与资本、工资与资本的利润、资本与土地、资本的利润和地租、竞争和垄断、地产的分散和集中、劳动的价值和劳动者的贬值等的对立在资产阶级政治经济学中被象征性地描述成偶然的、彼此没有联系的现象。

### "异化劳动"范畴的产生

马克思认为自己的任务首先在于，"弄清楚"全部这些类似的对立现象之间的"本质联系"，也就是说，揭示所有这些对立的共同基础，它们归因于此也必然来自于此。

这是一个非常复杂的、按其本性来说是辩证的任务。一方面，它要求马克思上升到比资产阶级经济学家更高的抽象阶段，因为否则就不可能把他们所表达的抽象公式和规律归纳为一类。另一方面，解决这个任务应该克服对经济生活的抽象研究方法，使经济学成为理解劳动者首先是无产阶级的根本要求的钥匙。

青年马克思解决了这个任务，发现了满足于两个似乎相互排斥的范畴。这个范畴就是"异化劳动"。它表现出马克思当时所处社会的一切经济过程的特征，并在这个意义上是这些经济过程一类的东西。同时，它表明一种完全是日常的、在这些过程中最明显地出现的东西——劳动，并且是从最本质的方面——从它的异化劳动方面来表明的，也就是说，在此意义上这个范畴是特别具体的，并直接地指向对无产阶级的根本利益的理解。

"异化劳动"范畴的发现，在相当程度上是以青年马克思以前的全部思想发展（黑格尔和费尔巴哈的影响，还有一点鲍威尔和赫斯的影响以及马克思本人思想的运动）② 为准备的。异化劳动思想的前提之一就包含在

---

① 马克思，恩格斯. 马克思恩格斯文集：第 1 卷. 北京：人民出版社，2009：155.

② 关于这一点类似的参见 И. С. Нарский. Отчуждение и труд. По страницам произведений К. Маркса. М.，1983.

《1843 年手稿》之中了。在这一手稿中马克思深入研究了**政治国家与市民社会相异化**是即将来临的社会变革的基础这一论题，并推测在新时代将发生**人与他的客观本质相异化**。在《德法年鉴》中，他敏锐地把**货币**看作是客观异化的精髓，并发现了**无产阶级**具有必然能够消除各种异化的物质力量。

这样，异化观念就产生于哲学方面、经济学方面的和政治方面。但是，当时这些方面还没有形成一个完整的辩证唯物主义概念：它们的联系仅仅是术语上的，而不是内容上的。为了使它们在本质上统一，需要把历史上确定的劳动性质**看作**是它们所共有的内容，为此，就要把劳动问题与市民社会、货币、国家、社会主义革命等问题紧密联系起来。上面深入考察的对三个收入来源的并行分析恰恰促进了这种联系。

并行分析方法本身有助于消除各种对象的习惯界限，用统一的观点来考察他们。这个方法为各个知识领域相互接近创造了前提条件，没有它就不可能揭示异化劳动的观点。正如我们所见，从另一方面，马克思在进行并行分析的过程中，把注意力越来越集中于资本主义条件下的劳动本质问题，这是一种强制性的、以服务于私有者为目的的劳动，对工人本身来说是片面的、危害极大的劳动。马克思用"抽象劳动"的概念来表述，距离异化劳动的概念只有"一步之遥"。"异化劳动和私有财产"片段似乎充分回答了对收入来源并行分析过程中提出的关于把人类的大多数生命活动归结为抽象劳动的意义问题。

毫无疑问，不应该把异化劳动的观点仅仅看成早先已有的前提的实现，或者简单地看成早些时候提出的问题的回答。按其力量看，异化劳动的观点是罕有的伟大智慧的飞跃，对于这种伟大智慧，先前的发展是**必要**前提，但也只是**前提**而已。这个观点是把经济学问题和概念放入以辩证唯物主义方法对待社会及其历史的洪炉中进行锻造的成果。

**当前的国民经济的事实**

青年马克思好像预见到"异化劳动"范畴会被同时代资产阶级理论家歪曲，所以从一开始他就预告说，他完全无意用这个范畴来解释全部人类历史，就像神学家用原罪来说明恶的起源一样。相反，马克思为了论证这个范畴提出，**从当前的国民经济的事实出发**。工人生产的财富越多，他的生产的影响和规模越大，他就越贫穷。工人创造的商品越多，他就越变成廉价的商品。物的世界的**增值**同人的世界的**贬值**成正比。……这一事实无非是表明：劳动所生产的对象，即劳动的产品，作为一种**异己的存**

在物，作为**不依赖于**生产者的**力量**，同劳动相对立"①。

资产阶级国民经济学决不否认随着工人生产的财富的增长，工人的贫困会加深的事实本身。但即使承认了这一事实，国民经济学也不理解其实质正是劳动产品对劳动本身的异化的表现。而且"**国民经济学由于不考察工人（劳动）同产品的直接关系而掩盖劳动本质的异化**"②。

其实，**劳动关系的异化**的根源正是在这里。劳动对它的产品的直接关系，同时是工人对他的生产对象的关系。有产者对生产对象和生产本身的关系是这种关系的结果。这样一来，**私有财产**对于生产对象（晚一些时候马克思说是对于生产工具）的**秘密**，资本对劳动的控制权的秘密就裁剪为工人（劳动）同其生产的产品之间的直接关系的异化性质。正是因为如此，资产阶级国民经济学家不考察这个关系，并且还隐瞒劳动实质本身的异化。

作为无产阶级思想家，马克思意识到自己的任务在于，在异化劳动中揭示资产阶级社会的劳动关系的实质，并对异化劳动的内容进行全面的分析。

**劳动对象化中的异化**

异化劳动以"劳动所生产的对象"为自己的前提。首先，这个对象又是以外部世界、自然界为自己的前提。"没有**自然界**，没有**感性的外部世界**，工人什么也不能创造。"③

于是，自然界，感性的外部世界不仅是异化的，而且是劳动本身亘古以来的前提。这里清晰地表现出马克思的**唯物主义立场**，这一立场证明了资产阶级历史学家关于《1844年经济学哲学手稿》具有唯心主义倾向的各种推测是毫无根据的。

自然界提供实现劳动并借以创造产品的物质。"劳动的产品是固定在某个对象中的、物化的劳动，这就是劳动的**对象化**。劳动的现实化就是劳动的对象化。"④ 因此，对象化是所有劳动的（对象的）活动的结果。

对象化和异化是否相同？事实上，随着人自己的生命力的对象化，他也失去了对这种直接的属于他个人机体上的生命力的控制，因为这种力量在对工人的关系中具有了外在的客观的存在形式。如果人的生命力的全部这样的分离（客体化）就是异化，那么异化就变成整个人类历史所特有的

---

① 马克思，恩格斯. 马克思恩格斯文集：第1卷. 北京：人民出版社，2009：156.

②③ 同①158.

④ 同①156—157.

过程，正因为如此，就不适合解决青年马克思努力思考的问题，即异化是"**当前的国民经济的事实**"。但马克思所理解的"异化"不是任何一种对象化，而只是它的特殊形式。这是什么形式？它是由什么决定的？

"在国民经济的实际状况中"（即资本主义状态下——拉宾注），"劳动的这种现实化表现为工人的**非现实化**，对象化表现为**对象的丧失**和**被对象奴役**，占有表现为**异化**、**外化**"①。

工人在他的劳动产品中的异化不单是通过劳动得到对象的外部存在，而且是这样一种对象化：体现在对象中的劳动变成了一种与工人对立的、敌对的力量。对象化变为异化意味着：工人生产的东西越多，他能占有的数量就越少，并且他陷入自己的产品的统治之下就越深。因为劳动工具和生活资料都属于劳动产品，所以最后工人连这两样东西都失去的。"劳动的现实化竟如此表现为非现实化，以致工人非现实化到饿死的地步。"②

## 劳动过程中的自我异化

对象的异化，或者说工人对自己的劳动产品就像对别人的东西一样，只是劳动异化的一个方面。它的另一方面是工人对**生产行为**本身的异化关系，即对生产活动本身的异化关系。换句话说，劳动产品的异化之所以可能，是因为产品生产的本身是能动的异化，或活动的异化。

异化的这个方面在于"劳动对工人来说是**外在的东西**，也就是说，不属于他的本质；因此，他在自己的劳动中不是肯定自己，而是否定自己，不是感到幸福，而是感到不幸，不是自由地发挥自己的体力和智力，而是使自己的肉体受折磨、精神遭摧残。因此，工人只有在劳动之外才感到自

①② 马克思，恩格斯. 马克思恩格斯文集：第1卷. 北京：人民出版社，2009：157. 翻译 Entäußerung 这个术语时存在一定的困难。在《1844年经济学哲学手稿》的最初几个俄文版中，这个术语有时被译为"异化"，有时被译为"自我异化"，并且译为"自我异化"几乎经常是在马克思通过逗号把连续的两个单词分开：Entfremdung，Entäußerung（参见 К. Маркс，Ф. Энгельс. Из ранних произведений. М.，1956：563，567，569-571 и др.）。用逗号把这两个连续的单词分开使用多半说明是它们具有同义性。在1844年手稿最近的一个俄文版本中，Entäußerung 和 Entfremdung 依次都译为"异化"（参见 К. Маркс，Ф. Энгельс. Соч.，т. 42. М.，1974.）。但是，除了马克思使用的这两个词的同义性外，不能忽略它们在上下文中表现出的某种差别。马克思使用术语 Entfremdung 最为普遍，用它说明各种客体和主体的异化方面。使用术语 Entäußerung 则经常是比较具体的，多半说明法律上的异化方面。表示物品转移给另一个法人所有的事实，即物品法权的"丧失"（术语 Entäußerung 是通过法学上的使用而成为科学的）。这可由下面的情况得以证明：马克思有时用逗号在术语 Entfremdung 后面分开使用的不是 Entäußerung，而是更具体的术语 Verlust（"丧失"）（例如参见 К. Маркс，Ф. Энгельс. Соч.，т. 42. М.，1974：89 и 26，236.）。

在，而在劳动中则感到不自在"①。

因此，这是这样一种劳动，工人在劳动过程中感到自己同自己相异化。"这是**自我异化**，而上面所谈的是**物**的异化。"② 劳动过程中的自我异化意味着，劳动是从外部强迫给工人的，它不是用以满足劳动的需要（即劳动本身还没有成为需要），而只是获得工资的手段（即满足另一种需要的手段）。

### 人的类生活的异化

异化劳动不仅表现在人与人的劳动产品（物品）、人的劳动活动（自我异化）的异化，而且表现在人与作为人的类本质本身、人的类生命活动的各种形式的异化。人有很多种活动属性，如吃、喝等。但是这些属性只有在同劳动相结合的时候才是真正成为人的特质，因为正是在人对物质世界进行加工的时候，人才真正肯定了自己的类本质。在这个加工的过程中，自然界本身变成人的无机身体，而人的类生活则取得了第二次的、不只是在意识中反映的、而且是经验的真实存在。人在被他创造的世界中直观他自己。

但是异化劳动使人失去了这个世界，以及他的生产行为本身。因此，他使人失去了人的**类生活**，把类生活引向了**个人生存**。

### 人同人的异化

异化劳动的上述三个方面（对象的异化、生产行为中的自我异化、类生活的异化）直接表现在异化的第四个方面上，即人同人相异化。

事实上，"如果劳动产品不是属于工人，而是作为一种异己的力量同工人相对立，那么这只能是由于产品属于**工人之外的他人**"③。劳动产品的异化不仅使工人丧失了这个产品，而且使不劳动者占有了它；不仅使工人被排除在现实之外直到饿死，而且让不劳动者统治这种现实，不劳动者靠着他人的劳动产品过着奢侈的饱食终日的生活。因此，劳动产品的异化表现为劳动者同非劳动者、工人和资本家之间的一种异化的、敌对的相互关系。

工人在生产行为中的自我异化不仅意味着工人把自己的活动当作不自由的活动来对待，而且还说明来自另一方面的非生产者把工人的活动当作服务于他、受他统治、在他压迫之下的活动来对待。因此，工人在生产过程中的自我异化同样也表现在工人和资本家之间的对抗性关系中。

---

① 马克思，恩格斯. 马克思恩格斯文集：第 1 卷. 北京：人民出版社，2009：159.
② 同①160.
③ 同①165.

"总之，人的类本质同人相异化这一命题，说的是一个人同他人相异化，以及他们中的每个人都同人的本质相异化。"① 如果正是类本质把人联合起来，那么类本质的异化则使人陷入原子般的孤立。不仅工人，而且非工人都与人的类本质相异化，但他们中的每一个都是完全相反的方式：异化劳动使工人失去了他的类本质（即他自己的生产活动），而非工人本身不具有这种本质，但他通过由另一个人对象化了的形式占有这种本质。

人同人的类本质相异化，最后会导致工人和资本家的异化关系。

总之，在对异化劳动进行**一般性理论**研究中，青年马克思用阶级和实践的观点来概括自己对这个问题的理解。但是，他特别强调："在实践的、现实的世界中，自我异化只有通过对他人的实践的、现实的关系才能表现出来。异化借以实现的手段本身就是**实践的**。"②

**私有财产是异化劳动的产物**

为了回答这个手段（或这些手段）是什么的问题，马克思着手把政治经济学的范畴从作为最一般概念的异化劳动内容中**引导出来**，它的一切范畴都归结为这个作为自己基础的概念。他首先在经济学中心范畴的关系中提出了这个——**私有财产**：

"总之，通过**异化的、外化的劳动**，工人生产出一个同劳动疏远的、站在劳动之外的人对这个劳动的关系。工人对劳动的关系，生产出资本家——或者不管人们给劳动的主宰起个什么别的名字——对这个劳动的关系。"③

因此，从一开始私有财产就不是异化劳动的起因，而是异化劳动的结果。可以得出这样的结论：马克思引入异化劳动的概念，不是像资产阶级经济学家那样从私有财产的事实出发，而是**说明**这个事实，也就是说，把它当作分析的结果。马克思解释，只有后来私有财产才成为异化劳动的基础和原因，因而这种关系就变成了相互作用的关系。

其次，可以看出，当时马克思认为，工人**对自己**、对自己的劳动以及劳动产品的关系是形成异化劳动一切关系的最初因素：正是在这个关系的基础上形成和发展了**人与人之间**的关系，而不是相反。确实，那时马克思已经赋予了这个关系以巨大的意义，把它看作是"实践的现实关系"。尽管如此，它们也只是人对自己的关系即本质关系的"表现"。

---

① 马克思，恩格斯. 马克思恩格斯文集：第1卷. 北京：人民出版社，2009：164.
② 同①165.
③ 同①166.

　　马克思在读詹姆斯·穆勒的《政治经济学原理》一书时所做的评注中更清楚地表明了自己的这个观点："有没有这种社会联系"（真正的——拉宾注），"是不以人为转移的；但是，只要人不承认自己是人，因而不按照人的样子来组织世界，这种**社会联系**就以**异化**的形式出现。因为这种社会联系的**主体**，即人，是自身异化的存在物。人们——不是抽象概念，而是作为现实的、活生生的、特殊的个人——**就是**这种存在物。这些个人**是怎样的**，这种社会联系本身就是怎样的"①。

　　在马克思的这一观点中还可以看到费尔巴哈关于个人是社会联系的真实主体这个观点的影响（马克思在《1843 年手稿》中发展了这个观点）。同这个观点比邻而居的似乎是相对立的命题：社会联系的存在不取决于人。无论是在引文的评注中，还是在自己的 1844 年手稿中，马克思都没有指出摆脱困境的出路。

　　然而，提出社会联系（人与人之间的关系）的独立存在，并强调这种关系的现实的实践的性质有助于马克思在这个阶段不仅从经验的角度（作为"外在于人的某种东西"），而且从本质上来理解私有财产是特定的**人本身的关系的**总和。这是向前迈进的重要一步，马克思后来才意识到这一步的全部意义。

　　**解决所有问题的钥匙？**

　　在异化劳动片段的结尾，马克思当时还满怀信心，他所揭示的私有财产发展的秘密，即它是异化劳动的产物，同时也是异化劳动的手段，"使至今没有解决的各种矛盾立刻得到阐明"②。

　　确实，根据"异化劳动"概念，像劳动和资本之间的对立这样的根本问题暴露出完全另一番样子：显然易见，这不只是两个外部现象彼此之间的对立，而是异化劳动同它自身相矛盾；同时清楚的是，资产阶级政治经济学之所以会陷入自相矛盾，它表述的不是真正的人类劳动的规律，而是异化劳动的规律。

　　实际解决这个问题的道路开始更加明确了。马克思开始回答在工资一章中提出的第二个根本问题。现在他已明确指出"主张细小改革的人"的错误的实质，他们"不是希望**提高**工资并以此来改善工人阶级的状况，就是（像蒲鲁东那样）把工资的**平等**看做社会革命的目标……"③

---

①　马克思，恩格斯. 马克思恩格斯全集：第 42 卷. 北京：人民出版社，1979：24-25.

②　马克思，恩格斯. 马克思恩格斯文集：第 1 卷. 北京：人民出版社，2009：166.

③　同②124.

现在他已经清楚地确定了这类错误的实质："**强制提高工资**……无非是**给奴隶以较多工资**，而且既不会使工人也不会使劳动获得人的身份和尊严。

甚至蒲鲁东所要求的**工资平等**，也只能使今天的工人对自己的劳动的关系变成一切人对劳动的关系。这时社会就被理解为抽象的资本家。"①

"主张细小改革的人"所犯的两个错误的根源不在于不理解工资就像私有财产一样是异化劳动的结果。提出反对私有财产的人必定会要求废除异化劳动，进而要求取消这样一种工资体系，在这种工资体系中劳动不是目的本身，而是为工资服务。

在这里，马克思把废除异化劳动同无产阶级的世界历史使命直接联系在一起：消灭私有财产要以消除异化劳动为前提，同时消灭异化劳动所产生的**全部**人类的奴役制度。因此，工人反对私有财产的斗争，不仅是工人争取自身解放的斗争，也是争取全人类解放的斗争。这样，在《德法年鉴》中提出的关于无产阶级历史使命的论题，在《1844年经济学哲学手稿》中获得了新的、更深层次的理论论证，在这一论证中，马克思的哲学、经济学和政治学观点结为一体。

马克思通过分析从"异化劳动"概念中成功地获得了私有财产的概念，受此鼓舞，在这里他相信可以"借助这两个因素来阐明国民经济学的一切**范畴**，而且我们将重新发现，每一个范畴，例如买卖、竞争、资本、货币，不过是这两个基本因素的**特定的、展开了的表现**而已"②。

**重新提出两个问题**

当马克思开始展开自己关于异化劳动是现代政治经济学的事实这个主题之前，他决定从更加广泛的、历史的观点来考察。这就表现在提出的两个基本问题：

（1）作为异化劳动结果的私有财产的普遍本质是什么？它与人的财产的关系是怎样的？

（2）人是怎样使自己的劳动异化的？

马克思不仅提出了这些问题，而且打算考察这些问题。特别是对第一个问题的阐述制定了详细的计划，其中马克思突出了三种观点，或者说是三种关系：第一，私有财产是异化劳动实践的物质的表现，这个表现不论是从工人的方面，还是从非工人的方面都是必须加以考察的；第二，非工人对生产过程和劳动产品的理论态度；第三，马克思写道："凡是工人做的对自身不利的事，非工人都对工人做了，但是，非工人做的对工人不利的

---

① ② 马克思，恩格斯．马克思恩格斯文集：第1卷．北京：人民出版社，2009：167.

事，他对自身却不做。"① ——笔记本 I 就是以这段话结束的。

这样，在"异化劳动和私有财产"片段的结尾显露出马克思下一步研究的两个构想：第一个是经济学的构想，在由经济学范畴形成的异化劳动观点和私有财产观点的基础上，"展开全部经济学范畴"；第二个是哲学历史学构想，分析私有财产对真正人的和社会的财产的关系，弄清异化劳动的起源和消除异化劳动的路径。

实现这些构想，特别是第一个构想，就要求对补充材料进行研究。马克思中断了这个题目的叙述，重新研究经济学家的著作。

## 政治经济学问题的中心

1844 年马克思的经济学研究的第一阶段以对异化劳动的发现、对这一范畴的一般内容的阐述，及其解决经济学问题的方法论意义为结束。为了寻求测定方向的指南针，现在马克思开始了新的进一步的经济学远航。这条路包含了巴黎手稿的第四和第五阶段的研究。不仅斯密和他的学派（萨伊等人），而且甚至李嘉图的学派（开始是麦克库洛赫和普雷沃，然后是李嘉图本人和穆勒）、德斯杜特·德·特拉西、西斯蒙第、魁奈、马尔图斯和其他一些经济学家（事实上全都是最大的和一些较大的人物）都成为马克思的研究对象。

对这些作家的著作做大量摘录并写下自己的评注，以及在此基础上，在第二个和第三个手稿中对以前整个历史中的具体问题进行总的研究，对当前的一些事件的实质进行深入的洞察，对展现在人类面前的前景做大胆的设想——这就是青年马克思"远航"归来所获得的一切。

马克思关注的中心是李嘉图学派的代表人物的观点。这符合他在异化劳动片段结尾所做的构想：详细考察非工人对生产过程和劳动产品的理论态度。正是李嘉图和他的学派以最公开和厚颜无耻的形式表达和捍卫了关于生产过程的理论观点和关于从非工人即资本家的立场分配劳动产品的理论观点。英国人李嘉图是劳动价值理论的创始人之一，他赋予了这一理论从资产阶级经济学家的角度来说可能是最精密的形式。

但是，当时马克思还不清楚李嘉图在政治经济学历史上的真正地位。此外，马克思在撰写 1844 年手稿时是否直接熟悉李嘉图的著作，这一点令

---

① 马克思，恩格斯. 马克思恩格斯文集：第 1 卷. 北京：人民出版社，2009：169.

人怀疑。存在一种推测，即当时马克思只是通过李嘉图的拥护者的著作才了解了他的学说。

无论如何，马克思不是从研究李嘉图的著作开始的，甚至也不是从研究他的通俗化者詹姆斯·穆勒的著作开始的，后来才了解是从研究较小的人物那里开始的新的经济学研究阶段。

### 麦克库洛赫和普雷沃

英国经济学家约翰·拉姆赛·麦克库洛赫（Джон Рамси Мак-Куллох）的《论政治经济学的起源、成就、研究对象和重要性》（《Рассуждение о политической экономии, ее происхождении, ее успехах, рассматриваемых в ней предметах и о иважности этой науки》）一书首先吸引了马克思的注意，该书是以李嘉图学派的名义来讨论经济学问题的（此书在学派创始人去世后不久出版）。这本书的法译本附有《译者评李嘉图的体系》（《Рассждениями переводчика о системе Рикардо》），法国青年经济学家吉约姆·普雷沃（Гийом Прево）是这篇文章的作者。《译者评李嘉图的体系》以穆勒对这个体系的通俗化阐述为基础对李嘉图的体系进行了总的论述，同时还讨论了一系列具有争议的问题。这样，该书不但对李嘉图本人和他的通俗化者穆勒的观点，而且对他们最新的英国和法国追随者的观点都做了一些说明。因此看来马克思研究的第二阶段就是从这本书开始的。

但普雷沃，特别是麦克库洛赫是掩盖李嘉图的主要成就即劳动价值理论的庸俗化者。后来，马克思在《剩余价值理论》（《Теория прибавочной стоимости》）中写道："麦克库洛赫是李嘉图经济理论的庸俗化者，同时也体现了这个经济理论解体的最为悲惨的景象。

他不仅是李嘉图的庸俗化者，而且是詹姆斯·穆勒的庸俗化者。

而且，他在一切方面都是庸俗经济学家，是现状的辩护士。使他担心到可笑地步的唯一事情，就是利润下降的趋势……李嘉图学说的最内部的核心——既然商品是**按其价值**进行交换的，利润又如何实现——库洛赫并不理解，而且抛弃了这个核心。"① 普雷沃在自己的许多反对意见中同样表现出纯粹学生般的对李嘉图的不理解，而且还从自己的方面努力证明，利润的不断减少不是不可避免的。

但在对麦克库洛赫和普雷沃著作的摘录中，马克思首先把这些经济学家看作是李嘉图学派的最新代表。最初他也没有赋予"李嘉图学说的最内

---

① 马克思，恩格斯. 马克思恩格斯全集：第 35 卷. 2 版. 北京：人民出版社，2013：183，186.

部的核心"应有的意义。同时马克思也对李嘉图学说中那些被普雷沃偶尔有根据地认为是成就的观点抱否定态度。关于平均数在政治经学中的作用的争论就是一个例子。

马克思反驳道:"普雷沃称赞李嘉图的信徒'这些深奥的经济学家',是因为他们'**把平均数作为基础**,而忽视偶然的状况,把科学归结为最简单的东西'(例如,就像伟大的李嘉图忽略了居住在国内的人数),'允许他们提出一般的东西'。这些**平均数**证明了什么呢?证明了越来越把人抽象化,越来越把现实生活放在了一边,越来越关注物质的、非人的所有制的抽象运动。**平均数**——这是对单个的现实的个人的真正的唾骂和嘲弄。"①

有两个动因贯穿着马克思的这个观点。一个是无产阶级的人道主义,要求不用平均数的外衣掩盖资本主义的溃疡,而用外科手术刀解剖它们。马克思反对资产阶级政治经济学确立的平均数,是因为在它的帮助下"国民经济学能够证明,如果我消费一切,你生产一切,那么从社会的观点来看,生产和消费就会处于完满的秩序中"②。

但同时这里还有另一个费尔巴哈式的动因,即个人是唯一的现实的社会主体。它引导马克思在政治经济学中不要求正确地、科学地利用平均数的方法(其分类相应地表现了不同阶级的现实状况等),而是反对运用一般平均数。这一点在当时极大地削弱了马克思的论据③。

**马克思摘录恩格斯的《大纲》**

看来,马克思正是在确定了自己对待李嘉图同斯密学派的争论的立场时,第二次研究了恩格斯的《国民经济学批判大纲》,并做了摘录。正是在这本笔记中有一页恩格斯著作的摘要有助于说明这个推测。特别是摘要并没有涵盖恩格斯的全部著作,而只是一半多一点:马克思没有涉及在研究的第一阶段已经掌握了那些问题(竞争规律活动的机制等),而是把注意力主要集中在恩格斯对待斯密学派和李嘉图学派的争论的立场上。

马克思在摘要中写道:"**萨伊**认为决定实际价值的是效用,李嘉图和穆勒则认为是**生产费用**。"在英国人那里,当他们谈论生产费用时,竞争占据效用的位置,而在萨伊那里正相反,竞争本身带来了生产费用。"李嘉图的**地租**定义是不正确的,因为它假定,需求一减少,马上就影响到地租,并

---

① Marx—Engels—Gesamtausgabe(MEGA). Vierte Abteilung, Bd. 2. Berlin, 1981:480.

② 同①482.

③ 类似观点参见 W. Tuchscheerer. Bevor《Das Kapital》entstand. Berlin, 1968:123-128.

且立刻就使相当数量的最劣等的耕地停止耕种。这是不正确的。这个定义忽略了竞争，而斯密的定义不包括肥沃程度。"①

马克思以这种观点来研究李嘉图的《政治经济学和赋税原理》（《Начал политической экономии и налогового обложения》，简称《原理》），对这本资产阶级著作做了详细的摘录，并附有评注。

### 李嘉图

由于李嘉图把资本主义生产方式视为生产效能最高的生产方式，因此他注意的中心是**劳动生产率的增长**。从这个观点出发，他用"所耗费劳动"这一概念代替了斯密的"买进的劳动"概念，进而用"劳动时间"这个科学的准确概念代替了"劳动"这个不确切的概念。由此得出结论（这是李嘉图对科学做出的历史功绩）：产品的**价值**不是像斯密所想的那样由竞争来确定，也不是像萨伊想的那样由效用来确定，而是由生产产品所耗费的**劳动时间**来确定。

李嘉图在执行他所发现的原则时是始终如一的，并且通常并不注意使劳动生产率增长的资本主义方式给许多人甚至是整个阶级带来的那些牺牲和不幸。在同自己的论敌斗争时同样也是坚定的。他的书不是平淡的学院派的著作，而是把原创思想的精辟阐述同针对这些思想的反对者进行原则性的论战结合在一起。在第一版（1817年）序言中，李嘉图强调，他打算对一些已经建立起来的观点进行批判，特别是斯密和萨伊著作中的许多观点，在整个研究过程中，他系统地实现了这个打算。在第三版中他更加强了对萨伊的批判。萨伊也回敬了他。在《原理》的法译本中，李嘉图附上了自己的批判性评注。

1844年，马克思摘录的《原理》正好是根据这个译本，因此有可能不只是研究了李嘉图本人的观点，而且还比较了它与斯密和萨伊的观点。马克思在摘录李嘉图的著作过程中所做的第一个评注正包含了这种比较："在确定价值时李嘉图只是根据生产费用，萨伊根据的是效用（有用性）。萨伊用竞争代替了生产费用。"②

因为马克思继恩格斯之后接受了，并在对收入的三个来源的并行分析过程中按照自己的观点发展了竞争在资本主义社会机制中起决定性作用的思想，所以我们理解，他在对《原理》做摘要时，起初对李嘉图产生的是否定的态度，而对斯密和萨伊的意见是比较肯定的。马克思写道："李嘉图

---

① 马克思，恩格斯. 马克思恩格斯全集：第42卷. 北京：人民出版社，1979：3.

② Marx—Engels—Gesamtausgabe (MEGA). Vierte Abteilung, Bd. 2. Berlin, 1981：392.

发展了这样一种思想，即劳动包括价值的总和，因为资本家同样是劳动者。萨伊……指出，他忘记了资本的利润和土地的获得是有代价的。蒲鲁东由此公正地指出，凡是在私有制存在的地方，东西的**价格**（kostet）高于它的**价值**（wert）。这就是给私有者的贡赋。"①

这样，劳动的消耗是必要的生产费用，而利润和地租同这些费用是没有关系的，它是给私有者的贡赋。并且因为工资取决于资本家和工人之间的斗争，取决于资本家之间的竞争，那么"生产费用本身取决于竞争，而不取决于生产"②。

不难发现，马克思在这里对李嘉图的劳动价值理论持否定态度。随着对《原理》的研究，马克思从这种否定的态度开始越来越表现出对其作者的尊敬，因为作者对资本主义生产的社会后果没抱任何幻想。李嘉图断言，资本主义保证了最高的劳动生产率，但他并不打算证明，似乎因此就会保障全社会福利的提高，特别是工人福利的提高。这一点没有逃过马克思的注意："李嘉图非常好地强调，工人没有从劳动生产力的增长中得到任何好处。"③

马克思在李嘉图始终坚持的论题中发现了这样一条明确的观点，即土地所有者的利益总是与消费者和厂主的利益相矛盾。因为还是在三个收入来源的并行分析的过程中马克思就独立地得出了同一个结论，在这个问题上他把李嘉图看成同盟者："由此可见，根据斯密的观点，土地所有者的利益总是同社会的利益一致，与斯密的观点相反，李嘉图则证明两者是相矛盾的。这样，国民经济学家相互贬低自己的上帝。"④

在跟踪研究了类似的一些相互驳斥的观点后，马克思开始逐渐对斯密、特别是萨伊的观点更加持批判态度。他开始清楚，萨伊对李嘉图的很多反对意见，这就是随机应变的庸人对始终坚持自己观点的有原则的学者的反对意见。例如，李嘉图证明，对于资本主义生产主要的是利润、纯收入。而萨伊则断言，总收入和纯收入之间的区别，从私人利益的角度出发，而不是从国家整体的利益的角度出发是有意义的；因此，他造成了一种错觉，似乎资本主义生产的代理人可以不遵循私人的利益，而遵循国家的利益。西斯蒙第也持有相同立场。在这种情况下，马克思看到了李嘉图的正确性："当萨伊、西斯蒙第……攻击李嘉图时，他们只攻击国民经济学真理的**犬儒**

---

① Marx—Engels—Gesamtausgabe（MEGA）. Vierte Abteilung, Bd. 2. Berlin, 1981: 395.
② 同①404.
③ 同①395.
④ 同①419.

**主义**的表现。从国民经济学的观点看，李嘉图的论点是正确和彻底的。西斯蒙第和萨伊在批驳非人道的结论时不得不超出**它的界限**，这种情况对国民经济学有什么意义呢？这只能证明，人道处于国民经济学**界限之外**，而非人道是基于**其之内的**……

李嘉图的论点是正确的；国家的纯收入不是别的，而是资本家的利润和土地所有者的地租，而它对工人没有关系。工人对国民经济学也没有关系，因为他是这种私人利润的机器。

萨伊的经济结论和政治结论都具有从个人兴趣出发的特点。"①

这样，马克思就得出结论：在资产阶级经济学家中，李嘉图是最彻底的、最圣洁的学者。弄清楚了由李嘉图所揭示的私人所有者的利益和国家的利益之间的矛盾，这让马克思得出结论："所谓资本和利润之间的差别、土地和地租之间的差别、你的资本和我的资本之间的差别等等，对于国民经济学来说都没有任何意义。这样为什么工人阶级还不消灭这种对于社会毫无意义、对于工人阶级极为致命的差别呢？……事情绝不是说我会挣得更多些，而在于这个利润会带给我们所有人好处，换句话说，应该消除私人利益的观念，如果私人利益不想自己消除它，那么其他的利益有权使它知道自己的本分。"②

就像我们所看到的，对资产阶级政治经济学的科学批判给马克思提供了越来越新的证据，有利于得出资本主义社会被共产主义社会代替的革命必然性的结论。

再回到马克思的巴黎笔记中关于李嘉图《原理》的摘要的地位的争论问题时，可以补充以下几点：第一，从内容丰富方面上看，马克思对《原理》的摘要在各方面都超越了他从麦克库洛赫和普雷沃的著作中所做的摘要，其中包含了马克思在经济学根本问题上的详细讨论。最初的对李嘉图及其学派否定性的评价被对李嘉图思想的深刻和清晰的真诚尊重代替，而对李嘉图的批判开始越来越有充分的根据。这样可以得出结论，李嘉图的《原理》摘要马克思不是在麦克库洛赫和普雷沃的摘要之前做的，而是在它之后做的。

第二，《经济学哲学手稿》的很多页都利用了李嘉图《原理》的摘要。在摘要的结尾，马克思表示："在国民经济学中我们已经不只一次地对李嘉

---

① Marx—Engels—Gesamtausgabe（MEGA）. Vierte Abteilung, Bd. 2. Berlin, 1981：421 – 422.

② 同①422.

图从完全人道的错觉中解放出来的犬儒主义感到惊奇"①。在 1844 年手稿的第三个笔记本的开头，他概括道："从斯密经过萨伊到李嘉图、穆勒等等，国民经济学的**昔尼克主义**不仅相对地增长了——因为工业所造成的后果在后面这些人面前以更发达和更充满矛盾的形式表现出来——，而且肯定地说，他们总是自觉地在排斥人这方面比他们的先驱者走得更远，但是，这**只是**因为他们的科学发展得更加彻底、更加真实罢了。"②

马克思这些和其他一些观点允许我们得出结论，他在写作巴黎笔记的第五阶段摘录了李嘉图（和穆勒）的著作，自然是在写作《经济学哲学手稿》的第二笔记本和第三笔记本之前。

### 穆勒

紧接着李嘉图的《原理》之后，马克思认真研究了詹姆斯·穆勒的《政治经济学原理》（1821 年版，1823 年法文版）。就像马克思在《剩余价值理论》中指出的，"穆勒是第一个系统地阐述李嘉图理论的人，虽然他的阐述只是一个相当抽象的轮廓"③。像李嘉图一样，他公开捍卫工业资本主义的利益，反对土地所有制，并且毫不掩饰劳动和资本之间的对立。同时，穆勒开始分解李嘉图学派：由于他比学派的创始人本人更清楚地感到李嘉图学说的矛盾，而又不能克服这些矛盾，因此他部分地回到了斯密的需求和供给理论上来。这一点特别明显地表现在他试图解决劳动价值规律（价值由劳动时间决定）和资本家在支付工人直接劳动报酬时经常违反这个规律之间的矛盾：由于穆勒不理解工人出卖的不是劳动而是劳动力（这一点正是马克思后来发现的），所以他除了用劳动的需求和供给关系即工人和资本家之间的竞争来解释工资的数额，就再也找不出更好的办法了。

但是，在 1844 年中期，马克思已经用另一种眼光看待穆勒了：马克思把他看作李嘉图的系统化者（这是大家都承认的），而穆勒部分地回到了需求和供给理论以应对劳动和资本之间的明显对立，这一点对于还不理解李嘉图劳动价值理论的意义的青年马克思来说，甚至还使他敬仰。

如同对李嘉图的摘要做评注一样，马克思对穆勒的书的评注是从生产费用作为价值的因素的问题开始的："……穆勒——完全和李嘉图学派一样——犯了这样的错误：在表述**抽象规律**的时候忽视了这种规律的变化或不断扬弃，而抽象规律正是通过变化和不断扬弃才得以实现的。如果说，

---

① Marx—Engels—Gesamtausgabe（MEGA）. Vierte Abteilung, Bd. 2. Berlin, 1981：423.

② 马克思，恩格斯. 马克思恩格斯文集：第 1 卷. 北京：人民出版社，2009：180.

③ 马克思，恩格斯. 马克思恩格斯全集：第 35 卷. 2 版. 北京：人民出版社，2013：88−89.

例如生产费用最终——或更准确些说，在需求和供给不是经常地即偶然地相适应的情况下——决定价格（价值），是个**不变**的规律，那么，需求和供给的不相适应，从而价值和生产费用没有必然的相互关系，也同样是个**不变的规律**"①。

乍一看，这里没有比李嘉图的摘要原理向前进：劳动价值规律只表现为需求和供给规律的一个部分。然而还是向前进了一步。这一步在于，生产费用与竞争不矛盾（就像萨伊提出的和马克思最初同意的那样），而是同它相联系。并且作为一种抽象的劳动价值规律被认为是完全**合理的**。马克思在方法论上的反对意见不是因为这种抽象在逻辑上的不合理，而是因为当时只有他认识到规律是一种公式，这种公式在自己活动的领域内必须在每一种个别的情况中都有严格的证明。也就是说，这些反对意见所具有的这个特点，和过去他对李嘉图的信徒利用平均数的反对意见的一样。只是后来，当马克思自己弄清了经济学规律的统计属性时，他提出一个论题：任何一门科学只有当它的规律获得数学表现时才成为精确的。

但是，弄清规律的统计属性并不表示马克思对具体的、特别是对它们矛盾的实际表现的注意有所减弱。他认为，只有在这样的情况下科学研究的任务才解决，即在细节中弄清规律的活动机制和把矛盾的事实归结为一个公式。矛盾事实的存在总是促使马克思去研究掩藏在肤浅眼光之下的它们相互之间的联系。考虑到马克思对待科学研究的这些特点，他在最初评注穆勒的这一步也就开始清楚了：事物实际状况（商品不是按价值出售的）和价值规律之间矛盾的确定，以及作为抽象概念的价值规律的同时承认，客观上成了马克思揭示劳动和劳动力之间、利润和剩余价值之间差别的因素之一。

在关于穆勒的评注中，马克思不仅研究了生产费用的问题，而且还有一系列其他经济学本身的问题。他主要注意**货币**问题，开始制定自己的关于信贷、纸币等的学说②。所有这些表明，马克思从经济学远航归来时已经是一位非常成熟的专家了。他在 1844 年手稿的序言中有充分根据地写道："……我的结论是通过完全经验的、以对国民经济学进行认真的批判研究为基础的分析得出的。"③

从穆勒摘要本身已经看出这个批判性研究是什么，对穆勒摘要的评

---

① 马克思，恩格斯. 马克思恩格斯全集：第 42 卷. 北京：人民出版社，1979：18.

② Д. И. 罗森堡比较详细地研究了这些问题。（参见 Д. И. Розенберг. Очерки развития экономического учения Маркса и Энгельса в сороковые годы XIX века. М.，1954.）

③ 马克思，恩格斯. 马克思恩格斯文集：第 1 卷. 北京：人民出版社，2009：111.

注证明，马克思是在广泛的方法论方面研究这些被考察的经济学问题的。按照过去的说法是，他的注意力的中心是在异化问题上，而且是在一些新的角度上。作为**交换媒介**的货币的问题唤醒了马克思去全面分析作为人和人之间的**社会联系**，即作为人的类活动的交换，这种类活动在私有制条件下与人相异化；结果人被抹杀了人性，而人的中介活动变成了货币的异化形式。

穆勒著作摘要的内容同《经济学哲学手稿》第二笔记本、特别是第三笔记本的内容这样紧密相连，放在这些笔记本中就会有一些反映。可以推测，摘要在手稿完成前就已经写完，而不是在其后。并且在手稿中有一些借用摘要的痕迹（虽然不是逐字逐句地完全相同）。这首先就是使用了"论生产"章中的摘要。在手稿中确实引用了比较丰富的摘要，马克思不仅使用了摘要，而且还利用了穆勒的著作①就能证明。有根据认为，在对忽略造成大多数家庭贫困的原因的穆勒道德箴言进行批判时，马克思在手稿中甚至还利用了摘要中摘录②。在 1844 年手稿的结尾还利用（虽然是在一排中）了摘要中德斯杜特·德·特拉西著作和斯密著作的引文组合③。假设在这样和类似的情况下，马克思先在《经济学哲学手稿》中直接写下了相应的摘录，然后在穆勒著作的摘要中"利用了"它们就不太自然了。

这样，多数论据有利于说，这个摘要写作于 1844 年手稿的第二个笔记本和第三个笔记本（或者只是第三个笔记本）之前④。

## 异化劳动发展的阶段

### 三个笔记本之间的关系

根据他现在掌握的大量资料，马克思逐渐实现了在笔记本 I 的结尾提出的构想（即"异化劳动和私有财产"文本）：

第一，经济学的构想，打算实现自己对国民经济学基本问题的看法的系统阐述。

---

① 马克思，恩格斯. 马克思恩格斯全集：第 42 卷. 北京：人民出版社，1979：5，146—147.

② 同①9，137—138.

③ 同①24—25，146.

④ 在巴黎笔记的全部摘录中，正是对穆勒著作的摘录在马克思成熟时期的著作中，特别是在《资本论》第 4 卷（《剩余价值理论》）中得到了充分的利用。

第二，哲学历史学的构想，揭露私有财产的普遍本质，揭示异化劳动的产生过程及其历史命运，从而揭示私有财产的命运。

在第二个笔记本和第三个笔记本中这些构想实现到什么程度呢？可以确定地说，第二个构想，即**哲学历史学的构想**在第二个笔记本所保存下来的页中（第 LX—LXⅢ 页）和在第三个笔记本（第三个笔记本的大部分是对第二个笔记本没有保存下来的第 XXXVI—XXXIX 页的详细插入部分）中得到广泛的体现。在这些文本中包含了对这两个问题的多层次的分析，异化劳动片段以这些问题的提出作为结束，其中包括初步拟定的三种关系，在这三种关系中异化劳动作为私有财产的本质表现出来。因此，马克思不仅利用了 1844 年经济学研究的成果，而且还利用了 1843 年历史学研究的成果①。

至于说**经济学的构想**的实现，在保存下来的文本中并没有得到完整的体现。可以大胆推测这一构想在第二个笔记本没有保存下来的那些页中有可能被实现，就像最新的研究结果所指出的那样，也不是唯一的。

不久前还是唯一的最初推测是指，经济学构想马克思完成得足够多，占了文本的 39 页。这个结论得到确信是根据这样的看法，即在写作第二个笔记本时马克思不仅使用了自己对萨伊、斯卡尔培克、斯密、麦克库洛赫、普雷沃和特拉西的摘录，甚至还使用了李嘉图和穆勒的摘要。

根据 Г. А. 巴加图利亚在 1976 年做出的第二个推测，第二个笔记本不是独立的手稿，而是第一个笔记本的直接延续，只丢失了 12 页文本，就像前面的和后面的文本一样，其中马克思完成了哲学构想，而不是经济学构想；只是在第三个笔记本的最后，在关于货币的片段中，马克思返回到经济学问题本身，但在这里他的写作也中断了。根据巴加图利亚的观点，"马克思著作的主要经济部分之所以没有找到，不是因为我们没有得到几乎整个'第Ⅱ手稿'，而是因为马克思没有写完这个经济部分"②。为了这个结论，他甚至推测说，马克思对李嘉图和穆勒的著作的摘要是在写作《经济学哲学手稿》后才完成的。

完全有根据认可 Г. А. 巴加图利亚关于第一个笔记本和第二个笔记本的

<hr>

① 在第二个笔记本的结尾马克思对在克罗伊茨纳赫摘录的默泽（Мёзер）和兰齐措勒（Ланцицолле）的著作的引证有利于这个推测（参见马克思，恩格斯. 马克思恩格斯文集：第 1 卷. 北京：人民出版社，2009：175）。

② 格·阿·巴加图利亚，维·索·维戈茨基. 马克思的经济学遗产. 马健行，郭继严，刘品大，等译. 贵阳：贵州人民出版社，1981：200。

相互联系是由连续编号页码而组成的完整的手稿的假设①，但是，我们认为，还有可能提出一个假设，即第三个假设：在写作笔记本 II 时，哲学历史学的构想占优势，但也绝不是唯一的，马克思用经济学问题和范畴本身的分析来补充是很有意义的。换句话说，产生了**第二个构想**的某种**组合**，这种组合意味着，在哲学历史学分析的广阔背景下重新理解具体的经济学问题和概念。第三个笔记本中关于分工的片段和关于货币的片段可能就是这种**两位一体**的分析的例子。如果在这种方法论的视角下考察笔记本 II 保存下来的部分，那么，这部分就是对作为私有财产的历史发展的国民经济学历史，以及劳动和资本之间的关系从最初的统一向"敌对性的相互对立"的运动的反映的分析；笔记本 II 的结尾段落概括了这个运动的辩证法②。

我们所提出的假设允许有各种方案解决关于马克思摘录李嘉图和穆勒著作的时间的问题。如果赞同马克思在写笔记本 III 时就已经拥有了这些摘录，那么就要用更多的论据来考察它。

我们的假设作为一个论据有利于说明，在撰写《经济学哲学手稿》的过程中，马克思的哲学、经济学、历史学和政治学的观念逐步统一，并转变为全新的世界观。在这一时期**异化劳动的产生、发展和消灭的历史阶段问题，共产主义就是消灭一切异化形式的问题**成为这个过程的中心环节。

在撰写第二个笔记本的过程中，马克思注意力的中心放在了劳动和资本的相互关系问题上，以及对这种相互关系发展的历史阶段的分析。在第二个笔记本的结尾，马克思以如下方式总结了这个阶段的实质："**第一：二者直接的或间接的统一**"，也就是劳动和资本；"[**第二：**]**二者的对立。它们互相排斥**"；"[**第三：**]**二者各自同自身对立**"，而结果是"**敌对性的相互对立**"③。第二个笔记本就是以这句话结束的。

转摘的内容同时是**哲学的、经济学的和历史学的**，它在《经济学哲学手稿》的结构中占有特殊的位置：如果注意到，第二个笔记本保存下来的页在结构（但不是按照时间先后顺序）关系中是处于第三个笔记本之后（因为其大部分内容是对第二个笔记本没有保存下来的页的补入），那么变得明确的是，劳动和资本之间的异化发展阶段的概述就不是什么别的，而是《经济学哲学手稿》**体系的结束**，是**其观念的总结**，在写第三个笔记本

---

① 但是，这个假设的薄弱点在于，在笔记本 I 中，不仅没有写到最后，即文本第 XXVII 页，而且还有 9 页准备笔记页留下了空白。因此，可以得知，当继续未完成的笔记本的编号时，马克思开始在新的笔记本上撰写笔记本 II 的文本。这不得不引起疑惑。

②③ 马克思，恩格斯. 马克思恩格斯文集：第 1 卷. 北京：人民出版社，2009：177.

之前马克思就已经想象出来了。

如果考虑在写作第三个笔记本过程中马克思观念的发展，并把第二个笔记本和第三个笔记本的内容作为统一的发展的整体来考察，甚至注意到包括马克思摘录经济学家（包括穆勒）的著作的情况，那么有可能展现出一个更丰富的图景，即马克思是怎样想象出异化劳动的产生和发展阶段的。

**直接为了需要的劳动**

**第一阶段**。在野蛮状态下，劳动是为了直接满足人的生活资料（吃、穿、住）需要而发生的。劳动产品由生产者自己使用，因此"人在这种状态下生产的东西**不多于**他直接的需要……在这种情况下就没有交换，或者说，交换归结为他的劳动同他劳动的产品相交换，这种交换是真正的交换的潜在形式（萌芽）"①。

根据这一点马克思得出如下结论："起初，资本和劳动还是统一的"②，因为在这里全部积累劳动就是生产者自己的劳动。因此，这里还没有任何异化。

**物物交换**

**第二阶段**。生产者自己生产的产品出现了剩余，同时也产生了对其他人生产的产品的需要。结果出现了**交换**。最开始这种交换是在"**外化的私有财产的粗糙形式中，在物物交换中**"③ 发生的。在这里生产的目的仍然是满足生产者的直接需要，而剩余的形成和交换是作为某种偶然现象出现的，不是生产者所打算的。但既然交换发生了，事实上"**劳动**部分地成了**收入的来源**。这种劳动的目的和它的存在已经不同了"④。积累劳动不再全部是自己的劳动，而部分地成为别人的劳动，虽然它是用自己的劳动直接交换来的。看来，正是在这个阶段，劳动和资本（＝积累劳动）"虽然分离和异化，却作为**积极的**条件而互相促进和互相推动"⑤

随着剩余产品的生产逐渐变成稳定的生产，对他人劳动产品的需要不断发展，人们已经开始有意识地以交换为目的生产产品。这就意味着人类关系的内容根本转折。只要人们直接为自己生产，他们就还是单个人本身。现在交换和分工作为人们之间的**社会**联系的直接形式确定下来。但是，这种联系不是作为真正的人类的联系产生并确定下来的，而是作为个人需要

---

① 马克思，恩格斯. 马克思恩格斯全集：第 42 卷. 北京：人民出版社，1979：33.
② 马克思，恩格斯. 马克思恩格斯文集：第 1 卷. 北京：人民出版社，2009：177.
③④ 同①28.
⑤ 同②.

和利己主义的产物确定下来的。事实上，当我需要别人的劳动产品时，我只能通过交换自己的劳动产品来满足自己的这个需求，也就是通过失去这个产品的办法。从另一方面看，我生产这个失去的产品只是在表面上看是自己的，而"**实际上我生产了另一种物品**，即我想以自己的剩余产品来换取的、你所生产的物品，这种交换在我思想上已经完成了。因此，我同你的**社会关系**，我为你的需要所进行的劳动只不过是**假象**，我们相互的补充，也只是一种以相互掠夺为基础的**假象**"①。

这样就产生了产品同生产者相异化，与此同时，社会交往本身也变成了外在的、异化的类行为。

### 货币和人的媒介活动的异化

**第三阶段**。"**同人的活动**的产品的相互交换表现为**物物交换**，表现为**做买卖〔Schacher〕**一样，活动本身的相互补充和相互交换表现为**分工**……分工随着文明一同发展"②。

分工的发展导致一切产品的生产已经不是为了私人使用，而是为了交换。劳动完全变成了**为了工资的劳动**。这意味着，在产品异化的同时也完成了生产者同他的劳动目的本身相异化。

这种人的本质力量的异化，在某种替代了劳动的目的的通用**等价物**的出现和增长中，获得了自己外在的、对象化的反映，其结果就是人们的活动本身被自己的劳动成果所代替。通用的交换媒介——货币就成了这样的等价物。"货币的本质，首先不在于财产通过它转让，而在于人的产品赖以互相补充的**中介活动**或中介运动，**人的**、社会的行动**异化了**并成为在人之外的**物质东西**的属性，成为货币的属性……由于这种**异己的媒介**——并非人本身是人的媒介，——人把自己的愿望、活动以及同他人的关系看作是一种不依赖于他和他人的力量。这样，他的奴隶地位就达到极端。因为媒介是支配它借以把我间接表现出来的那个东西的**真正的权力**，所以，很清楚，这个**媒介**就成为**真正的上帝**。对它的崇拜成为自我目的。"③

### 农业劳动和地租

**第四阶段**。异化的所有这些过程决定积累起来的**别人的**劳动的产生，即在**本来意义上的资本**的产生，以及它与直接劳动的对立。资本存在的最

---

① 马克思，恩格斯. 马克思恩格斯全集：第 42 卷. 北京：人民出版社，1979：35.
② 同①29.
③ 同①18－19.

开始的形式是地产。在这里劳动和资本的对立是以农业劳动和地租的对立的形式表现。后一种对立早已形成，并且具有十分明显的性质，但其真正的本质，即作为一般劳动和一般资本之间的对立被一系列现象掩盖：地租表现为特殊**地产**的特殊性质，即拥有自然外壳的财产；农业劳动也是一种特殊劳动，其对象就是**自然**本身，因此它直接受自然力的影响；另一方面，这一劳动被树状的等级关系网络束缚，这使它具有一种似乎是类活动的社会意义的假象。

**自由资本**

**第五阶段**。既然"工业（城市生活）形成了，而且工业本身在垄断、公会、行会和同业公会等形式中还带有自己对立面的封建性质"，那么这里劳动和资本之间的对立最初是被这种情况伪装起来，即"劳动还具有**表面上的社会**意义，**现实的**共同体的意义，还没有达到对自己的内容**漠不关心**和完全自为地存在的地步，就是说，还没有从其他一切存在中抽象出来，从而也还没有成为**获得自由的**资本。

但是，获得自由的、本身自为地构成的**工业和获得自由的资本**，是劳动的必然**发展**"①。如果最初的工业劳动在自己的这种性质上看还与作为特殊劳动的农业劳动相对立，那么之后他们之间的一切差别都消失了，而社会上只剩下两个阶级——工人和资本家。只有现在异化劳动才最终地作为全部劳动的本质和全部资本的秘密确定下来。"……只有这时私有财产才能完成它对人的统治，并以最普遍的形式成为世界历史性的力量。"②

劳动和资本之间的**对立**转变为"各自同自身**对立**"是劳动与资本之间的对立的最高的现代阶段：资本"分解为**自身**和自己的**利息**，而利息又分解为**利息和利润**……劳动分解为**自身和工资**"③。劳动是所有私有财产的主观本质，但工人却失去了任何一份财产，他的全部劳动都变成了获取工资的手段，即"作为对自身、对人和自然界，因而也对意识和生命表现来说完全异己的活动的生产，是人作为单纯的**劳动人**的**抽象**存在，因而这种劳动人每天都可能由他的充实的无沦为绝对的无，沦为他的社会的从而也是现实的非存在。另一方面是作为**资本**的人的活动对象的生产，在这里，对象的一切自然的和社会的规定性都**消失了**……劳动和资本的这种对立一达

① 马克思，恩格斯. 马克思恩格斯文集：第1卷. 北京：人民出版社，2009：173.
② 同①182.
③ 同①177. 这些论题非常接近恩格斯的思路。马克思对这些论题做了如下表述："资本和劳动的分离，资本和利润的分离。利润分为利润本身和利息……劳动和工资的分离。"马克思，恩格斯. 马克思恩格斯全集：第42卷. 北京：人民出版社，1979：3-4.

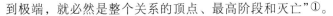

到极端，就必然是整个关系的顶点、最高阶段和灭亡"①。

**社会史在科学史中的重演**

青年马克思在制定作为对社会的全部过去的和现在的历史最重要评述的异化劳动的产生和发展的几个主要历史阶段的同时，他在政治经济学史方面得出了一个原创性的、实质上是马克思主义的观点。他在许多观点中，在经济学家的意见争论等中发现了一个特定的逻辑——不仅是科学本身发展的逻辑，而且是社会的现实历史的发展逻辑。在把后者理解为经济学说史的真正基础后，他获得了评价每一个学派和每一名经济学家的历史地位的客观标准。第三手稿（它们是对第二手稿的第XXXIV页和第XXXIX页的补充）的前几个片段就是从这些立场出发写成的。

在政治经济学史中最初出现的是重商主义者，然后是重农主义学派，只有在他们之后才出现了斯密学派和李嘉图学派的这一事实并不是偶然的，而是必然的。这个渐次性**重复**了现实历史的进程——作为私有财产的主观本质的异化劳动的发展阶段。在最初阶段，异化劳动表现在部分实物形式中，即在货币形式中，尤其是黄金；根据这一点，重商主义者认为，财富只存在于贵金属中。然后，当异化劳动获得了更广泛的自然的形式——地产的形式时，重农派就登上了舞台；在他们那里，财富的主观本质已经转移到劳动本身，当然不在劳动的普遍的和抽象的形式中，而只在某种特殊的、由自然规定的存在形式中。最后，当工业发展使作为私有财产的主观本质的劳动的通用本质成为事实时，重农学派就应该让位给斯密学派。斯密确信，全部财富都在劳动之中，即在人自身之中，而不在人之外的某种状态之中，他在政治经济学中所起的作用相当于路德在宗教中所起的作用，路德废除了外在的宗教信仰（崇拜圣像等），而把它转变为内在的宗教信仰。

"地产是私有财产的第一个形式，而工业在历史上最初仅仅作为财产的一个特殊种类与地产相对立……同样，在科学地理解私有财产的**主体**本质，理解**劳动**时，这一过程也在重演。而劳动起初只作为农业劳动出现，后来才作为一般**劳动**得到承认。"②

但就像在路德那里，内在的信仰宗教只是使人屈服于宗教的新阶段，同样，在斯密那里，关于财富在人本身的论断就只是成为对人的彻底的否定。"以前是**自身之外的存在**——人的真正外化——的东西，现在仅仅变成

---

① 马克思，恩格斯. 马克思恩格斯文集：第 1 卷. 北京：人民出版社，2009：172.

② 同①181-182.

了外化的行为。"① 如果说，一开始现代政治经济学还保持对人的承认和对人的独立性等等承认的假象，那么在进一步发展的过程中，它就抛弃了这种伪装，并从劳动是财富的本质这一立场出发，开始厚颜无耻地发展它的敌对人的那些结果。

## 共产主义是对一切异化的废除

于是，马克思发现了社会科学发展的逻辑和社会现实历史的逻辑的某种一致性。他还表现出深刻的洞察力，发现了现实历史的逻辑在关于社会现状**即将消失**的科学概念的发展中重复，也就是说，在社会主义和共产主义学说的发展中，在由这些学说指导的政治运动发展中重复。一方面是对过去和现在的认识，另一方面是关于未来和实现这个未来的运动本身，作为两个平行的过程发展着，两者在各自的发展中都经历了同样的阶段。马克思这样描写这个过程："自我异化的扬弃同自我异化走的是同一条道路。"②

弄清了这一规律性给马克思提供了一个评价各种社会主义和共产主义理论和运动，即各种形式的共产主义的历史地位的客观标准。

**共产主义的形式**

无论在异化劳动及其理论的发展过程中，还是在社会主义和共产主义的观点和运动中，私有财产最初都是从其**客观**方面被考察的。共产主义的这种最初形式的最新表达者是蒲鲁东，他已经知道劳动是私有财产的本质，而资本是它的形式，因此他要求消灭资本身。但是，在整体上他还停留在粗陋的共产主义观念上，这种共产主义仅仅在私有财产的事实中，在实物财富的不平等分配中看到了现代社会的全部丑恶，而没有发现在政治领域和精神生活领域中的异化，人的个性、人的才能、感情等等的自我异化。"……**实物**财产的统治在这种共产主义面前显得如此强大，以致它想把不能被所有的人作为**私有财产**占有的一切都消灭；它想用强制的方法把**才能**等等抛弃……对整个文化和文明的世界的抽象否定，向**贫穷的**、需求不高的人——他不仅没有超越私有财产的水平，甚至从来没有达到私有财产的水平——的**非自然的**简单状态的倒退，恰恰证明对私有财产的这种扬弃决不

---

① 马克思，恩格斯. 马克思恩格斯文集：第1卷. 北京：人民出版社，2009：179.
② 同①182.

是真正的占有。"①

对这种共产主义来说，"共同性只是**劳动**的共同性以及由共同的资本——作为普遍的资本家的**共同体**——所支付的**工资**的平等的共同性"②。确实，这种共产主义不是消灭，而是本身承认由私有财产产生的对人的个性的全面否定。因此，**粗陋的共产主义**"不过是私有财产的卑鄙性的一种**表现形式**，这种私有财产力图把自己设定为**积极的共同体**"③。

另一种形式的共产主义主要注意的是私有财产的**主观**方面。它已经把私有财产理解为与自己相异化的人，但还不清楚，作为社会劳动的非人形式的异化劳动是它的本质。这种共产主义认为，恶的根源在劳动的**特殊**的、特别的形式之中。例如，傅立叶否定被无差别化的、被分散的，即工业化的劳动，而且同重农学派一样，认为农业劳动是最好的劳动。相反，圣西门过分称赞的恰恰是工业劳动，一味强求资本家们的独占统治和工人状况的改善。但是，与粗陋的共产主义相区别，第二种形式的共产主义的代表们不仅要求消灭私有财产和有资格分配实物财富的人，而且要求**消除政治生活领域中的异化**，把人的政治本质归还给人。马克思在谈到后一种要求时，区分道："共产主义（α）还具有政治性质，是民主的或专制的；（β）是废除国家的"④。但是，无论是这种形式的共产主义或是另一种形式的共产主义都还不理解，虽然是在异化的、非人的形式中，私有财产在最大程度上发展了人的**社会**联系，并证明了人的**社会本质**，即"因为它还没有理解私有财产的积极的本质，也还不了解需要所具有的**人的**本性，所以它还受私有财产的束缚和感染"⑤。

在自己的最高形式中，共产主义注意到了私有财产的主客观两方面，并要求扬弃异化的所有形式——无论是客观的还是主观的。共产主义表现出对私有财产的真正的**积极的**扬弃，因此是由人并为了人而对人的本质的真正**占有**。资本主义在最大程度上发展了人同自身的异化；相反，真正的共产主义是完全的、自觉的、保存以往发展的全部财富的向人自身的以及向社会的人的**复归**。因此，作为否定之否定的，即对否定人的私有财产的否定的共产主义就是对人的**肯定**。

因此，发达的共产主义在同私有财产完全对立的同时，是私有财产历史运动的必然产物。所以它的现实前提不是在不同历史阶段上与私有财产

---

①　马克思，恩格斯. 马克思恩格斯文集：第 1 卷. 北京：人民出版社，2009：183.

②　同①184.

③④⑤　同①185.

相对立的公社所有制的单个岛屿，而是历史的**全部**运动。"它是历史之谜的解答，而且知道自己就是这种解答。"①

由私有财产产生的那些劳动资料和那些人构成了作为革命运动的共产主义的出发点。马克思发现，在这个出发点的形成中也包含了私有财产的**历史必然性**。

这个历史出发点在不同的国家有着不同的特点：这取决于该民族真实的**被认可**的生活是否主要地在意识领域或外部世界领域中进行着，各个民族的人的异化最尖锐地表现在这个或那个领域之中。"不言而喻，异化的扬弃总是从作为**统治力量**的异化形式出发：在德国是**自我意识**；在法国是**平等**，因为这是政治；在英国是现实的、物质的、仅仅以自身来衡量自身的**实际**需要。"②

但是，无论从哪一种具体的异化领域开始进行反对异化的斗争，废除私有财产都是扬弃所有异化的真正基础。后者是"**异化了的人的**生命的物质的、感性的表现。私有财产的运动——生产和消费——是迄今为止全部生产的运动的**感性**展现，就是说，是人的实现或人的现实。宗教、家庭、国家、法、道德、科学、艺术等等，都不过是生产的一些**特殊的**方式，并且受生产的普遍规律的支配。因此，对**私有财产**的积极的扬弃，作为对**人的**生命的占有，是对一切异化的积极的扬弃，从而是人从宗教、家庭、国家等等向自己的**合乎人性的**存在即**社会的**存在的复归"③。

这些原理具有巨大的原则性的、方法论的意义。它们确信，**这时，青年马克思已经坚定地站在了对历史的唯物主义解释的立场上**④。物质生活和精神生活不是单纯的两个生活领域，而是这样的两个领域，其中一个（精神的和政治的）**从属于**另一个（物质的、经济的）的规律。因此，即使社会中存在两个领域，但经济规律是社会发展的"普遍规律"。

因此，全部共产主义运动在私有财产的运动中，在经济中找到了经验的和理论的基础。但是按照青年马克思的意见，这里也包含着该运动本身的局限性。同最初的、不完善形式的共产主义的局限性相比，这种局限性

---

① 马克思，恩格斯. 马克思恩格斯文集：第 1 卷. 北京：人民出版社，2009：185－186.

② 同①231.

③ 同①186.

④ 当然，在这里这些观点还不是十分的完善，因为还没有揭示历史过程基础的基础——生产工具的发展。

完全是另一种性质：前者是狭隘地、片面地**理解**被私人财产的作用歪曲了的运动的内容和目的；后者指的是作为运动的客观**出发点**的共产主义（19世纪40年代初）的局限性，既然它是私有财产的产物，也就是在同社会改革的内容相对立的基础上进行的社会改革的局限性。正是因为如此，"我们把**共产主义**本身——因为它是否定的否定——称为对人的本质的占有，而这种占有以否定私有财产作为自己的中介，因而还不是**真正的**、从自身开始的肯定……"①。马克思在早些时候已经就这一点明确地说过："共产主义是作为否定的否定的肯定，因此，它是人的解放和复原的一个**现实的**、对下一段历史发展来说是必然的环节。**共产主义**是最近将来的必然的形态和有效的原则，但是，这样的共产主义并不是人类发展的目标，并不是人类社会的形态。"②

乍一看，这些思想与成熟的马克思主义根本对立。因此，资产阶级理论家认为，这些思想证明了青年马克思根本不认为自己是马克思主义者。很多马克思主义研究者或者回避这些论点，或者声称，这里所说的是平均共产主义。其实青年马克思的主张的真实意义无论是对资产阶级理论家的"证明"，还是对来自马克思主义者方面的"不安"或"限制"，没有提供任何根据。

首先，成熟的马克思主义的出发点是，在资本主义社会和共产主义社会之间有一个**由前者转变为后者的革命变革时期**，就像马克思在《哥达纲领批判》（1875年）中所写的，在这个时期，我们所指的是"这样的共产主义社会，它不是在它自身基础上已经**发展了的**，恰好相反，是刚刚从资本主义社会中**产生出来的**，因此它在各方面，在经济、道德和精神方面都还带着它脱胎出来的那个旧社会的痕迹"③。

实质上，这里表现的是同一种思想，新社会不是从它本身，而是从另一个相对立社会基础上**开始**自己的发展的，因此，作为对它的直接否定，新社会本身还带有它的印迹。但是这两种表达方式存在着巨大的差别：1875年，马克思谈论共产主义**社会**，而1844年，他提出共产主义不是社会形式。这一差别的实质并不是马克思在自己思想发展的不同阶段对同一个研究对象的不同理解，而在于对"共产主义"术语的不同使用。1844年，马克思经常把当时就已经存在的共产主义者的革命**运动**和作为这个运动的

---

① 马克思，恩格斯. 马克思恩格斯文集：第1卷. 北京：人民出版社，2009：231.
② 同①197.
③ 马克思，恩格斯. 马克思恩格斯文集：第3卷. 北京：人民出版社，2009：434.

直接目的的消灭私有财产的**过程**本身与这个术语联系起来了①。显然，在这种理解中的共产主义，确实既不是人类发展的目的，也不是社会形式，而只是创造**这种**形式和为达到**这种**目的服务的能动原则。

1844 年，马克思把什么内容同**未来社会**联系起来了呢？他用什么样的**术语**来表示这个内容呢？

在这方面，《1844 年经济学哲学手稿》还没有严格的术语。在对未来社会的这些或那些方面做内容丰富的评述时，青年马克思常常并没有把它与某一个术语联系起来。有时使用"共产主义""人道主义""自然主义"作为这个术语，但更经常以"**社会主义**"来表达这个术语。这种不固定性的原因在于，在那一时期，共产主义只是表现为更广泛的、社会主义原则的一个方面。

"共产主义"术语同现实斗争、**同政治上的确定的政党立场**联系在一起。青年马克思公开宣布自己是共产主义者，也就是共产主义革命政党的拥护者。但在 1844 年手稿中，表示更广泛原则的社会主义，起到了用来表示整个未来**社会**的术语的作用。"社会主义是人的不再以宗教的扬弃为中介的**积极的自我意识**，正像**现实生活**是人的不再以私有财产的扬弃即共产主义为中介的积极的现实一样。"②

但是，这些术语在不断地变换自己的位置。当小资产阶级民主派开始称自己是社会主义者时，马克思和恩格斯已经把自己的活动同作为**无产阶级革命运动**的共产主义牢固地联系起来，他们在最终表述自己的观点时确定了"共产主义"术语，并指称未来社会。后来，马克思主义者用"社会主义"术语只是表示共产主义的初级阶段，也就是社会主义原则变成了作为更广泛的共产主义原则的一部分。

这些术语的特点绝不意味着，似乎 1844 年青年马克思没有把未来社会看作共产主义（这个词最后固定下来的意义），而是另外的某种什么。虽然他的这个概念只是最初的，但就其原则特点和倾向性来说，它当时已经无疑是共产主义的概念。

**共产主义劳动是人的自我确立**

这个结论不是作者非要证明青年马克思和成熟马克思的对立毫无依据

---

① 而在 1846 年，在《德意志意识形态》中，马克思和恩格斯写道："共产主义对我们来说不是应当确立的**状况**，不是现实应当与之相适应的**理想**。我们所称为共产主义的是那种消灭现存状况的**现实的运动**。"马克思，恩格斯. 马克思恩格斯文集：第 1 卷. 北京：人民出版社，2009：539.

② 马克思，恩格斯. 马克思恩格斯文集：第 1 卷. 北京：人民出版社，2009：197.

而站在偏袒立场的结果，而是从他的一些著作的原文中得出的明显的结论。不是一般的人道主义，而是以**消灭私有财产**为自己的前提的人道主义，这就是马克思的立场。因此，在关于穆勒的摘要中马克思描绘了资本主义条件下所生产的物品对人的奴役后，他进一步拟了一幅在没有私有财产条件下的劳动中人的自我确证的草图：

"假定我们作为人进行生产。在这种情况下，我们每个人在自己的生产过程中就**双重地**肯定了自己和另一个人：（1）我在我的**生产**中物化了我的**个性**和我的个性的**特点**，因此我既在活动时享受了个人的**生命表现**，又在对产品的直观中由于认识到我的个性是**物质的**、**可以直观地感知的**因而是**毫无疑问**的权力而感受到个人的乐趣。（2）在你享受或使用我的产品时，我**直接**享受到的是：既意识到我的劳动满足了**人的**需要，从而物化了**人的**本质，又创造了与另一个**人的**本质的需要相符合的物品。（3）对你来说，我是你与类之间的**中介人**，你自己意识到和感觉到我是你自己本质的补充，是你自己不可分割的一部分，从而我认识到我自己被你的思想和你的爱所证实。（4）在我个人的生命表现中，我直接创造了你的生命表现，因而在我个人的活动中，我直接**证实**和**实现**了我的真正的本质，即我的**人的本质**，我的**社会的本质**。

我们的生产同样是反映我们本质的镜子。"①

可以说这幅图景是个笼统的概括，并且过于乐观，流露出费尔巴哈的动因，也没有考虑工业生产的极端复杂性，工业生产的产品常常不是个人的，而是完全互不相识的许多人的产品，并且这个产品在大多数情况下还不是供个人消费，而是供其他生产部门的人们使用，通常，生产者个人甚至不知道他们，也永远不会知道。因此，"你"在这幅图景中常常不是具体的个人，而是一个无名的人，这就在本质上使整个图景变形了。

然而，这种不工整性较那些**资产阶级**人道主义者的立场的软弱，具有原则上不同的性质，后者幼稚地认为，似乎不消灭私有财产，真正的人的关系也能够确立。青年马克思是完全正确的，因为他证明，"在私有制的前提下，它是**生命的外化**"②，他要求废除这个前提，而这是共产党人的立场。当然，这个观点还是不完整的、笼统的。

**社会关系的财富**

因此，在公有制存在的条件下，人得以确立并在劳动中实现自己的真

---

① 马克思，恩格斯. 马克思恩格斯全集：第42卷. 北京：人民出版社，1979：37.
② 同①38. "它"，指"劳动"——拉宾注。

正的、社会本质，生产出的正是作为人的自己本身和他人，而这种生产的对象化存在就是他的自身的存在，同时也是他人的存在，并且是相互为了对方的每一个人的存在。另一方面，作为主体的人和作为劳动产品的物品不仅是社会力量持续运动的结果，而且是它的出发点。"因此，**社会性质**是整个运动的普遍性质；**正像**社会本身生产作为**人**的**人**一样，社会也是由人**生产**的。"① 人的活动（实体的和精神的）带有完整的社会性质：无论就其内容来说，还是就其存在的方式来说。

甚至自然也被吸引到人的社会本质的开发和发展中。人用自己的劳动改变自然，按自己的样式改造它。人的这一改造作用最清楚地表现在工业发展中，马克思把工业发展称为**打开了的关于人的本质**力量的书。既然这些力量到现在为止都是同人相异化的，那么自然的人化本身就是以非人的形式来完成——不论对自然还是对人本身都是非人的。只有在社会主义和共产主义的条件下，这个过程才具有了符合自己内容的性质：自然成为人与人相**联系**的存在，因而自然的存在对于它来说就是**人的**存在；同时，自然的主要财富不是被滥用，而是被尽心利用。因此，社会主义社会是"人同自然界的完成了的本质的统一，是自然界的真正复活，是人的实现了的自然主义和自然界的实现了的人道主义"②。

在公有制基础上发展起来的社会关系的普遍性，不仅表现为直接集体的实体活动和直接集体的意识的形式，甚至当个体从事只有在少有的情况下，在与其他人的直接交往中才能实现的活动（诗人的创作等）时，个体的活动就其内容来说仍是**社会的**：这个活动的材料（包括语言）是作为社会产品被提供的，更不用说个体本质的存在同社会有着千丝万缕的联系。

由此马克思得出一个重要的结论："首先应当避免重新把'社会'当做抽象的东西同个体对立起来。个体是**社会存在物**。因此，他的生命表现……是**社会生活的**表现和确证"③。

**完整的人**

现在，社会本质如此多方面地深入到人的一切本质之中，以至于不仅改造了人本身的社会机能（活动、意识等），而且也改变了他的全部个性、他对世界的关系，这包括那些看起来非常自然的认识世界的形式，例如视觉、听觉、嗅觉等。问题在于："不仅五官感觉，而且连所谓精神感觉、实

---

① ② 马克思，恩格斯. 马克思恩格斯文集：第 1 卷. 北京：人民出版社，2009：187.

③ 同①188.

践感觉（意志、爱等等），一句话，**人的**感觉、感觉的人性，都是由于**它的**对象的存在，由于**人化**的自然界，才产生出来的。五官感觉的**形成**是迄今为止全部世界历史的产物。囿于粗陋的实际需要的**感觉**，也只具有**有限**的意义"[1]。

例如，一个极为饥饿的人不会注意食物的美感、口味和其他特性，而只把它列为充饥的手段，在这方面和动物的区别极少。同样，一个十分穷困整天为生计奔波的人常常对最美丽的景色也没有感受。按照这种规律，在私有制统治的条件下，人只有一种感觉最发达，那就是与这种条件最相适应的**占有**感。在资本主义条件下，人能够掌握的物品，只有当他是物品的所有者时，因此，占有感控制了所有的物质感觉和精神感觉，表现为他们的异化。在这里人拉低到本质的各种感觉贫乏的水平。

粗陋共产主义只限于否定私有财产，只在满足占有感方面要求人们平等。因而它接受了由资本主义产生的人的感觉的异化，使人不仅在物质上、政治上、精神上，甚至在感觉上都处于贫乏之中。它不知道爱的感觉，因此在私有财产公有化的同时提出了公妻的要求。他不知道美的感觉，因此否定人类几千前积累起来的艺术宝库。它不知道审美的感觉，因此让所有的人穿上制服。

相反，发达的共产主义，就是**积极**扬弃私有财产的共产主义，"是人的一切感觉和特性的彻底**解放**……"[2] 这一解放的客观基础是扬弃异化的所有实体形式，把感觉的客体变为人的，也就是社会的客体，这种社会的客体是由人创造的、并为了人而直接体现人的本质力量。既然各种本质力量与人的各种感觉相联系，那么他的个性的物化作为人的自我确立通过**自己的各种**感觉不仅出现在思维中，而且出现在物质世界中。

同样，这也引起了感觉本身的发展。由于物质世界成为公共财产，现在每一个人都有可能以人的方式掌握这个世界，也就是发展，而部分地是第一次给自己打开自己本身的人的感觉的财富（例如唤醒音乐感）。另一方面，人的多方面的相互交往有助于这一点：同单个的人一起产生了社会组织（创作会、根据兴趣组成的联合等），通过这些组织，个体也开始参与其他人的感觉和享受，把这些感觉和享受变为自己的私有财富。

---

[1]　马克思，恩格斯. 马克思恩格斯文集：第1卷. 北京：人民出版社，2009：191.

[2]　同[1]190.

与其他人直接交往的活动本身产生和发展了伟大的社会感，即对**交往**的需要。扬弃私有财产的共同斗争已经为这种感觉的确立展示了极好榜样。过去因为竞争而涣散的工人在斗争的过程中联合起来，并且开始感觉到自己的新要求——要求真正的人的交往。马克思以法国工人社会主义者的会议为例说明了这一点。对于他们来说，联合的手段不是吸烟、喝酒、吃饭等等。"交往、联合以及仍然以交往为目的的叙谈，对他们来说是充分的；人与人之间的兄弟情谊在他们那里不是空话，而是真情，并且他们那由于劳动而变得坚实的形象向我们放射出人类崇高精神之光。"①

这样，由于积极扬弃私有财产而产生的新社会同时扬弃了所有异化形式，从而解决了对象化和自我确立之间、人和人之间、人和自然之间、个人和类之间的矛盾。因此，过去的那种人的分裂被克服了，形成了在人的全部活动中、在人的全部感觉和感受中新的、丰富而全面的、深刻的人，一句话，**完整的人**。其结果使多少世纪以来哲学家们努力解决的那些根本的**理论**问题获得了真正的**实际**的解决。

## 马克思哲学、经济学和政治学观点的相互影响和综合

### 三个知识领域的接合点

第三手稿的大部分被马克思分成了七点。前四点上面已经考察过了（共产主义的三种形式的评述、完整的人的问题和社会主义的其他问题）。在第五点中，马克思涉及把自然和社会主义的起源作为其自我生成的认识过程中产生方法论上的困难，在第六点中批判了黑格尔的辩证法和黑格尔的一般哲学，在第七点中谈到了人的需求以及资本主义和社会主义中的其他一些经济学、哲学和政治学问题。

总体上说，所有这些章节描绘了深入研究三个**不同的知识领域**，即**哲学、经济学和政治学**领域的中心问题的图景。马克思迅速地实现了从一个领域到另一个领域的转变，并大胆地把一系列问题和范畴变成结点，这些结点把不同的领域联结成一个内容上崭新的统一整体。从第六点到第七点最能看清楚这一点。其中每一点都由**三个阶段**组成，并且在写**第六点**第一阶段的那部分的后面，紧接着写**第七点**同一阶段的那一部分，接着它们又

---

① 马克思，恩格斯. 马克思恩格斯文集：第 1 卷. 北京：人民出版社，2009：232.

跟着写**第六点**第二阶段的那个部分，等等①。

这种"交错"有自己的逻辑：这就是在哲学、政治经济学和政治学三个知识领域的接合点上产生新思想的逻辑。我们尝试着从一般特征上来考察这个逻辑。

**批判黑格尔哲学的必要性**

为什么在对社会主义进行哲学经济学论证的进程中，马克思产生了要对黑格尔的一般哲学，特别是黑格尔辩证法加以批判的需要（正如已经表明的那样，第三个手稿的第六点就专门谈了这个问题）？

马克思自己强调，"……为了便于理解和论证……"② 这种批判是必要的。什么样的思想要求这种解释和论证呢？早些时候马克思评论共产主义是对异化的积极扬弃，而社会主义已经不是以异化为媒介的社会，也就是说，不是以自身的存在为自己所依靠的社会。因此，产生了一种必要性，即必须触及那些与认识这种完全独立的一般客体的意义有关的**世界观问题**。

马克思在手稿的第五点中指出，问题在于科学与日常意识之间的冲突。在日常生活中人接触的只是具体的现象，每个现象都有存在于这个现象之外并产生它的非常确定的原因。在此基础上就容易产生这种推论过程：例如，我是由我父母生的，他们又是他们的父母生的，等等；而谁生了第一个人和整个自然呢？科学把地球和人本身的生成描述为**自发产生的自然过程（自我生成）**，这就给这样的日常意识以毁灭性的打击。自然是那种自己确定自己，因此不需要任何别的、自然之外的论证的肯定的东西。

马克思在发展这个思想时认为，科学地理解社会主义恰好回答了关于作为社会生物的人的起源的问题。社会主义认为自己是过去全部历史的产物，历史不是别的什么，而是通过人的劳动的人的产生。因此，对于社会主义的人，即对于积极自我确立自己的人来说，不可能有关于某种立于人和自然之上的别的生物的问题。

---

① 如果第六点的三个部分连续用符号表示：6-a，6-6，6-в，第七点的部分相应地为：7-a，7-6，7-в，那么它们在手稿中的实际连续（"交错现象"）将是这样的：6-a，7-a，6-6，7-6，6-в，7-в。在1844年手稿的俄译本中所有这些部分的界限不难确认，如果说要注意的是，6-6这一点由这句话开始："黑格尔有双重错误"（马克思，恩格斯. 马克思恩格斯文集：第1卷. 北京：人民出版社，2009：203），最后一句是："……也就是说，纯思想的辩证法是结果"（马克思，恩格斯. 马克思恩格斯文集：第1卷. 北京：人民出版社，2009：205）。而7-6这一点是从这句开始的，即"我们已经看到"（马克思，恩格斯. 马克思恩格斯文集：第1卷. 北京：人民出版社，2009：230），结尾是："……因而双方相持不下"（马克思，恩格斯. 马克思恩格斯文集：第1卷. 北京：人民出版社，2009：235）。

② 马克思，恩格斯. 马克思恩格斯文集：第1卷. 北京：人民出版社，2009：197.

既然黑格尔第一次一般地提出关于发展是否定和肯定的统一的问题，所以马克思在这一点上生产了要对黑格尔的一般辩证法和在《精神现象学》中，特别是在《逻辑学》中叙述的辩证法提出某些意见的需要，以及从德国近代哲学方面，即青年黑格尔派和费尔巴哈对待黑格尔的态度上，提出某些意见的需要。

黑格尔的功绩在于，他**抓住了先前历史的规律**，并用抽象的逻辑形式，即概念的辩证法的形式来表达它。与此相联系的被黑格尔发现的**否定的否定的规律**有特别重要的意义：论题在扩大自己的肯定内容时，也产生了自己的对立面——反题；它们之间的斗争导致了这两个对立面的消除，更准确些，就是导致他们相互关系中的负面内容的消除，并导致它们的肯定的内容在某种更高级的合题中的统一。

但是，"因为黑格尔根据否定的否定所包含的肯定方面把否定的否定看成真正的和唯一的肯定的东西，而根据它所包含的否定方面把它看成一切存在的唯一真正的活动和自我实现的活动，所以他只是为历史的运动找到**抽象的、逻辑的、思辨的**表达，这种历史还不是作为既定的主体的人的**现实历史**，而只是人的**产生的活动**、人的**形成的历史**"①。

换句话说，黑格尔只是在**异化的框架**内表述了人的历史运动的规律。但是这个规律是人以前历史的规律，而不是人的实际历史的规律，不是作为自我确立的社会的社会主义的规律，这个自我确立的社会不以异化为媒介，而且在这里社会的人早已"被认为"是现实的主体了。

**费尔巴哈在哲学上论证社会主义的作用**

无论是施特劳斯、鲍威尔，还是其他的一些青年黑格尔派都不理解黑格尔辩证法的历史局限性。只有"**费尔巴哈是唯一对黑格尔辩证法采取严肃的、批判的**态度的人；只有他在这个领域内作出了真正的发现，总之，他真正克服了旧哲学"②。

马克思对费尔巴哈的这一评价乍一看是难以置信的，因为事实上费尔巴哈并不理解黑格尔辩证法的革命内容。但是，这个评价是马克思在当时所具有的对历史过程的**逻辑**的理解和在黑格尔辩证法中**如何**表达这种逻辑的必然结果。

首先，费尔巴哈注意到，否定的否定规律在黑格尔那里实际上**局限于**思维领域，严格地说，是哲学领域。在黑格尔那里，异化即宗教和神学是

---

① 马克思，恩格斯. 马克思恩格斯文集：第 1 卷. 北京：人民出版社，2009：201.

② 同①199.

起始命题；哲学是扬弃异化的反题，但仅仅是为了在合题里否定自己，从而最终确立与自己本身相反的神学。由此可见，否定的否定局限于异化的框架内。马克思肯定了费尔巴哈的这个发现，但既然费尔巴哈把异化扩大到在私有财产的条件下人的生命活动的**一切领域**，并首先扩大到**劳动**，那么，按马克思的意见，否定的否定的规律（黑格尔所解释的）还局限于先前历史是异化的不同形式的历史的范围。费尔巴哈的发现帮助马克思更深入地认清了黑格尔辩证法的局限性，以及生活的异化形式的历史的特殊辩证法。

其次，费尔巴哈发现，在黑格尔那里，否定的否定规律本身**占主要地位的是否定因素**，而肯定因素凸显出对自己还不信任，本身包含着对立面，不能以自己的存在而证明自身，因此需要证明的东西。费尔巴哈的这一发现同样是十分有成效的，它在马克思那里转变为一个命题：共产主义作为扬弃异化的过程是以这个异化为媒介的，也就是说，共产主义并不在自己本身的基础上产生。

费尔巴哈不仅指出了黑格尔对否定的否定规律解释的不足，而且还从主要问题之一，即哲学和生活本身的**现实出发点**给予了积极的解决。他提出命题，这个出发点不是否定，而是某种肯定的、在自身基础上所具有的、因而不需要任何证明的东西。这个肯定的东西首先是**自然**。马克思就其本身的哲学内容对这个发现做了高度评价后，超越了这个内容范围，在这里提出了自己社会理想的哲学基础：对社会进行革命变革而产生出来的**社会主义**恰恰是这个以自身为自己的基础、肯定的确证，这一确证也是人类以后和谐发展的出发点。

最后，"对国民经济学的批判，以及整个实证的批判，全靠**费尔巴哈**的发现给它打下真正的基础。从费尔巴哈起才开始了**实证的**人道主义的和自然主义的批判。**费尔巴哈**的著作越是得不到宣扬，这些著作的影响就越是扎实、深刻、广泛和持久……"① 马克思首先指的是费尔巴哈比资产阶级国民经济学所具有的片面立场超群出众得多：李嘉图及其学派有意识地忽视工人作为人所拥有的所有人的能力和需求的多样性，只是厚颜无耻地把工人为了工资的劳动变成自己的研究对象，而费尔巴哈确定人是一个整体的生命体，把大写的我和你之间的真正的人的关系提到了研究的中心。

过了一段时间，马克思深刻地意识到费尔巴哈人道主义和人类主义的局限性，明显停止了过分地对"费尔巴哈的崇拜"，这一点在 1843—1845 年他（和恩格斯）的著作中有所流露。费尔巴哈功绩是非常巨大的，他为

---

① 马克思，恩格斯. 马克思恩格斯文集：第 1 卷. 北京：人民出版社，2009：112.

马克思以方法论理论为基础对资产阶级政治经济学进行唯物主义和共产主义批判做了哲学上的准备。

### 逻辑学是"精神的货币"和货币本身的统治

根本不应该由此认为，似乎马克思否定了黑格尔辩证法的积极意义。他并不是不理解，《精神现象学》是黑格尔哲学的真正起源和秘密，就和整部《哲学全书》一样，是哲学精神拓展的本质，是哲学精神的自我对象化。哲学精神只是世界精神的异化，世界异化精神在自己的自我异化中思考对自己的理解并归结为逻辑学，因此，逻辑学是世界异化精神的**精髓**。所以，马克思就从逻辑学联想到作为世界异化的精髓的货币："**逻辑学**是精神的**货币**，是人和自然界的思辨的、**思想的价值**——人和自然界的同一切现实的规定性毫不相干地生成的因而是非现实的本质，——是**外化的**因而是从自然界和现实的人抽象出来的**思维，即抽象**思维。"①

把逻辑学和货币相提并论具有如此丰富的内涵，以至于在它的影响下马克思中断了批判黑格尔的原定计划的实施，转向了研究经济学哲学问题和政治学问题，并首先直接去研究**货币**的异化**统治**问题。人生产的异化劳动产品越多，他作为人就变得越贫穷，从而就越需要更多的货币去掌握他所产生的敌对的本质。"货币的**量**越来越成为货币的唯一**强有力的**属性；正像货币把任何存在物都归结为它的抽象一样，货币也在它自己的运动中把自身归结为**量的**存在物。**无度和无节制**成了货币的真正尺度。"②

### 重提人的需要问题

货币及其对人、人的能力和需要的统治问题使得马克思又回到了上面（第四点）的问题。如果在那里谈的是在社会主义条件下完整的人所需要的财富，那么现在要谈的是在私有制统治下对异化的人的需要的歪曲。在这个条件下，每个人都想方设法激起其他人的某种新的需要，为了使他处于从属地位并促使他破产，而自己获得新的权力和财富。在这里需要范围的扩大成为非人的、非自然的和虚构的欲望的根源。马克思写道，私有制不能把粗陋的需要变成人的需要。但是，它却越来越有成效地把人的需要变成或是原始粗陋的野蛮的，或是精致反常的任性要求："……工业的宦官迎合他人的最下流的念头，充当他和他的需要之间的牵线人，激起他的病态的欲望，默默地盯着他的每一个弱点，然后要求对这种殷勤服务付酬金。"③

---

① 马克思，恩格斯. 马克思恩格斯文集：第 1 卷. 北京：人民出版社，2009：202.
② 同①224.
③ 同①224-225.

马克思描画出一幅清晰的图景，在那里狡诈的工作宦官从自己"按照基督教教义说来本应去爱的邻人"的口袋里诱取黄金鸟，清楚地说明了他所熟知的巴黎的生活环境，在巴黎这种艺术在当时已经达到了高妙的程度。德国在这方面还是一个落后的地方，并不能给马克思提供这样生动的资料。在巴黎生活的短暂时间里，马克思异常精确地抓住了资本主义企业主对消费者的关系方面最有特色和最有前景的趋势，这种趋势在今天已经达到了其顶点。各种越来越新奇的反常的需要和欲望的生产，以及为了满足它们而攫取最高利润，这是现代资本主义的特点之一。

在耀眼的巴黎生活之外，马克思能观察到**异化的另一个方面**——牲畜般的野蛮化，需要的彻底的简单化，当人失去了阳光、空气和最简单的爱清洁的习性时，当他不得不居住在贫民窟里，这些贫民窟区别于原始的洞穴的只在于受到文明瘟疫的毒害，甚至还要付钱。

"正像工业利用需要的讲究来进行投机一样，工业也利用需要的粗陋，而且是人为地造成需要的粗陋来进行投机。因此，对于这种粗陋来说，**自我麻醉**，这种对需要的**虚假**满足，这种包容**在需要的粗陋野蛮之中**的文明，是一种真正的享受。——因此，英国的酒店是私有制的具有**象征意义**的表现。酒店的**奢侈**表明工业的奢侈和工业的财富对人的真正的关系。"① 在私有制世界里，无论是失去了自己所必需的东西，还是被不需要的物品压死，人都感觉自己是一个奴隶。

**对黑格尔异化观点的深入批判**

现在，在揭露了财富与人的**真实**关系之后，被黑格尔用唯心主义解释的财富和其他一些对于每个人来说都非常重要的异化现象的根本弱点就呈现在马克思的面前。"例如，当他（黑格尔——拉宾注）把财富、国家权力等等看成同**人的**本质相异化的本质时，这只是就它们的思想形式而言……它们是思想本质，因而只是**纯粹的**即抽象的哲学思维的异化。"②

从分析具体的实现出发，对黑格尔的这种批判旨在反对把作为根本生活问题的异化变成纯粹的思辨问题。黑格尔把抽象的逻辑概念所规定的问题的个别方面看作是事情的实质本身。因此，由异化产生的具体的生活对立只是自在与自为、意识与自我意识、主体与客体等等之间的纯粹的逻辑对立的外观和外壳。现代资本主义理论家把类似的思想进程附加在青年马克思的身上，声称似乎对于他来说异化问题的实质并不在于人的实质以**非**

① 马克思，恩格斯. 马克思恩格斯文集：第 1 卷. 北京：人民出版社，2009：230.
② 同①203.

人的方式对象化，而在于人的实质被迫在同思维的区别中、在同它的对立中对象化。但是，马克思正是在这一点上批判了黑格尔，而他自己却持相反的观点。

弄清了黑格尔异化解释的思辨本质，马克思深刻地理解了黑格尔全部哲学的非批判的实证主义的根源。最初，马克思还在写博士论文的时候，他就看出这个问题是黑格尔迎合政权的态度的实质问题。当时马克思就推测，这种迎合的基础不是建立在哲学家的个人品质之上，而是其哲学的"原则的欠缺"。在《1843年手稿》中，马克思根据对黑格尔法哲学的分析，已经更加具体地提出了这是**思辨原则**的欠缺。现在，1844年，马克思再一次具体化自己的观点：第一，他在《精神现象学》中，也就是在这部黑格尔主要著作中的最早期的和最革命的著作中，已经发现了黑格尔后期著作（《法哲学原理》等）中的非批判的实证主义和同样非批判的唯心主义的来源；第二，马克思认为，这个非批判的实证主义的理论基础已经不是一般的思辨原则，而这个原则恰恰是在黑格尔那里所具有的特殊的形式，也就是**异化的思辨解释**。正是因为黑格尔以思辨的方式规定了先前历史中最本质的和最革命的东西——异化，所以他的哲学，尽管具有存在于它内部并超出它的水平的批判因素，但是在最本质的和最根本的一点上仍然是非批判的；"在《现象学》中出现的异化的各种不同形式，不过是意识和自我意识的不同形式。正像抽象的意识**本身**……仅仅是自我意识的一个差别环节一样，这一运动的结果也表现为自我意识和意识的同一……"①

### 以革命实践解决理论谜题

之后，马克思又从对黑格尔的批判转到具体的经济问题和政治问题。这是完全自然的：马克思先指出异化的世俗本质，然后又阐明了在思辨的解释中异化主要是自我意识和意识的同一性，现在他就该揭示这种同一性本身的世俗本质。当马克思实现从抽象的哲学高度转向现实生活时，他充分意识到这个转向的重大方法论意义："……理论之谜的解答……是实践的任务并以实践为中介，真正的实践在何种程度上是现实的和实证的理论的条件。"②

正像哲学家们为自我意识和意识的同一性伤脑筋一样，资产阶级经济学家们枉费心机地尝试确立"劳动和资本的统一"。但不论他们利用了多么精妙的理论论据（"资本是积累的劳动"等等），最后实际上存在的不是

① 马克思，恩格斯. 马克思恩格斯文集：第1卷. 北京：人民出版社，2009：204−205.
② 同①231.

劳动与资本的统一，而是劳动与资本的对立。消除这个对立，首要的事情不是理论而是实践，并且是革命实践。积极的理论的任务就在于理解这种实践的必要性。

平等的政治问题的情况也恰好是这样。"**平等**不过是德国人所说的自我＝自我译成法国的形式即政治的形式。平等，作为共产主义的**基础**，是共产主义的**政治的**论据。这同德国人借助于把人理解为**普遍的自我意识**来论证共产主义，是一回事。"① 这就是为什么自我意识和普遍意识的同一性的哲学问题只有通过摆脱理论的框架，以及通过把一个片面的人实践地改造成完整的人的途径才能被解决，同样平等的政治问题也只有通过摆脱政治的框架，以及把私有制革命地改造为公有制这一途径才能被解决。

所有这些及其类似的理论、政治和经济问题都是由人的生活的实践异化引起的，要实际克服这些问题就要在实践中克服异化，在事实上实现共产主义。"要扬弃私有财产的**思想**，有**思想上的**共产主义就完全够了。而要扬弃现实的私有财产，则必须有**现实的**共产主义行动。历史将会带来这种共产主义行动，而我们**在思想中**已经认识到的那正在进行自我扬弃的运动，在现实中将经历一个极其艰难而漫长的过程。"②

这样，在研究克服和真正扬弃异化的途径问题时，青年马克思直接地把对社会的共产主义改造的革命实践与黑格尔的非批判的实证主义相比较。同时他把哲学、经济学和政治学结合在一起，并对它们逐一改造，形成在原则上是新的类型的世界观的因素。

**蒲鲁东方法论上的弱点和黑格尔的伟大**

在此基础上，马克思制定了对各种思想家在社会科学现代史中的实际地位进行评价的新的、更高和更准确的标准。利用这些新标准，他改变了对蒲鲁东和黑格尔的评价。

回到在资本主义条件下货币的统治和人的需要的异化性质时，马克思再一次提到"厚颜无耻的工业的宦官"，但这一次不是从道德的观点出发，而是从经济观点本身出发。这个"宦官"成了认真做事的、清醒的、有经济思维的、平庸的、对财富实质知识渊博的企业主。为了给渴望享受的挥霍者创造新的更大的可能性，千方百计地用自己的产品献媚于他，在这种情况下，企业主以唯一有利的方式来**攫取**一种被挥霍者漏掉并因此逐渐地把它挤掉的力量。货币利息的下降就是它的必然结果。

---

① 马克思，恩格斯. 马克思恩格斯文集：第 1 卷. 北京：人民出版社，2009：231.
② 同①231－232.

"因此，货币利息降低——蒲鲁东把这看成资本的扬弃和资本社会化的倾向——不如说直接地就是劳动的资本对挥霍的财富的彻底胜利的征兆，也就是一切私有财产向**工业**资本转化……它是资本的统治正在完成的征兆，也就是异化正在完成因而加速其扬弃的征兆的时候……一般说来，这就是存在的东西确证自己的对立面的唯一方式。"①

由此可见，蒲鲁东不理解私有财产以资本的形式运动过程的客观辩证法。在这里表现出来的蒲鲁东的哲学和方法论上的贫乏，使马克思从新的方面了解了黑格尔作为辩证法家的意义。因此，他又一次从经济问题转向哲学问题。

"因此，黑格尔的《**现象学**》及其最后成果——辩证法，作为推动原则和创造原则的否定性——的伟大之处首先在于，黑格尔把人的自我产生看做一个过程，把对象化看做非对象化，看做外化和这种外化的扬弃；可见，他抓住了**劳动**的本质，把对象性的人、现实的因而是真正的人理解为人**自己的劳动**的结果。"②

于是，在与蒲鲁东进行论战时，青年马克思把黑格尔作为同盟者，而且不是把黑格尔哲学的个别命题，而是把整个《精神现象学》作为其**实证的**方法论观点：作为异化的人的历史的一定表现。这种态度要求马克思十分明确地分清黑格尔辩证法的伟大与黑格尔辩证法的片面性和局限性。

**黑格尔和资产阶级经济学家**

黑格尔对劳动在人类历史上的作用的理解目前对马克思来说是这个分清的出发点。因此，马克思直接把黑格尔与现代资产阶级经济学家相对比并得出结论，黑格尔区分了后者观点的长处和短处。"黑格尔是站在现代国民经济学家的立场上的。他把**劳动**看做人的**本质**，看做人的自我确证的本质；他只看到劳动的积极的方面，没有看到它的消极的方面。劳动是人在**外化**范围之内的或者作为**外化的人**的**自为的生成**。"③

马克思在这里指是问题的理论本身方面，看样子他不知道他所强调的同一性具有完全经验主义的起源：在创作《精神现象学》之前，黑格尔充分地仔细研究了英国政治经济学的理论，甚至着手尝试从哲学上理解英国工业革命的结果。对劳动的积极方面和否定方面的区分不应该在通常的意义（好与不好）上进行理解，而应该在这些术语的哲学意义上进行理解。

---

① 马克思，恩格斯. 马克思恩格斯文集：第 1 卷. 北京：人民出版社，2009：234－235.

②③ 同①205.

劳动的积极方面在于，正是在劳动中和由于劳动人才获得并发展了自己的人的本质，把**这种本质确认**为现实性。劳动的否定方面与它的特有的异化的形式相联系：通过异化劳动人以非人的方式确认自己的本质，也就是事实地否定自己的本质；但这个历史上必然的否定本身孕育着新的否定——**异化本身的否定**就是这样的①。

就像现代资产阶级经济学家（斯密开始）一样，黑格尔把劳动看成人的对象化的本质，并从哲学上解释了这个基本的事实。从另一方面，无论是经济学家还是黑格尔都不能不看到，在私有制条件下劳动折磨和摧残作为人的劳动者。但同时经济学家和黑格尔都把劳动的这种异化形式与一般劳动混为一谈，不承认在私有制外的劳动的可能。因此，他们看不见劳动的否定方面，即对它的现存的社会形式的否定的决定因素——私有财产和其他的异化形式。

### 黑格尔对异化的扬弃

但是，与经济学家不同，黑格尔以辩证论者的嗅觉**在特殊的形式中**捕捉到扬弃异化的历史前景：在绝对知识即绝对观念的运动结果中，一切异化形式都被克服和扬弃。马克思特别注意黑格尔的扬弃过程的优点和短处，不仅根据《精神现象学》，而且还根据《哲学全书》的全部三个部分分析了这个过程。

在《精神现象学》中，黑格尔评价扬弃是使异化返回自身的对象性的运动。马克思指出："在异化之内表现出来的关于通过扬弃对象性本质的异化来**占有**对象性本质的见解……"② 换句话说，通过消灭对象世界的异化形式，人第一次现实地占有自己的对象性本质，也就是第一次达到自己的现实的对象化。

马克思合理地理解了黑格尔论题的内容非常贴近那些思想，即他批判分析政治经济学而独立得出的那些思想。在高度评价了这个论题的同时，马克思直接把它的内容扩大到无神论和共产主义：无神论是消灭宗教，而共产主义是消灭私有制；同时无神论和共产主义——这不是人的具有异化的对象形式的本质力量的丧失，不是返回到原始社会的贫穷，而是第一次人的本质实现了的真正的生成，即生成为真正的人的社会的本质，因而这是理论的和实践的人道主义的真正生成。

---

① 马克思在《神圣家族》中具体地阐述了这个思想，参见马克思，恩格斯. 马克思恩格斯文集：第1卷. 北京：人民出版社，2009：260-261.

② 马克思，恩格斯. 马克思恩格斯文集：第1卷. 北京：人民出版社，2009：216.

黑格尔还把人的自我异化、人的本质的异化、人的非对象化和现实存在的丧失看作是人的本身的获得、人的本质的表现、人的对象化和现实。"简单地说，他——在抽象的范围内——把劳动理解为人的**自我产生的行动**，把人对自身的关系理解为对异己存在物的关系，把作为异己存在物的自身的实现理解为生成着的**类意识和类生活**。"①

但是，在黑格尔那里这种行为只具有形式的性质。黑格尔只是从人的方面去考察人，认为人的本质是抽象的思维的本质，是自我意识。因此，人的异化所表现出的一切，不是自我意识，而是全部外在的对象世界。但是这个世界本身只是绝对观念的另一种存在。因此，自我意识对自己异化世界的关系导致了对这个世界（即它的本质）中的绝对观念的反映的认识，也就是说，归根结底认识了自身，因为自我意识本身只是这个观念存在的更高形式。在了解到对象世界不是某种独立的东西的时候，自我意识扬弃了它的异化形式，把它的本质当作自己的自身本质保存下来并占有它。

马克思强调，在黑格尔那里，任何对象性都是异化，因此人的对象性本质的扬弃对他来说就是**对象性本身**的扬弃。而这只有在抽象中才可能，并且显示出黑格尔扬弃异化只是形式上的特征。接着马克思指出，异化本身只限于**形式**，因为对象世界的内容被理解为与自我意识同一；这也意味着，自我意识扬弃自己异化，只是返回到自己本身，因而在自己的异化中它仍存在于**自身**！结果，异化的扬弃成为对异化的确认。

马克思得出结论："因此，在黑格尔那里，否定的否定不是通过否定假本质来确证真本质，而是通过否定假本质来确证假本质或同自身相异化的本质，换句话说，否定的否定是否定作为在人之外的、不依赖于人的对象性本质的这种假本质，并使它转化为主体。"②

从另一方面看，因为整个异化及其扬弃的过程只是在思维领域里进行，人的自我对象化和自我成长的感性的具体的活动在**思维形式**、抽象形式、逻辑范畴的运动的意义上就获得了形式上的特征。马克思从《精神现象学》转向《哲学全书》时，在异化的视角下研究了贯穿于逻辑、自然哲学和精神哲学的黑格尔全部概念的整个体系。

黑格尔的成就在于，他使在以前哲学中静止的思维形式（概念、判断、推理等）在它们全部表现的领域（逻辑、外在世界、精神生活）中相互联系起来，并把这种联系描述为自我运动，尽管是在纯粹抽象的领域。但他

---

① 马克思，恩格斯. 马克思恩格斯文集：第1卷. 北京：人民出版社，2009：217.
② 同①214.

把自己的体系带到了自我否定的边缘，把抽象的自我运动看作是人的本质的普遍异化的实质，从他的观念来看，这本身也应被否定。

因此，在黑格尔那里，抽象的进一步的运动要**在自然界中**完成。一方面，自然界被看作是某种完全外在的、不同于人的东西（这是被抽象的、区别于人的自然界；人对它一无所知，因此它对于人也等于零）。另一方面，正因为如此，在自然界的抽象运动中人才认识自己的精神的抽象运动。

自然界本身是无意义的或只是有"外在意义"的，它应该被扬弃。扬弃自然界是绝对观念返回到自己的领域——**精神**领域。

在精神领域，抽象的运动达到了抽象性的顶点，也就是与世界隔绝，因此，正是作为抽象性的自身的虚空和无的顶点；绝对精神是这个运动的顶点，在那里绝对的否定性使黑格尔在最粗陋的宗教形式中（在确认神的启示的真实性的形式中）恢复了最初的被凝固了的精神，最终，黑格尔**停留在了最后的行动上**：绝对精神绝对地理解自己，因此便感到满足；所以一切运动都停止了。这样，黑格尔唯心主义体系发展的逻辑本身导致它的自我否定，导致唯物主义的转向的必然性。马克思在《1843 年手稿》中就阐明了这种转向的机理，所以现在不专门研究它了。现在他注意力的中心是另一个问题——**自我运动及其在现实本身中，首先是在社会现实中的根源问题**。

### 马克思发现了分工的实质

马克思在 1843 年就已经大致地断定，这个根源应该在市民社会中，确切地说，是在市民社会领域中的个人生活中去寻找。在 1844 年手稿中对政治经济学的分析使马克思得出结论，人在劳动活动本身中的自我异化是以往历史的真正的推动点。在研究人是怎样达到这种自我异化时，马克思发现了存在一系列相互代替的**经验的现实**形式，这个过程在这些形式中对象化：物物交换、货币、地租、资本、工资、资本利息等等。但是马克思越深入理解这些客观形式起作用的过程，他就越难保持它们与诸如异化这样的极一般的概念的**具体**联系。

因此，在《经济学哲学手稿》结尾，马克思的思想转向了寻找像形式本身那样的经验的可通过触觉感知的发展根源。他试图着手研究这些方面的问题：社会，准确地说，资产阶级社会是由个人组成的；在对这些个人的评价上，不论是黑格尔还是政治学家和经济学家都惊人地一致，都把个人说成是某种封闭的需要的综合体；但是在异化下**分工**就是这些个体的相互作用的**社会性**的表现。

在马克思之前，斯密首先发现并详细地分析了分工在提高劳动生产率方面的巨大作用这一事实。马克思所摘录的斯密的著作的第一章就是《论劳动分工》，其开始就说："劳动生产率最显著的改进，以及指导和运用劳动所体现出的劳动技能、熟练程度和态度的大部分，似乎都是劳动分工的结果。"① 许多资产阶级经济学家的著作中也都充斥着类似的表述。

自然，从马克思的最初的经济学著作开始，分工问题也走进了他的视野。但很快这就是一些问题的个别方面：分工和交换——什么位于什么的前面（在斯密那里就是"一个可笑的循环论证"），分工和资本积累、在单一的机械般的生产以前分工和工人活动资料，等等。特别值得一提的是，在关于异化劳动的片段中，马克思提到了从资产阶级政治经济学里接受的一些观念中的劳动分工，这些观念是作为对资产阶级政治经济学进行批判分析的前提。但是在该片段所表述的异化劳动概念本身里却找不到分工概念的位置。

只有在经济学著作的第二阶段，在摘录和理解穆勒著作的"交换"一章时，马克思发现："同**人的活动**的产品的相互交换表现为**物物交换**，表现为**做买卖**［Schacher］一样，活动本身的相互补充和相互交换表现为**分工**，这种分工使人成为高度抽象的存在物，成为旋床等等，直至变成精神上和肉体上畸形的人。"②

在这里，关于分工是人们之间**活动本身的相互交换**的形式的思想已经产生了。但这一推测还只是同分工的后果之一，即对把人变成"抽象的存在物"有影响相关联。的确，就像为了弄清楚从抽象劳动概念到异化劳动概念需要付出很多努力一样，为了从劳动分工是交换活动的表现这一思想中得出结论："**分工**是关于异化范围内的**劳动社会性**的国民经济学用语。换言之，因为**劳动**只是人的活动在外化范围内的表现，只是作为生命外化的生命表现，所以**分工**也无非是人的活动作为**真正类活动**或作为类存在物的**人的活动的异化的、外化的设定**"③，也不得不做很多工作。

于是，在写《经济学哲学手稿》第三个笔记本的最后，马克思发现了分工的实质不仅是生产和财富增长的主要动力之一，而且是人们之间的自我劳动活动的交换的异化形式，和在私有制条件下劳动的社会性质本身。

现在马克思明白，关于分工的实质，资产阶级"国民经济学家们讲得极不明确并且自相矛盾"④。在遵循自己所掌握的常规方法论对现有的科学

① 亚当·斯密. 国富论. 章莉，译. 南京：译林出版社，2012：7.
② 马克思，恩格斯. 马克思恩格斯全集：第42卷. 北京：人民出版社，1979：29.
③④ 马克思，恩格斯. 马克思恩格斯文集：第1卷. 北京：人民出版社，2009：237.

资料进行重新理解的基础上，马克思开始把斯密、萨伊、斯卡尔培克所说的分工的特点整理在一个地方，然后简要地概括他们推理的实质，最后做出自己的问题分析，揭示分工的实质是私有财产的形式，并勾勒出批判资产阶级经济学关于分工的草案。这就是最后时期马克思的研究：

"对**分工**和**交换**的考察具有极为重要的意义，因为分工和交换是人的**活动**和**本质力量**——作为**类**的活动和本质力量——的**明显外化**的表现。

断言**分工**和**交换**以**私有财产**为基础，不外是断言**劳动**是私有财产的本质，国民经济学家不能证明这个论断而我们则愿意替他证明。**分工**和**交换**是私有财产的形式，这一情况恰恰包含着双重证明：一方面**人的**生命为了本身的实现曾经需要私有财产；另一方面人的生命现在需要消灭私有财产……

我们应当考察的各个因素：第一，**交换的倾向**——利己主义被认为是它的基础——被看作是分工的原因或分工的相互作用的因素。萨伊认为交换对于社会的本质来说不是**基本的东西**。用分工和交换来说明财富、生产。承认分工使个人活动贫乏和丧失。交换和分工被认为是产生人的**才能的**巨大**差异**的原因，这种差异又由于交换而成为**有用的**。斯卡尔培克把人的生产的本质力量或者说生产性的本质力量分为两部分：（1）个人的、他所固有的力量，即他的智力和从事一定劳动的特殊素质或能力；（2）**来源于**社会——不是**来源于**现实个人——的力量，即分工和交换。——其次：分工受**市场**的限制。——人的劳动是简单的**机械的运动**；最主要的事情由对象的物质特性去完成。——分配给每一个人的操作应当尽可能少。——劳动的划分和资本的积聚，个人生产的无效果和财富的大量生产。——自由的私有财产对于分工的意义。"①

事实上，《经济学哲学手稿》第三个笔记本到这里就结束了。马克思的哲学、经济学和政治观点的相互影响和综合的过程已经达到了这样一个点，这个点距离发现唯物史观的基本原理已经不远了——**生产力的发展**（劳动工具和人的劳动能力）是**历史运动**、历史自我运动的**真正源泉**。

**"序言"：自我评价和构思**

马克思为他打算以《经济学哲学手稿》为基础发表的著作撰写的"序言"草稿是1844年手稿的某种完成。撰写这篇比较短的"序言"文本需要花费极大的创作努力：没有什么地方像这里有这样多的勾抹和修改。显然，这受到了马克思在准备"序言"时为自己设定的任务的复杂性的影

---

① 马克思，恩格斯. 马克思恩格斯文集：第1卷. 北京：人民出版社，2009：241-242.

响：对所展开的工作进行公开的自我评价，把它与在《德法年鉴》中的《〈黑格尔法哲学批判〉导言》中做出的承诺进行对比，并说明产生的新想法。

马克思有理由对自己的经济研究的结论感到满意，他打算以著作的形式向读者提供专门批判国民经济学的这些结论。不到半年，1845 年 2 月 1 日，马克思与图书出版商列斯凯（Леске）签订了出版《政治和国民经济学批判》（《Критика политики и политической экономии》）两卷本的合同，每卷超过 20 个印张①。

同时，对像国民经济学这样的特殊对象的研究的经验表明，把对这类材料的批判和仅仅针对思辨的批判混在一起是不合适的。因此，马克思放弃了以前以批判黑格尔法哲学的形式对关于法和国家的科学进行批判的打算，并许诺，"……批判法、道德、政治等等，最后再以一本专门的著作来说明整体的联系、各部分的关系，并对这一切材料的思辨加工进行批判"②。

任何一本计划的小册子都没有准备好。有一个关于现代国家的著作计划的草稿保留下来了，大约写于 1844 年 11 月，并在很多地方重复了马克思在 1843 年夏天编的克罗伊茨纳赫笔记上所记载的名目索引的要点。但他对（9"）做了非常重要的补充："……为**消灭**［Aufhebung］国家和市民社会而斗争。"③ 马克思通过这条证明了自己关于出版《1843 年手稿》及写一本国民公会史和一部关于法国大革命著作的打算。大概，之后他就打算将这部著作作为上面提到的《政治和国民经济学批判》中的一卷。

关于最后要揭示整体和包含了对一切材料的思辨加工进行批判的内部关系的"专门的著作"的打算，可以说，详细的意图已经在马克思和恩格斯合著的《德意志意识形态》中以间接的形式实现了，在那里正好形成了完整的唯物史观的概念，同时也对德国哲学中的思辨展开了批判。

在"序言"的结尾，马克思提出了对显示黑格尔哲学的消极解体的"神学的批判"加以批判的打算④。最后这个想法第一次在 1844 年秋天马克思和恩格斯合写的《神圣家族，或对批判的批判所做的批判》一书中实现了。

为了展示随后阶段马克思观点的形成和发展，根据需要我们在书的结

---

① 马克思，恩格斯. 马克思恩格斯全集：第 47 卷. 2 版. 北京：人民出版社，2004：381-385.

② 马克思，恩格斯. 马克思恩格斯文集：第 1 卷. 北京：人民出版社，2009：111.

③ 马克思，恩格斯. 马克思恩格斯全集：第 42 卷. 北京：人民出版社，1979：238.

④ 同②112-113. ——译者注

论中会对其进行简要的说明，第一次尝试以 1844 年中期德国工人的实践革命行动来检验他的新的世界观有极端重要的意义。

## 革命实践对新观点的第一次检验

扬弃所有异化的无产阶级共产主义思想，是马克思经济学哲学研究的基础。但这个思想不只是理论研究的一个成果，同时也是马克思**实践政治**活动的一定成果，是他个人观察、和革命工人交往、分析革命过程所获得的印象的一定成果。虽然通过这种方式得到的资料的数量看起来还不大，但对马克思理论观点的影响却是非常重要的。

**马克思是社会心理学家**

众所周知，在撰写《经济学哲学手稿》时，马克思经常会见德法两国的革命工人①，并同他们的理论家和领袖有所接触②。同时他不仅作为政治家从事活动，宣传自己的观点，而且作为研究者**考察**工人的行为，试图弄清那些在无产阶级政治斗争过程中形成的新的联合形式的社会意义。例如，这些考察结果在手稿里的反映是："当共产主义的**手工业者**联合起来的时候，他们首先把学说、宣传等等视为目的。但是同时，他们也因此而产生一种新的需要，即交往的需要，而作为手段出现的东西则成了目的。当法国社会主义工人联合起来的时候，人们就可以看出，这一实践运动取得了何等光辉的成果。"③

这些考察的深刻意义并不在于，马克思以明显的同情去对待无产阶级的日常生活，而在于中断了资产阶级的日常生活，他感觉自己是一个新的日常生活诞生的直接**参与者**，即给自己带来未来共产主义社会的人的关系萌芽的欧洲工人先进阶层的日常生活。

马克思在联合工人为反对资本主义的斗争的进程中宣传这些现在已经建立起来的关系。他努力使伟大的人道主义者费尔巴哈熟悉革命工人的日

---

① 例如，卢格在 1844 年 7 月 9 日给弗莱舍的信中写道："马克思专心于这里的德国共产主义，当然，只是在同它的代表直接交往的意义上，因为难以想象，可以让他认为这个微不足道的运动具有政治意义"（A. Ruge. Briefwechsel und Tagebuchblätter aus den Jahren 1825 – 1880, Bd. 1. Berlin, 1886：359）。马克思的洞察力在卢格看来是某种"难以想象"的。

② 马克思，恩格斯. 马克思恩格斯全集：第 19 卷. 2 版. 北京：人民出版社，2006：136–137.

③ 马克思，恩格斯. 马克思恩格斯文集：第 1 卷. 北京：人民出版社，2009：232.

常生活。1844 年 8 月，马克思写信给他说："您要是能出席法国工人的一次集会就好了，这样您就会确信这些劳累不堪的人纯洁无瑕，心地高尚。"①

马克思通过考察从感性上证明了自己的理论原理，无产阶级恰恰是人与人之间新型关系的创造者，并且它在为推翻旧世界的斗争过程中也改造了自身。

马克思的其他考察，特别是对工人现状、他们的生活条件的考察也都反映在《经济学哲学手稿》中。他力图深入到无产者的内部世界中去，弄清他们的感受。工人的劳动活动的心理、劳动的动机、在劳动过程中的自我感受及其对自己生产的产品的态度都使马克思感兴趣。马克思在与工人们的交谈中获得这类材料，然后把这些材料转化成理论概念，即异化劳动及其社会实质和历史作用的概念。在《经济学哲学手稿》中，这个概念往往表现为只是理论思考的产物。但事实上它依靠的是研究者与劳动者的直接接触。有时这种联系显得非常清楚，例如，在描述工人在劳动过程中自我异化的实质的地方②。在这里，马克思在他同工人交谈中得到的印象的基础上，善于表达在资本主义剥削情况下进行劳动的人的自我感受，那些感到不幸的人的自我感受。但是，作为研究者，马克思并没有局限于此，而是从他所获得的感性材料中做出深刻的理论结论。

同工人的交往，对他们生活条件的了解，理解他们在劳动过程中的自我感受，巩固和发展了马克思著作中的**人道主义**原则。以前马克思的人道主义明显表现为不仅注意总的社会过程，而且注意这些过程在人的个体命运上是怎样表现的。此外，一般理论体系（黑格尔体系）在马克思看来是无内容的故弄玄虚。现在，在 1844 年，马克思的人道主义具体化了。他把注意力集中在社会的和经济规律的作用怎么影响到作为人、个人的**无产者**的命运。正如已经指出的那样，从这些观点出发，马克思尖锐地批判了资产阶级政治经济学，指责它只对把无产者作为工人，而不是作为全面的人而感兴趣。马克思不否定各种科学能专门研究人的活动的个别方面，同时他肯定地说，如果它离开了对人的整体的、一定的了解去研究，那么这些方面中的任何一个方面都不能正确地理解。按照马克思的观点，**真正的人道主义要求完整地分析人，分析人的所有生活表现、利益、劳动条件、休息、生活习惯等等**。不是宣布，而是真正地实现对人和对社会的这种完整

---

① 马克思，恩格斯. 马克思恩格斯全集：第 47 卷. 2 版. 北京：人民出版社，2004：74.

② 马克思，恩格斯. 马克思恩格斯文集：第 1 卷. 北京：人民出版社，2009：159-160.

的综合态度，恰恰促使马克思彻底改造他以前存在的社会思想结构。他有意识地用各种社会科学观点同时把研究同一个对象作为目标，来摸索使它们改造成为新的更高的综合体的途径。1844 年 6 月 4—6 日西里西亚纺织工人起义在这方面是一个重要促进因素，马克思公正地认为这次起义是自己理论观点的正确性的实际证明。

## 西里西亚纺织工人的起义

举行起义的西里西亚的纺织工贫穷的根源在于，事实上他们受到双重压迫——资本主义和封建主义，因为在家里劳动的纺织工（他们占大多数）同时要给兼是土地占有者的资本家服劳役。对工人的双重统治让资本家主要通过降低工人工资的方法来降低产品的价格（这是由同英国人和法国人竞争造成的）。

西里西亚纺织工人贫困的事实本身在 19 世纪 30—40 年代的普鲁士是众所周知的，但没有得到正确的解释。封建浪漫主义国家观的拥护者〔例如洛贝尔图斯（Родбертус）〕认为，全部问题在于多余的自由，为了提高君主制国家的社会作用，必须放弃这种自由。相反，自由派（拉乌（Pay）、洛茨（Лотц）、莫尔（Молль）和其他人，特别是比劳（Бюлау））确信，不幸在于保存了许多旧时的事儿，"每个人都应该在他想在的地方劳作"[1]。他们抱怨群众缺乏创造性的主动精神和独立性，并对教育寄予了很大的期望。

《莱茵报》也注意了西里西亚纺织工人的状况。例如，1842 年 12 月 23 日的报纸上就这个问题发表了一篇文章，也就是在科布伦茨关于摩泽尔农民的不幸的文章发表后不久。可见，马克思早在起义发生前的一年半就对西里西亚的情况有相当程度的了解，并在自己为摩泽尔葡萄酒酿造者辩护的文章中指出，摩泽尔不是普鲁士贫困现象的唯一发源地。

纺织工人的起义开始是自发的：工人走向工厂主茨万齐格尔（Цванцигер）的办公室，打算要求增加工资和释放被逮捕的同伴；在遭遇了抵抗之后，他们冲进屋里，并毁掉了一系列文件，包括债务报表和分到各户的棉纱报表。过了两天起义在军队的帮助下被镇压（有牺牲者——11 人被杀，20 名工人重伤），但这激起了国内其他地区的无产者的行动（布勒斯劳、英果尔施塔特、杜塞尔多夫、萨克林、巴伐利亚，甚至柏林都发生了骚动）。这是德国工人同资产阶级的第一次坚决的交锋。

社会各个阶层对这个事件的反应是不同的。政府采用镇压的手段，并辅之以伪善的慈善活动。神甫们开始宣讲"德国天主教"是达到社会和平

---

① F. Bulau. Der Pauperismus. — Deutsche Vierteljahrschrift, Hefte1, 1938；95.

的手段。在资产阶级中间保护关税的立场更加坚定。自由派开始更加持批判态度，但他们的批判这时针对的是资产阶级（批判垄断和竞争、无政府状态等），而且是从某种抽象观点出发的，事实上，就是从维护君主制国家的浪漫主义观点出发。在激进派中间发生了分裂，因为他们中的很多人也开始认为工人的活动对社会是一种"威胁"。其中有一些人不能正面地把西里西亚起义看作是未来的革命斗争的象征，卢格就是一个，但他是打着在巴黎的德国激进流亡者的代表的幌子来对这个事件发言的。

卢格于 1844 年 7 月 24 日和 27 日在《前进报》（《Вперед》，这个报纸在当时在马克思的影响下持十分激进的立场）上发表了一篇题为《普鲁士国王和社会改革》（《Король прусский и социальная реформа》，署名"普鲁士人"）的文章，他断言，普鲁士是一个非政治国家，因为在这个国家里类似西里西亚起义的事件只能具有地区意义。

**马克思反对卢格**

马克思认为，必须利用卢格的文章来揭示西里西亚起义的真正意义，并以此明确地确定无产阶级革命者的立场，这个立场不仅与资产阶级自由派的相反，而且与卢格之类的小资产阶级民主派的也相反。1844 年 7 月 31 日，他完成了一篇反驳文章《评一个普鲁士人的〈普鲁士国王和社会改革〉一文》（《Критические заметки к статье Пруссссака〈Король прусский и социальная реформа〉》），并刊登在《前进报》8 月 7 日和 10 日上。

马克思把自己的反驳意见建立在那个原则基础上，这个原则在相当程度上与他在《论犹太人问题》① 一文中批驳鲍威尔为基础的原则相似：（1）马克思通过用德国的发展的特点与其他国家（英国和法国）发展的相应方面进行事实对比，来检验论敌关于德国的发展具有某种特殊性的论断。（2）在直接考察"社会运动"（犹太人的解放运动——在同鲍威尔的论战上，工人的起义——在同卢格的论战上）方面，马克思站在研究客体所固有的（**实际存在的**）特殊规律的研究者的立场上。

马克思在《评一个普鲁士人的〈普鲁士国王和社会改革〉一文》中的论据实质在于：卢格认为德国人不能理解西里西亚起义的深层原因，因为德国是"非政治国家"。但是，马克思反驳道，所有人都承认英国是政治国家，但那里对赤贫原因的理解不比德国深刻。因此，卢格"并没有指出

---

① 马克思的这些文章甚至在结构上都相似：每篇文章都由两个部分构成，第一部分都是关于国家对于社会的关系问题，而第二部分是关于所研究的社会运动在社会中的事实地位的问题。

普鲁士国王的做法有什么**独到之处**"①。普鲁士国王在自己的敕令中要求行政当局寻找根除赤贫的提案并不奇怪，这就像拿破仑、英国议院，甚至是著名的国民公会都做过的一样！所有这一切的原因根本在于国家的本质本身，即它正是把自己看作是"社会结构"并因此"**永远不会**认为**社会缺陷**的原因**在于** '国家和社会结构'"②。

至于卢格指责起义的无产者，就像"他们在自己的家园之外就什么也看不见"等语，马克思同样通过对比这次标志德国工人运动的开端的起义同英国和法国工人运动的最初形式来反驳他。他指出，如果其他运动首先指向的是反对企业主，反对公开的敌人，那么，西里西亚纺织工人立即大声地宣布，如在自己的革命歌曲《野蛮的审判》里所唱的，他们反对整个私有制社会。在这首歌中有这样一段：

> 你们是骗子，应该把你们所有人都推下沟，
> 所有的骗子概无例外，
> 你们吃光了穷人的粮食，
> 你们应该受到诅咒。③

因此，马克思得出结论，"西里西亚起义恰恰在**开始**时就具有了法国和英国的工人起义在**结束**时才具有的东西，那就是对无产阶级本质的意识"④。马克思认为魏特林（Вейтлинг）的著作是德国无产阶级理论优势的标志，他的著作在理论方面远远超过了蒲鲁东。

马克思在谈到德国人时得出结论："一个哲学的民族只有在社会主义中才能找到与它相适应的实践，因而也只有在**无产阶级**身上才能找到它的解放的积极因素。"⑤ 这种思想非常接近《〈黑格尔法哲学批判〉导言》一文。在这里马克思指引卢格去看这篇文章。

**《评一个普鲁士人的〈普鲁士国王和社会改革〉一文》和《经济学哲学手稿》**

但是，在《评一个普鲁士人的〈普鲁士国王和社会改革〉一文》展开的论证中显示出，该文不仅同发表在《德法年鉴》上的文章有某种共同性，而且还存在本质上的**差别**。首先，显而易见的是广泛引用了马克思在

---

① 马克思，恩格斯. 马克思恩格斯全集：第 3 卷. 2 版. 北京：人民出版社，2002：383.
② 同①385.
③ Ф. Меринг. История германской социал-демократии. т. Ⅰ. М.，1923：222.
④ 同①390.
⑤ 同①391.

研究经济学哲学过程中得到的具体资料。例如，很多关于英国和法国同赤贫现象做斗争的历史资料是从社会主义者 Э. 比雷①的著作中引用来的。《评一个普鲁士人的〈普鲁士国王和社会改革〉一文》中引用了法国经济学家舍伐利埃②，并且在 1844 年手稿中也提到了他③；马克思评价英国政治经济学是"英国国民经济状况在科学上的反映"④，而且这个思想已经在手稿中得到了论证。

《评一个普鲁士人的〈普鲁士国王和社会改革〉一文》同发表在《德法年鉴》上的文章的主要区别是，前者对社会—国家—人这个根本问题做了更深刻和在许多方面更新的解释。如果说，半年前马克思谈国家同市民社会本身相异化，并认为这是现代社会的基本矛盾，即那时他认为国家是**许多矛盾方面**中的**一个方面**，那么现在可以发现对这个问题已经转向了另一种理解："国家是建筑在**社会生活**和**私人生活**之间的矛盾上，建筑在**普遍利益**和**私人利益**之间的矛盾上的。"⑤ 因此，国家不是矛盾许多方面中的一个方面（正是它的这一方面反映了普遍利益，虽然是在虚幻的形式上），而是某种单个的东西，它区别于这个矛盾，但把这个矛盾作为自己的**基础**，因此**处于矛盾之上**（马克思在《德意志意识形态》中说，"作为上层建筑"）。这就意味着，应当**在市民社会本身中**去寻找"普遍利益和私人利益之间的矛盾"。

毫无疑问，这种观点反映了马克思的经济学哲学研究成果，还是在这个研究的第一阶段，马克思就指出在市民社会中存在有产者阶级（贵族阶层、资产阶级）的私人利益和实际上反映全人类利益的无产者利益之间的对抗。因此，在弄清卢格所提出的关于"德国社会"对赤贫的态度问题时，马克思不是偶然地强调说："我们**区分一下**（这个'普鲁士人'忽略了这样做）'**德国社会**'这个用语所包括的不同的范畴：政府、资产阶级、新闻出版界、最后还有工人们自己。这里讲的是**不同的**东西。"⑥

---

① 参见《评一个普鲁士人的〈普鲁士国王和社会改革〉一文》（马克思，恩格斯. 马克思恩格斯全集：第 3 卷. 2 版. 北京：人民出版社，2002：380—384）和巴黎时期第九本札记中 Э. 比雷《论英法工人阶级的贫困》一书的摘录（参见 K. Marx, F. Engels. Gesamtausgabe. Erste Abteilung, Bd. 3. Berlin, 1932：413）。

② 马克思，恩格斯. 马克思恩格斯全集：第 3 卷. 2 版. 北京：人民出版社，2002：393.

③ 马克思，恩格斯. 马克思恩格斯文集：第 1 卷. 2 版. 北京：人民出版社，2009：176，229.

④ 同②379.

⑤ 同②386.

⑥ 同②378.

无论是资产阶级、政府还是大部分报刊都反对工人。并且在历史发展过程中，这种对抗更加紧张：国家的利益越来越和资产阶级的利益相一致，而越来越多地和无产阶级的利益相矛盾。在下述的意义上，国家是建立在私有者和无产者之间的矛盾之上的：国家把自己存在的事实本身归结于这个矛盾，但国家的存在正是为了保障与无产者的利益相反的有产者的利益，虽然这个结论还没有正式表述，但从马克思的整个论述过程中可以自然而然地涌现出来。

因此，不能否认国家同市民社会相异化的事实，但这个事实具体化为：国家同市民社会的**无产者部分**相异化。另一方面，对于无产阶级本身来说，同"政治共同体"相异化虽然是重要的，但不是唯一的，甚至不是异化的基本形式。马克思根据在研究经济学哲学的过程中发现的异化劳动及其在历史中的作用的思想，在《评一个普鲁士人的〈普鲁士国王和社会改革〉一文》中得出结论："可是工人脱离的那个**共同体**，无论就其现实性而言，还是就其规模而言，完全不同于**政治**共同体。**工人自己的劳动**使工人离开的那个共同体是**生活**本身，是物质生活和精神生活、人的道德、人的活动、人的享受、**人的**本质。"①

这就是为什么无产阶级革命不能局限于人的政治解放，而应该完整地在人的全部生活表现中解放人。由此有了下面的论点："……**社会革命之所以采取了整体**观点，是因为社会革命……从**单个现实的个人的观点**出发"②。虽然听起来是《1843 年手稿》的思想，但论证完全是另一回事，这是从劳动自我异化的历史作用和这种自我异化的具体的经济结构的观点出发的。这种具体化恰恰使马克思在《评一个普鲁士人的〈普鲁士国王和社会改革〉一文》的结尾中所做的结论比在《〈黑格尔法哲学批判〉导言》一文中所做的结论要前进了新的一步："**社会主义**不通过**革命**是不可能实现的。社会主义需要这种**政治**行动，因为它需要**破坏**和**废除**旧的东西。但是，只要它的**有组织的活动**在哪里开始，它的**自我目的**，即它的**灵魂**在哪里显露出来，它，社会主义，也就在哪里抛弃**政治的**外壳。"③

这非常有代表性。西里西亚纺织工人起义完全**证明**了《导言》的假设：德国解放的**实际的**可能性在于要形成一个彻底被铁链束缚的阶级。在总结起义经验时，马克思又做出了新的假设：由这个阶级实现的解放将包括两个阶

---

① 马克思，恩格斯. 马克思恩格斯全集：第 3 卷. 2 版. 北京：人民出版社，2002：394.
② 同①394-395.
③ 同①395.

段——破坏阶段和建设阶段。对工人阶级革命运动史的分析使马克思能够把这一历史的一些趋势（由里昂工人的有限的政治目的发展到西里西亚纺织工人对自己的社会使命的觉悟）扩展到对社会的革命改造的未来过程。

有理由认为，《评一个普鲁士人的〈普鲁士国王和社会改革〉一文》的写作不仅仅以一定的方式反映了马克思的经济学哲学研究成果，而且还对这一研究过程产生了反作用。上述事实表明，《评一个普鲁士人的〈普鲁士国王和社会改革〉一文》不仅利用了第一阶段的成果，而且还在很多地方也利用了马克思经济学研究的第二阶段的成果。因此，在《评一个普鲁士人的〈普鲁士国王和社会改革〉一文》和保存下来的第XXXIX页（手稿的第三个笔记本）上的插入部分的开头之间发现了不少共同点：两者都谈到了工人阶级革命斗争的历史、形式和前景。但产生了一个问题：这两篇文稿哪一篇是先写的？

暂时还没有能够明确地回答这个问题的材料。但可以假设，马克思写手稿的第三个笔记本一直到同恩格斯会面，也就是写到 1844 年 8 月底。8月11日马克思写给费尔巴哈的信可以证明这一点，因为这封信在内容上与手稿的第三个笔记本的某些地方相近。有一个事实能证明后者产生得更晚一些：在《评一个普鲁士人的〈普鲁士国王和社会改革〉一文》中关于工人的革命运动的问题的阐述与手稿的第三个笔记本相比，事实更加具体，但理论上研究得相对少些。

第三个笔记本论述共产主义的第二节开头似乎是一个续篇，确切地说，是对《评一个普鲁士人的〈普鲁士国王和社会改革〉一文》材料的重新理解，并且不只是对这个材料的重新理解，而且是对第三个笔记本关于私有财产历史的前一节的重新理解。在私有制形式的历史中表现出来的**异化劳动的历史**和同政治经济学相对比的**异化劳动的历史，现在被马克思**拿来与**工人阶级**反对私有制的**革命斗争的历史**（由于西里西亚起义而进行的反对卢格的论战，马克思直接分析了这一斗争的历史）**加以比较，概括出一个论点：**"自我异化的扬弃同自我异化走的是同一条道路"①。

如果这个假设是正确的，那么马克思在写第三个笔记本的主要部分时有新的内容：在西里西亚纺织工人起义的直接影响下所进行的理论分析。未来的无产阶级领袖有充分的理由认为，这次起义证明了由他制定的新的世界观的基本原则，这次起义还促使他继续沿着这个方向前进。马克思在这个笔记本中所实现的各个领域知识的综合现在获得了直接的实践意义。

---

① 马克思，恩格斯. 马克思恩格斯文集：第 1 卷. 北京：人民出版社，2009：182.

在《评一个普鲁士人的〈普鲁士国王和社会改革〉一文》中表述的关于社会革命是"从**单个现实的个人的观点**出发"① 的思想，在《经济学哲学手稿》中有了发展并应用到个人身上："人以一种全面的方式，就是说，作为一个完整的人，占有自己的全面的本质。"② 在发展这一思想的过程中，马克思因此实现了关于人的一切现存知识的改造，把这个知识以前孤立的部分改造并整合成一个在本质上全新的综合体，这保证了完全把人看作是一个完整体。同时，马克思从事实践活动，从而促进了社会整体性，即无产阶级革命的达到。在这个意义上，《评一个普鲁士人的〈普鲁士国王和社会改革〉一文》本身已经具有了实践的意义，因为它促进了革命者的团结，并促使他们同小资产阶级这一暂时的同路人划清了界线。

**批判《批判的批判》的计划**

不理解西里西亚起义的意义的，不仅有卢格，还有像 Φ. 科本、K. 海因岑和 K. 格律恩这样一些民主派。1842 年秋还以保守主义控诉威胁过马克思的曾经的"自由者"Э. 梅因，现在却被革命的工人吓坏了："工人越意识到自己的地位，就对社会越开始具有危险性。"③ 鲍威尔兄弟加紧攻击"群众"，还是在 7 月 31 日，Γ. 荣格就给马克思邮寄了他们的《文学报》（《Литературой газеты》）第 5、6、7 期。在 1844 年 8 月 11 日马克思写给费尔巴哈的信中谈到自己打算发表一个反对这些"批判的批判家"的小册子，他们"只承认一个**现实的**需要——进行**理论**批判的需要。因此像蒲鲁东这样的一些人便被指责是以某种 ' **实践的需要** ' 为出发点。因此这种批判就成了灰心丧气且又妄自尊大的唯灵论。**意识**或**自我意识**被看成是**惟一**的人的本质。例如，爱情之所以被否定，是因为情人在这里只不过是 ' **对象** '。打倒对象！因此这种批判自认为是历史上惟一**积极的**因素。与这种批判相对立的是作为群体、作为怠惰的群体的整个人类，群体只是作为精神的对立物才有意义"④。

马克思对自己曾经的朋友布鲁诺·鲍威尔及其弟弟埃德加尔（恩格斯曾是他的朋友）那时的立场所做的这样辛辣无情的批评，同马克思和恩格斯合作的第一部著作《神圣家族，或对批判的批判所做的批判。驳布鲁诺·鲍威尔及其伙伴》（《Святое семейство, или Критика критической

---

① 马克思，恩格斯. 马克思恩格斯全集：第 3 卷. 2 版. 北京：人民出版社，2002：395.

② 马克思，恩格斯. 马克思恩格斯文集：第 1 卷. 北京：人民出版社，2009：189.

③ Trierische Zeitung, 20. Juli 1844.

④ 马克思，恩格斯. 马克思恩格斯全集：第 47 卷. 2 版. 北京：人民出版社，2004：75−76.

критики. Против Бруно Бауэра и компании》）的思想意义和怪诞的描述手法相似，大概那时马克思已经开始有了这本著作的计划。但他最终确定下来是在 1844 年 8 月底他与恩格斯在巴黎的第二次会面的时候。

### 互相充实的合作

巴黎会面完全不同于 1842 年他们在科隆的第一次"非常冷漠的"相识。这次会面后的不到一个月，已经在德国的、在故乡巴门的恩格斯给马克思写信说道："我再没有像在你家里度过的 10 天那样感到心情愉快，感到有人情味。"①

这次巴黎会面给恩格斯留下了终生难忘的印象。40 多年后，恩格斯在《关于共产主义者同盟的历史》（1885 年）中回忆说："当我 1844 年夏天在巴黎拜访马克思时，我们在一切理论领域中都显出意见完全一致，从此就开始了我们共同的工作。"② 这种意见一致的产生是马克思和恩格斯之前观点发展的结果，正像他们自己这时已经清楚地看到的，他们通过不同的路径得出了同一个理论和实践结论。

和马克思一样，恩格已经确信，工业革命化和无产阶级这个革命力量的兴起是现代社会发展的基础。恩格斯在 1844 年 2 月写的《英国状况。十八世纪》（这篇文章在马克思的协助下发表在 1844 年 8—9 月的《前进报》上）一文中，第一次概括了英国工业革命的历史，并做出一个重要的结论："英国工业的这一次革命化是现代英国各种关系的基础，是整个社会的运动的动力……18 世纪在英国所引起的最重要的结果就是：由于工业革命，产生了无产阶级。"③

很有意义的是，恩格斯和马克思一样，是为数不多的能立即正确认识西里西亚纺织工人起义的意义的人之一。还是在 1844 年 6 月 29 日，他在宪章派报纸《北极星报》（《The Northern Star》）上发表两篇短文，叙述了这次事件的事实经过和他自己的评价："……显而易见，对工人阶级来说，工厂制度、机器生产的进步等等带来的后果，在大陆上和在英国是完全一样的：对大多数人是受压迫和劳累，对极少数人是财富和享乐；在西里西亚的山岗上，也和在兰开夏郡和约克郡等人烟稠密的城市中完全一样，人们的命运没有保障，到处都存在着不满和骚乱。"④

---

① 马克思，恩格斯. 马克思恩格斯全集：第 47 卷. 2 版. 北京：人民出版社，2004：323.

② 马克思，恩格斯. 马克思恩格斯文集：第 4 卷. 北京：人民出版社，2009：232.

③ 马克思，恩格斯. 马克思恩格斯全集：第 3 卷. 2 版. 北京：人民出版社，2002：544，546.

④ 同③603.

恩格斯和马克思一样意识到，工人阶级的解放只进行一次"政治革命"是不够的。无产阶级已经作为独立的力量登上了历史舞台并进行着坚决的斗争，这一斗争的直接结果将是民主制。"然而是怎样的民主制！不是那种曾经同君主制和封建制度对立的法国大革命的民主制，而是**这种**同中间阶级和财产对立的民主制……

单纯的民主制并不能消除社会的祸害。民主制的平等是空想，穷人反对富人的斗争不能在民主制的或整个政治的基础上进行到底。因此，这个阶段……是最后一种纯粹政治的手段，这一手段还有待进行试验，从中必定马上会发展出一种新的要素，一种超出一切政治事物的原则。这种原则就是社会主义的原则。"① 恩格斯在 1844 年 3 月写的另一篇文章《英国状况。英国宪法》（发表在同年 9 月至 10 月的《前进报》上）就是以这句话结尾的。事实上，这里第一次表述了把资产阶级民主革命转变为社会主义革命的思想。

恩格斯的共产主义信念的最重要的方法论提前之一是，他的目标（和马克思的目标一样）是必须**综合**过去历史的一直不协调的成果：生产和社会实践的成果，哲学、历史、政治、政治经济学等社会知识的各个领域的成果，整个实践和科学的成果。"百科全书思想是 18 世纪的特征；这种思想的根据是意识到以上所有这些科学都是互相联系着的，可是它还不能够使各门科学彼此沟通，所以只能够把它们简单地并列起来。"② 为了实现这种用现代语言来说是跨学科的转变，必须建立一个新型的科学——真正统一的完整的科学。提出这一任务可以看作是未来构思《自然辩证法》（《Диалектики природы》）的最初表达。

另一个方法论的前提是，也是恩格斯和马克思在思想上相近的前提，目标不是抽象理论地而是极为**具体地**分析现实的各种表现（物质的和精神的）。恩格斯在考察这样的或那样的问题时，已经在自己观点发展的这一阶段上力求考虑到与问题相关的那些经验材料的全部总和，从事实出发，揭示它们本身的规律，而不是把事实强行装入思辨结构中去。

和马克思一样，恩格斯是一个具有**行动力**的人，他在自己的活动中把关于必须进行的某些改造的一般理论结论同为实现这些改造做出个人贡献的意图有机地结合起来。使马克思和恩格斯在一起合作的**因素**，是他们对

① 马克思，恩格斯. 马克思恩格斯全集：第 3 卷. 2 版. 北京：人民出版社，2002：584-585.

② 同①527.

无产阶级和全部被压迫的人的热爱，以及不亚于前者的对空头理论家，同时也对不学无术的实践家的憎恶。

因此，两个智力和性格相近的人相遇了。他们的友好交往对两个人来说是必要的。这种互补合作的出现——事实不仅是马克思和恩格斯的个人经历，而且也是他们观点形成的过程本身。他们的观点现在更加广博，同时获得了进一步发展为完整的科学世界观的一个新的动因。正像所指出的那样，《神圣家族》是他们合作的第一个成果，用他们自己的话来说，在这本书中，马克思和恩格斯"清算了自己先前的理论良心"，使马克思主义的形成进入了一个新阶段。

同时，我们也进入了使我们感兴趣的关于青年马克思或关于马克思观点的初期阶段成为一个完整的科学世界观的论题的尾声。马克思思想的进一步发展离不开恩格斯的名字，并且是两位伟大的才智卓越的人**共同的**创造性活动的产物。在这条路上走过的最初几步，已经明显地反映了马克思**从青年**向**成熟**的迈进。

# 结语
# 青年马克思和成熟马克思

从上述的分析中应该得出怎样的结论呢？因为研究对象的多层次，可以从不同方面对这个研究进行总结（例如科学、意识形态、心理学等现象），在每一个这样的总结中选出自己的观点、看法等。考虑到"青年马克思"这个概念是科学共产主义创始人哲学观点和社会政治学观点发展中的一个完整阶段，是马克思创作成熟前的一个历史阶段，甚至要考虑到当今正围绕着"两个马克思"的问题进行辩论，从这个问题的角度做总结是适宜的。

资产阶级和修正主义马克思学者关于青年马克思和成熟马克思之间存在某种巨大分歧的论题是否经得起检验？换句（更尖锐的）话说：成熟马克思是否改变了自己青年时代的理想？这个问题有几个方面，应该用相应的事实一件件地摆明。

首先，马克思是否违背了自己**最初的关于人类的理想**？是否改变了他还是在中学作文里就表述过的关于生活意义的最初观点？历史上很少能够找到像马克思这样做的人：穷尽一生，受尽困苦，付出巨大的劳动和努力，以此无懈可击地证明，他忠于自己青年时代的理想。通常马克思不轻易自我评论，在完成《资本论》第 1 卷后，偶然向自己的一位通信者吐露："那么，我为什么不给您回信呢？因为我一直在坟墓的边缘徘徊。因此，我不得不利用我还能工作的每时每刻来完成我的著作，为了它，我已经牺牲了我的健康、幸福和家庭。我希望，这样解释就够了。我嘲笑那些所谓'实际的'人和他们的聪明。如果一个人愿意变成一头牛，那他当然可以不管人类的痛苦，而只顾自己身上的皮。但是，如果我没有全部完成我的这部书（至少是写成草稿）就死去的话，那我的确会认为自己是**不实际的**。"①

_____

① 马克思, 恩格斯. 马克思恩格斯文集：第 10 卷. 北京：人民出版社, 2009：253.

马克思改变了自己的**政治信仰**了吗？从最开始，马克思就站在劳动人民一边，在其思想发展的进程中，在 1843—1844 年，马克思发现了作为一个阶级的无产阶级的历史使命，即将人类从一切压迫中解放出来，他最终转到这个阶级立场上，成为一名共产主义者。这个立场在《经济学哲学手稿》中得到了较为深刻的阐述，在马克思以后的著作中得到了进一步发展。

大概，他在**哲学**领域内退缩了？虽然一开始马克思是一名唯心主义者，但在 1843 年他就已经坚定地站在唯物主义的立场上。难道要对他加以指责，说这种转变只是新的唯物主义即辩证唯物主义和历史唯物主义形成的**开始**？相反，这是马克思伟大的科学功绩之一。他没有回到唯心主义，也没有转到庸俗唯物主义方面，就像他同时代的许多人那样。他没有退缩，而是沿着创造真正的科学世界观的道路前行。

最后，在**政治经济学领域**也谈不上任何后退，因为 1844 年手稿反映的只是他从事经济学研究的最初阶段。为了创作《政治经济学批判》又需要15 年的紧张劳动，而《资本论》第 1 卷问世，用了 23 年的时间！这种忘我的劳动，使马克思在政治经济学和完整的社会科学，以及逻辑学和认识论方面获得了重大发现，难道这些视为"对青年时代的理想的改变"和"创造能力的停滞"吗？如果这是改变，那么什么是连贯不断？如果这是停滞，那么什么是天才学者创造性的发扬？

可见，在青年马克思和成熟马克思之间不存在任何分歧。相反，存在把两方面观点发展的主要方向紧密地联系起来的一些环节，这些环节形成一个从前者向后者**合规律地转向**的统一链条。

但是，大概，那些断言在方法论方面成熟马克思与青年马克思向来没有区别，《资本论》只是系统地叙述马克思在《经济学哲学手稿》中已阐述的一些原则的人是正确的吧？

把成熟马克思和青年马克思等量齐观，就像把两者对立一样，是站不住脚的。按照恩格斯的话说，马克思在科学领域内有两个伟大的发现：

发现了人类历史的一般规律在于，社会发展的每一个阶段首先是以一定的生产方式为特征。

发现了剩余价值只是资本主义生产方式所固有的特殊规律。

第一个发现是马克思（和恩格斯）在其观点形成的最后阶段，即在《德意志意识形态》（1845 年）中完成的；而第二个发现是在 1857—1858年经济学手稿中完成的。可见，根据这一点不能不看出成熟马克思与青年马克思的本质差别。

## 完整学说形成的辩证法

青年马克思观点与成熟马克思观点相互关系的问题，对于揭示研究此问题学者的方法论立场，对于评价他们所持立场的论著是一种试金石。甚至对于那些接受马克思主义的人来说，这个问题也是难题之一。

这个问题不能借助抽象的方法论手段来解决，类似于 Л. 阿尔都塞（Л. Альтюссера）的"症候阅读法"（Симптомальное чтение），只是得出结论说，青年马克思的著作不是马克思主义的，无论如何，他们都写于马克思同黑格尔辩证法发生"认识论断裂"之前①。加拿大哲学家默尼耶（Ж. Г. Менье）反对把"症候阅读法"作为与所研究问题的实质不相符的精神分析方法的体现，而是将包含逻辑学、语义学和语用学范畴的复杂方法论的研究应用于其上。这使他能够对作为生机勃勃的"理论实践"的青年马克思著作做出一系列细致的观察结果，而"理论实践"的历史是"不断变革的历史"。但是，专心于对马克思的著作进行"结构学、语义学和语用学"的分析，使默尼耶落入了另一种简单化，如果在马克思的中学作文中已经发现了唯物主义，在那里就会有"相互关系"这个术语②。

在本书中有代表性的分析经验和在当前结语中概括性的分析经验首先证明了，关于青年马克思和成熟马克思之间关系问题的解决必须要用**辩证的方法**，即考虑到这两个研究对象之间既存在**联系**，又存在**区别**。在最一般的形式中，这种方法可以用一个词"形成"来概括。不是"两个马克思"，也不是他们之间存在根本分歧——对这个问题这样的提法本身就是错误的——而是青年马克思观点的发展，是其由形成向科学世界观，由前者转变为后者的过程，只有这种问题的提法才符合实际、符合我们分析过的全部事实。

在这个发展（或转变）的过程中，可以清楚地看到（根据新的世界观形成过程有关的基本知识领域）**上升的基本路线**：从唯心主义到唯物主义，从革命民主主义到科学共产主义，等等。但是，这条上升路线不是单一、平坦的，而是复杂的、存在自身转折的、有快有慢的。换句话说，马克思

---

① L. Althusser. Lire le Capital. P. , 1970.

② J.-G. Meunier. Genése du matérialism dans les écrits de jeunesese de Karl Marx. Ottawa, 1981.

观点的每一个方面的形成都经历了一些特殊的阶段。

同时（我们要对此特别注意），每一条发展路线并不是与其他条线隔离存在的，而是紧密地联系在一起，并起着越来越大的**相互推动作用**。要看到，各条线不是平行的，而经常是交叉的，形成一些"交叉点"，把各个不同的、当时一些独立的知识领域联系起来，因此，马克思观点形成过程本身获得了完整性，不仅能区分出马克思观点各个方面的演变阶段，而且能看出他完整世界观的形成阶段。随着青年马克思观点的发展，上述的"交叉点"也变得越来越复杂，其观点的各个方面相互之间的推动作用也越来越大，结果它们**综合成从质上说是新的整体**。

**对主要问题的分析**构成了马克思观点各个方面相互交叉和综合的基础，这些问题的性质本身要求对它们进行综合分析。马克思主义创始人的贡献在于，他们善于从经常闪现在研究者面前的众多大小问题中区分出整个人类发展进程对当时所提出的根本问题，并判明它们之间的本质联系。无疑，他们远远不能立即就做得尽善尽美（в адекватной форме），因此，在他们的著作中不仅能够考察出解决这样或那样问题的历史，而且还能够研究出它们提法本身的由来。在分析过程中，我们总是试图把目光集中在青年马克思发展的这个方面，但是有必要重新把注意力放在——公共利益和私人利益的关系以及异化问题——这两个问题的某些历史观点上①。

## 公共利益和私人利益

公共利益和私人利益根本对立的事实，远在马克思以前就已经被其他思想家剖析过。在18—19世纪，这个事实成为法国唯物主义者和黑格尔关注的对象。青年黑格尔派把这个问题解释为：在市民社会领域占优势的私人利益与被赋予公共利益承载者责任的国家（但是与黑格尔的主张相反，国家还不是这样的）之间的对立。还在《莱茵报》上，马克思对这个问题的提法做出具体说明，只有作为**人民自身代表制度的国家**才是公共利益真正的代言人。在《1843年手稿》中，他发现，国家对市民社会的依赖程度要比它对市民社会的影响大得多，因此，前者从后者那里异化是后者

---

① 在保加利亚哲学家 П. Е. 米捷夫（П. Е. Митев）的书中分析了马克思的思想方向及其在马克思走向世界观发现的进程中所起到的作用。参见 П. Е. Митев. От социалния проблем към светлогледни отлрития. София，1984.

本质的必然结果。但是，这个异化本身反过来也为未来自身的扬弃做准备。在《经济学哲学手稿》中马克思指出，市民社会本身就存在私人利益和公共利益的对立，而国家恰恰是建立在市民社会这一内在矛盾之上，事实上是以私人利益的维护者出现的。最后，在《德意志意识形态》中，马克思和恩格斯揭示，社会生产方式与私人占有形式之间的对立构成了市民社会乃至整个社会公共利益与私人利益相对立的真正基础。数世纪以来，社会思想想方设法解决的问题直到这时才获得了**正确的提法**。为了详细研究解决这个问题的条件，马克思又花费几十年致力于《资本论》这部著作。

## 成熟马克思怎样对待异化问题

当马克思远不能正确提出私人利益和公共利益的问题时，他没有重视与此问题（和其他一系列综合问题）紧密相关的异化问题的决定性意义。事实上，异化问题通过许多个别问题被解释（宗教是人在精神领域的异化，国家是人在政治领域的异化，货币是人在物质领域的异化），但是还没有发现其**普遍**性。直到马克思认识到劳动是异化的主要方面之前，异化问题支离破碎成单个问题存在的。一旦认识达到了这一点，异化问题就成为普遍性问题，在一定意义上被提到首位。

在考察《经济学哲学手稿》时，我们发现，异化劳动范畴起着重要的**启示作用**，成为政治经济学所有范畴的一般理论基础，并使人们能够理解这些范畴（包括私有制范畴）是生产活动过程中人与人之间历史上短暂关系的抽象形式。借助异化范畴，马克思能够构建起在一定方面类似于现实的人类历史发展的原本图像，并包括这一发展的远景。这种一般理论的勾画，帮助他发现了一系列经验的现实形式，在这些形式中，异化过程以及人的自我异化被对象化（例如商业、资本、货币等等）。

但是，在深入分析经验的现实性到一定阶段时，马克思碰到了这种情况：作为极为一般范畴的异化，对于理解一系列具有非常重要意义的过程的**具体结构**时，失去了启示的价值。让马克思越来越困惑不解的情况是，借助异化范畴不能解释异化自己的产生。在 1844 年手稿即将结尾时，马克思提出推测，历史进程的经验基础包括异化的产生和异化的消除，必须在劳动分工中去寻找。

1844 年 8 月底，恩格斯来到巴黎。他第二次与马克思会见，这次会见表明他们"在一切理论领域中都显出意见完全一致"①。那时，他们开始合写《神圣家族，或对批判的批判所做的批判。驳布鲁诺·鲍威尔及其伙伴》。这部著作大部分是马克思在 1844 年 9—11 月间写成的，采用了《经济学哲学手稿》和对一些经济学家著作的摘录等许多材料。异化问题虽然能在这里找到反映，但已经不是中心问题，而只是作为马克思观点的方面之一。同时，劳动分工问题在这里还没有得到发展。

显然，在写作《神圣家族》时，马克思仿佛站在关于这两个问题在历史进程的一般概念中的地位的问题上的十字路口。1845 年 4 月前，他已经"大致完成了阐发他的唯物主义历史理论的工作"②，直到那时才第一次把这一理论写入《关于费尔巴哈的提纲》中，不久以后，1845 年 11 月至 1846 年 4 月，在《德意志意识形态》中与恩格斯共同发展了这个理论。

近几年，苏联学者在确定《德意志意识形态》的写作年限、结构、内容和历史地位方面，特别是在研究作为全书方法论导论的最重要的第一章方面，都补充了一些新的内容。由苏共马列主义研究院重新出版这一章③，以及 Г. А. 巴加图利亚为这一版所做的科学解释都令人信服地证明，《费尔巴哈。唯物主义观点和唯心主义观点的对立》这一章手稿并不像以前人们所认为的那样，反映的是马克思和恩格斯著作的一个阶段，而是三个阶段，并且每个阶段中，他们就同一个问题的观点都有所改变。因此，《德意志意识形态》手稿就像《黑格尔法哲学批判》和《经济学哲学手稿》一样，反映的不是马克思理论观点的静止状态，而是发展过程。

这样就可以"重新看待在马克思主义历史中的异化问题的演进"，并能"十分具体地考察在《德意志意识形态》时期这个问题的状况"④。还是在撰写《德意志意识形态》的第一阶段，马克思已经清楚地看到，历史自我运动的现实起源不在于人的自我异化，也不在于工人同自己的劳动和产品的异化关系，而在于人们为满足吃、喝、住、穿等生活第一需要而生产各种资料的物质**工具**。满足人（区别于动物）的自身需要的特征在于，"已经得到满足的第一个需要本身、满足需要的活动和已经获得的为满足需

①② 马克思，恩格斯. 马克思恩格斯文集：第 4 卷. 北京：人民出版社，2009：232.

③ К. Маркс，Ф. Энгельс. Фейербах. Противоположность материалистического и идеалистического воззрений. М.，1966.

④ Г. А. Багатурия. Структура и содержание рукописи первой главы 《Немецкой идеологии》К. Маркса и Ф. Энгельса. —Вопросы философии，1965（10）.

要而用的工具又引起新的需要，而这种新的需要的产生是第一个历史活动"①。

生产力发展的一定阶段决定了这一生产力所采用的相应的方式，而共同活动这一方式本身就是"生产力"，因为运用物质生产力的效率的大小取决于它。生产力的**水平**是怎样决定共同活动的**方式**？这种方式的结构和类型是什么？

在回答这些问题时，马克思正是把劳动分工问题提到首位。生产力发展水平在经验上正是在社会成员各种不同团体（阶级）之间的劳动分工中表现出来：脑力劳动与体力劳动分离，工业的同农业的分离，商业的同工业的分离，等等；此外，每个劳动部门的内部还有许多更细的分工。这样的社会分工有两种结果：

第一，它导致劳动及其产品在各阶级成员中的在数量上和质量上的不平等分配，也就是劳动分工的每个阶段同时产生相应的所有制形式。

第二，随着劳动分工一起出现的是，个体利益与人们共同利益之间的矛盾，他们之间彼此分工，因此事实上也相互依赖。恩格斯补充说，由于这一矛盾，公共利益才以国家的形式获得独立存在；又因为国家起源于为了劳动产品的各种分配而进行阶级斗争的社会，那么每个力求经济统治的阶级首先都竭力夺取政权，以便把自己的利益说成是普遍利益。

因为当时劳动分工本身还出于自发，强迫让个人局限于一定的活动范围（他或者是猎人、或者是渔夫、或者是牧人，等等），那么由这种劳动分工而产生的所有制关系和国家同样也**不依赖**于个人和社会共同体的形式。包括在这种共同体形式中的"一种社会力量，即成倍增长的生产力"，在这些个人看来"不是他们自身的联合力量，而是某种异己的、在他们之外的强制力量。关于这种力量的起源和发展趋向，他们一点也不了解；因而他们不再能驾驭这种力量，相反，这种力量现在却经历着一系列独特的、不仅不依赖于人们的意志和行为反而支配着人们的意志和行为的发展阶段。

这种'**异化**'（用哲学家易懂的话来说）当然只有在具备了两个**实际**前提之后才会消灭②：（1）把人类的大多数变成完全没有财产的人；（2）生产力高度发展，以保障足够数量的必需品以及人们的广大交往，以世界历史性的个人代替狭隘地域性的个人。

① 马克思，恩格斯. 马克思恩格斯文集：第 1 卷. 北京：人民出版社，2009：531－532.

② 同①538.

这样，在开始写作《德意志意识形态》序言一章时，劳动分工问题就作为这样一些过程的**现实基础**被提到了首位，这些过程不久前在马克思那里主要作为一般哲学的异化问题表现出来。马克思的上述论断的讽刺口吻（"这种'异化'用哲学家易懂的话来说……"）不是针对哲学的异化问题本身，而是针对那些德国哲学家，他们距离现实如此之远，**只有**在哲学的圣服下才能理解异化问题。因此，在这里异化问题的哲学内容没有被否定。但同时，不同于《经济学哲学手稿》，马克思的**研究兴趣**已经整个集中到被研究过程的**经验-感知**内容上了，为了评价这一内容，过去一般哲学术语是不合时宜的。

在写这一章的第二阶段，马克思完全脱去了哲学的礼服，在各方面详细研究劳动分工问题及其社会结果。在这一研究过程中，他得出了关于生产力和生产关系（"交往形式"）之间存在辩证关系的思想，随后，劳动分工范畴本身"仿佛开始被替代了"①。

在第三阶段，即写本章手稿最后内容时，注意力的中心是**所有制的主要形式**，对它的评述是**社会经济结构**学说的出发点。最后，马克思和恩格斯合著的这部著作的方法论倾向论述得很明确："经验的观察在任何情况下都应当根据经验来揭示社会结构和政治结构同生产的联系，而不应当带有任何神秘和思辨的色彩。……在思辨终止的地方，在现实生活面前，正是描述人们实践活动和实际发展过程的真正的实证科学开始的地方。关于意识的空话将终止，它们一定会被真正的知识所代替。"②

马克思以后全部的活动正是朝向实现这个目标前进。《资本论》——对经验事实理论概括的最高峰——正是包含那种精辟分析，允许根据经验而没有任何故弄玄虚地揭示在资本主义形态的条件下，社会的社会经济结构同生产之间联系的全部**机制**（在它一切细节中和复杂的情况下），同时也揭示了凭经验可测知的**向共产主义形态革命性转变**的物质**趋势**。在1848—1850年资产阶级民主革命和第一次无产阶级革命，即1871年巴黎公社时期，马克思同样仔细地（凭经验而没有任何故弄玄虚）研究无产阶级为革命性地改造社会政治制度而进行的实践斗争的战略和战术。打碎资产阶级国家机器和建立无产阶级专政，现在是客观地从实际上**消灭**国家同市民社会相**异化**的最重要的因素。因此，在《资本论》和其他成熟马克思的

---

① Anerdota zur neusten deutschen Philosophie und Publizistik, Bd. 1. Zürich und Winterthur, 1843.

② 马克思，恩格斯. 马克思恩格斯文集：第 1 卷. 北京：人民出版社，2009：524，526.

著作中，"异化"术语多数情况下只有在非常具体的上下文中才能看到。

在这个分析中，重要的是把与利用"异化"术语相关的特殊观点同其他观点分离：研究社会生活的变化形式，这些形式是经验上对深层社会关系的现实曲解（改变）。如果在深层社会关系的水平上看，一个是原因，另一个是结果，那么在表面水平上看关系就是相反的。并且这种关系的变化特征是客观存在的，是不依赖意识的，例如，商品关系表面上是以物与物之间的关系存在的，虽然在深层次上它们是以人与人之间的关系为基础的。在这个基础上产生了商品拜物教，它不会由于科学思维理解了其本质而消失。只有在消灭全部资本主义商品生产后，它才有可能被消灭。在科学分析形式的变化中，"异化"术语不仅是合适的，也是富有成效的，马克思在《资本论》和其他著作中利用它作为科学概念是可以理解的。

但是，完全不应当从中得出结论说，在成熟马克思的著作中否定异化问题是一般哲学问题。相反，有某些地方（特别是在1857—1858年经济学手稿以及《资本论》中）可以得出结论，马克思继续把某些一般哲学内容纳入异化的概念。结果，关于成熟马克思如何对待异化问题不在于他是否否定"异化"这个一般术语（显然，并不否定），甚至也不在于他是否否定把异化当作一般哲学概念，而在于：**为什么成熟马克思的兴趣这样坚决地、理由充分地从异化问题的一般哲学内容转向对隐藏在这个内容背后的现实客体进行具体的科学的分析？**

可以看出，这是由两个原因产生的。

第一，**理论原因**：1844年，借助"异化"概念，马克思发现了一系列之前尚未认识的社会现象，这些现象对于理解社会进程的实质极为重要，他很快就认识到，只有具体的科学的分析才可能继续顺利地对这些现象进行分析。转向具体的科学的分析并不是唯一的可能；还有足够的土壤可供深入研究恰恰像一般哲学问题一样的异化问题，更不用说，这种研究的初体验就让马克思建立了原创性的观点。从这两个可能中，马克思比较喜欢第二个，即具体的科学的分析。

第二个原因——**实践**特征影响了这一选择：理论方案之所以对马克思具有价值，主要是因为有助于他在发挥其职能的机制的全部具体经验中了解日常生活过程。这同样也解释了，还是在1844年马克思就已经成为这样一个人，按照恩格斯的话说，科学对他已经是"历史上起推动作用的、革命的力量。任何一门理论科学中的每一个新发现——它的实际应用也许还根本无法预见——都使马克思感到衷心喜悦，而当他看到那种对工业、对一般历史发展立即产生革命性影响的发现的时候，他的喜悦就非同寻常了。……

因为马克思首先是一个革命家。他毕生的真正使命，就是以这种或那种方式参加推翻资本主义社会及其所建立的国家设施的事业，参加现代无产阶级的解放事业，正是他第一次使现代无产阶级意识到自身的地位和需要，意识到自身解放的条件。斗争是他的生命要素。很少有人像他那样满腔热情、坚韧不拔和卓有成效地进行斗争。"① 马克思能获得成功正是由于他对自己的每一个实际步骤都有理论根据，并明确了抽象理论原理与实际之间的各种联系。

这样，在这个简略的概述中，我们注意到马克思对整个问题相互关系的综合研究具有不断向前发展的特点：对公共利益和私人利益问题的研究在一定阶段上促使他注意到异化问题，异化问题后来被提到首位，但很快让位给劳动分工问题，这个问题同样又因生产力和生产关系辩证法的问题而退居次要地位。生产力和生产关系辩证法是核心问题，它可以具体地解决异化问题（在所有领域里），也可以具体地解决公共利益和私人利益相互关系问题等。马克思从而找到了能把基本矛盾同它的次要形式，如政治形式、意识形态等形式区别开来进行综合分析的真正核心。

## 马克思主义形成的最后阶段

这样，应当仔细研究作为完整科学世界观的马克思主义在 1844 年以后进一步形成的主要阶段，这个**方向**已经明确。必须强调的是，从 1844 年 8 月起，马克思和恩格斯的合作不只是理论观点信息的相互简单交流，而是**相互丰富和发展他们观点的创作过程**，是把他们个人观点变成**共同学说**的开端。这开启了作为完整世界观的马克思主义的形成的崭新阶段。

这个阶段的第一个成果是《**神圣家族**》；它是马克思和恩格斯按照共同拟定的计划合写的，但每个人独立地撰写自己的章节，并且大部分出自马克思的手笔。他们在这部著作中深入研究了哲学和社会学、政治经济学和科学共产主义、历史和法律、伦理学和美学、心理学和无神论等问题。总之，马克思主义在这里已经包含许多方面的学说。无论其中的哪一个观点都不是孤立存在的，而是与其他观点存在着这样或那样的联系。但整个学说的内部逻辑在这里还没有被确立：逻辑结构成分已经得

---

① 马克思，恩格斯. 马克思恩格斯文集：第 3 卷. 北京：人民出版社，2009：602.

到仔细的研究，但能将全部这些成分联合成一个严密的整体的某些主导思想还不够。

继《神圣家族》之后，《英国工人阶级状况》一书问世了。虽然这部著作是恩格斯独自写的，但是这本书的最终成稿是恩格斯就许多问题直接与马克思广泛交流获得的。其意义不仅在于对马克思主义政治经济学和科学共产主义的进一步深入研究，而且在于这是第一次对各种社会过程进行的意义重大的具体研究。这种研究丰富了马克思和恩格斯对这些细节和它们聚合起来的具体机制的了解，从而允许他们满怀信心地快速实现从一般理论体系转向对当今或过去一些迫切问题的研究。所有这些可以看出，这部著作还是在对马克思主义的完整学说结构缺乏深入研究的情况下撰写的。

这一结构的纲要产生于《德意志意识形态》（1845—1846 年）一书，这是马克思和恩格斯合著的第二部著作，这部著作不仅是他们共同商定，而且是共同撰写的：他们一起走过了手稿的创作之路，一起分享创作过程的苦与乐。在这个过程中最终形成了唯物主义历史观——马克思的第一个伟大发现。在《德意志意识形态》中提出了关于生产力和生产关系辩证法是历史自我运动的源头的思想，以及关于各种社会经济结构是这种运动重大阶段的持续更替的思想，这些思想奠定了马克思主义学说的基础，并把这个学说的所有组成部分联系为一个**统一的观点**。从此产生了作为**完整学说**的马克思主义，在这里每一个成分都能够找到自己在整体结构中的位置。

在《德意志意识形态》中，马克思主义还没有取得成熟的完整性形式。它比较成熟的形式表现在马克思的《哲学的贫困》（1847 年）中，而在马克思和恩格斯合著的《共产党宣言》（1847 年末—1848 年初）中，作为完整学说的马克思主义已经以理论体系的形式和实践纲领的形式表现出来。按照 В. И. 列宁的高度评价，"这部著作以天才的透彻而鲜明的语言描述了新的世界观，即把社会生活领域也包括在内的彻底的唯物主义、作为最全面最深刻的发展学说的辩证法以及关于阶级斗争和共产主义新社会创造者无产阶级肩负的世界历史性的革命使命的理论"①。

在 1848—1849 年欧洲革命中，无产阶级经历的第一次战斗洗礼证明了马克思主义基本原理的正确性和真理性，这些原理符合工人阶级和所有劳动者的根本利益，因此，它们具有生命力。

------

① 列宁专题文集·论马克思主义. 北京：人民出版社，2009：5.

## 马克思主义完整性形式的发展

总之，到 1848 年，作为完整学说的马克思主义的形成已经实现了。同时产生一个问题：如果没有得出马克思的第二个伟大发现——剩余价值学说没有被创造，能否说这种形成已经实现？

回答这个问题的正确方法是必须区分成熟马克思主义完整性的第一个形式和随后的形式，在其发展中，要看到改变的不仅是某些规定和原理，马克思主义完整性的**自身形式**也在改变。在其加速发展的过程中，后者表现为把注意力的中心由一个组成部分转移到另一个组成部分上；表现为改变马克思主义结构中某些原理的作用——将其从"外围"移动到结构的"核心"，或者相反；还表现为产生一些学说结构"核心"的新原理，以及其他一些对于整体的改变。在这种情况下，所有改变都以保持原本的"核心"为前提，对它进行深化和发展，而不是对它的否定，就像各种机会主义者、修正主义者、形形色色非马克思主义者，以及其他没有掌握或不愿掌握马克思主义最初标准的理论家所固有的观点。

这就是为什么在规定了马克思主义早在 1848 年就达到的**第一个成熟的完整性形式**后，甚至还必须看到这种完整性之后的新形式的出现，并揭示其特征和问题。

这样，合情合理地就把马克思主义第一个这样的**新的**完整性形式与马克思的《资本论》创作联系了起来：从《资本论》的手稿（1857—1865 年）和《政治经济学批判》第一分册（1859 年），到《资本论》第一卷（1867 年），是"向资产者（包括土地所有者在内）脑袋发射的最厉害的炮弹"① 并成为"工人阶级的圣经"②。这首先是一部经济学著作，在这部著作中完成了马克思的第二个伟大发现——剩余价值学说。这也是从整体上对资本主义社会形态的综合研究。

最后，马克思主义的所有组成部分在质上上升到一个新的阶段：辩证唯物主义和历史唯物主义、政治经济学、科学社会主义。马克思主义每一个组成部分的发展同时伴随着其互为条件的深化，以及内部的统一。马克

---

① 马克思，恩格斯. 马克思恩格斯全集：第 31 卷. 北京：人民出版社，1972：542－543.

② 马克思，恩格斯. 马克思恩格斯文集：第 5 卷. 北京：人民出版社，2009：34.

思主义学说中的经济学内容被提出来，而辩证唯物主义系统性原则成为其
方法论原则的核心①。

在《资本论》中，社会形态——资本主义作为一个整体存在。在生命
的最后几年，马克思的注意力集中到同时并存的各种社会结构间的相互关
系问题上。这个问题的意义无论怎样强调都不为过：要知道人类的现实历
史，除了历史的第一阶段，恰恰是几个形态相互作用。

1881—1882 年，马克思仔细钻研了世界历史和国别史方面的重要著作，
形成了《人类学笔记》（《Хронологические выписки》），其中包含了近
2 000 年的、基本上由时间和事件组成的、有时带有一些简要评论性的内
容。这是马克思最后的手稿。

专家们对这部手稿的意图是什么的问题没有达成共识。事实上对这部
手稿的研究仍然不够。根据波尔什涅（Б. Ф. Поршне）的推测，为了对同
一时期发生的世界历史事件进行评述，马克思并不是简单地列时间年表，
而是列了一个同时（发生的事件的）年表②。有充分的理由相信这种假设
是正确的。那么就可以得出结论，马克思思想的兴趣点在不同国家和社会
同时发生的或以一定顺序发生的事件和过程的相互关系问题上。

看来，在这一背景下，马克思似乎打算在辩证唯物主义地思考世界历
史进程方面采取新的步骤。他试图展示整个世界历史的图景——在各种社
会类型相互作用方面，以及在社会活动所有领域方面（经济领域、社会领
域、政治领域和思想领域）。特别是在他感兴趣的问题上，例如关于社会进
步的"中心"与"外围"相互作用的问题，关于在所面临的工人阶级的革
命斗争中、在世界范围内向共产主义形态转变的过程中殖民地国家和普遍
落后国家的作用的问题。

在此期间马克思对俄国的兴趣达到了顶点——俄国的过去、现在和未
来，与世界历史特征的进程紧密相关。在给维拉·查苏利奇（Веры
Засулич）的复信（1881 年 3 月）中，马克思注意到农村公社的"内在二
重性"，并揭示了从第一社会形态，即以原始公有制为基础的社会形态到第
二社会形态，即以私有制为基础的社会形态，特别是向第三社会形态，即
共产主义社会形态转变的历史过程的深刻的辩证法。马克思的思想活动既
有历史的广度（达到全球范围），也有历史的深度，回顾历史的起源，并

---

① В. П. Кузьмин. Принцип системности в теории и методологии К. Маркса. М.，
1980：79.

② Маркс-историк. Отв. Ред. Желубовская Э. А. М.，1968：404−432.

从起源追溯到了现在和可预见的未来，表达了他对人类学和民族志学的兴趣在不断增长。同时，在研究土地租金问题过程中，马克思还深入研究了化学、农业化学、地质学以及其他自然科学领域的各个部分。他对各种科学的相互作用的研究兴趣不断增强，这些科学成为新的伟大发现的条件。

马克思的思想完全达到了作为完整学说的科学世界观的新的问题域。但他的构想已经无法实现了：病痛越来越缩短他的生命。1883 年 3 月 14 日，马克思的心脏停止了跳动，但是由他开创的学说在不断发展。

创造性的发展——这是马克思主义的实现方式，辩证法构成了不断发展的完整的马克思主义的核心。列宁学说深远意义的前提首先在于，他从最初就把辩证法理解为马克思主义革命的灵魂。不仅仅掌握辩证法，而且在研究和解决新的历史时期所面临的理论和实践的中心问题时出色地发展和运用辩证法，把马克思主义全部学说上升到新的阶段，并赋予其新的完整形式。

目前，马克思主义-列宁主义的各个组成部分的一体化正在深化。这符合它客观上日益增长的对国家物质生产、社会政治生活和精神生活的科学指导作用，以及对世界上越来越多的为争取和平和社会进步、为争取社会主义而斗争的绝大多数劳动者的科学领导作用。

**图书在版编目（CIP）数据**

青年马克思：第三版/（俄罗斯）拉宾著；姚颖译
. --北京：中国人民大学出版社，2022.4
（马克思主义研究译丛：典藏版）
ISBN 978-7-300-30487-8

Ⅰ．①青… Ⅱ．①拉… ②姚… Ⅲ．①马克思主义-
研究 Ⅳ．①A81

中国版本图书馆 CIP 数据核字（2022）第 049530 号

"十三五"国家重点出版物出版规划项目
马克思主义研究译丛·典藏版
**青年马克思（第三版）**
[俄罗斯] Н. И. 拉宾（Н. И. Лапин） 著
姚颖 译
Qingnian Makesi

| | | | | |
|---|---|---|---|---|
| **出版发行** | 中国人民大学出版社 | | | |
| **社　址** | 北京中关村大街 31 号 | | **邮政编码** | 100080 |
| **电　话** | 010 - 62511242（总编室） | | 010 - 62511770（质管部） | |
| | 010 - 82501766（邮购部） | | 010 - 62514148（门市部） | |
| | 010 - 62515195（发行公司） | | 010 - 62515275（盗版举报） | |
| **网　址** | http://www.crup.com.cn | | | |
| **经　销** | 新华书店 | | | |
| **印　刷** | 涿州市星河印刷有限公司 | | | |
| **开　本** | 720 mm×1000 mm　1/16 | | **版　次** | 2022 年 4 月第 1 版 |
| **印　张** | 20.5 插页 3 | | **印　次** | 2024 年 3 月第 3 次印刷 |
| **字　数** | 339 000 | | **定　价** | 98.00 元 |

# 马克思主义研究译丛·典藏版